化天下

统纪诸家归德
总御群方宗性

德学宗义

王爱品◎著

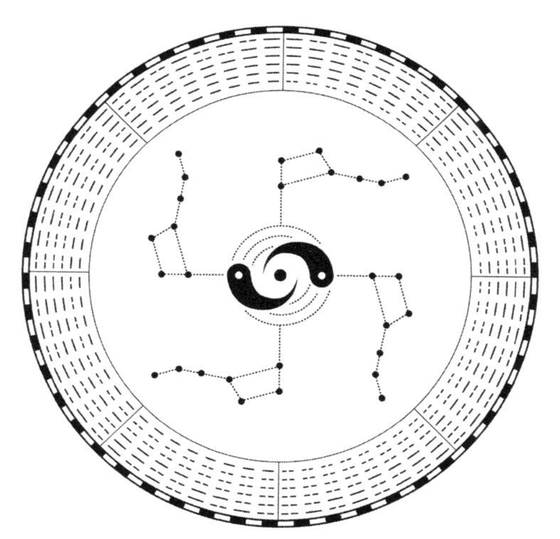

贞册|化天下

图书在版编目（CIP）数据

德学宗义 . 贞册 : 化天下 / 王爱品著 . -- 北京 : 华龄出版社 , 2022.10

ISBN 978-7-5169-2389-4

Ⅰ . ①德… Ⅱ . ①王… Ⅲ . ①道德—研究—中国 Ⅳ . ① B82

中国版本图书馆 CIP 数据核字 (2022) 第 167076 号

策划编辑 董巍　　**责任印制** 李未圻

责任编辑 郑雍　　**装帧设计** 郑博文　牛书磊

书　　名	德学宗义 . 贞册	**作　　者**	王爱品
出　　版 发　　行	华龄出版社 HUALING PRESS		
社　　址	北京市东城区安定门外大街甲 57 号	**邮　　编**	100011
发　　行	（010）58122255	**传　　真**	（010）84049572
承　　印	北京文昌阁彩色印刷有限公司		
版　　次	2023 年 1 月第 1 版	**印　　次**	2023 年 1 月第 1 次印刷
规　　格	710mm × 1000mm	**开　　本**	1/16 开
印　　张	29	**字　　数**	350 千字
书　　号	978-7-5169-2389-4		
定　　价	1199.00 元（全四册）		

目录

感德卷：交感五通

卷之言：从否塞到交感五通

本卷领起之卦为否卦，统领之卦为泰卦。以否卦的交通与小人之否难领起，围绕“否闭”之治理而有交感五通的感德系统，以泰卦统领解卦、随卦、咸卦、萃卦形成以交感五通系统来治理否难之过程。

否卦主言交通与小人之否难，乃不交不通之难和小人之难。夹杂蹇卦险、困之难以及困卦以光明被掩蔽之难，诸难深重难行，尤以否难常常出入无期。在否卦，卦之当体与大秩序不交不通，相互隔绝，成否塞之势。否塞则气郁，气郁则气机不能畅达，气机不畅则逐渐否闭，使其卦之当体与大秩序逐渐失去交感之能，以此渐成否难。否难主言与大秩序不交通而所产生的秩序之难，以及在不交之否势下小人当道的治理状态。

当否难形成，使其当体秩序无法与天地、上下、内外、君子四重位域的大秩序产生交通，继而交汇构建，使当体陷于否塞且孤立的状态，无法与大秩序建立天人合一全息元象“动态”交易联系，使否之当体因不交之否塞而成孤立之体，孤立之体无法在大共体里引援而助益，其“体”无法自养，其卦德无法自健，逐渐丧失秩序之明而使昏昧当道，昏昧之邦、民则不守位履礼，出现以乱位序而使礼序、德序皆乱的混乱状态，从履卦所构建的法→礼→德三者一体之德树光明野将荡然无存，继而使邦制弊病再次显露且缺乏有效的治理，邦体之位被阴柔小人占据，君子逐渐隐遁，因否塞的不交不通之难，继而出现小人当道的小人之难。

小人之难。否之当体无法与大秩序交通往来，出现不交不通之难，是之基于否之当体描述与大秩序的外在关系，为否之外部状态，而小人之难则是否体内部小人当道的内在状态。大往小来，为否塞之势的根本，也是小人之所以昏昧而当道的原因。小人之所以能成否难，在于小人先无明继而无志或变志，多行小人变志且奉君之丑径；小人奉君则为以求济其为身之利；小人为身之利，则会上下相欺且合交以害正道；小人害其正道，则不重天道、不知阴阳、偏居偏安且妄作非为乱其位序；小人乱其位序，则好欲而以欲当政，行败亡之政，乃至兴师好战，伤民误国。由此可见，不交不通之难为否难之根本，而小人之难，以难而有实，成难之深重矣；还有一种否难，为泰极否来之难，依从物极必反之道，使一切内外与往来皆可此消彼长，使泰极呈否势而陷否难。

应难则思通，物无终难之理，天道往复有自振之机，难极则必散，故受之以解；在解卦，以雷雨交作立象，以破破郁交气为解道思想，使诸难从缓解、破解、解散、生息而至尽解，之所以能解各种难体夹杂之难，便在于天地人三阳合德致气机交感出震以动，秉破之功而行郁塞，再以雷雨交作灌溉使清气换浊气，逐渐在解体迎来了生息休养与正序复生的大好局面。天地人合德交感而破郁交气的解道思想，是感通之髓；而万物与雷出入，正是感通之随；

在随卦，得益于气机交通，以交而感，感以随物应情之情，随之气为心物相交成气，再感而生情，正是以精气神三者合德的气机交感之用，成其以随物应情并唯变所适成随道思想。以物之随而感，感以随物应情之情，以感于物再通于物，有感通之咸体；在咸卦，既感物之法序，又通物之本性，再以洁静精微之感而感于心，成其唯变所适而心能转物的咸之道，感而遂通履咸正之序，是咸体以心寂然不动得心境大光明，守真如而妙化万有的咸道境界。以感而遂通交感通物，行舍识弃意虚我而从心凝神固守，使气来而聚，得萃聚；在萃卦，以神之内守得正固之利，在凝神聚气、聚气养德的萃正过程中，逐渐完成君子以类，贤才当聚的尚君子、尚贤、尚德之萃聚；当萃正之序从否乱失序、物之类序、萃聚而集序逐渐养成，由萃集走向泰而通的过程也渐成。

交感五通。为解卦的破郁交气之通，随卦随物应情之通，咸卦感而遂通之通，萃卦萃气正序之通，泰卦交泰往来之通。在解卦，以破郁交气之道，使生息休养与正序复生；在随卦，以随物应情之道，而唯变所适并唯善所系；在咸卦，以感而遂通之道，能感物通物并虚我从心；在萃卦，以聚气凝神之道，行正固之利和萃正之教；在泰卦，以交泰往来之道，行德政内外之治道。其交通五通，“交感”是气机从否塞行而交、交而通、通而感、感而同、同而聚、聚而序、序而泰、泰而往来之过程，“通”是卦体治道之结果，经过解卦、随卦、咸卦、萃卦、泰卦治否之不交不通的过程，则必然有通而泰的结果。

通泰则能往来。泰卦与否卦皆从天地、上下、内外、君子与小人四重位域有超越邦体的大秩序往来状态，只是否卦否塞不通，无法与大秩序建立天人合一全息元象“动态”交易联系。值泰卦，以茅的牵连相引之象，意在言明并强调大秩序整体相系牵连的关系，人类社会与文明时刻处在更大的秩序系统内，而且无时无刻不全息交易在一起。天地交而万物通，这是基于道法根本的“动态”交易，这个“动态”便是人与宇宙的天人合一全息元象交易，体现在天地同律、人天同构、人天同类、人天同象、人天同数，宇宙与生命的相互收受、通应，共同遵循“四象五行”的对待协调、生克制化的法则。所谓道生之、德蓄之，大道以其道生德蓄而体性一如，发生全息交易，道生德蓄便是天地、万物、人与自然发生交易产生法序的根本。除了根本法序外，就是属性秩序，在泰卦和否卦里，分别以乾坤、阴阳、君子与小人等统一在乾性与坤性的属性秩序里，乾性阳而健，坤性阴而顺。乾与坤处其“上下”而显“志”，志同通泰则振邦，乾阳与坤阴处其“内外”而显刚柔与正邪；内健而外顺者，小往大来，精气升腾，君子道长；交易者，精气也，天地交易移精变气；往来者，德行也，社会往来建礼正德。

泰与否正好构成事物的两仪，也是秩序治理两种截然相反的现状，从君子与小人的阴阳盈虚过程，以德政治其君子与小人而正正邪之序，使其通泰时以促万物生化、交易，使否势时可养德辟难。从泰否两种文明状态的交易法则与往来秩序出发，裁节调度并施为有方，大行德政。以能使其泰亨之有为，尊其交易法则与往来秩序，治其“志”、治其“大”、治其“明”、治其“诚”、治其“愿”、治其“极”……以交易之质和往来之实，既安其位序，又能超越位序而治其精神，以和畅自由而享合美元祉，而有德政之治道。

章一：不交不通之难

否卦：交通否难

否卦：交通否难

乾上坤下

应否难当知交感济世

从无体到共同体，从无序到正序，皆因秩序之构建而集成更大的公共关系，也因有效且有序的治理使共体得以亨通，此种共体之构建，既有不同卦之主体的治理之法，又有各卦体形成治理共同体相互关联的构建之会、治理亨通之会。在稳定的大体与共序秩序中，邦民依礼制安分其欲与安位其序，践履舒泰，进退有礼，正是交通往来之时。交则泰，天地、上下、内外、阴阳皆相交而和；相反，不交不通，相互隔绝，则否塞，呈现不交不通且小人当道之否势。

《序卦》曰："物不可以终通，故受之以否。"否卦，乾上坤下，为天地不交之象。交者通，不交则不通，泰卦与否卦围绕天地、上下、内外、君子与小人的交通与否，治其通与塞，而行通泰与否塞之道。《程传》曰："夫物理往来，通泰之极则必否，否所以次泰也。为卦天上地下，天地相交，阴阳和畅，则为泰。天处上，地处下，是天地隔绝，不相交通，所以为否也。"泰与否正好构成事物的两仪，也是政治治理两种截然相反的现状，从君子与小人的阴阳盈虚过程，即以德政治其君子与小人而正正邪之序，使其通泰时以促万物生化、交易，使否势时可养德辟难。

《杂卦》曰："否泰反其类也。"类者，类而成序，以序成之共言泰通，序之所成，自然法序如"有无、终始、阴阳、体用、藏相、顺返、生灭、色空、方圆”九种不易之法则——谓九易法则，在九易法则中，以任一种法则交通便是法序之通；而反其类者，则是不交通而不成序，以反其类的共序不能成而言否；从交通状态而言，否塞反泰通。

四重位域。泰卦与否卦皆从天地、上下、内外、君子与小人四重位域言明超越邦体的大秩序。言“天地”，为道法之序；言“上下”，为邦体之序；言“内外”，为往来之序；言“君子”与“小人”，为正邪之序。在“泰”与“否”文明系统内，分别从道法根本、邦民体系、刚柔动静、正邪关系，言明四重位域的“交”易法则与“往来”秩序。每一个位域或自然属性的事物，皆有各自本有的秩序和法度，顺其秩序往来则通，反之则不通，这便是可使其“交易”的根本——基于根本法序和属性秩序。

天地交而万物通，这是基于道法根本的“动态”交易，这个“动态”便是人与宇宙的天人合一全息元象交易，体现在天地同律、人天同构、人天同类、人天同象、人天同数，宇宙与生命的相互收受、通应，共同遵循“四象五行”的对待协调、生克制化的法则。所谓道生之、德蓄之，大道以其道生德蓄而体性一如，发生全息交易，道生德蓄便是天地、万物、人与自然发生交易产生法序的根本。除了根本法序外，就是属性秩序，在泰卦和否卦里，分别以乾坤、阴阳、君子与小人等统一在乾性与坤性的属性秩序里，乾性阳而健，坤性阴而顺。乾与坤处其“上下”而显“志”，志同通泰则振邦，志异否塞则颓邦或无邦。乾阳与坤阴处其“内外”而显刚柔与正邪。内健而外顺者，小往大来，精气升腾，君子道长；内柔而外刚者，大往小来，神气耗散，小人道长。交易者，精气也，天地交易移精变气；往来者，德行也，社会往来建礼正德。

否难。万物相交而通，不交则不通，不通则否塞，因否塞而成否难，否难之成，在于不交不通之难和小人当道之难。言难者，有无序之屯难，亦有主言险、困之蹇难和身困之难，而否难主言与大秩序不交通而所产生的秩序否难，以及在不交之否势下小人当道的治理状态。当体秩序因构建而成其大，又因有效且有序的治理而亨通，当否难之成，使其当体秩序无法与天地、上下、内外、君子四重位域的大秩序产生交通，继而交汇构建，使当体陷于否塞且孤立的状态，无法与大秩序建立天人合一全息元象“动态”交易联系，从而更谈不上在更大的秩序体系里进行治理，无法进行有效治理，正是小人当道且当政的秩序状态。

不交不通之难。处否卦之否难，否之当体与根本法序以及属性秩序皆不能正常交通，不能正常交通则无法往来，尤其是无法发生天人合一全息元象“动态”交易；使否之当体因不交之否塞而成孤立之体，孤立之体无法在大共体里引援而助益，其“体”无法自养，其卦德无法自健，逐渐丧失秩序之明而使昏昧当道，昏昧之邦、民则不守位履礼，出现以乱位序而使礼序、德序皆乱的混乱状态，从履卦所构建的法→礼→德三者一体之德树光明也将荡然无存，继而使邦制弊病再次显露且缺乏有效的治理，邦体之位被阴柔小人占据，君子逐渐隐遁。而因不交不通之难，继而还出现小人当道的小人之难。

小人之难。否之当体无法与大秩序交通往来，出现不交不通之难，是之基于否之当体描述与大秩序的外在关系，为否之外部状态，而小人之难则是否体内部小人当道的内在状态。大往小来，为否塞之势的根本，也是小人之所以昏昧而当道的原因。小人之所以能成否难，在于小人先无明继而无志或变志，多行小人变志且奉君之丑径；小人奉君则为以求济其为身之利；小人为身之利，则会上下相欺且合交以害正道；小人害其正道，则不重天道、不知阴阳、偏居偏安且妄作非为乱其位序；小人乱其位序，则好欲而以欲当政，行败亡之政，乃至兴师好战，伤民误国。由此可见，不交不通之难为否难之根本，而小人之难，以难而有实，成难之深重矣；还有一种否难，为泰极否来之难，依从物极必反之道，使一切内外与往来皆可此消彼长，使泰极呈否势而陷否难。

否难深重，常常出入无期，故而应否难当知交感济世，并找到否难之根本——不交不通。寻求如何交感而通才是治否之道，并以交感之通，通天下君子之志，以此济世治否。

否：否之匪人，不利君子贞，大往小来。

彖曰：否之匪人，不利君子贞，大往小来，则是天地不交，而万物不通也；上下不交，而天下无邦也。内阴而外阳，内柔而外刚，内小人而外君子。小人道长，君子道消也。

象曰：天地不交，否；君子以俭德辟难，不可荣以禄。

卦辞：天地不交，不利君子主正道。

彖辞：四重位域的否易之道。

象辞：值否势宜养德辟难。

否卦，乾上坤下，为天地不交而否闭之象。泰卦与否卦皆连接四重位域大秩序，卦体与大秩序交通与否，决定了是通“泰”还是“否”闭的状态。通泰者，天地阴阳相交且和畅，万物生遂，皆言相生相长的状态，利君子得位行正道；否闭者，天地阴阳不交，万物不通其气，天下正道也否塞而不长，不利君子得位行正道，而是小人道长行非人道之否势。

《程传》曰：“凡生天地之中者，皆人道也。天地不交，则不生万物，是无人道也，故曰‘匪人’，谓非人道也。夫上下交通，刚柔和会，君子之道也，否则反是，故‘不利君子贞’，谓君子正道否塞不行也。‘大往小来’，阳往而阴来也，小人道长君子道消之象，故为‘否’。”

四重位域交通原则。天地以气交；天之阳气下降，地之阴气上行，天地气交而生万物，呈天地之泰，反之，为天地之否。阴阳以气合。阴阳二气相交则阴阳通，万物生，内阳，生之源，外阴，成于物，反之，不交不生，物不能成。健顺以德言。健者，乾之本，阳性行健，顺者，坤之性，坤顺以载，而能成事。君臣以志和。“以人事言之，大则君上，小则臣下，君推诚以任下，臣尽诚以事君，上下之志通，朝廷之泰也。”上下之志通，则君臣安和。君子与小人以类言；阳为君子，阴为小人，君子来处于内，小人往处于外，是君子得位，则泰。君子往居于外，小人来处于内，是小人道长，君子道消，则否。

取“茅”象。泰卦与否卦皆有取“茅”为象者，以“茅”的牵连相引而言与大秩序之关联，尤其是从道法天地、邦体上下、内外往来、君子与小人的正邪得位等紧密联系，其中任何一个单一元素，皆会与其他发生联系，并相互影响与转化，既联系本质，又影响表象状态。王弼曰：“茅之为物，拔其根而相牵引者也。茹，相牵引之貌也。”在否卦，坤三阴虽同道，但不可进志；初六居阴之始，为阴类之首，虽志柔顺，但非能健，不可以健而征志，故同贞为亨，贞而不谄。“否之三阴，上皆有应，惟在否隔之时，上下隔绝不相通，故无应义。”故其志常在得君而进。

往来之道。往来之道需要具备的四种德质，为天地交通而万物生化之时运，内阳而外阴的精气状态，内健而外顺之性德，君子进志得位而小人消退之政治环境。何谓大往小来？大往者，阳健居外，天气上升；小来者，阴柔居内，地气下沉，此为外阳而内阴的否之质。否之质有大往之实，而无小来之质，无论是阳气上升发散，还是阴气下沉，皆是耗散，上升与下沉而无应援，则空耗其气，无充其内实以供存养；故否之质为阴阳两气相违而不相交，天道否闭，万物不得生养。

大秩序之往来。有其内阳原动力般的输布，全息元象般的动态交易得以时刻联通，从泰体产生各系统往来，尤其是与天地、上下、内外乃至宇宙的大秩序，从全息交易可知，世间百物不废，任何一物，无论是宏观之大或微观之小都与外界有着深入的交易联系，以全息元象交易相互，而惧以终始，其要无咎。在小畜时，共同体概念初具且各种优质资源集聚，在履时，共同体秩序因制礼而贯通邦体结构，同体位域概念备具，既安其位序又彼此相连，邦之共同体继续从邦之礼制（健全状态）走向与大秩序往来的格局，从而形成了共同体逻辑成果——呈现出泰和否。在大秩序往来中，天地相交，万物生化得遂，上下相应使其下志可上求且上应而能擢升下，内外健柔得体且能精气正常输布，君子与小人能在德政环境里各施其长，各尽其才。但需要注意的是，任何体系与形式的往来，必定履礼，有礼方可交易，且须依德位履礼，要在礼法基础上往来，才能在大秩序里建稳定的小秩序。

君子与小人之道。“君子”与“小人”乃根据阴阳刚柔属性而取象之，乾阳健，君子象，坤阴柔，小人象，非道德品质之评判，也非泰君子，否小人，而是无论泰卦和否卦皆有君子与小人。对比泰卦与否卦，无君子与小人的阴阳平衡则无以构成泰与否的秩序，是通泰还是否塞，为君子与小人处位所决定的，内君子外小人则为泰，内小人外君子则为否。在泰与否中，君子与小人构成了邦民之集合，君子与小人往来，并非消灭小人，有君子必定有小人，所以要有含容之德，能包容其不利，更要依礼制在存乎之地（卦体中的卦爻本位）安位，不越礼则自亨通。

此消彼长。君子与小人因存乎之位的变化而此消彼长，君子履内，小往而大来，邦体精气神充沛而有君子道长，则泰势；小人履内，大往而小来，邦体精气耗散，两神相违而无有生气，故而小人道长，则否势。其泰势和否势是自然界两种秩序状态，皆表达了根本法序和属性秩序与卦体的关系，泰卦和否卦也有自身的政治状态，即内君子外小人的德政和内小人外君子的乱政。从为政治理上，肯定会趋泰避否，力求交通之序和以君子倡天下之正道；结合泰与否，刚好以两种截然不同的状态，来行君子德政。

内小人外君子的乱政。因何有乱呢？因否闭而乱，且有乱道、乱位、乱政之乱。乱道者，天地不交，万物不生，法序不正，虽道焉存但交之不通；乱位者，小人阴柔无明但居其内，不明道、不明序、不明位、更不明政，但居其位使其谗邪进则众贤退，群枉盛则正士消；乱政者，小人志在君，与君应，故而多谄，阴柔又多谄，会陷志，致使邦民精神沉沦，所谓“天地闭，贤人隐”正是如此。所以要杜绝“流氓”当政，政治流氓不明道法秩序和属性秩序，专营投机与谄媚之术，以短期得利，此种人得势，使其君子消退，必将害邦，故而要健德政。

面对内小人外君子之乱政，应裁天地、辅相宜，利用天时、地利，行辅助化育之政，既制定价值驱动力，以驾驭君子与小人，又擢拔君子就位，大倡德政治其否势。其价值驱动力，要明确君子与小人的价值趋向，“君子喻于义”为君子征志向邦，故义在天下治，而“小人喻于利”，为小人异志向君，故意在应君利。无论是取义还是取利，皆要治“明”，既要从根本上明道法之序，又要明位礼、明德、明志等，凡小人不明者，皆要教之以明，不能因民不明反而弄其愚，以供专权，使其邦民堕至更深。擢拔君子就位，擢拔原则就是擢升可以治世之阳明君子，就其政位，以正其乱，所谓“阳生者，生人之本也；贤才者，国家之阳气也。阳气外越则身死，贤才远去则国亡”正是如此。在“否”世，因小人当道，故皆重禄不重德，也不明德为何物，有何用处且用在何处？正因人皆以禄为荣，不知失德之难，“禄也者，难之媒也，小人贪之，是以可羞。俭也者，辟之劵也，君子守之，所以长亨。”言小人不可荣以禄，其根本原因在于小人之德不能配其所居之位，而禄却多，故位将不堪其重，而至倾颓，这是小人之己难，也是位序之难。

物极必反之道。顺而阴居外，曰“小往”，健而阳在内，曰“大来”，其小往大来、大往小来，以其阴阳盈虚而相互转化，其阴阳盈虚之转化，使其上体与下体可以颠倒，内外与往来可以此消彼长，君子失德可成小人，小人正德可成君子……物不可终安，也不会终乱，所谓治久必乱，乱久必治正是如此。泰极则否，否极则泰为道之所呈，法之所运，皆道法气数也。唯睹运体而思治理之道，泰体时常改革时弊以防否势，否体时常健德以提升气运而打破阻隔。无论泰与否，皆应以德政倡天下正道，以德教教之成君子，睹根本法序和属性秩序而行德政践履之道，履序洞明而明气，履位共礼而言德，履礼举德而可治，履德通泰而能安。

奉君之利否

否卦：初六，拔茅茹，以其汇；贞吉，亨。

象曰：拔茅贞吉，志在君也。

否卦初六阴柔居下，为否之初，与上二阴有同质汇聚而相连之象，亦如“拔茅”之象，初六为坤之初，有入于地之“根”象，根根相连且相通，故而有“亨”。下三阴与上三阳因大往小来而不应，本有同上进之志，乃因有不应而改变志心，有意承君应阳，以求应通，故而志在应君，但宜贞固其节，而行贞正之道。

《程传》曰：“泰与否皆取茅为象者，以群阳群阴同在下，有牵连之象也。泰之时，则以同征为吉。否之时，则以同贞为亨。始以内小人外君子为否之义，复以初六否而在下为君子之道。易随时取义，变动无常。否之时，在下者君子也。否之三阴，上皆有应。在否隔之时，隔绝不相通，故无应义。初六能与其类，贞固其节，则处否之吉，而其道之亨也。当否而能进者，小人也，君子则伸道免祸而已。君子进退，未尝不与其类同也。爻以六自守于下，明君子处下之道，象复推明以象君子之心。君子固守其节以处下者，非乐于不进，独善也。以其道方否，不可进，故安之耳，心固未尝不在天下也。其志常在得君而进，以康济天下，故曰志在君也。”

奉君之利否。区别于君子征志向邦，以“君子喻于义”的义在天下治不同，小人异志向君，以“小人喻于利”而因求利以利应君。虽言“志在君”，但以利之求而唯利，唯利以图则行奉君之事。奉君之利否，以茅象言否在自身，为心志之否，否在价值导向不同，因受价值驱动而出现以行动求利之否。初六有“亨”，在于虽否但否在小人自身，以自身之利求而无社稷之害，之所以言“亨”，在于居下无位而否势之小，虽奉君但亦志君。

包承之亨否

六二：包承，小人吉，大人否亨。

象曰：大人否亨，不乱群也。

否卦六二柔顺中正，二上承九五，且能顺承九五，并为其所包容，而有小人吉，《程传》曰：“六二阴柔中正，以阴柔小人而言，则方否于下，志所包蓄者，在承顺乎上，以求济其否，为身之利，小人之吉也。而大人当否，则以道自处，岂肯枉己屈道，承顺于上，惟自守其否而已，身之否乃道之亨也。”

“包承”。包者，为九五之大包容六二之小，为以大包小。以大包小才能有包之实，就因有五大包二小，故二承五，以揽包之利，故有小人吉。李士珍曰：“六二居地之中，包天之气，地承天而受其气。小人事君子而能顺其心，得阴之道，故‘小人吉’。”九五虽处否闭之时，但九五仅与柔顺中正之六二相应，并不与其他小人（下三阴中的其他二阴）为群，以“不乱群也”的否亨之实未淆乱正道。刘沅曰：“群谓三阴，六二上承九五，不与小人为群，故否而亨。易为君子谋，故专美大人。”又黄寿祺曰：“六二爻辞兼取小人、大人之象，体现处否的方式，正邪叛然不同。爻辞中强调大人必须以治否为任，故不可见乱于群小。”

包承之亨否，为小人得志之否，小人得志对小人来说是吉事；小人如何得志？为小人事君而顺其心，以五大包二小，使二得中位而应君。之所以有“亨”，在于九五不与其他小人为群，小人群体无法挟君以成阴之群，使阴之核无阳无位而亨，亨在利邦，又利正道，虽然小人得志，但君子也有所为有所不为，大人以处否之方式，分辨正邪并辨别正邪，并示之天下正道。

无位之羞否

六三：包羞。

象曰：包羞，位不当也。

否卦六三阴柔居否，不中不正，处小人之极而欲求上进应乾阳者，故不能守道安命，怀谄奉承而谋虑邪滥，妄作非为而无所不至，终至羞辱。朱熹曰：“六三以阴居阳而不中正，乃小人志于伤善而未能也，故为‘包羞’之象。然以其未发，故无凶咎之戒。”否之六三，位不正，为上所包，故而为阳包阴，阳者明也，阴者羞也，为阳包阴之包羞之象，无羞恶之心的六三应《象》所言之“匪人”，而言应者，三与上应，皆不能得正，而位不当。刘沅曰：“六三居群阴之上，包二与初，为小人之归。阴柔而不中正，羞之所由来也。”

无位之羞否。六三阴柔无位，且以阳包阴成包羞之象，阴在内而羞亦在内，之所以有否，既在于六三以不中不正而行事求利伤其善道，又在于六三急于应上而力不能任，无法守道安命，仅以小人得势之势妄作非为。子曰：“邦有道，贫且贱焉，耻也；邦无道，富且贵焉，耻也。”小人如此急于应上奉君，将极力行谄奉之举，又以无位而妄作非为伤善之举迫使君子隐遁，以小人之势迫正道蒙难……此种种之羞，以羞之极而羞于正道，伤善、伤君子，虽羞还不知耻。

受命益否

九四：有命无咎，畴离祉。

象曰：有命无咎，志行也。

否卦九四处上体之初，值否道转泰之势，以阳居阴，以刚健之质而行柔顺之德，为奉天命以扭转时局来济否闭，有造福天下之志。恰逢九四受命，下卦群阴小人纷纷引导同类来归附于他，以便能同获治世福分，九四以治世之诚，而得遂其愿，更能得践其行。《程传》曰：“九四以刚健居近君之位，是有济否之才，而得高位者也。然当君道方否之时，处逼近之地，所为在居功取忌而已。若能使动必出于君命，威炳一归于上，则无咎而志行，其俦类皆附离其福祉矣。”

何言“无咎”？九四受九五之命，以据三阴，因“命”在故无咎。项安世曰：“当否之时，苟无天命，四虽有志，可若何哉？泰以‘命乱’成蛊，否以‘有命’成益。命者，天之所命，君子之所造也，道之废兴，岂非天耶？世之治乱，岂非君耶？”如何能“据”呢？为治世之诚心，所谓据三阴者，实为治三阴。为何下三阴能丽受九四之福？为四应初而又据三，既有己位之功又有与二同功，故阴类皆附丽其福祉。

受命益否。九四以阳居阴，为否势中以刚健之质而志求济否之人，又恰逢九四受九五之命，既是得命进位近君之时，又是济否立志之时，当得益否。泰以“命乱”成蛊，否以“有命”成益，九四以济否之志，下据三阴以治之，使阴者皆附，且得以阳治阴之福祉，当群三阴得福祉以治，九四有益否之功。

休否之愿

九五：休否，大人吉；其亡其亡，系于苞桑。

象曰：大人之吉，位正当也。

否卦九五阳刚中正居尊位，以大人之风范行休止天下否闭为己任，以戒惧危亡之心而励精图治。其安固之道，必寄系于大体，犹如鸟之巢，若能系结于根深而丛生的桑树上，则能保其无虞；桑之为物，其根深固，苞者，丛生象也，言其固犹甚。李士珍曰：“拨乱反正，君之任也，惟大人为能已乱。孔子不能治春秋之乱，有其德、无其位也；桀、纣不能救夏商之亡，有其位、无其德也。当此爻者其汤、武乎？有大人之德，当否之时，体乾之惕，深虑其亡，而所以不亡者，即在此也。”故君子安而不忘危，存而不忘亡，治而不忘乱，是以身安而国家可保。

休否之愿。九五以大人之范就否势之尊位，否势之当体无可变动，只能立大愿治否而济天下，若否之九五不治否、济危亡，则否难深重矣。否势之难本以不交不通成难之根本，不与大秩序交通本就晦暗无序，且还有小人当道如六三得势妄作非为，羞正道，伤善、伤君子……当伤了君子与天下正道，伤了社稷之秩序，九五就应该以已位而申命，以戒惧危亡之心而励精图治。休止天下否闭，为九五之大愿，处否塞晦暗无序之势，惟九五之大人能自昭明德，视天下所有之危亡如系苞桑。

倾否之喜

上九：倾否，先否后喜。

象曰：否终则倾，何可长也。

否卦上六居否道穷极之位，虽否之日久，但乾阳图治亦久，众阳刚健精进，励精图治，终在上六一举倾覆否闭而转为泰通。倾为覆，否穷则倾；倾犹否，故有先否之象，当倾毕则转为通泰，先否而后泰，故言“后喜”。《程传》曰：“物理极而必反，故泰极则否，否极则泰。上九否既极矣，故否道倾覆而变也。先极，否也，后倾，喜也，否极则泰而喜也。否终则必倾，岂有长否之理？极而必反，理之常也，然反危为安，易乱为治，必有刚阳之才而后能也。故否之上九则能倾否，屯之上六则不能变屯也。”

倾否之喜。倾否之喜并非否之社稷危亡而喜，而是否势终于否极泰来得以转换，天地、上下、内外、君子与小人等可以交通往来，且君子道长，小人道消。虽言有喜，但应知否极之难的深重已久，邦、民遭难已久，光明暗淡已久，先否后喜正是应难已久。否道倾覆，否极泰来，“喜”在正道不废。

章二：交感五通

解卦：破郁交气之道

随卦：随物应情之道

咸卦：感而遂通之道

萃卦：聚气凝神之道

泰卦：交泰往来之道

解卦：破郁交气之道

震上坎下

生息休养与正序复生

蹇卦主言险、困之难，困卦以光明被掩蔽应难而主言道之艰，否卦主言不交不通之难和小人之难。诸难深重难行，尤以否难常常出入无期。稳定的大体与共序秩序皆因交而亨通，天地、上下、内外、阴阳皆相交而和，而值否难之时，卦之当体与大秩序不交不通，相互隔绝，成否塞之势。否塞则气郁，气郁则气机不能畅达，气机不畅则逐渐否闭，使其卦之当体与大秩序逐渐失去交感之能，久之，清气无以换浊气，使浊气愈发沉郁而致不通之塞，这是处否之所以言“塞”之因。

气郁和否塞之闭，使其成否势，其天人合一全息元象“动态”交易之交感无以运行，使当体无法以清气自养且引援来助其难，使诸难交杂且深重之，但物不可终难，天道往复有自振之机，值否极泰来之时，难当自缓，故受之以解。《序卦》曰：“物不可终难，故受之以解。解者，缓也。”诸难之解，不可顿时尽解，只能缓解，故缓为解义，从缓解到尽解，需迎天道气数，健感德以治理，以大行交感之道而解气郁、否闭之诸难。之所以言缓解诸难需迎天道气数，在于蒙诸难已深，尤其是蹇难险势凶险，以及否难小人当道妄作非为久矣，若无天道往复使其有否转之极，济难何其难也，而天地盈虚的与时消息，只能静守以待时变，非人力所能强求，人力所能求者唯自健德以固守。当气化数度之时来，当知交感济世，寻求如何交感而通以气运来助益。

物无终难之理，难极则必散，故解以散难，使难无以成势，缓而解之。如何缓而解之？诸难之本在于天道气数不济，又值难之当体时气郁不畅无以交感，缓解诸难之本便在明天道之时运，再使气机畅而破郁，以破郁之气机与大秩序进行交通往来，顺应天人合一全息元象“动态”交易而交感之；气交则畅新，清气以换浊气，当是推陈出新继而焕然一新之时，故解卦言破郁交气之道。

破郁交气为解诸难之指南。难体之郁能破，使难势能散，以破郁而散难；难体之气与天道气运能交而感，使难体能出新，以交感且出新解难，以此两者气机之畅达，使阳气得以舒展，阳德自健，天地、上下、内外、君子与小人等秩序自然和畅。

如何能破郁交气且使其气机和畅呢？为处解体“险以动”，以震之大动而破郁，继而行郁，行畅则气畅；震，动也；坎，险也，动于险外，以震出乎险成解难之义。再者震雷坎雨，以雷雨之作，使阴阳交感，雷动行郁，坎水灌溉以求新，交感而和畅，新体焕然一新，难体自然因气机和畅而缓散，以此解难而济厄使天下得以患难解散，此为以“解”济难之良方。

解难之要，首在天之气运，无天道气运则无出难之时机，继而行破郁且行郁之法，此法师法雷雨之动，以震出乎险而破郁；破郁之成皆在乎天之气运和法之气数，要使患难尽解，当师法天之气运和法之气数，再健德以序，以其德序使邦体依序而运转，以尽淤去堵而既解难又出新。健德则为师法“雷”之动，阳出为震，阳动而健，正是德裕之时，当德序以健，以德序如“雨”灌溉洗涤浊气，使邦体秩序因德健而焕然出新，再健之以法→礼→德三者成序，以礼序、德序治位序之乱，以德树光明治诸昏昧当道，自然能因气机交感而在大共体里引援以助益。

以此三者行解之道，才是以“解”济难之良方，前两者在于洞明天之气运和法之气数，而后者在于人之作为，皆凭德主之。破郁交气解诸难的核心在健德以治，当有天之气运和法之气数之前提时，自然离不开人为之治理，而治理的核心是健德以序；当无天之气运和法之气数时，值诸难之当体，却更应健德以治明，否则无明德以识天数气运，无法把握出困之时机，无法广建交感以济世，更谈不上休止天下否闭之己任。所以解之道，便是健德之道，况且大德能通气，德健则气通，“健”之本身就是真阳之行，以出震之阳，气行御天，能行乾道变化。

解之道。在解卦中，初爻言亲君子，二爻言获狐得黄矢，三爻言致寇之丑，四爻言解拇而朋至，五爻言君子有解而小人退，上爻言射隼动而有获。下体坎三爻不言解难，实则是险已尽，难势缓解之，上体震三爻辞皆言“解”，尤以“小人退也”而去小人之难。解卦以雷雨交作立象，以患难缓解成义，以破郁交气为解之思想，以缓解、破解、解散、生息、尽解为解难之过程；当诸难已解，正是君子以得朋之利而行静以治内、动而治外的治理之时，宜以平易之方以行宽简之政而体施恩仁，以此大利生息之休养和正序之来复，值法→礼→德三者成序的新气机到来而成解之实。

解：利西南。无所往，其来复吉。有攸往，夙吉。

彖曰：解，险以动，动而免乎险，解。解，利西南，往得众也。其来复吉，乃得中也。有攸往夙吉，往有功也。天地解而雷雨作，雷雨作而百果草木皆甲坼。解之时大矣哉！

象曰：雷雨作，解。君子以赦过宥罪。

卦辞：解难并静养生息，以德教得朋。

彖辞：师雷雨象而行破郁交气的解难之道。

象辞：休养生息、体施恩仁，行王化之道。

解卦，震上坎下，为雷雨交作而患难缓解之象。震者雷动，雨者坎作，以震出于险外使难缓而散，以雷雨之象呈难解之义。在解卦，震有雷霆之威动，离以光电示明，坎有云雨之欢，使雷电动闪于天际，内以离火照其明，云雨得时而交作欢畅，使得成雷雨交作的解之体；得雷雨交作之当时，雷继以震动，雨则灌养生育，雷动使积郁得以舒展，雨作使万物得以生养，以此成郁发并新生的解之用；以解之体行解之用，成解之大义。王弼曰：“解之为义，解难而济厄者也。以解来复则不失中，有难而往，则以速为吉也。无难则能复其中，有难则能济其厄也。”

解卦以雷雨交作立象，以患难缓解成义，以破郁交气为解之思想，以难体缓解、破解、解散、生息、尽解为解难之过程，以雨灌涤浊气以及阳动成舒健之新气机，再健德以序，使生息休养与生机到来而成解之实。

解义之缓解者，为“缓”成其主旨，在于诸难势皆去，无蹇难之势迫之，亦无否难之势塞之，此种全凭天之气运和法之气数以降，乃难极生变之兆，但“缓”义过程缓慢，之所以缓慢在于无解难之内在主体交感并迎合天之气运，只能以天“势”缓图之，故而难体之转变亦然缓慢。何为解难之内在主体？便是君子应难当知健德济世，既有济世出难之大志，又有健德求明之笃行，以此两者之修持才能与天之气运交感而通，才能生大震。

解义之破解者，以“破”成其主旨，破为出震之破以及震出而郁塞之破。首先是天之气运破否运而降，这也是之所以有解、成解之前提。再次是君子健德德盛而真阳破出，以天运之破和内在真阳之破两相交感。最后以运之于天为外，成之于真阳为内，以此震出之破势言破，而行破之实；内外皆交感而通，从而雷电际出成震，同时伴离火成明以成电。无此“破”之实则无以言解义。由此可见，雷之所以成震而动，在于内外两相交感，外则有天之气运大济之，内有因健德阳裕真阳际出而震；为何会有真阳际出？在于值难体时，君子固守正道且健德以治明，以此修健之功，当有真阳蓄积之内在，也正是因真阳蓄积之内在，才能睹天之气运到来时，以明德知解难之势以及当解之体已成，同时有值天之气运和法之气数以降，天地合德，再与人合真阳之德，从而际出雷天之震，以震之威，离电耀天际。

解义之解散者，以“散”成其主旨，散因“破”行郁塞使气机舒畅而难散。首先得益于天地人三阳合德致气机交感出震以动而破，秉破之功而行郁塞，值诸难之体时，积郁成病多时，不破无以新生，而破之功，在雷电大震也，以神明大通之威，且“帝”运开来，以新运散旧运，以新生解否塞，故成解而散之义。其次得益于健德之明，以明天时得天之气机，得时机而否散；以明地利得雷雨交作，得解体之成而解散；以明人有德，使真阳交感天气，得破而难散。“明”德藏于解体中，以行雷雨之用神，这也是为何解体会有离电之曜的原因，在于健德之明已生，用明成电，以电火曜之；明则当用，以明用于明天时、地利、人健德与否三者，来助解体且益新生。

解义之生息者，以“息”与“生”成其主旨，否既已解，难既已散，当休养生息，息者自静也，以静养而养邦、民，以静守而健阳德，息愈久则阳愈裕，亦正是生机到来之时，同时也以新生“解”旧体，使缓解、解散之解难义更深刻，《周易本义》所云“难之既解，利于平易安静，不欲久为烦扰”正是如此。平易安静是难解后第一要义，诸难深重，早已不堪其重负，或早已民不聊生，既已解难，就当休养生息，不再以动成民祸。解难之时，求震之动，安解之时，当求静以养，且君子以静求真阳亦忌妄动；当安解与休养多时再言“动”时，则为君子谋位以政，且是阳道之政。所以“息”必处以静，当以静为休养生息之要义时，方得养之机。当有静养之基础再求雷雨交作，此时的雷雨交作仅是寻常气象耳，以四季气象往来利于恢复生机，为安解状态的生养之道，以此生养则出新“生”。如何生养出新生呢？震者动，坎者劳，离为日，为日出而作，日落而息，勤勉劳动，以四时气象养之；当新生已成，以新生“解”旧体，则民生便有了安解。

解义之尽解者，以诸难“尽”解，新体乃生成其主旨，难之所以能尽解，在于新体新生而言旧难之解，并非以“尽”言新体无险无难，而是之于蹇险、否难之体言“尽”。值解难时，破郁交气为解之思想，所交之气为以君子真阳之气交感天之气运与地（法）之气数，目的在于天地人合德，以阳德出震而破郁；值新体已生时，亦言交感得气，所交之气为生气，雷雨生发之气以及劳作勤养之气，目的在于以四时气象之规律，劳而作之，作而新生之，以诸多新生解答诸难是否尽解之题，卦中坎主疑问，震主答，以解疑答惑而言解主已有归宿；谁能在诸难是否尽解的问题上来答疑去惑，谁便能把握新体新生之机，谁便能成为解之主而当解政。能在此时既有解疑答惑之机，又有诸多问题之解之明者，便是洞明“解”义之人，且大明解体各种生发之时机。

解之时。值解体，有解诸难之时、难已解而新生之时以及新生而正序来复之时。先解诸难才能成其新解体，而先解诸难，必当有天运之时，这是天运之前提，也是难解之必然，从而以诸难散解而有解难之道。解难之道，以难体从缓解、破解、解散、生息、尽解之解难过程，贯穿破郁交气之解道思想，所谓震之动无功不发、水之济无用不生正是破郁交气之呈现。震之动无功不发，此“功”在乎德，全凭天地气运之德与君子健真阳之德的德之功，无天地人三者以德交感，便无以出震，更无以“险以动，动而免乎险”使其险解；水之济无用不生，此“用”在乎新生，全凭雷雨交作与勤勉劳作，以此济之出新生，难已解而新生之时正是雷雨之用，以及勤勉之用。

雷雨交作之用，以雨洗涤浊气以及阳动舒健之新气机，两者交替，使生息休养与新生之机到来。此种生机正是“天地解而雷雨作，雷雨作而百果草木皆甲坼”的生养状态，百果草木得雷雨之养而以萌新生，此种新生正是雷雨交作之用，从百废之兴到草木之萌，再到新养际出和气生。当休养生息的新生已成，以“生”之用，正是正序来复之时，休养生息更当体施恩仁，以诸难尽解行王化之道，王化欲施则当有正序为基石，故而当修复治道，正纪纲，明法度，再健之以法→礼→德三者成序，以礼序、德序治位序之乱，以德树光明治诸昏昧当道，使其“进复先代明王之治”是来复也。以正序来复而励治，是大治之捷径，当新体大治时，正是解之大义有成之时。

“解，利西南，往得众也”。西南者，坤之方；以坤之方见广大平易的坤之体。在蹇卦言“利西南，不利东北”，在解卦又言“利西南”，以此来言物不可以终难来解蹇、否之难，故而有顺承“利西南”之说。由前文蹇卦云“蹇险在前，应知险退而居后，不可进而居先，利西南，在于退复自治为安，也符合大人以贞正之德固守自安之理，且西南得朋，既得朋就在于能助朋脱蹇难，利于君子反身修德而正位济难，以得朋之当位，行振济蹇难正邦之政。”可知，西南为可固守自安之地，立于难初解而休养生息的安生之所，此为难得之所；继而西南为固守贞正之德之地，为有德之地；因有德以及可利安生，故而西南能得朋，为得朋之地；西南有德亦得朋，正是君子以振济蹇难立正邦之志，并通天下君子之志之时，故而有君子之同；有众君子之同，必是德化之所。所以西南以厚德与载物之方，既有君子处蹇难反身修德而健德固守，又有济难正邦之志，以此厚德能得众君子之同；再以得朋之众聚，以利于生养之气机，驭得朋之当位而德化苦难之人，以此既得休养生息的安生之所，还得德化众人的德化之功，这便是卦辞与彖辞皆言“利西南”之所在，因解动于险外，诸难当解，故不复言东北之不利。《周易本义》曰：“且其卦自升来，三往居四，入于坤体，二居其所而又得中，故利于西南平易之地。若无所往，则宜来复其所而安静。若尚有所往，则宜早往早复，不可久烦扰也。”

“有攸往，夙吉。”西南以厚德与载物之方，既是休养生息的安生之所，又是因德化而得朋之地，正是君子当作为之时——使民安解与使正序复生——行平易之事。使民安解便是安民之政，使正序复生便是修复治道之政，此两者是解体最见功之事，“往有功也”正是如此，而行此功之策略便是行平易之事。之所以安解应平易，在于天下之难方解，民众始离艰苦，既需要安息静养，又不可复以烦苛严急治之。平易者，以宽大简易而行众利，“汤除桀之虐而以宽治，武王诛纣之暴而反商政，皆从宽易也。”宽以得众，继而得政。如此有功之事，当“早”作图谋，夙者，早也，且有以夙言敬之义，在于使民安解与使序复生之有功于众之事，应敬而行之。《程传》曰：“有攸往夙吉，谓尚有当解之事，则早为之乃吉也。当解而未尽者，不早去则将复盛。事之复生者，不早为则将渐大，故夙则吉也。”

“其来复吉，乃得中也。”以中道行休养生息的安解普世之道，正是正序来复之时。正序来复，以法→礼→德三者成序复其治道，才是安解并使其新生之法。所谓“其来复，静以治内也。有攸往，动而治外也。夙吉，患不可养也”正是如此，以内治、外治而积极作为，值安解之当时，正是匹夫之责，虽言新生，尤其是正序之说，其实是复生，在于先王崇德治序早矣，其法→礼→德三者成序自履卦与比卦作制时，便已成治道，且是王道之基。《程传》曰：“圣人既解其难，而安平无事矣，是无所往也。则当修复治道，正纪纲，明法度，进复先代明王之治，是来复也。谓反理正也，天下之吉也。其，发语辞。自古圣王救难定乱，其始未暇遽为也。既安定，则为可久可继之治。自汉以下，乱既除，则不复有为，姑随时维持而已，故不能成善治，盖不知来复之义也。”

“君子以赦过宥罪”。《书·大禹谟》云：“宥过无大，刑故无小；罪疑惟轻，功疑惟重；与其杀不辜，宁失不经。”君子师雷雨交作而患难缓解之象，宜广施恩仁，以平易之方以行赦免小过、宽简大罪的宽简之政，从而赦过宥罪，既安解生息，又安怀人心。赦者，赦免也；过者，过错也；宥者，宽恕也；罪者，罪过。当难缓解之时，人始离艰苦，不可复以烦苛严急治之，以平易为利，以安静为吉，久为烦扰即非吉之政，且见民之艰苦宜早治之，不可久为烦扰，亦不可养祸患成难。之所以赦过宥罪言行赦免小过、宽简大罪的宽简之政，在于处蹇难、尤其是否难时，小人行恶多时，民众与小人为伍多时，究其过错一定牵连甚广，若复以烦苛严政急治，不利于以静求生息，况且正序来复，民众履法序、礼序、德序尚有一个过程。君子复其治道，既然有得朋之地，便有得人心之法，以得人心而怀安之使诸难共解。烦苛严政在安解之初，容易再生祸患，从小祸患而惕惧大难体，更应思祸患之来复而平易安解。

在解卦，以解蹇难和去小人之难成为解难之范式。蹇体之难，诸险势迫，民生多艰，否难之世，小人当道使光明暗淡。蹇在言险，而解以震出乎险的“险以动”，使险不再成难势，坎不再成难陷，而解其蹇难；否体言塞，而解体以震之大动破郁，继而行郁，行畅则气畅，使否势倾去，气机重新交感，同时否因塞而不交通，小人当道无明尤甚，故解之破郁交气，以破郁而行塞，郁塞的浊气去，新气来，以交气而与大秩序重新交通，故重在去小人之难。

解诸“难”之得，与小人远去之得，正是解体的得失之道。小人远去之得，在于随否难之解小人当先失，同时小人也是必失之物。为何言失而得呢？在于小人以奉君为志，且以求为身之利妄作非为，好欲且逐欲，是实实在在的“得利”之人，民众昏蒙无明，在既得利益的引诱下皆愿与小人为伍，还唯恐自已不是那种能奉君且妄作之小人。小人远去之失，才是当失之“物”，此种当失之物失去才能得，得正道能复，正序当健以及正息能养。故明解体的得失之道才能治解，解难之得固然为得，而小人远去之得才是正序光明之得，而恰恰此种“得”，民众不愿舍去。

静养与济休养

初六：无咎。

象曰：刚柔之际，义无咎也。

九四：解而拇，朋至斯孚。

象曰：解而拇，未当位也。

初六阴柔居下，值难解之当时。虽以柔处下，但患难既解，以柔居刚，以阴应阳，故而何咎之有？初与四正应，为有阳以济应，处解体，用安解之道以宽仁，与小人为伍之人皆得到了宽宥，包括阴柔之初六，诸难初解，虽处之安平，但犹不忘反身自省。

初六无患难，此时之柔为以柔之静来休养之，而所应之刚，为心向君子，君子以阳得照初六群体，使初六能得刚柔之宜。当此之时，既不可懈怠，亦不可妄作，柔而不懈，刚而无妄，以履刚柔而得静，故多安宁无事。初六无咎，在于能休养生息，又能以情志抱君子，有心向阳。

九四以阳刚之才居上位，以居位不当又承六五之君，有大臣之能；近比之于三，因其阳刚和大臣之所属，容易被小人所附丽。拇者，足趾，取震象，谓阴柔之小人；朋者，六五也；孚，值阴阳际而言信。纾解大脚指，必解去小人之附丽，然后孚于其朋，才能呈孚信。

为何九四要治其孚信，因为九四为执安解之政者，不能为附丽之小人谋私，九四刚居阴位，应初而遇二为滞，是居位不当，虽居位不当，但以大臣之属性当政。其“拇”之所指为在下而微者，四居上位若亲附丽之小人，虽阳刚则执政有偏，贤人正士则必将远退以避之，如同否卦小人当道而君子远遁一般，若九四能纾解——斥解去小人，显己治世之诚，以诚相待众人，则君子之朋来将至而诚合矣。初六与六三皆阴柔之人，但初六最远九四，以远之而成解，六三近九四，是最易附丽者，以斥之而解附丽之人。以“远”以“斥”成九四治诚、示诚之方。

静养与济休养。从初与四相应关系来看，九四为卦中阳爻且承六五之君，为执安解之政之大臣，初应被四济，济之以安解之政，使初能休养生息。虽相应，但责之所系，九四不能为初九谋私福，有二为滞，使其虽应但实际远之，并未损九四之孚。九四如何济休养呢？为执政不偏，所有民众皆能因宽简之政而获福，其六三与初六也自在其中。初六以柔承二应四之刚，为有情志于两刚，既在于君子得朋之因，又在于君子以阳得照初六群体，使其六虽居下但能阴阳合德，以此阴阳二德之际会，使其初六行亲君子之举。

正因为九四以“远”解初六，以“斥”解六三，成九四治诚、示诚之方，才使居下之民众得以见四之政德，光明无私之德，以此照之，自然行心所向阳而亲君子之举。初六亲君子，在于刚柔两济，刚者，九四刚正不阿的安解之政，柔者，初六不乱九四孚信而自觉静养之，以民之休息助九四执政；初以履刚柔而得静，九四以刚执柔政而得孚，两相其美。平易的宽简之政，既适合初六生养,又适合九四执政不偏,在九四私德建立上,能够以明自远小人，以解小人之难得朋来之信，这是小失而大得，虽未以相应特别关照初六，但恰恰因无特别关照使其有得而未失，初六以心向阳、以静自养而心系六四，实为九四之朋，亦是安政之基石。

得中道去小人

九二：田获三狐，得黄矢，贞吉。

象曰：九二贞吉，得中道也。

六五：君子维有解，吉，有孚于小人。

象曰：君子有解，小人退也。

九二以阳刚得中之才，中正刚直，上应六五之君，为君所用，二以处险之中知险之情，既得重用，又尽阳刚匹夫之责，而尽解诸难。何楷曰：“天下之难，率自小人。始欲解天下之难者，必有以处小人，然后可然。非柔者所能办，又非刚而过者所能办也。九二以阳居阴，秉刚中之德，果而不激，故有田获三狐之象。黄矢，所以取狐，狐获则黄矢亦得矣。”

田者，以取禽言打猎；获者，田猎而得，谓能变化除去之；三者，坎数阳功；狐者，指卦之三阴，时之小人，亦为隐伏之祸患；黄，离中色黄；矢者，箭矢，喻直物；黄矢，谓中直也。二比初三，应六五，取信三柔，是田获三狐之象。猎获三只狐狸，赢得黄色箭矢之赐，利正固吉祥。田者去害之事，狐者邪媚之兽，群邪不去，君心一入，则中直之道，无由行矣。《程传》曰：“天下小人常众，刚明之君在上，则明足以照之，威足以惧之，刚足以断之，故小人不敢用其情。然犹常存警戒，虑其有间而害正也。”

六五以柔居尊位，虽柔，但中而应刚，有君子之德，以君子之德履君子之位，当为解之主，谓人君之解。从六五而言，居其位，有其德，故能振危解难；全卦唯四五言“解”，四能解小人而执君子，使“朋至斯孚”，五能解诸难亦安解体，以“孚小人”而验其能。《周易本义》曰：“卦凡四阴，而六五当君位，与三阴同类者，必解而去之则吉也。”在爻中君子言有解，以小人之退为验。维者，通唯，唯有之义。

《程传》曰：“以君子通言之，君子所亲比者，必君子也。所解去者，必小人也。故君子维有解则吉也。小人去则君子进矣，吉孰大焉。有孚者，世云见验也，可验之于小人。小人之党去则是君子能有解也，小人去则君子自进，正道自行，天下足治也。”

得中道去小人。得刚中之道，必然有刚中之应，六五应二，二为阳既当用，必以阳能去小人，以二之用来正君心，亦正君行。君心与君行之所以需正，在于六五以其明易蔽，其威易犯，其断不果而易惑，小人之群体大，有狐惑之三，小人为身之利，容易奉君行狐惑之术，若狐术有成，则会上下相欺且合交以害正道，必然要有亲君侧与正君心之刚阳之人。

取狐象。《周易本义》曰：“卦凡四阴，除六五君位，余三阴，即三狐之象也。大抵此爻为卜田之吉占，亦为去邪媚而得中直之象，能守其正，则无不吉矣。”田获三狐，为九二执中道，以狐取而尽解众难；之所以得黄矢，在于受六五之赏识，因功受赏赐，赏其中德。有九二执中德，且以刚去狐，小人则自退。小人之所以退，并非在于九二以刚言杀，反而以田猎之礼，王用三驱，网开一面，忠实地执行平易的宽简之政。六五有德之君正应中正刚直之九二，两相德厚，以此宽仁之智治其解体，其卦中之狐自然安于政内。

去小人。“四能解小人，可以来君子。五能解小人，亦可验其能为君子。”五所验者为中正刚直之九二也。九二田获三狐，六五的赏赐也并非赏其刚勇，而在于赏其宽简以仁，以中正刚直之美得其“黄矢”，谓深中六五怀仁之心。所谓去小人，而是小人自退，既在于九二以阳刚之正照之，使小人无乘犯之机，又在于小人值安解之政时有心向明，小人向明，在于解政宽仁之功，使小人能独立操守，师天地之大德而改过自新，也正应解卦出新之义。君子以“有孚于小人”，使小人信，小人能信，则化而不为恶。

失得之解道

六三：负且乘，致寇至，贞吝。

象曰：负且乘，亦可丑也。自我致戎，又谁咎也？

上六：公用射隼于高墉之上，获之，无不利。

象曰：公用射隼，以解悖也。

六三阴柔居下之上而失正，处非其位，有下民之象；乘凌九二君子，犹负重小人在下以负荷。而且乘车欲窃高位，必招强寇至而掠夺。孔颖达曰：“乘者君子之器也，负者小人之事也。施之于人，即在车骑之上而负物也。故寇盗知其非己所有，于是竟欲夺之。” 六三以不正之质，居至贵之地，是小人在君子之位，故招寇盗夺取。负者，背负也；乘，车乘，君子之器也；六三居坎承震，是“负且乘”之象，更是小人窃君子之位也；致者，招引；寇者，盗贼；致寇至，是生灾祸。

解卦之六三为德不配位之范式者，六三以阴柔之才不正之质，取非分之位，本气质卑下，非在上之物，反而欲据其位，成其德不配位，且又无可称位之才，正是“德不称器，才不适位，尸位素餐，国之贼也”，必然羞吝，在于久窃其位必然遭君子耻笑，不恒其德必然为人所夺。一国之政，“苟任使非人，小则致寇，大则致戎，有国者之咎也”。任用之人，若不辨贤否而任之，以至为众人所夺而致寇戎之害，这也是之所以言“贞吝”的原因。《程传》曰：“小人而窃盛位，虽勉为正事，而气质卑下。本非在上之物，终可吝也。若能大正，则如何？曰：大正非阴柔所能也，若能之，则是化为君子矣。三阴柔小人，宜在下而反处下之上，犹小人宜负而反乘，当致寇夺也。难解之时，而小人窃位，复致寇矣。”

上六阴柔履居高位，且居于比尊高之地，因非天子而曰公；公侯射下高墙上的隼鸟，以此获之而无不利。隼，鸷害之物，指上之阴而言，象为害之小人；墉，墙，指上之位而言内外之限。上六在外卦之上，以射于高墉立象，“下坎为弓，互坎为矢，互离为隼，上震为动，坎离共爻，呈射隼之象”。公者，公侯也；射者，射杀也；隼，鸷禽，喻六三小人；上六曰隼，九二曰狐，皆小人之喻也；墉者，城墙也。《程传》曰：“上，解之极也。解极之时，而独有未解者，乃害之坚强者也。上居解极，解道已至，器已成也，故能射而获之。”

君子藏器于身。至解终而犹有未解者，为悖乱之大者，言难在墉上，为难终未解肖小之辈犹未去，射之所以解之，故公为解悖之人。公之所能解悖，在于公藏器于身，射之所以解之。解终未济，必存大难，有德威如王公，以弓矢之器济未解之难。王申子曰：“隼指上，以其柔邪谓之狐，以其阴鸷谓之隼。”卦中言狐、言隼，在于隼者善翔于野有化外之悍，狐者善穴于城如在内之奸；九二田获三狐，为治奸民有成，上六射隼于高墉，为御外来强猛之寇。《系辞》曰：“隼者禽也，弓矢者器也，射之者人也。君子藏器于身，待时而动，何不利之有。动而不括，是以出而有获，语成器而动者也。”正是言解卦之上六，内修者必有外攘之具，所谓藏器于身，夫行一身至于天下之事，以藏器于身待时而动。前四爻所谓其来复吉，此爻所谓有攸往夙吉。

失得之解道。六三以致寇与上六以射隼言解道之失与得。六三气质卑下非在上之物，反而窃据其上位，看似有“得”，实则以小人在君子之位而德不配位，才亦不称位，以成国贼，既招君子耻笑，又遭寇盗夺取，反而大失。上六射隼于高墉，以君子藏器于身，待难终未解之时而动，以御外来强寇之功，成其护国之王公，上六射隼之举为出乎墉之外，不如九四既有王臣之位，又执政而功在政内，看似处墉外而无位，实则为高于诸臣之“公”。以藏器于身，不为一时之得失而争位，夺权。夫子于《系辞》复伸其上六射隼之义，便是以失得之解道来言说君子之器用，以人人重视但上六却不争的位、权之“失”，成其在大难终未解的关键时刻有一箭定乾坤之能，以此大“得”，言君子大器在于正道。

纵观全卦，一卦六爻，去小人之象居其五，原因在于解蹇险之难，多依天之气运，当天之气运以降，以雷雨交作之威而破郁交气，诸险、蹇之难自当缓解，再以有为之德政施之，便无大患。治解道之难者，在于治否势之小人，小人之所以能成否难且难治，便在于小人害其正道，以欲行为身之利而大肆追逐，妄作非为乱其位序，又以好欲多行败亡之政，在既得利益的引诱下，民众多愿与小人为伍，故而习气深重难改，且小人奉君、窃位之丑径依然在解卦中横行。初六虽正应九四，当有阳之利，但初以享宽仁之政自休养之，值阴阳合德而亲君子便是德治之功，其功既在平易的宽简之政，又在九四以刚执柔政而得孚，使得两相其美。值九四位时，九四以“远”解初六，以“斥”解六三，使小人去之，以政德、私德、治诚之光明，深得解之大义。六五君子以“有孚于小人”使小人自退。九二田以获三狐深中六五怀仁之心，上六射隼于高墉防强寇成难以去小人。

全卦治小人、去小人的过程，以君子治小人之德政，呈现小人被德化而小人自退的过程，小人自退说明小人有心向明，心气已然与君子之政交通，亦可改否难之过而自新，以此独立操守反身修德。小人被德化而自退之现象说明，平易的宽仁之政政德已出，以解道行王化之道的教化已成，修复治道，正纪纲，明法度，健之以法→礼→德三者成序的正序亦可来复，通天下君子以济否世之志也已交感而通，其德树光明值解道已重见光明。

随卦：随物应情之道

兑上震下

唯变所适并唯善所系

解卦以雷雨交作立象，以破破郁交气为解道思想，使诸难从缓解、破解、解散、生息而至尽解；诸难之所以能解，在于值天之气运和法之气数以降，天地合德，再与人合真阳之德，天地人三阳合德致气机交感出震以动而破，秉破之功而行郁塞，致使诸险、蹇、困之难缓解；虽诸难当解，但小人难去，也是解之六爻而去小人之象居其五的原因。君子从静以治内、动而治外治其解体，以平易之方以行宽简之政而体施恩仁，使解体呈现生息休养与正序复生的大好局面，尤其小人被德化而自退，使法→礼→德三者正序复来而有解之实。

天地人合德交感而破郁交气的解道思想，是感通之髓；而万物与雷出入，正是感通之随，故而成随体。《序卦》曰："豫必有随，故受之以随。"豫者宽裕安舒之乐也，乐则生爱，安舒则生情，情爱之动，故而能迷惑心境使随物应情；随物应情者，为心随境转，以此成随。夫悦豫成随，在于因"乐"之取，而乐取之道，便在于随，故而随从心、从爱。以心爱之欲动，触物、触境生情，再让情发乎于外，便是随义。若情盛而爱动，则有迷惑由是而生，故豫之乐取与随之应物，皆发乎于乐于世俗之欲心，欲心妄动而障碍真心，故随之情为世俗之性情，皆由境转。

《杂卦》曰："随则无故也。"无故者，无有顽固之陈设，也不拘泥于法规旧陈，以随破陈，则随物应情。卦中以震之更、巽之新、兑之变而言随义，以随更旧陈，以随新顽固之陈，以随变不变之陈。随之无故，以更、新、变义对陈之规，而显随机之变，如《庄子·天运》曰："变化齐一，不主故常。"

随者，有随意之随和无故之随。随意之随为随之迷，以随物应情之情发于欲心而心由境转，心由境转者，其触、受、想、行、识皆妄作，其识、根、尘相继连环起用，反复熏习，使迷之于外物、外境而不能自拔；迷者无真，因不能见性而迷，为着迷之迷和情欲炽盛之迷。无故之随为随之深，以随之无故的更、新、变对陈之规，虽显随变，但以破规而圆规；圆规者，不拘泥于旧规而有随变之归，归则以心能转境而圆规；从随意之随的心由境转，无故之随的心能转境，便是从随之迷入随之深，为随之高深境界，之所以高深在于能唯变所适而随。

《系辞》曰："不可为典要，唯变所适。"典要者，为经典到不常变之准则，非一般之规则可比，亦为根根蒂固之陈规；而唯变所适者，为从陈规破规求变，再从破规而圆规为适。"不可为典要"，不是抛弃典要之陈规于不顾，而是对于规矩能做到随心所欲不逾矩的境界，既然经典有不常变之准则，就没有视之为无物的道理，而且典要之陈规为正序，亦为谋万变之根基，只有遵循典要，才能依典要而治自由，才能做到以能破规唯变，以能再圆规为适。从随意到无故之随义，正是随之物浅到随之心深的过程；随之物浅，为心由境转被外象、外物所迷；随之心深，为心能转境而随心所欲不逾矩。

随物应情之道。随卦，兑上震下，以震雷兑雨之交感，使雷自地发雨从天降而呈随。无论是随之物浅还是随之心深，皆以随物应情之交感呈其随义，无交不随，无感不随，随之外物，也要有意相对，以物意之交，才能感而生情。随物应情者，以情感物，在于物与意交，交而感才有情之所生，因物益情，才有情意之随；唯变所适者，以心变物，在于心于物交而辨，以交辨之感而通物之情，从而从心变物，成一切所适。无论是以情感物还是以心变物，皆在于先交而后感，交者，心外之触，感者，心内辨物，交感者，心物并一。《庄子·齐物论》云“天地与我并生，而万物与我为一”正是言此。

随之道，在于“感”而随。阴阳交感，感而通，以随的交感之道而致大亨，此随之所以亨通也。随之“感”道，兑为说，震为动，说而动，动而说，必然发乎动、说之用，此随之所以以女从男也；又雷震于泽中，泽随震动，外情随内心触动而自发，谓情随心动。随之道之所以能随机应变并唯变所适，便在于心能主万象，万象、万物之动皆在乎心。当心不予情出，则自然无外在情绪之状态，故要以心辨物，从万物辨真心，方得随之大道，心于物交而辨，以交辨之感而通物之情，之所以能从随之迷的外象，以心物见性之触而通实相也。

自解卦言破郁交气，以天地人三阳合德之交感，致气机交感出震，以震之动破郁行塞，解之气在乎外，而随之气在乎内，以发乎于心之气而交于物，再流之于情使心神之气出，以此言感。与解卦气机交感不同，随卦以心物之对而生气，再以心对物之情言感。故随之交感在内，气行于内，流于外。解卦多言不同“体”之气相交，以频率相交而蓄聚能量；随卦多言心与物内在意识变化，以此成气机，也为神气，再以神气感而辨之，流于外成情，在乎先交而后感。故，随之气为心物相交成气，再感而生情。

在随卦，初九以震动之主成“官”而主随，官主贵守亦主天下随时之变，故随有渝变而不失其正，能够出门交同人而有功，故可随时而动，适随时之变易。六二以逐阳利而系小子，失九五之丈夫，为因小失大。六三能系丈夫而立志舍下，为舍卑取尊，去暗就明，故而能有求必得，为得随善者。九四因其位而主获，以近尊之臣下据二阴，又得三求系己，是有获之人，虽有获却有凶，在于势大、获大已成僭越而被君所疑；唯有变势与变其德，以明功之坦诚强调其不专有，以此守常虑变，精诚所交，方能避凶。九五孚于嘉，以至诚乐从天下之善而成正位居体的天下之主，同时又以尊位主善政，让善有教化之功，使天下万民惟愿能拘系从维之。上六拘系从维，值随道大成时而穷于随，反而志在拘系从维天下之明主。

随：元亨，利贞，无咎。

彖曰：随，刚来而下柔，动而说，随。大亨贞无咎，而天下随时，随时之义大矣哉！

象曰：泽中有雷，随。君子以向晦入宴息。

卦辞：以典要通“元亨”的法序之随成随义。

彖辞：以唯变所适，使其处“天下随时”的随物应情之状态。

象辞：师法随道，使心不随境转而固守阳德。

随卦，兑上震下，为泽中有雷而随物应情之象；泽中有雷，雷震于泽中，兑主悦，外悦之情发自内之动，为外情随内心触动而自发情随心动之随义。卦中兑为说，主悦，为情流于外，震为动，主生发，为动而生发于内；内动外情相合而成随。内之动与外之情相合，使雷自地发雨从天降呈震雷兑雨之随，雷雨相随，使万物生长之情状可见，为以自然之道而见乎外情。卦中兑为少女，震为长男，以少女从长男之随，使女为随人者，震主春，兑主秋，嫁人之事宜在春，问斩之事宜在秋，此为四季随情之随；又震主春分之节，兑有秋分之气，震气出于春而交于天，兑气入于秋而感于泽，四季交替，万物随自然之序。之所以成随而能随，在于万物与雷出入，交感通随，流于兑之情状，随之情顺于内动而从之。

随之所以有震雷兑雨之随，在于卦中阴阳交泰，震、兑之爻皆是以阳承阴，阴阳相随，继而成内外之体。阴阳相随必有阴阳二气相交而合，使兑雨以随震雷，以此见万物之情。卦中震一阳息二阴，兑两阳共息阴，君子道长而小人道消之貌，也以此继承解卦去小人之治道。之所以否卦小人道长君子道消，在于不交不通而否塞，随有阴阳相交相合，是为阴阳二气之交，并伴雷雨相随，是为交而感通才有雷雨之随，故而随之体有气交且感通，才以此别于否卦。

“刚来而下柔”。以阳息阴者，既为行去小人之政，又为随情教化之道。雷主发，泽主入，以感而发之使教化润于内。去小人之政是随之所以能随物应情之卦责，卦责主随物应情，而随物应情必然要有气与之交感，无论是随意之随还是无故之随，皆是心感物而成气，此气为心神所发，行而成识，再以触、受、想、行、识之识、根、尘相继起用，整个过程皆以气的形态贯穿，故气不能郁，气要通，才能使心物相通继而识、根、尘相继起用，这还是起于内，以心物相通之神气感之，发乎于外，流而成情，此情之于外，无论是情发于欲心而心由境转的随之迷，还是心能转境的无故之随，皆以气用，以气发之，继而贯穿随物应情之内外。而小人之道以不交不通主郁，凡是以上随物应情之通道有阻滞的，皆阴之为阻滞，在政为小人当道，在身体为气滞血瘀而主情志之病，这也是小人无明之所在，在于神思之通道未开，又以阴郁当之。

随以气用，气以通才能行，故气通必治阴郁之塞，以阳息阴，便是以阳裕开阴路，使其通道洞开，以行气而交感，亦称去小人之政，并非限于为政之治理。当去小人之政得行，阳开阴路使气机通行的通道洞开，便有过气之通道，气之所以能过者，在于气为阳，阳足才能行，而阳足之动力在于发乎神思之精，之所以有精，在于精为气用气动必是精用的精气动态关联主导之，精气神三者合德，发乎出阳，以阳出之震动而行气，此阳所过之处，便是随情教化之处。阳之教化，非拘泥于刻板教条之条陈，教化之阳在于阳之性，非具体之事与物方能行，其实阳开阴路本身就是教化之举，无阳化，阴无以开，何况精气神三者合德而行气，更是行教化于无声之处。

“天下随时”。随卦言随“时”，便是气通而交，以及交而感，在乎时也发乎时；时者，虽无定数但有定法，无定数者，在于无时无刻不为时，有定法者，在于时之所生正是天人合一全息元象“动态”交易之序时。言去小人于无时之时，而行教化于无声之处便是此义。对比解卦言天地人三阳合德与随卦精气神三者合德而言，内外之别显而易见，解卦之气机交感在外之体，随卦之气机交感在内之用。正是随卦之交感有内外之体用，故以内外合时方能知时，而内外合时便是天人合一全息元象交易之合，系统精深而复杂，且气机通行之通道要同时洞开，故而时无定数；时之所以有定法，在于天人合一全息元象交易，体现在天地同律、人天同构、人天同类、人天同象、人天同数，且共同遵循“四象五行”的对待协调、生克制化的法则，因为有法则和法度可依，故而知时有定法，所谓宇宙与生命相互收受、通应，便是气机之交感，而气机交感首在于“通”，以去小人之政行通，再以随时教化之道通随，使天下处于“天下随时”的随物应情状态。

随物应情重在于精气神三者合德发乎出阳，以阳下阴行去小人之政，使气机通行之通道能“通”，而使其能通者却在于“刚”，这便是强调刚来下柔的原因，精气神三者合德发乎出阳，此阳必刚，只有刚复之阳气才能尽行郁之责，因阴郁之塞在否卦久矣，虽解卦有破之功，但破并非能通，故“通”阴郁之塞要刚之阳；在乎刚之动，才能显柔之说，刚柔才能相济而成随，正因有刚，才能使柔随刚成其随义。在乎刚，以刚言德固，自一阳来复而刚，刚为阳裕，阳裕则德固，只有德固者才能有刚复阳气以阳开阴路，同时也只有德固者才能随物应情，不被外物所迷，才能辨物而有心能转境的无故之随。

“动而说”。当刚阳通阴路，以去小人之政而行阴郁之塞，故而用于气机交通的通道已通，气机通行的通道之通，在于阳裕且德固的健德者反身修持，再以精气神三阳合德而震动于内，以气行交物，继而感之，使识、根、尘相继起用，而生随物应情之随道。“动”在于随物，而“说”在于见情。动而说，正是万物与雷出入而交感通随，精气神三阳合德之动于内，随气机交感之“通”，再流于兑之情状出外，以此合随体之大随之义。随物应情的“动而说”，如何能动？在于精气神三阳合德，以刚阳之德成震，震之动发乎于内成气；气之所以能行，在于刚阳以去小人之政行阴郁之塞而通阴路；如何能说？在于神识之动以气行交物，识、根、尘相继起用，而有兑之情显露于外，成说。

随卦配元亨之德，以利贞称位。元亨之德，在于随物应情的交而感能亨通，使上下卦体以雷雨相随而通，内外之情以动而说而通，识、根、尘相继起用的气机交感能通。之所以言“元亨”，在于随物应情皆有序可依，有规则可法，虽言唯变所适时不可以为典要，但并非视经典到不常变之准则为无物，而是皆依典要之规则，以此正序谋万变之根基，再破规唯变以及再圆规为适，“不可为典要”正要遵其典要成正序之基石，才能做到随机应变并唯变所适。以“元”尊自然正序、位德正序，才能相交而通，若不触明自然之序则不能通物之情，通某一物，则要在某一物的属性之中洞悉法序。故以元言发乎于自然之序何其重要，不明元亨，则不懂正序之道。在随卦的随物应情之道中，交而感，皆要依典要之规则，如精气神三阳和德，以神主气精之法则，使识从心神所发，再以精为气用气动必是精用的精气动态关联行气，皆遵从精气神本来之法则，其触、受、想、行、识的熏习过程，亦然如此，皆序而有常度。只有从元亨之法序入手，才能明心见性，才能物我相从，心能转境而随心所欲不逾矩。

“大亨贞无咎”。在随卦，刚承柔，尊接卑，兑主柔而性说，故利阳唱阴和，使物所以顺从而随，也是随之所以亨通之所在；随有亨通，自然利贞，以阳所发出震而利阳道，以心能转境的无故之随而利贞；无咎者，明所随必得其正，所以终元亨之义。凡人君之从善，臣下之奉命，学者之徙义，临事而从长，皆有以贵下贱、以尊接卑之随义。

“君子以向晦入宴息”。随之道，利贞正，之所以利贞正，在于君子师泽中有雷随物应情之道，以知随物应情之本来，行养阳固德的向晦入宴息之法。随物应情的“动而说”，“动”在乎精气神三阳合德以刚阳之德成震，以“刚”言阳裕与德固，而能使阳裕与德固者在养阳之道，阳之固在于积阳成刚，而随物应情之随意义，以情发于欲心而心由境转，心由境转者以迷而不明是消耗阳气之举。“说”在乎神识之动以气行交物，以识、根、尘相继起用呈兑之情显露于外，此众应情之悦，更是以妄逐妄熏习妄识而消耗阳气之举。此两种随物应情之动而说，皆非固阳且固德之道，所以需君子洞明随物应情之本来，而行向晦入宴息之养阳固德之法。

晦者，暗也；宴者，安也；息，休也；之所以有宴息，在于艮之止，艮可以止兑悦。泽中有雷虽随物应情，但阳动之于内，其情可隐而不发，使心能辨物不随外物而转其识，阳气则不被外物、外境所消耗；同时，宴息者，虽言安然休憩，起居随时，但更立于随物应情以气交感而贯穿之过程，尤其触、受、想、行、识之识、根、尘相继起用的过程，是随之迷，只能反复熏习妄识，而情之所起往往一往而情深，早已迷复不返，心性不照，少有大君子明心见性而不被物迷，无故之随的心能转境的高深境界，并非随处可见。想做到唯变所适之随，只有以随物应情之过程而明心见性，才能成其心能辨物而不被迷惑。故君子师泽中有雷而随物应情之象，宜静养而不宜妄动，心神宜入宴息一念不起而不宜随识妄动以妄逐妄。只有自强不息修身健德方为大利贞正的随时之道，只有阳足德固的随时之生息，方能成一念之随时，一事之随时、一物之随时……从而心不随境转固守心阳，得其妙明真心才能治随道有成。

主随有功与主获有凶

初九：官有渝，贞吉，出门交有功。

象曰：官有渝，从正吉也。出门交有功，不失也。

九四：随有获，贞凶。有孚在道，以明，何咎？

象曰：随有获，其义凶也。有孚在道，明功也。

初九刚阳居下，以居随时而震体，成动之主；震之主居下为屈己处下，虚以受人，故众必从之，乃有所随者，并以此主随。既有所随，是其所主守有变易也，故曰官有渝。初与四为敌应，或曰无应，无所偏系，可随则随，既有所随，则变其常志，唯正是从。又出门以交，不私其随，则有功矣。可随则随，是所执之志能渝变也。孔颖达曰："人心所主谓之官。渝，变也。初九无应，无所偏系，可随则随，是所执之志能渝变也。惟正是从，故贞吉也。所随不以私，见善则往随之，以此出门，交获其功。"

官者，治众而自为主，取震之长子，以长子主器；渝者，变也，取兑象，金曰从革，革主变，《说文》曰："渝，变污也。"巽主权，亦有渝变之象；交者，往来也，震出巽入，以出入之往来曰交；震出，艮门，坤众，巽从，有出门以交，众人从之象；同时震动坤顺，屈己悦物，物必随之，人从物随，故曰"出门交有功"。

初九以震主而主随卦，既然主随，则不当随人，阳在二阴之下，以刚下柔，而当人、物随己；刚为阴主且震体以刚言动为主，故曰官，言"官"则主守也贞吉，夫阳为主而阴随之者，为正随，故所随得正，吉。主守却渝变，故要出门有交，出门交，先择后交，人心皆随主随之人，故众所从，《程传》曰："常人之情，爱之则见其是，恶之则见其非，故妻孥之言，虽失而多从，所憎之言，虽善为恶也。苟以亲爱而随之，则是私情所与，岂合正理？故出门而交，则有功也。出门，谓非私昵。交不以私，故其随当而有功。”随之六爻，专取相比相随，不取其应，故不言九与四之关系，初九震体，震以刚爻言动为主，故初九成“官”。官者贵乎守且守之有正，守正固然得吉。但随体以“天下随时”为大义故主随时之变，所以官之守常应知变方能成其主随之官。

九四以阳刚之才，处臣位之极，若于随有获，则虽正亦凶。言四有获在于四处兑之初，下据二阴，三求系已以此随己而获，故曰“随有获”。为何虽正亦凶？九四虽阳刚但失其正体，居于君侧，应知为臣之道，当使恩威应出于君上，四应以臣之道使众心皆随于君，但四贪有获之功，据功己有，以生僭越之嫌而多忧多惧，故而是其有凶的危疑之道也。王弼曰：“居于臣地，履非其位，以擅其民，失于臣道，故曰贞凶。虽违常义，心存公诚，着信在道，以明其功，何咎之有。”有获又有凶，获在于其位，因位而成获，而凶在其德，因无位德和身德，故而有凶，四为近尊之臣，若势大、获大则将被君所疑，当以己位能获天下之随时，其凶险可知，且四既无治诚之道，又没有治信德，无法避免使君和天下起疑。故治凶在于明其功，并治使君和天下不起疑之信德，方能解凶。

主随有功与主获有凶。初九为随主而主随，以“官”主守也自有人随，这是随之正所赋予的，就算值渝变也能适变而出门交，出门以交又得“同人于门”而有随同之人，故而皆吉。九四因其位而主获，以近尊之臣下据二阴，又得三求系已，是有获之人，虽有获却有凶，在于势大、获大已成僭越而被君所疑。相比初与四，初主随有功而四主获有凶，虽同值随体，但其境与势完全不同，乃位与德所赋予。

初九官言主，主贵守，但亦主天下随时之变，任何随变皆以变正为吉。如何能适变且得正？在于趋时从权，不以主自居，故曰官有渝；官有渝是主守有变动之象。以主守而变的官有渝之象，可适随时而动，随时之变易，以适变成其随义，得正则保其无偏私。出门而交，以“同人于门”得随同之人，之所以言“交”在于初九乃成卦之主爻，主不可以随人，但要取随同则言交，官主守言交则出门。虽言随而同之，但不牵于私，随而攀恋不舍之义，卦中六二、六三、上六，其性皆阴柔，得其随主宜攀恋相随不舍。

九四以“得巽顺之资，值和悦之体”而获，虽获却有居功、僭越之嫌，被君和天下所疑，值凶境宜早治其凶势。如何治之？需如初九奉渝变也能适变而出门交，要在己位变其势与正其德。

《程传》曰：“居此地者奈何？惟孚诚积于中，动为合于道，以明哲处之，则又何咎？古之人有行之者，伊尹、周公、孔明是也。皆德及于民而民随之，其得民之随，所以成其君之功，致其国之安，其至诚存乎中，是有孚也。其所施为无不中道，在道也。惟其明哲，故能如是，以明也。复伺过咎之有？是以下信而上不疑，位极而无逼上之嫌，势重而无专权之过，非圣人大贤则不能也。”

变势者，以不居已功使所获之势成君获，此为“明功”，在于治其不贪私，不贪私之四，想守位势很难，因为四所据之下二阴皆为以阴附阳，下二阴想附君但被四之阳所隔，四明显存据为已有之私心。正其德者，必须要自昭不获其有和不据私之德，且治其孚信于外，再以臣之位俯首于君，使君与天下能共见其诚，所谓“唯孚诚积乎心，行藏合乎道，明德昭乎远”便是如此。明功在于无私，治诚在于坦诚，以下信而上不疑，虽位臣之极但无逼上之嫌，虽有下二阴以阴附阳被位所据，但应强调其不专有，而为君有以及天下共有，故九四更要治其随适而变，若不能变势和正其德则有大凶，反之若能变势者和正其德，守常虑变，精诚所交，则为治世贤臣，把主获有凶变成有功。

因小失大与心随善道

六二：系小子，失丈夫。

象曰：系小子，弗兼与也。

九五：孚于嘉，吉。

象曰：孚于嘉吉，位正中也。

六二阴柔，近初阳之随主，虽与五有正应，但较初九而远之，以随系初阳随主而无法随其正应，故为之戒云：若系小子则失丈夫也。以六二乘初九，故初九谓小子。以六二应九五，故九五谓丈夫。二若志系于初，则失九五之正应，是失丈夫也。值随卦，以随为主，故重随而轻应，二比于初，以阴比阳，故系之于阳主；二虽应五，但遇六三之妒，又被九四阳所据而隔，虽理上有应，实则难和，故失之。

九五阳刚居尊得正而中实，以正位居体而君临天下，以唯变所适而随时四方，是其中诚在于随善，中正信善，尤治孚德，使其能上孚于天，下孚于地，中孚于人，得其尊位之信德，从而至诚而乐，自人君至于庶人，随道之吉，惟在随善而已。

孚者，以孚信言诚；嘉者，善也。兑主悦，震主动，以震承兑，动而悦，为能以孚诚之意感动天下，天下亦以嘉善之心随之。下应二之正中，为随善而感通万世、教化万民。

因小失大与心随善道。六二随主不随君，为因小失大。之所以有因小失大，在于六二以短视之目光，只行驱阳之利而舍忠君济邦之大义。九五以阳刚居兑之中正，以位正而德正，又以时中而善道中正；九五以阳刚中正、位正、德正、善正、善政亦正，故为天下之主。较初九随主之“官”，九五为天下之王。王大于官，天下之主大于一卦之主，故九五为大，初九为小。六二舍九五之丈夫、大人，而牵系小子，便是因小失大；这个“小”既有位小，又有利小；位小者，以初九之官对九五之王，利小者，以一阳之利对善政教化之利；这个“大”既有善大，又有义大；善大者，九五既随天下之善，又治善政而教化天下，故善有大，义大者，九五志在天下，能随天下之时而适变，非一卦之主能比，故有义大。

心随善道为心随天下大善——九五。子曰：“为政以德，譬如北辰，居其所而众星拱之。”便是言随之九五。为政以德者，为九五心随善道，以尊位治善，先治自己尊位之位善，再以尊位治随善，又以至诚乐从天下之善者，为九五所主善政，以政行善，让善有教化之功。王应麟曰：“信君子者，治之原。随之九五曰孚于嘉吉。信小人者，乱之机。兑之九五曰孚于剥有厉。”居其所而众星拱之，为九五居尊位，九四能臣下辅之，六二正应之，上六系之，有众星拱而共拥天下之主之势，以善政之德言“孚于嘉”，皆以位、以德而言天下随时之义，为天下随有德之主。

因小失大在于不明得失，六二系小子之得为驱阳利之小得，但失九五正应之大得，系小子而失丈夫，舍正应而从不正，其咎大矣。从心随善道来看六二，六二之善便是阴柔之质的目光，看不见九五之远大，只因六三之妒以及九四之隔，被困难所主而失去随大善之心志，此为之所以有失大之根本，不随大志而随近意，这就是典型的被近物所迷，以失心之辨而失九五之大。虽说系小子失丈夫，无兼得之全，但值随卦明随义，应知有无故之随，不能以随物应情而失明心见性的唯变所适；虽说随卦重随轻应，但若随以迷其心志而随则会丢失随善之大义，故言随时必守正且坚守得正之志，而志在远大。

随求与拘系

六三：系丈夫，失小子，随有求，得。利居贞。

象曰：系丈夫，志舍下也。

上六：拘系之，乃从维之，王用亨于西山。

象曰：拘系之，上穷也。

六三以阴柔承九四之阳，阳在上，故九四谓丈夫，居下者以初言小子，三近系四，而失于初，其象与六二正相反。三虽与初同体，而切近于四，故系于四也。大抵阴柔不能自立，常亲系于所近者。上系于四，故下失于初。三四亲比，舍初从上，为得随之宜。

《程传》曰："上随则善也，如昏之随明，事之从善，上随也。背是从非，舍明逐暗，下随也。四亦无应，无随之者也。近得三之随，必与之亲善，故三之随四，有求必得也。人之随于上而上与之，是得所求也。又凡所求者可得也。虽然，固不可非理枉道以随于上，苟取爱说以遂所求，如此乃小人邪谄趋利之为也，故云利居贞。自处于正，则所谓有求而必得者，乃正事，君子之随也。"

上六以柔顺居随之极，为随之固结而不可解者也，拘系之随谓随之极。九五孚于嘉，既随善又治善，故集众善于一身，以此而得上六拘系从维，也是随之固结如此的原因。诚意之极，可通神明，故其占为王用亨于西山。亨者，祭献，同享；兑居西，艮象山，震主器，乾类王，为"王用享于西山"之象。西山，为岐山，自周而言，岐山在西，周之王业，盖兴于此，凡筮祭山川者得之，其诚意如是则吉。亨亦当作祭享之享。《程传》曰："王用亨于西山，随之极如是。昔者太王用此道亨王业于西山，太王避狄之难，去豳来岐，豳人老稚扶携以随之，如归市。"

《案》曰："故于九五曰孚于嘉，所以别于兑之孚于剥也。于上六则不曰系小子，亦不曰系丈夫，而但曰拘系之，下乃云王用亨于西山，明乎其所系者王也。凡易爻言王用亨者三，皆谓王用，如此爻者之人以亨于山川上帝也，非谓其爻为王也。盖贤人者山川所生，上帝所简，故使之主祭，则百神享之而天受之。又以见王者之克当天心，无有大于用贤者尔。此爻与蛊上义正反对，当随之时，则拘系而不去，当蛊之时，则高尚而不事。"

随求与拘系。巽主从，艮主求，六三执巽艮共爻，成"随有求得"之象。震雷、离电、巽风、兑雨，雷电皆至，风雨同来以济，为求而得应之象。阴随阳谓得，三四俱无应，近比相随，又求之以正，故六三有求必得，但三四相随而非以其正，故圣人训诫之曰"利居贞"。六二系而失丈夫，在于不明得失而失其大，当能系丈夫而立志舍下，为舍卑取尊，去暗就明，是得随善者。

值随卦以随义言随时，而上六言拘系，以拘系而不可解，为随之上六，也是随之极者。本来九五已随天下之善而治随道大成，也以唯变所适之随成其无故之随的境界，故言随道已极，而居极者上六也，其随道已穷；若再以随道随之，则将有事而生蛊，蛊者，祸来也，故而必然言拘系，以免生蛊祸之端。之所以上六不随而愿拘系从维之，在于所系为九五天下之主，正是治随之主，可以确定的是上六所系者明乎其所系者王。

九五孚于嘉，以至诚乐从天下之善，又以尊位主善政，以政行善，让善有教化之功，而益天下随时之民；有此正位居体而君临天下之主，天下万民惟愿能拘系从维之，更是天下民众随愿所求之明主。所谓求而得应与有求必得，皆为系小而谋己私，行己欲，而非志天下之大愿，九五孚于嘉的天下之随主，恰恰才是天下共求之人，不仅求其明主，而是要将大同之志拘系从维之，以此随善而随时四方。

纵观随卦，六二、六三、上六以柔从之才，当随之时均不免于有所系，在于以阴系阳，多以柔质之目光驱阳逐利，以至于二系小子失丈夫，三系丈夫失小子，总有得失之虑。之所以有得失之虑，在于阴从之才容易被近物所迷，以失心之辨而失随善之心志。初九、九四、九五以阳刚之才，当随之时，则有所随而无所系。初九成随主，随渝变亦能适而随，九四有阴柔随之而有获，九五孚于嘉而随天下。随言无所系，却系随道以随天下。

如何系随道以随天下呢？初九官主贵守，随有渝变也能适变，正是“唯变所适”之随道；九四因其位主获虽有凶，但能治诚德而明功，既能健己德，又能健位德，正是唯德通天下之道；九五孚于嘉以随天下之善并治善，成天下万民惟愿能拘系从维之明主。故随之三阳皆得其随道，以治随有功而不被随而迷，并且能纠正阴柔之迷随、利随。值“动而说”随物应情之际，以感通天下之民随，治随善正固。

咸卦：感而遂通之道

兑上艮下

感物通物而虚我从心

解卦与随卦皆言气机交感，解卦以破破郁交气为解道思想，随卦以随物应情并唯变所适成随道思想，而成卦义与立象之基便是气机交感之用；解卦言天地人三阳合德，气机交感在卦体之外，随卦言精气神三者合德，气机交感在神识内之用，无论是天地人三阳合德还是精气神三者合德，皆在乎刚复阳气，以阳积与德合，解卦有震出破郁塞之破之功，随卦有刚阳通阴路的行之通。从生息休养与正序复生之解，到随物应情唯变所适之随，皆得益于气机交通。

通则感。内外、往来、出入皆能以“通”而行气交，以交而感，成其感而遂通；气机交通之“通”为气机通行与气的通道之“通”，而感而遂通之“通”为识物之通，借通道而产生更深刻与接近本质的通感，为感于物而通于物。感者，为心感，因心能识物而通更高于物本身之质，以感之明和通之晓，使其物我两通，并建立感通之极速，类似于睹物而顿释。从随体的感而随，到咸体的感而通，以感而遂通通万物之法序以及物之质，以内外交感之通，行天人合一全息元象交易之合，使其因交而合，因合而感通。

咸者，感也。以物之随而感，感以随物应情之情，以感于物再通于物。通物者，感物之情状而通物之质；物之质者，物的法序之质和本性之质；以通物言通物之法序与物之本性，而贯穿这个“通”的便是感。感者，在乎心，发乎识，以气行，以神知，以意达，以情悦，以速应，以见合，成其随物而通物的感而遂通感之过程。通者，在于以“明”辨知，而知在于去心之迷；首先要有气交的通道，其次要有感物的发生过程，再者要有去迷洞晓的途径和方法，再贯穿“感”之内涵，时刻伴通而感与有感而通。

《杂卦》曰：“咸，速也。”咸之所以“速”来言，在于感于物再通于物有“速”的“感通”状态，为“通”的通速和“感”的识速，以及感而通的辨速与合速。通速者，首先理解为通道之速，之所以能通物和感物，在于气机交往内外的出入通道，经过解卦的破郁行塞以及随卦的阳通阴路去小人之政，使否塞与郁积的通道被打开，否之塞，阴之郁，随感之过程均完成，历蹇险、困之难，否塞与小人之难的阴郁已一扫而光，使气机通行的通道已开，气机有通道可行则可充分进行交感，故而有通道之速。其次是建立在通道之速基础上感而通之速，为有“感”的行为与状态参与，以“感”来使用气机的通道，也是通道之用，正因有感通之用，而感通的发生为神主气精状态下的意识之传动，类似于行意识电，我们说经络行气也好，意识传导也罢，这对比外在情绪与行为来说皆是极速。

以通道之速和感而通之速成其通速之义，而识速正是“以气行、以神知、以意达、以情悦、以速应、以见合”所呈现的“识”过程。识者，通常以眼、耳、鼻、舌、身、意六识之统作“识”称谓，以第七识成为建立在六识基础上的有“我”的辨通之识。识是一种内在通感的过程，故识速在乎心，发乎识。在乎“心”为识种子库的无明缘行，发乎识为内在通感的集体行为。言识速者，为走向识起用过程的内在，以能快速通“明”而著称，而明却不因识昏而迷。辨速则依明而辨，迷之无明则不能辨。合速，为物我相应且合之速，识产于内，随物应情之情与感通皆因识起用后才发乎于外，尤其是感于物再通于物的过程，则正是物我相应且合的写照，相应是经过气通、识、辨、物通皆起用后再相合的过程。明辨与合速之速亦在识的通感基础上而辨，故能成其速。

以随对咸而言，感物而动情，为随，强调随物应情，以情表于外而呈随道；感物而通物，为咸，强调感物而通物，以通和感之内在“识”过程而呈咸道。咸之道，既在乎感通的状态——感于物，又有感通的结果——通与物，感于物是“识”系统内外起用的过程，而通与物强调心之以明辨物，再相应交合之。

贯通感于物与通于物的通道便是“感通”的识之用。对比随的随物应情，咸的感通之速是更强调内的高深层次与境界，以“速”言就在于随物应情对物的识别能力得到提升，对情的控制能力得到改善，使心之辨物能触及物象所在的规律与本质，而这个规律便是物之法序，本质便是物之本性。从解之交气，随之随物应情，皆有震出动为基础，以“动”言速，为言速之要义；之所以有震，在乎阳德，无论是天地人三阳合德，还是精气神三者合德，皆是以触及本质而表阳与重德，正因为有阳裕且德固，才有刚反阳气使其出震而动，才有气机的足够能量来破郁、行郁，才能成其解体、随体，乃至走到更精深的咸体。

从咸体而感通的过程可以描述为：因外秩序的天地人三阳合德之正序存乎外，以精气神三者合德之阳裕存乎内，内外德合相应而出震，以震之动，发乎成气，以神主气精之能动作用，使动而有气行，气在通道行速，以识起用而以意达乎外，六识在外触物而能感，以感之速，内外传导，导之内以神之知而辨物，所辨之物转成意以情悦，继而又从六识传导起用，使我心能感且应，应则为以明辨物有通，以感而通，感于物再通于物，成其感应之道神妙无穷，故而呈感而遂通之道。虽言其速，有不行而至之极速与无速。

《序卦》曰：“有天地然后有万物，有万物然后有男女，有男女然后有夫妇，有夫妇然后有父子，有父子然后有君臣，有君臣然后有上下，有上下然后礼义有所错。”以感于物而通物象所在的规律与本质，物之规律者，法序也，正因以通法序，故而要言诸物之正序；而诸物正序者，天地也，天地交感以阴阳二气化生而生万物，故天地为万物之本；师法天地万物之本序，乾道成男，坤道成女，男女交感且交合而成夫妇，故夫妇则有人伦之始。父子有尊卑之始，君臣有上下之始。万物本序与人伦之始皆是感物再通物后的“序”结，可以看作对物之规律的“序”的总结，其尊卑、上下皆是之于男女、夫妇、父子取象比类的类序。之所以要从万物本序之序到人伦之序，为师法万物本序而类分人伦之序，为有本序原理可依。类序便是对物、物象感而通的归类与总结，且依“位”而类分，而“位”之差别是以德来赋予的，这也是为何言咸之感通时，皆从“德”之本上言，以“德合出震” 以震之动发乎成气，从而有交感、感通的过程。

咸卦，兑上艮下，以道生德蓄之德“力”，万物得以从天地而生化，在宇宙天地的大秩序里，山泽通气，山泽之气能交而感的气机通道备具，气通而依阴阳法则而自调和，从阴阳之本序始，万物以山泽之序气通而感，继而调和、类分，各种物序而自见，故万物本序与人伦之序非人为强分，乃自然依序而类分。咸卦的人伦之序从交感开始，少女少男相交而感，感而通已深，男笃实以下求，女心说而上应，继而男女交合以男女之尊卑和位序成夫妇。故夫妇的人伦之始从男女交感、相应、交合的过程类分而出，此种类序之分贯穿着交感与感通的法则与过程。丘富国曰：“咸，二少相交者，夫妇之始也，所以论交感之情，故以男下女为象。男下于女，婚姻之道成矣。恒二长相承者，夫妇之终也，所以论处家之道，故以男尊女卑为象。女下于男，居室之伦正矣。损虽二少，而男不下女，则咸感之义微，益虽二长，而女居男上，则恒久之义悖。此下经所以不首损益而首咸恒与？”

在咸卦，咸六爻以身取象，上卦象人之上体，下卦象下体。寂然不动为咸之体，在乎感于心内而不动于外身；感而遂通的感通之法，为咸之用，以此感其六爻的吉凶。初在下体之下，以“拇”之动为言感之微、动之卑，动合乎随，感合乎咸，故而无凶吉之言。六二在下体之中为“腓”，咸腓之感以不守中正之道而待上之求，实为情欲躁动之感，以失中正之位，又失固守之妄而告以咸腓有凶。九三在下体之上为“股”，三以阳刚之才主内，以不能执守卑下，反而以非感于心从上随往，志在随人却随物躁动，失正而往而羞吝。九四在上体之下为“心”，以“心”得其咸要成为咸主，九四以咸之主大得感之道，虽感其私但未被私所累、所害，在于九四立于心而不累于私，得正固之利，使其悔亡。九五在上体之中为“脢”，以尊位感于“脢”而无私系，亦无亲狎之悔，为治咸道之浅者，无过亦无功。上六在上体之上为“辅颊舌”，以言说之具以言感人，言以口舌而无其实，未及德行，乃咸道之薄者。

咸之道。以内在神识之用，既感物之法序，又通物之本性，再以洁静精微之感而感于心，成其唯变所适而心能转物的咸之道。其感通过程为：从德合出震，震动发气，神主气用，气行以通，通而行意，以意感物，感物而神知，神知以意达，意达则情悦，情悦则有应，应则明辨物，辨物则通感，通感则物我有合，以大明合物我，则心物并一，心物齐一则舍识弃意虚我而从心，再以洁静精微之感履咸正之序，履道法之礼序顺应物来而不留，以心寂然不动得心境大光明，守真如而妙化万有，成其感而遂通履咸正之序之实相。

咸：亨。利贞。取女吉。

彖曰：咸，感也。柔上而刚下，二气感应以相与。止而说，男下女，是以亨利贞、取女吉也。天地感而万物化生，圣人感人心而天下和平。观其所感，而天地万物之情可见矣。

象曰：山上有泽，咸。君子以虚受人。

卦辞：以感而遂通的利贞之道，从阳能乘阴气而驭和合得咸道。

彖辞：从专诚至一到无心之感，以感道感通天地万物之情。

象辞：从感物通物而虚我从心治咸道境界。

咸卦，兑上艮下，为山上有泽而山泽通气交感至感通之象。兑柔在上，艮刚在下，两气相交感，艮之少男下求与兑之少女上应，艮以止则感有专，兑以说则应而至，以此感而通，男女互通而交合；交合中，兑悦言情爱之始，艮止言闺房之乐；值此男女交感、感通、相与皆成其咸义，继而男先女后以婚姻六礼，自纳采以至亲迎，而有女归成其家；以咸义之成，而有男女感通之道成，再从婚姻之道的婚姻之成到女归的家人之道成，各种类序自然生成，以此得咸"正"之义。从男求女之正，到夫妇咸正，继而成其尊卑、上下位序正，以"正"成咸体，再以"正"从类序而发乎正序。《周易本义》曰："男先于女，得男女之正，婚姻之时，故其卦为咸，其占亨而利贞，取女则吉。盖感有必通之理，然不以正，则失其亨而所为皆凶矣。"

"二气感应以相与"。二气为山泽之气、男女之气与感通类序之气。山泽之气，为兑柔与艮刚之气，柔为阴，为兑气之性，刚为养，为艮气之性，董楷曰："泽气之升于山，为云为雨，是山通泽之气；山之泉脉流于泽，为泉为水，是泽通山之气、是两个之气相通。山泽一高一下，而水脉相为灌输也。"山泽通气，使兑柔与艮刚之气得以交感，俞琰曰："山通泽之气，泽通山之气，山泽之气往来相通。"在先天八卦，兑居东南，艮处西北，山泽之气往来相通，因通而二交，因交而山泽有感，因感而二气相与，因交感相与而二气归一气，山泽二气之类归一气之序，以类序之成而得咸正，这也是为何从咸必生类序，从类序必得正序之所在。八卦之气在山泽相通，在于山泽有往来相通之通道，有通道才能使行气能通，此通道依八卦之德会，从阴阳法则之交，合以乾坤之感，成于先天，谓元气。《易纬·乾坤凿度》曰："艮，古山字，外阳内阴，圣人以山含元气，积阳之气成石，可感天雨降而润，然山泽通元气。”山泽之气交而能感，交在于有气机之通道，使通而交；能感在于道体德性本性使然，以乾坤之性而感，乾坤之性，元神使然，以此神主气精，万物感而自然生化。

艮之山和兑之泽取象比类，既有山泽通气，又使男女交感。艮为少男，兑为少女，男女之气相交，交而感之，呈现“男志笃实以下交，女心说而上应”的交而应的感应状态。气行者，以男之气行于先，为阳气冲升，继而男感又在先，在于在于男先得阳，以此而有气发之速以及交感之动，女得阳而感，谓心悦，再感而应，流悦之情在外。女得阳而感在于有阴之基，阴阳二气在山泽通道里以同频升发而交，之所以言男感在先，在于阳速阴缓，阳明阴钝，另外男先为以诚交而有先，之所以有诚，在于阳者精气足而专诚。王应麟曰：“咸之感无心，感以虚也。兑之说无言，说以诚也。”男女阴阳交感，以阳先阴后之气机升发过程，再以神之用而主气精，两两相应，使气与气同频相应，感与感同机相应，使感而能应与应而能相与，发生感而遂通之实质。之所以强调同频感应，也是通道所赋予，只有同频之气才能在相应的通道里通行，就如人的经络气一样，每条经络所运行的“气”的特质都是特定赋予的。

气与感皆在乎同频的特质，便是感通类序之气，山泽相交而感，在以交感“通道”的前提下，不会乱交乱感，男女之交感亦一样，我们可以把通道、气机的同频，气之诚，神主气精之用等理解为“缘”，因缘而行，而“缘”的特定便是比类的规则，正因有此规则成感通之法则，便赋予了感通类序之气，也正因为感通类序之气才赋予了咸道的类序以及正序，我们才通过感物而通物，从物之法序再入物之本性。也正因为有法，才能师法而类比，并以类比来建序。“二气感应以相与”其感应为交而感的过程，相与感之为结果，从感之结果能知序，从序能洞交感之法，以感之法而知位，以知位而知德。

《周易》上经首乾坤，下经首咸继以恒，在于类序之位分。咸，感也，以感悦为主；恒，常也，以恒正为本。感悦，在乎女悦之正应，女之正应必然要履行交、感、通、合的“感”的过程，再以婚姻六礼的女归成家人，当夫妇之道人伦关系确定，完成咸正之过程，才能算正应。少男少女只有交、感、通、合之感，而无未有相与成家，确定家人之咸正关系的，皆只完成了有心之感，未履行类序过程的无心之咸。故而，咸从感，以交而感的过程言感之于心，又以感而相与的结果，言咸道之果，为以恒正之本言感而无心。从感之于之感通，到感而相与有恒正咸果的感而无心，才完成完整的“咸”程，所以男欢女爱的闺房之乐皆只是交而感，并非真正意义上完整“咸”程，是不合道法正序之咸礼，更无阴阳和合之德。这也是从咸履序、履礼、履德来区分感而随，以随之迷来行欲的区别。

无心之感。以咸正之义行感通之法，以履类序的完整“咸”程而有无心之感；无心之感在乎心，以“心”言因缘的起始与终结，言说因缘之“咸”正的完成过程，以心不迷物赋予了以有心之感行无心之序，以履咸正之序区别于行随迷之欲。在履咸正之序上，言男女交合相与、以人伦关系确定夫妇之道，皆是在终了因缘和履人论之正序，“故人道始焉，为贤为愚，为圣为凡，皆莫能外也”正是如此。胡炳文曰：“咸，感也。不曰感而曰咸，咸，皆也，无心之感也。无心于感者无所不通也。感则必通而利在于正，泛言感之道如此。”言“心”在乎真如之净，从“净”而有去迷知晓的方法：以静守出阳，以阳成德，德圆而神，以神通大明，自然能以明照其因缘，使其感而通并非行欲，产生缘感于欲感之区别。缘感有明，欲感有迷、有惑，缘感有元亨，欲感若能履咸正之类序，亦能利贞，之所以皆能利贞，在于有感而通的过程行其亨通，故而在咸卦彖辞言“以亨利贞”。

“取女吉”。从姤卦言“勿用取女”到咸卦言“取女吉”，区别在于咸卦以无心之感履咸正类序，以因缘的缘起与终始，不被物所迷，不被阴所扰。

姤卦以“女壮”之阴柔牵乾阳之刚，若放之以阴柔浸阳刚，任其以妄逐妄，则将失真如之净，故而戒之于“勿用取女”，在于敬而戒之；从随卦言随物应情便有从心变物而成一切所适的无故之随，何况感而通之尤深在咸卦，以咸承继从心变物的一切所适而言，咸之感物通物，之所以能感物之法序，再通物之本性，就在于有心之明，以明而辨，自然能区分真与妄，觉察习气，就算无法明辨真与妄，以履咸正类序而自有因缘之终始，故而有取女无忧之言。况且以类序之成得其咸正，有二气归一气之序，阳能乘阴气而驭和合，使其因交感而阴阳合而并一，从而成一类之序，虽说有二类，但为一序，故以夫妇之二成家人之一。阳乘阴气而驭和合，从负阴抱阳之理，感通女之阴气以充阳行之精，能使气足，促履序之稳定。

感道正序。以交感之通而得咸正，又以履咸正之类序而成咸道正序，正因有感道正序，才能成其所感，以感而通应咸正之义成其遂通之果，而遂通的“果”成在于序之终始，以及序之于道的元、亨、利、贞之大义。正因其“正”赋予了感通是可依、可履，亦可取之法。正序者，为天下正道；感道正序者，为以“感”通之法入咸正之序，使其感通时能以唯变所适而心能转物。以类序通类而归一之正序，故而可通万物之本性，以本性言万物之本，再从万物之本，行以感通之法，而有夫妇的人伦之始，父子、君臣的尊卑上下之始。

“天地感而万物化生，圣人感人心而天下和平。观其所感，而天地万物之情可见矣。”因感道正序而天地能感，天地能感而万物化生，出则见万物之物象，入则见物象之法序，贯通感于物再通于物的感通之法，其规律与本质皆贯通一气。物象之所以能见，为“心”能见天下万物之情，再感情之所随，以此通物；物之法序之所以能通，为物有其本性，物之本性与心之本性，皆为贯通一气的道体德性之本来。“天地与我并生，而万物与我为一”正是咸道交感之境界。此境界在乎本“诚”，且为专诚至一，圣人以至诚通天下，故而应合君子通天下之志，志通则人和平，人和平则精气足而专诚，精气足则阳裕，以利阳之事成其大德，故而能感通天地万物之情，并见万物之感通，再履咸正之类序，缘于天地而全于天地。

“君子以虚受人”。君子师法山泽通气交感以及感而通物之象，虚怀若谷，健德修持咸道交感之境界，洽有人、物皆随适、虚我而不辨、舍识而从心三重感通境界。人、物皆随适者，以成于先天的气机通道、气机生发的同频条件、气交之诚、应而能合的共振以及神主气精之用等感通法则，能交而交，不以心悦，欢畅为感官追求，发乎识，问其真意，不逐妄识，不起欲意，以“缘”在先天的特定，履咸正类序之正，自然而然地交感，并以交感唯变所适之随，成其感通之序，故而有人、物皆随适者，值感通之道，感其正缘，履其咸正类序，通其应通之物。虚我而不辨，在人、物皆随适的感通前提下，以“虚”其我而独映其心，不以“我”识来辨物，决定交感与否，不加“我”执以及感通法则之法执，决定交感并感通的过程与路径；独映其心，舍六识之随妄，以“虚”我而正应发乎于“心”的因缘，从在乎心、发乎识注重以“明”辨知，而这个“辨”非我辨，更非六识触、受之辨，舍去识、根、尘的相继起用，不以受、想、行、识的连贯反应来辨，虚其非“心”起用，郭雍曰：“唯虚故受，受故能感，不能感者，以不能受故也，不能受者，以不能虚故也。”故而要“虚”我以辨，舍识以从，在于独映其心之明，以去心之迷而自在感通，履因缘种子的缘行为其正缘。舍识而从心，不以“我”辨，不加感通法则之法执，非六识触、受之辨，真正顺承咸正之序而从心，以正缘履正序，使其“以气行、以神知、以意达、以情悦、以速应、以见合”之感通过程，气该行则行，神应知则知，意该起用传导则传导，情该显露于色则和悦于面……物来则应，随物应情过去而不留，正是以洁静精微之感履咸正之序。

程子曰：“廓然而大公，物来而顺应。”之所以“物来而顺应”并非完全消极不理或避世，在于以正缘的终始履咸正之序，这是基于道法本序的礼制，履先天因缘的本分之履，以善和德终其缘，更是身德之本，正缘之终始是道法之礼，以始于礼而成于仁义，正是咸正之序。在咸卦，以咸道解贞，为虚中无我之谓，故得贞，必然要得咸之精义，咸之精义者，无外乎以洁静精微之感，感于心；洁净者，舍识弃意而独在乎无欲之心；精微者，在乎六识在受、想、行、识连贯而相继起用之微，又在乎心、发乎识注重以“明”辨知，而非我辨、通感法则之法辨，言微。以洁静精微之感成其感之最大者，为以心寂然不动之无感却能遂通天下。只有以心境大光明守真如而妙化万有才能成其以心寂然不动之无感而遂通天下，感而通之咸正大义在乎妙明真心。

动而感与正固之感

初六：咸其拇。

象曰：咸其拇，志在外也。

九四：贞吉。悔亡。憧憧往来，朋从尔思。

象曰：贞吉悔亡，未感害也。憧憧往来，未光大也。

咸以人身取象，初六在下卦之下，为感于最下的咸“拇”之象；为以微处初，感之尚浅，欲进而未能。拇者，脚大指，初爻取象震之足，以为附于足而足不能禁其动者言拇，之所以说足不能禁其动，在于初六外应九四，其志与阳相通，当言感通之事，以动而言有感，动之微者感其拇，犹足之未行而拇先动，是有其感并成其感，惟愿拇有感而足有动，以拇之动而感，以正应九四言感通之志。

之所以言“志在外”，为拇之感在于能感其微，能动其卑，能通其志，以志行于外，以期大的通感，尤其以咸于拇而感其心尤得感通之道，本义曰：

“人之相感，有浅深轻重之异。识其时势，则所处不失其宜矣。”人拇之动，足未能以进，并不代表以感其微、动其卑而不能感通心之大。言志者，为心之所正向，尤适宜事未至而兆已发的心之感通。

九四刚居阴位，为失其正而不能固，言感者，以不能正固而累于感其私的私感。咸卦以感而就人身取象，九四居股之上，脢之下，处位在三阳之中，正是“心”之象，咸卦言感以心感为正，故而九四为咸之主。九四以位居三阳之众，而无所取，直言感之道，从感之道而言，贞正则吉且悔能亡，感不以正则有悔，九四处兑体，居阴而应初，故戒于贞。

憧憧者，心志摇曳不定之貌；往来者，初四相应，内之初曰来，外于四谓往；朋者，朋党，能感通之同类，或以朋曰感物通法的物之类序；从者，顺遂；思者，心之念的识与意；害者，危害也。程子曰：“天地之常，以其心普万物而无心。圣人之常，以其情顺万事而无情。故君子之学，莫若廓然而大公，物来而顺应，故曰‘贞吉悔亡，憧憧往来，朋从尔思’。”

九四以咸之主大得感之道，虽感其私但未被私所累、所害，因九四得其贞正，既得吉，又使悔亡。虽感不失正固，为深得咸道精髓，感通之道立于心而无所不通，若累于私而失正固，则害于感通，且“憧憧往来”皆是随而感的消耗之举，都是反其正固的感通，也是爻辞之所以戒之悔亡的原因。而正固之利，在于利解、利随、利咸之大利。因正固守于内成一切识、意、情、事、物外发之本，在咸的通感过程中，以“从德合出震”而有气机生发之动，其德之合、气之动、神之用、意之感、情之悦、明之辨……皆在乎阳之正固，唯阳与德为发“感”之源，故而正固为利一切之大利。

《程传》曰：“以有系之私心，既主于一隅一事，岂能廓然无所不通乎？《系辞》曰：‘天下何思何虑？天下同归而殊途，一致而百虑，天下何思何虑？’夫子因咸极论感通之道。夫以思虑之私心感物，所感狭矣。天下之理一也，涂虽殊而其归则同，虑虽百而其致则一。虽物有万殊，事有万变，统之以一，则无能违也。故贞其意，则穷天下无不感通焉，故曰‘天下何思何虑’。用其思虑之私心，岂能无所不感也？……此以往来屈信明感应之理。屈则有信，信则有屈，所谓感应也。故日月相推而明生，寒暑相推而岁成，功用由是而成，故曰‘屈信相感而利生焉’。……尺蠖之行，先屈而后信，盖不屈则无信，信而后有屈，观尺蠖则知感应之理矣。龙蛇之藏，所以存息其身，而后能奋迅也。不蛰则不能奋矣，动息相感，乃屈信也，君子潜心精微之义，入于神妙，所以致其用也，潜心精微，积也。致用，施也。积与施乃屈信也。”

动而感。感而动，为感而有应，在感通之时，凡有动皆为有感，以感有应再应复为感，以“动”应解、随义，再应随物应情之感应咸义，应解义，有感之微已无险，足未能进在于无需涉足避险；人拇之动，因感而有随物之情，以不能自控之拇之动，为流露感之情状。附于足而足不能禁其动者言拇，为虽有感，但以拇之动为随情之动，非感通后以虚受人之寂然不动，以“动”应咸义，但并不能应咸之境界。人拇之动，以感其微、动其卑而不能感通心之大，而天地、圣人之感，皆以无私而能成其大，言“私”感者，正是九四咸主，以利正固而不为私所累。

《系辞》曰：“易无私也，无为也，寂然不动，感而遂通天下之故。”“无私”之谓，正是得感通之道的九四咸主，“无为”则为利正固之为的境界；“寂然不动”为舍识从意而感于心。咸之境界在于以虚以受人，不以六识触受而感，亦不随意流露所感之情于外，拇之动则为有情状露于外。“善为易者，是故渐入圣人之域，观圣人之心，体圣人之道，皆以其能洁静精微，虚以受人故也。是故，洁静精微而不贼，则深于易者也。”以外不动而能感，虽有随物应情之随，但随物洞照在于咸以虚受的境界，此种境界在乎心感，胡炳文曰：“寂然不动心之体，感而遂通心之用。憧憧往来，已失其寂然不动之体，安能感而遂通天下之故？贞吉悔亡，无心之感也，何思何虑之有？憧憧往来，私矣。”

正固之大与私感之小。值感通之时，应以感之动应其咸义，感之动者，初六也；而“动”者因动于身露于情却为感之小，非寂然不动而感之大，且不以累于私而失正固，九四也。正固之事，因在于阳裕与德固而为利一切之大利，更是随感与感通之源，故而正固为大。私感之所以小，既私感大多只在乎一时之感以及一事、一物之感，又有私感会因感于外失正固而害于感通。言大于小者，在于以是否有贞吉、悔亡之利而言利与弊。值感通之道时，若能以一事、一物之感，感而通物，再以遂通其类序得其法序，为以私感之小而得其通感之大；大者，从事、物之小通其类序并入正序，乃至能通其物之本性，能得其大。《朱子语类》曰：“憧憧往来，如霸者，以私心感人，便要人应。自然往来，如王者，我感之也无心而感，其应我也无心而应，周徧公溥，无所私系。”

躁动之感与无感

六二：咸其腓，凶。居吉。

象曰：虽凶居吉，顺不害也。

九五：咸其脢，无悔。

象曰：咸其脢，志末也。

六二以中正之德上应九五，因阴柔而不能固守，有感但感于“腓”；腓者，足肚，无骨之体，足行则先动，非如腓之自动，为感物而情欲躁动，以欲行先自动，躁妄不能固守者成其所感。由于所感为情欲躁动并不能固守，故爻辞戒其妄动，告以咸腓之凶。

咸腓之感为何有凶？为二不守中正之道而待上之求，以躁妄自失的咸腓之感，既失中正之位，又失固守之妄，二本自有中正，却志在应五而上求，随股而行，不守己德而安以从上者。为何有“顺不害”之言？为顺应咸道，以自固守正而在乎心感，去情欲躁动之先行，如此动而凶，居位守中正则吉。王弼曰：“咸道转进，离拇升腓，腓体动躁者也。感物以躁，凶之道也。由躁故凶，居则吉矣。处不乘刚，故可以居而获吉。”

九五居尊位，本要以志诚感天下，但以感于“脢”而无私系，亦无亲狎之悔。孔颖达曰：“马融云：脢，背也。郑康成云：脢，脊肉也。王肃云：脢在背而夹脊。诸说不同，大体皆在心上。” 言脢者，与心相背而所不见，虽言感但因不能感物而言并无私系；九五应二但遇滞，唯比上，犹咸其脢而未能感动天下，为治咸道浅矣。志末者，为九五心系上六。无悔者，九四言悔亡，在于有悔而能固守贞正以避之，九五无悔者，在于根本无悔。

之所以言九五治咸道浅矣，在于九五以尊位应治咸道而感通天下，以感通天下再通天下之政，而恰恰是九五以感于“脢”而无过，但亦无功。九五之功，应在天下，不能仅因治其无私而论功过，当尊位之政不能治天下，故而不能获尊位之政德，值咸体则有治咸道之浅。九五志末，末为上六处咸之末，以口舌为容悦之道，五以近六，比而说之，本正应二却亲六，故而无亲狎之悔。

随感不专与口舌之感

九三：咸其股，执其随，往吝。

象曰：咸其股，亦不处也。志在随人，所执下也。

上六：咸其辅颊舌。

象曰：咸其辅颊舌，滕口说也。

九三以阳居刚，居下之上并主于内，以感于“股”而不能自专，随物而动如股，尤其说感通还不如言随物。股者，下随足而行，上随身而动，故股之动言动而不能自专者；九三之所以随物，在于下二爻有感而动，不过二阴之动皆为欲动，三以主内而亦不能自安处，故随股而随动。亦者，三与初二俱动；随人者，谓三应上；执下者，以三比二，二得正而应守正。《案》曰："夫心固身之主也，然心动而形辄随之，亦非制外养中之道。"

"往吝"，九三应于上六，"阳好上而说阴，上居感说之极，故三感而从之。"三应六从上，曰往。三以阳刚之才，以内之主应当执守，反而以非感于心从上随往，当重刚之才而不能执守主内，随物躁动，便失正，如此而往，可羞吝。王宗传曰："九三处下体之上，所谓股也。三虽艮体，然以阳居阳，又有应在上，非能止也，故曰咸其股。夫股随上体而动者也，以刚过之才，不能为主于内，而其所秉执者，在于随上体而动焉，则躁动而失正矣，故曰往吝。"

上六阴柔居感之极，是其欲感物之极；以居咸之末而执兑之主，腾扬于口舌言说，感人以口舌而无其实，处咸之极而不能以至诚感物，发见于口舌之间，以阴柔之才显小人女子之常态，凶咎可知。辅颊舌居身之上，为所用以言而成语言与言说之工具。王弼曰："辅颊舌者，所以为语之具也。咸其辅颊舌，则滕口说也。憧憧往来，犹未光大，况在滕口，薄可知也。"

纵观咸卦，咸卦尚寂然无动之感而感于心，以洁静精微之感通遂通天下，得廓然而大公。舍识弃意而独在乎无欲之心，故六爻以守静为吉，以妄动为凶。拇之动、腓之行、股之随、心之憧憧往来与口之滕悦，皆以"动"言有为之病，尤九四咸主无所取，直言感之道——感物通物而虚我从心。

萃卦：聚气凝神之道

兑上坤下

以正固之利行萃正之教

在咸卦，以感通之法感于物再通于物，以内在神识之用，既感物之法序，又通物之本性，再以洁静精微之感而感于心，成其唯变所适而心能转物的咸之道。咸道以心物齐一则舍识弃意虚我而从心，以心寂然不动守真如而妙化万有，成其感而遂通履咸正之序之实相，所谓顺应物来而不留感迹，实则为以咸体言得大光明之天真的超然境界。

以感通言感于物再通于物，在于同频之二气感应与相与，感应之道以咸卦言之，尤其是从德合出震，震动发气，神主气用而感于物的感通过程中，心发识于外，继而有神主气精之气行往外，这种往外之走向，皆为气出。虽然有相应才能感之，讲究阴阳二气在山泽通道里同频升发而交，但男之气行于阴先，在于阳速阴缓，阳明阴钝，男以阳者精气足而有专诚之先，故气出往外以交之，为先行。阳先行则以阳损耗为先，当得两两相应时，以应其气而有气入。

感应且相与者，为神识主气精之用，有气与气同频相应，感与感同机相应，使感而能应与应而能相与，二气归一气之类，发生感而遂通之实质。相应，则为得感通之气，以气以充内，为气入，气入之应在于有感，应者则感，感者即应，以朋从尔思而得朋之类；当以无感舍识弃意虚我而从心，出少而入多，则成气聚之体，气聚则有朋感而应，成其萃。之所以成其萃，在于以聚气凝神之道，得出少而入多之气的正固之利，从而行萃聚之固守之道。

《序卦》曰：“物相遇而后聚，故受之以萃。萃者，聚也。”物以类相遇而后萃聚成群，再群以类分而萃集；类者，为履咸正之类序，也是之所以能交通而交感并感应相与成类的原因。首先物能相遇在于同气相求，有其特定之“同”的物类才能在“通道”里交而感并感而应；其次同气相求之物能感而成类序，类序之成则已成萃聚之势，所谓二气归一气之类的相与便是如此；再次类序之物群聚，发挥“萃”义能聚物之能，终成萃聚而集，使物之聚能集之势。

《杂卦》曰：“萃聚而升不来也”，区别于升之不来，萃之聚言来聚，亦为气机出少而入多，以气之来充于内而成聚，以此成萃义。故萃在乎来而聚，聚而能固且不散，成萃集之实。之所以在释萃义时言“类”，便在于感通相遇之际的气同，聚后集之，求同，聚而能固以成固守之势，志同。能感通相应且相与的同、求同、志同，有此三同辅其萃义，使萃之来而聚集，成其萃体。

萃之聚为气来而聚，聚气者，心识不外驰，在交感并感通之际，行舍识弃意虚我而从心之道，使“同”者自感，自应，自与，心识不外驰逐物随妄，则耗心之阳为少，随感应相与的气之入而呈气来。之所以能聚气，在于心识不外驰的凝神之道，神者，心、识、意集合之称谓，神之内守，则神守主气精能守，识、意之动，乃至识、根、尘相续起用，皆为气精之动——精为气用气动必是精用的神主气精动态关联，以神内守而气精则能固，气精能固则心阳坚固，以此萃聚而恒养之，则有阳裕之德固，成健阳德之利器。故而萃之道，以聚气凝神得正固之利，又以萃聚之守而健阳固德，既是治君子修而健向内之升华，又是以类序聚集而建序之机，更是君子以志同而类聚行同人之实。

萃聚在于同，故而有气同、求同、志同、同人成其萃义之内涵。气同，气同是萃而能聚之核心，也是行聚气凝神之前提，发生随物应情与感而遂通皆以气行而交感，故气同是从随体、咸体走向萃体的关键所在，也是能发生求同、志同、同人成其萃聚的首要条件。求同，以气同之类聚，行朋党之集，朋党因“求”而集，为在类聚的基础上进而以求分类；从人我而言，朋党以类聚的形态出现，而萃聚便是类聚，朋党以求同便在类聚的基础上再有类分，以此区分了类聚而后集的先后关系。志同，求者有志，以志向专而明有志同，君子言志，而志同者为君子之居，君子聚而求，在于求位以政，故而在志同之求上会出现当位的大人之群。同人，感而遂通的君子通天下君子之志，以志通同人君子，而成同人之聚，以君子同人之类聚，成君子之党，发生君子同人于门之类聚，成为优质之聚，之所以言“优质”在于可以进而言德政。君子之德政，正是基于以类成序而进行邦体建序之良机，以法→礼→德三者成序之成果，使萃体从德政走向政治文明，也是自解卦因否塞导致礼序、德序的位序乱而加以治理的延续，解诸难的目的，便是大利生息之休养和正序之来复，当法、礼、德之正序从气机交感之解而来，以随体、咸体之积累和沉淀，在萃体走入正序复来之实，是从心之“神”而治“气”的成果。

萃卦，兑上坤下，泽者，水归聚之所，坤者，物承载之地。以泽地之成，使水、物皆有所归、附，以泽上于地，在于泽既承水又使地载，皆有所归，水归泽，泽附地，而成泽地之功。泽地之功者，以聚气凝神之道，得正固之利，以正固之德，使水、泽皆有所载，成其物能萃。君子师法泽上于地之象，行君子同人之类聚，并进而求政、求位，以利见大人，有君子之当位，以此成其人能萃。凝神聚气者，在乎心、神之道，以通心、神之感通相与，而“王假有庙”，以崇德之治道的神明之用，成其神能萃。以此物、人、神之萃聚，建类序成正序，行以神道设教而德化万民，兑主说，成悦，以萃之正的情悦而宣说萃之政，是天下服归之兆。

萃之道。萃卦以享宗庙立象，以物、人、深之聚呈萃义，以得萃孚明气聚之正和诚而专之感通，以得萃正明崇德之治道，以得萃顺明厚德以为凭，以萃孚、萃正、萃顺之萃义大要，从聚气凝神的正固之利行萃正之教。在内，以凝神聚气的洁静精微之感履咸正之序；在身，以同气相求之应行同人于门的君子之类聚，结正固天下的君子朋党，且志在当位有政；在政，以通宗庙、神明之感通，行崇德的萃正之政。萃道，在于养之利合正之序；以心神驭气之正，以气养神志之正，以志进而求位之正，有当位以政而健序之正……从萃气之固守，再萃同而类聚，又以萃聚再行萃集之类分，逐渐完成君子以类，贤才当聚的尚君子、尚贤、尚德之萃聚；当萃正之序从否乱失序、物之类序、萃聚而集序逐渐养成，由萃集走向泰而通的过程也逐渐从萃道而成。以萃体履萃集之序，以此体察一而洞察万取类比象，正是以萃正之序见天地万物萃聚之道。

值萃道应以守心之静而固德恒守，从萃乱、萃夺、萃聚而至萃正之过程，皆是萃之表象，要有斩妄去欲之利器——聚气凝神有正固之利的萃之道，使心不乱而固萃之德。以萃道感通君子并激励君子，使君子以聚气养德得萃道以养社稷，并跟随九五作以“元永贞”之精神作“修思永”的思量，找到真正能凝人心、摄众志、收魂气、崇德治、感鬼神之治国大器。

萃：亨，王假有庙。利见大人。亨，利贞，用大牲吉。利有攸往。

彖曰：萃，聚也。顺以说，刚中而应，故聚也。王假有庙，致孝享也。利见大人亨，聚以正也。用大牲吉，利有攸往，顺天命也。观其所聚，而天地万物之情可见矣。

象曰：泽上于地，萃。君子以除戎器，戒不虞。

卦辞：以宗庙之道凝萃聚，以利见大人治萃，得其亨通。

彖辞：从萃聚、萃集之过程得萃正之序，见天地万物之萃道。

象辞：以斩妄去欲之萃正来治萃乱，并得治萃正固之利器。

萃卦，兑上坤下，为泽上于地萃而聚之象；萃者，聚也，水聚于地而成泽，泽上于地而有地承载，地承水，水性润下，则有水入地而行兑收之实，兑者主秋，有收杀之性，以收成取，为以收之势成取之性，故《玉篇》曰：“取，收也。”在二气交相应并相与的气聚过程中，以二气交一气之萃聚，使二者变一成其“收”义。收者，正是守之道，取者，正是固之道，收者兑金主收，取者坤众以取，收、取相兼而成其萃。兑泽，巽草、艮根、坤地，为水草丛生，萃而有乱；之所以有乱象，在于类序萃聚后，未有在类聚的基础上再类分，未有后集之萃而有乱；故萃，要有萃聚后再类分之后集，此为萃之新序，萃聚而出新，才是萃之所以使君子志同而谋政之所在。

“王假有庙”。假者，感格，为感通并相应彼此而相与，以萃的收、取相兼之义而达于彼此；彼者，宗庙也；此者，以神明之用的崇德之道；以感于“庙”而达于精神。萃收，为通过“王假有庙”而收神；萃取，以收神再取专诚之信——取信，再以收、取相兼而言德，聚人心需立宗庙以收涣散，治坤众需德政以取天下臣服。萃卦与涣卦皆言立庙，尤其以涣卦尚宗庙之道，为立萃聚而收、取涣散之精神，疲乏之精气，以治于“精神”而有诚而专、敬取德、外气入而收取、神明外用感格天下之用。

萃以宗庙之道行收神取信之能，之所能收神取信，在于“庙所以聚祖考之精神，又人必能聚己之精神，则可以至于庙而承祖考也。”聚祖、人之精神，以承祖考，祖、人者，尊卑且传承有序，是人以宗庙行建序之举。以萃聚之义行宗庙之法，首要在于取感格之用，而感格之要在于诚而专，祭祖要诚，感通要专，才能祖、人精神相通，若无诚而专，皆假仁假义而不可取，也无法达感格之通，更无法行收神取信之能。诚而专在于敬，此为言宗庙以及行宗庙之用所在乎的首要之德，也只有敬才能做到诚而专。敬者，先敬祖，再敬用，继而敬己；宗庙为祭祀祖先的场所，言敬首在敬祖；宗庙多用在祭祀、册命、重大礼仪、议政、卜筮等国家仪礼上，以礼之庄严，象征国家政权的崇高；敬己，在于通过诚而专之敬，既敬己之德行，又敬己在宗庙感格上的认知；故敬在于取德，也是圣人制礼以成其德之所在。宗庙有外气入而收取之用，宗庙能致气之来格，以祖、人精神之聚，而有萃聚的气之入，入则收之，以此来萃合人心，亦有人心之萃聚，如《程传》所云“总摄众志之道非一，其至大莫过于宗庙。故王者萃天下之道，至于有庙，则萃道之至也。祭祀之报，本于人心。”

宗庙之精神在于以神明外用而感格天下。宗庙以总摄众志而有“精神”之传承，以收神取信而有德化之感教，以王萃天下之道有政权之礼用，无论是合人心、摄众志还是敬取德，皆是以宗庙所具的“神明”特性，而行感格天下之外用，为行宗庙崇精神而感格之王道，非弄鬼神的愚民之术用。言神明者，在于以心通感而萃神以聚，舍识弃意虚我从心而神不外驰，如此得神健德而治明，故言神，非鬼神之外神，而是内在之真心、元神；明则使气能聚，既萃聚君子同人之志气，又萃聚贤才养邦之正气，君子与贤才皆以“宗庙”精神萃聚而志心向邦，则得宗庙之器用，君子与贤才再以崇德之政，以崇德之治道行感格天下之教化。孟子曰：“以力假仁者霸，霸必有大国，以德行仁者王，王不待大。汤以七十里，文王以百里。以力服人者，非心服也，力不赡也；以德服人者，中心悦而诚服也，如七十子之服孔子也。”

“致孝享也”。孝者，以传承尊卑之序而以孝德行内外也；《孝经》曰：“宗庙致敬，不忘亲也；修身慎行，恐辱先也。宗庙致敬，鬼神着矣。孝悌之至，通于神明，光于四海，无所不通。”是以宗庙承孝道，并致萃亨之所在。“致”

之所在言上下传承有序，以孝道贯穿祖、我之上下，且以此成为德治与礼制中的一种礼序；以承载了尊卑有序以及礼制孝序而可致“亨通”。先王之道，行崇德、崇礼之政，从应难而解难，再养气以交感，从生息之休养到正序之复生，皆是历经艰难且耗心废力的历程，至萃体以聚气凝神之道使人、物萃聚而成序，正以类序之通，走向健法、礼、德之序的正途，而种种合乎“精神”属性的构建，恰能以宗庙承载之，以行“孝”的有序传承，承祖业、凝人心、崇德治，以上德而示下范，使魂神魄精以正固之归宿，凝而聚之，乃不至于气散，实为王道之利器。来知德曰：“尽志以致其孝，尽物以致其享。”

“用大牲吉”。“大牲”，古代供宴飨祭祀用的全牛，《说文》曰：“牲，牛完全也。”《周礼》曰：“掌牧六牲。”六牲者，牛羊豕马犬鸡也。大牲，谓坤牛、兑羊、兑豕。凡小事不用大牲。

“利见大人，亨，聚以正也。”君子类聚以志求，进而求位，而言“利见大人”。君子之类，经过聚气凝神的正固之利，阳已裕且德已固，可以称位君子进而求位，萃聚君子行分类以集，再以正固阳刚之才已具擢拔之资，之所以在泰卦言“拔茅”便是如此，当一切交感至交通，君子萃其养正，有志征向邦积极之当时，正是行擢拔君子以就其位时。利见大人之谓，从君子之资、才而言君子进位之吉凶，正是言明萃而正之风尚。

之所以有萃正，在于“聚以正也”；通过君子求同、志同、同人之萃聚，可见萃之气聚当乎“正”，无正则无以养气，更无以凝神聚之，君子若不正固养德，则无以有“拔茅”之资、才，正是以萃正从心之“神”而治“气”的成果。有萃正则得亨通，亨通则便于行志，成其通天下君子之志的优质之萃聚。《程传》曰：“天下之聚，必得大人以治之。人聚则乱，物聚则争，事聚则紊，非大人治之，则萃所以致争乱也。萃以不正，则人聚为苟合，财聚为悖入，安得亨乎，故利贞。”类聚君子志求进位，大人擢拔君子以当位，使君子成有位之大人，之萃正的亨通之道，以此解否势小人当政，小人亲附大人的积习弊病，也是之所以萃正之根本，故而“利有攸往”。“利有攸往”既有到宗庙进献大牲以祭之利，又有君子志求当位而觐见大人之利，更有邦民行君子类同而师法萃聚的正固之利。

从萃气以聚，以正固之利的固守之道，使君子志其通而能类同，无论是从君子之朋党还是同人之君子，皆是优质之萃聚，君子之朋党，从解卦言西南得朋便有结朋党之风气，而同人君子不以党却以“宗”使其有更稳固的内在关系。朋党之君子与同人于宗之君子之别，便是在类聚的基础上再类分，为君子萃聚后再类分之后集，便萃集成朋党君子和同人于宗君子。朋党君子便于结政，有进而求位之便利，因为从解卦治理生息休养的安解之政时，便是得朋之君子，此类君子当政已久；而同人于宗君子以更高的“宗法”关系约束德行，尚宗庙之道而举德治，为志向更远大的贤才。

萃正之序。从萃气之固守，再萃同而类聚，又以萃聚再行萃集之类分，使君子以类，贤才当聚，正逐渐形成了萃集而正且走向泰而通之过程。之所以言“正”，在于有以心深驭气之正，以气养神志之正，以志进而求位之正，有当位以政而健序之正……萃道在于养之利和正之序，而养正者，值萃体为聚君子、贤才以养社稷，故而行萃正之序，便是行尚君子、尚贤、尚德之道。当萃正之序从否乱失序、物之类序、萃聚而集序逐渐养成，便有人、物、政等伴随优质的萃聚而集分之道也渐成，以此取类比象，体察一而洞察万，所谓“观其所聚，而天地万物之情可见矣”正是如此。以萃正之序见天地万物萃聚之道，正是萃体呈现的萃之大义。

“君子以除戎器，戒不虞。”君子观泽上于地萃而聚之象，在发生萃聚而未产生类分之集以导通之前，有泽水汇聚的百流泛滥之乱象，乱则易生祸，祸大则易聚众成师，因萃而所以致争乱，故而必然以除争、去戎、用器、萃正来治萃乱，使其有萃正之序。除者，以艮止兑决而言修治；戎者，兵戎之器，器者；治乱之用资；戒者，防备；虞者，预料；戒不虞，防范于未然。除争，在萃之初，以“来”言萃聚，故而形成泽水百流来聚之象，百流来聚而未形成类集分类导通则为乱象，乱则有祸，人聚则如水聚而无收管肆意横流，其争夺之争伴随人聚而产生，乱则必有大人治之；如何除争呢？在于以类集分而导之，把志向和利益诉求相同之类再集而分之，所谓情通气合乃成群，再以群自治，使在萃聚之群体中自然生出萃正之序，当类集分类之法行之，其争夺之乱降在群内以志向同和求向同而自治，王弼所云“情同而后乃聚，气合而后乃群”正是如此。去戎，当百流之众分类而导通之，则众之势变小，且争夺之乱已除，聚众成师的可能性随之尽去，况且来聚之众既无矛盾之所对，又无争夺之争锋，举“戎”以兵的对抗也将不复存在。用器，萃之初生乱，治乱则有器，以器治乱，此“器”非戎器、兵器之暴力手段，而是大人德治天下之器用，如宗庙之道则是凝人心、摄众志、收魂气、感鬼神之器，用之自然正礼序，舒政序。萃正，当乱象已除，类集已分，大人用器，君子用志，其礼序、政序亦渐养而正之，并渐养社稷，使其志同而求同，求同则德同，以尚德养德而正序，使邦民渐入萃正之道。

当萃体进入以萃正之序养邦、民、社稷时，其萃的核心大义方见，为以守心之静而固德恒守，以治“争夺”乱象之喻，言大人、君子应有斩妄去欲之利器，此利器便是聚气凝神有正固之利的萃之道。所谓“君子以除戎器，戒不虞”便是以正固之利行萃正之教，当心不乱，才有萃之德，正固才能使心不乱，德合才能纳气以来聚，而乱、夺皆萃正之过程和萃聚之表象，要有斩妄去欲之利器，更要有养邦安民的萃正之大器，如此才能激励君子，使君子以聚气养德，德盛则升位序享当位升阶之利，并以当位尚德政，以此养邦民、治社稷。

萃之乱与萃之吉

初六：有孚不终，乃乱乃萃，若号，一握为笑，勿恤，往无咎。

象曰：乃乱乃萃，其志乱也。

九四：大吉无咎。

象曰：大吉无咎，位不当也。

初与四正应，本有情以相孚者也。然初应四而隔于二阴，遇二三为滞，应而不能合，又以阴柔居萃之始，相孚犹浅，是有孚而不终，志乱而妄聚之类。当萃时，三阴之聚处，柔既无守正之节，易随萃聚而妄动，又质弱有被抢夺之嫌，并且舍弃正应而从其阴类，言萃而同，三阴之聚虽有同，但无阳固其志，则乱其心，心乱则违背守心之静的固德恒守之萃正。若呼号正应，以初六柔且小之见识，以为会被众阴所笑，故心有忧戚之乱。初若能顺上之命而往，从刚阳之正应，号呼并求正应，行而往，则握手之间破涕为笑，则无咎矣。

孚者，诚信，言萃之孚，卦中艮之笃实言信，“真实无妄，始终不息，表里不杂，谓之诚；徇物无违，四端百行，必以其实，谓之信”。以萃之孚信言萃聚当诚而专才能聚之义；不终者，无果，初应四但遇滞，虽应但不能合而无果；乃乱，因被阴惑而使心乱；乃萃，众阴之类聚；乃乱乃萃，群阴之萃，因无阳主志则聚而无主；一握者，俗语一团也，谓众以为笑也；若号，为初呼号九四恶待四正应——顺九四之命、待九四之应也；四应初，应而能合，则御萃之权，使初能萃正之命，当在四；故四为治能使其一握为笑之人。

萃之乱。萃乱之因，在于初应四本有孚信，但因志不固而有乱萃之疑，为何志不固呢？为遇有二阴为滞，虽正应，但不能合而无果，虽有情于四并有孚相从，但被阴所扰，之所以能被扰，在于初见识之乱，初六的柔且小之见识，易被小见之看法左右，尤其是二阴之众；像初六这种柔且小之人初萃之始，会被萃乱带入小人之群，被阴众左右。面对有孚信而不能善其终，其志乱萃的局面，在于如何治萃乱，使其能发生一握为笑的正应，从而相从阳之正。初本阴柔，有志乱，故而要行专而诚之萃孚，使萃有孚德而固其心志，心之固则不会被众阴柔之小见扰之，况且，四最终成其初之正应，使初处不应不能合的无果状态而号咷，变成一握之顷而笑乐，这就是变乱萃而得其萃，以手所执持转移之机而“握”。“勿恤”便是对初的告诫，不要理睬阴柔之小见，而应以“往无咎”行萃正之路，以至诚之孚信，使转机发生在“一握”之间，把不合无终之无果变成必合之喜。钱志立曰：“萃与比同，所异者多九四一阳耳。比初无应，曰有孚者，一于五也，萃初与四应。曰‘有孚不终’者，有二阳焉，不终于四也。及此时而号以求萃，可以破涕为笑，同人‘先号咷而后笑’者是也。”

九四之才，阳刚失位，九四上比九五，下比众阴，为得其萃者。之所以得其萃，在于当萃之时，上比九五而得君臣之聚，下比群阴而得下民之归聚，以得上下之聚，正是萃之义。九四居位不当，无尊位而得众心，犹有震主之患，故必大吉而后可以无咎。比卦五阴比五之一阳，萃四阴皆聚归五与四之二阳，但五萃而有位，四虽能萃，但非有尊位，如益之初九，在下位而任厚事，亦必元吉而后可以无咎，故四必克尽大吉之周全，尤其是周全萃政，以鞠躬尽瘁而无僭越之嫌。

萃之吉。九四得萃吉，既在于以位得上下之萃，尤其是君臣之萃合群阴之归而萃，值萃体时得萃，当应“时”与“机”成得萃道之人，又在于找到治萃乱的办法，以萃孚为器，使用至诚之孚信，把转机发生在“一握”之间，变乱萃而得其萃，成为治萃乱之人，亦成为因治萃乱使阴乱而入类序之人。为既以位当萃政，又以阳之质拨乱而反正，使其弃小人之道走入萃正之正道，故而九四得萃之大吉，非一般小吉可言。九四便是有器且用器治萃道之人，他以除争、去戎、用器、萃正来治“以除戎器，戒不虞”之萃乱之人，又用同人君子之远大志向治已无尊位而得众心之虑，九四手握萃道之政，虽无尊位而得其众心，可见九四为朋党君子之类，朋党君子从解卦治理生息休养的安解之政时便已当政，从解体之政，到咸体之政，现主萃体之政，为当政已久，且从言“西南得朋”而结朋党，带动了一大批人走入正道，又以德政安民休养，可谓有大功。朋党君子之九四以同人君子之远大志向，治已无尊位而得众心之虑，在于既不结党僭越九五，更不居功于朝堂，而是以同人君子的“宗法”吝之，再尚宗庙之道而举德治，一心为政，鞠躬尽瘁，且唯九五为尊位大人，至于众人之萃聚和归附，全是萃政之功，君位有德。

孚萃与位萃

六二：引吉，无咎，孚乃利用禴。

象曰：引吉无咎，中未变也。

九五：萃有位，无咎。匪孚，元永贞，悔亡。

象曰：萃有位，志未光也。

二虽阴柔而得中正，虚中以上应，二应五而杂于二阴之间，恐不能终其孚，必牵引以萃。二与五为正应，当萃者也，九五刚健中正，诚实而下交，当萃聚之时，苟推诚相与，虽相远又在群阴之间，必相牵引则得其正萃。之所以有正萃，在于五居尊位，有中正之德，二亦以中正之道往与之萃，二之志合君之德，以此君臣和合则能共致萃道。

引者，援引，二与五为正应，以五之阳引二之阴；孚者，乃笃实之信也，二五皆居中正，五阳则笃，二有志则实；禴者，为薄祭，按《礼记·王制》周之制，春祭曰祠，夏祭曰禴，秋祭曰尝，冬祭曰烝，而禴祭为四时之祭最薄者也，六二坤体得离之气，有禴祭之象。虽禴之薄祭，亦可感通神明。胡瑗曰："君子之进，不可自媒。以苟媚其君，而幸其时之宠荣也。是故君子进用，必须有道。六二以阴居阴，履得其中，又上应九五中正之君，必待其君援引于已，然后往之，此所以得吉而无咎也。孚，信也。禴，薄祭也。君子之进，必在乎诚信相交，心志相接。当萃聚之时，诚信既着，心志既通，则可以不烦外饰，其道得行矣。孚信中立，则虽禴之薄祭，亦可通于神明也。"

孚萃。六二以治孚德的专而诚引萃。爻辞言"利用禴"便是以祭言萃之专诚，且对应彖辞言"用大牲"，彖辞与爻辞皆言祭，目的在于"引"，以祭祀之专诚而引萃聚，所谓凝人心、摄众志、收魂气、感鬼神之器正是如此。器在爻中，便是"孚"，以得孚得萃。彖辞言"用大牲"，在于盛大之礼，而爻辞言"利用禴"之薄祭，在于就算是简而薄之祭，也能起到"引"萃之用。所以说君臣之合、心神之归至关重要，"引吉无咎"，利见大人，以至诚通神而得见九五。二与五若不相引，则有过，有过则会乱萃。之所以能使以五之阳引二之阴，便在于得专而诚之"孚"，这是九五崇尚的"宗庙"之治道，无诚不能感、不能通、亦不能凝神而聚气，若不牵引二得萃道，则是政无功，位无德，不足以治萃体之天下。二以中正之位，虽阴柔，却明治孚，以孚信在中得九五之引，专而至诚交于上，以中正柔顺而虚己待萃，盖用中实而诚不假饰于外，既交于神明，又交于九五大人。

九五阳刚，居中履正，当萃之时而有其位，以天下之尊，萃天下之众，故而成萃之主，比之九四之大吉九五有尊位，更有治萃之道，还有中正之德，以此三者无有可比之优势君临天下，没能孚众使天下服，则有悔，当虑天下民众之为何不能全部萃归，以此修元永贞之德，则悔无。所以九五尤其要固德，固可无咎矣。

《程传》曰："元永贞者，君之德，民所归也。故比天下之道，与萃天下之道，皆在此三者。王者既有其位，又有其德，中正无过咎，而天下尚有未信服归附者，盖其道未光大也，元永贞之道未至也，在修德以来之。如苗民逆命，帝乃诞敷文德，舜德非不至也。盖有远近昏明之异，故其归有先后。既有未归，则当修德也。所谓德，元永贞之道也。元，首也，长也。为君德首出庶物，君长群生，有尊大之义焉，有主统之义焉。而又恒永贞固，则通于神明，光于四海，无思不服矣。乃无匪孚，而其悔亡也。所谓悔志之未光，心之未慊也。”

位萃。相比六二治乎德以专而诚得萃，九五之萃道，在乎尊位之属性，也是九五之位的独特赋予，便是不能只据一时之得失而思治天下，而是思长久之王道来恒德天下。九五之位，是天下臣民之共望，九五施散己位之政、德来治萃，只是一时之萃，并非萃服天下的王道之萃。以“元永贞”之赋予来恒位德、恒德政才是九五值萃卦时的思量。

在比卦有以“元永贞”之精神作“修思永”的长久意识。如何长久呢？以“元”言体制哲学当出于自然法序，符合道法本理；以“永”言同体与位域秩序分明，“系统”稳固，经得起“软件”更新充实其血肉，能随时代循环往复而不伤国害民；以“贞”言天下正道，配位“正”德，以其贞正行礼制与德教天下。故而元永贞之思量，是大明之君逢盛世之思量，亦是当诸难已解，生息休养并正序得复后又有应难之循环时的思量。总之，能以修思永的长久意识来作“元永贞”思量，并找到了“元永贞”的解决之道的，才是真正能凝人心、摄众志、收魂气、崇德治、感鬼神之大鼎器。

求萃与不萃

六三：萃如嗟如，无攸利，往无咎，小吝。

象曰：往无咎，上巽也。

上六：赍咨涕洟，无咎。

象曰：赍咨涕洟，未安上也。

六三阴柔失正不中，上无应与，欲求萃于人，而人莫与，唯往从于上。六三求四以萃，由于四非三之正应，又非其类，是以不正为四所弃，欲与二为类，但二自有五引孚，且得其中正，三以不正又被二所不与，无法类其同而萃。三求四且类二欲萃如，但为四与二弃绝而嗟如，不获萃而嗟恨，之所以嗟恨，在于求萃不得而困，唯往而从上六阴极无位之爻，亦小可羞矣。俞琰曰："萃之时利见大人，三与五非应非比，而不得其萃，未免有嗟叹之声，则无攸利矣。既曰无攸利，又曰往无咎，三与四比，则其往也。舍四可乎？三之从四，四亦巽而受之，故无咎。第无正应，而近比于四，所聚非正，有此小疵耳。"

六三求萃的过程。六三求四与类二皆不得，戒占者当近舍不正之强援，而远结正应之穷交。六三居坤顺之极，远应上六阴极无为之爻，近比九四但不为九四所纳，九四治萃乱时，尤在乎至诚之孚信，同时又不据阴附之所德而鞠躬尽瘁不使九五多疑，故而九四不纳六三之阴附，四虽不得中但正，故三求四而不得。三近欲欲二同类，但二有中正之德，又得五引萃，故三欲类而也不得。

从三爻求四不得，但从四爻来看三，却有三之归附，有虽无应而比近九四之阳，被四所据，随卦三系丈夫，为以时义而相从者，虽不正亦以时义相从，皆因九四有主卦之义者故然，萃之九四虽不主卦，但以得萃之大吉而主政。《程传》曰："三与上虽非阴阳正应，然萃之时，以类相从，皆以柔居一体之上，又皆无与，居相应之地，上复处说顺之极，故得其萃而无咎也。易道变动无常，在人识之，然而小吝，何也？三始求萃于四与二，不获而后往从上六。人之动为如此，虽得所求，亦可小羞吝也。”

上六处萃之终，阴柔无位，求萃而人莫之与，其穷至于赍咨而涕洟也。赍咨者，嗟叹；涕者，眼泪；洟者，鼻涕。方应祥曰：“此爻照后夫凶看，比之上六，以比之最后而凶。萃之上六，亦以萃之最后而有未安者。故其忧惧若此，此正所谓孤臣孽子也。”

上六之不萃。上乃孤孽之臣子，值萃极将散，而不得所萃，上六以阴柔小人处兑之高位，天下孰肯与？不得已以“赍咨涕洟”极言怨艾求萃之情，求萃不得，不安所居，忧之深，虑之甚，为被困于萃之时位，为人恶绝，不知所为。上六虽被困于时位，但值萃卦言“利见大人”，上六又最终有积诚求萃之理，还是可求于君亲而得小萃。若不得萃而孤零，便致九五言“元永贞”欲大治之心而不顾，非萃卦言“利有攸往”之理。

纵观萃卦，初六孚浅又遇二阴为滞，虽正应四，但不能合而无果，以柔且小之见识成萃乱之因，最终初以至诚之孚信，使转机发生在“一握”之间，把不合无终之无果变成必合之喜。六二以治孚德的专而诚得九五引萃，居中正应又以“利用禴”之薄祭表其至诚之心，以得孚得萃而感通得萃。六三不正，上近九四与下类六二求萃，皆求而不得，失利嗟叹，唯为以时义而相从九四，乃得无咎。九四上比九五得君臣之聚，下比众阴得下民之归聚，以上下之聚得萃，然而居位不当，无尊位而得众心，犹有震主之患，必克尽大吉之周全，尤其是周全萃政，以鞠躬尽瘁而无僭越之嫌；九四得萃之大吉，非一般小吉可言，九四便是有器且用器治萃道之人。九五以位得萃，既有尊位，又有治萃之道，还有中正之德，以此三者无有可比之优势君临天下，没能孚众使天下服，故而以“元永贞”之精神作“修思永”的长久意识，既恒其德，又有以萃道安天下之心。上六萃极将散而不安所居，不得已以“赍咨涕洟”极言怨艾求萃之情，萃而后已，能补其过。

泰卦：交泰往来之道

坤上乾下

德政内外治道成

在稳定的邦体秩序中，邦民依礼制安分其欲与安位其序，践履舒泰，进退有礼，正是交通往来之时，故而有泰，泰则交，天地、上下、内外、阴阳皆相交而和，和则安泰，安泰之政，便是君子当道之德政，以德政安民，而有德政之治道。相反，不相交通，相互隔绝，则有否势，治理阻隔通畅的否势，既在于气机交通、感通、萃聚、通泰之过程，又在于依君子当道之德政治理之。

《序卦》曰："履而泰，然后安，故受之以泰。" 在履卦，阴柔无序之人被"虎"所伤，邦制弊病显露，六三虽质柔但志刚，舍身喂虎而以身试法，以"柔履刚"履其虎尾而触"礼"，呈现安分其欲与安位其序的"位"礼光明，继而九五依德位法则定礼且建礼成制，尤其是建立君王礼制之道，并大行监察之能事，从而出现 "履"大治之众"光明"象，以法→礼→德三者一体德树构建，治礼道之大成。履礼、履位序而舒泰，在于以"序"而致通，此为以治道使其内在秩序之通泰。《程传》曰："履得其所则舒泰，泰则安矣，泰所以次履也。为卦坤阴在上，乾阳居下，天地阴阳之气相交而和，则万物生成，故为通泰。"

泰卦之通泰除了以履"序"之治道使其有内在秩序的通泰外，还有从否之不交不通到泰之交通的过程，为气机从否致通的过程。在否卦，卦之当体与大秩序不交不通，相互隔绝，成否塞之势，否塞则气郁，气郁则气机不能畅达，气机不畅则逐渐否闭，使其卦之当体与大秩序逐渐失去交感之能，继而出现不交不通之难和小人当道之难，同蹇之险难、困之光明被掩蔽之难，交织成各种难夹杂在一起之杂难综合体。应难则思通，物无终难之理，天道往复有自振之机，难极则必散，故受之以解；在解卦，以雷雨交作立象，以破破郁交气为解道思想，使诸难从缓解、破解、解散、生息而至尽解，之所以能解各种难体夹杂之难，便在于天地人三阳合德致气机交感出震以动，秉破之功而行郁塞，再以雷雨交作灌溉使清气换浊气，逐渐在解体迎来了生息休养与正序复生的大好局面。天地人合德交感而破郁交气的解道思想，是感通之髓；而万物与雷出入，正是感通之随；在随卦，得益于气机交通，以交而感，感以随物应情之情，随之气为心物相交成气，再感而生情，正是以精气神三者合德的气机交感之用，成其以随物应情并唯变所适成随道思想。以物之随而感，感以随物应情之情，以感于物再通于物，有感通之咸体；在咸卦，既感物之法序，又通物之本性，再以洁静精微之感而感于心，成其唯变所适而心能转物的咸之道，感而遂通履咸正之序，是咸体以心寂然不动得心境大光明，守真如而妙化万有的咸道境界。以感而遂通交感通物，行舍识弃意虚我而从心凝神固守，使气来而聚，得萃聚；在萃卦，以神之内守得正固之利，在凝神聚气、聚气养德的萃正过程中，逐渐完成君子以类，贤才当聚的尚君子、尚贤、尚德之萃聚；当萃正之序从否乱失序、物之类序、萃聚而集序逐渐养成，由萃集走向泰而通的过程也渐成。

从否难气机不交不通而致否塞的状态，经过解体破郁交气、随体随物应情、咸体感而遂通、萃体萃气正序的气机行而交、交而通、通而感、感而同、同而聚、聚而序、序而泰之过程，呈现气机从否塞而渐通泰的全部过程。各种夹杂在一起之杂难综合体，尤其是否之不交不通之难，伴随气机通而泰的到来而尽解；生息得以休养，气机已然从破郁、应情、感通、萃同、泰通而正序复生，已然可以进行天人合一全息元象交易之合。虽诸难当解，但小人难去，正需泰体之德政，通过德政以治内、交通以治外等治道，治其气机交感之通、德政内外之通，以及君子当道志通天下之通等各种通泰。

泰卦，坤上乾下，为天地交泰之象；否卦，乾上坤下，为天地不交之象。交者通，不交则不通，泰卦与否卦围绕天地、上下、内外、君子与小人的交通与否，治其通与塞，而行通泰与否塞之道。泰与否正好构成事物的两仪，也是政治治理两种截然相反的现状，从君子与小人的阴阳盈虚过程，以德政治其君子与小人而正正邪之序，使其通泰时以促万物生化、交易，使否势时可养德辟难。

四重德位位域。泰卦与否卦皆从天地、上下、内外、君子与小人四重位域言明超越邦体的大秩序。言“天地”，为道法之序；言“上下”，为邦体之序；言“内外”为往来之序；言“君子”与“小人”，为正邪之序。这也正是泰卦和否卦皆有取“茅”为象的原因，以茅的牵连相引之象，意在言明并强调大秩序整体相系牵连的关系，人类社会与文明时刻处在更大的秩序系统内，而且无时无刻不全息交易在一起。如何洞悉其本质和把握其性质，既是了解自然属性探寻现实世界奥秘的根本，更是为政治理的重点。四重德位位域，为其提供了解析其紧密相牵连关系的同体位域方法论，更是以“德位”思想治则，言明“位”的大秩序，这是走入“泰”与“否”的捷径。

交易法则与往来秩序。履卦因定礼制成邦体秩序而有履之大治，邦序各归其位，邦民各正其德，政通且人和的根本就是建立了能使邦民交通的秩序——礼制秩序，既带来稳定的邦体结构，也为为政提供了施政环境。在泰卦与否卦呈现的大系统里，“泰”和“否”是秩序系统呈现出来的两种文明状态，是内在秩序发生后的状态结果，而发生这两种文明状态结果的原因就是交易法则。泰者，交通而通泰也；否者，不交而否塞也；万物相交而通。因交易法则，而有社会的往来秩序，万事万物皆不可乱交，不符合礼制与位德，则必然有不好的状态结果。在“泰”与“否”文明系统内，分别从道法根本、邦民体系、刚柔动静、正邪关系，言明四重位域的“交”易法则与“往来”秩序。每一个位域或自然属性的事物，皆有各自本有的秩序和法度，顺其秩序往来则通，反之则不通，这便是可使其“交易”的根本——基于根本法序和属性秩序。

天地交而万物通，这是基于道法根本的“动态”交易，这个“动态”便是人与宇宙的天人合一全息元象交易，体现在天地同律、人天同构、人天同类、人天同象、人天同数，宇宙与生命的相互收受、通应，共同遵循“四象五行”的对待协调、生克制化的法则。所谓道生之、德蓄之，大道以其道生德蓄而体性一如，发生全息交易，道生德蓄便是天地、万物、人与自然发生交易产生法序的根本。除了根本法序外，就是属性秩序，在泰卦和否卦里，分别以乾坤、阴阳、君子与小人等统一在乾性与坤性的属性秩序里，乾性阳而健，坤性阴而顺。乾与坤处其“上下”而显“志”，志同通泰则振邦，志异否塞则颓邦或无邦。乾阳与坤阴处其“内外”而显刚柔与正邪。内健而外顺者，小往大来，精气升腾，君子道长；内柔而外刚者，大往小来，神气耗散，小人道长。交易者，精气也，天地交易移精变气；往来者，德行也，社会往来建礼正德。

从泰否两种文明状态的交易法则与往来秩序出发，裁节调度并施为有方，而大行德政。以能使其泰亨之有为，尊其交易法则与往来秩序，治其“志”、治其“大”、治其“明”、治其“诚”、治其“愿”、治其“极”……以交易之质和往来之实，既安其位序，又能超越位序而治其精神，以和畅自由而享合美元祉，而有德政之治道。

泰：小往大来，吉亨。

彖曰：泰，小往大来，吉亨。则是天地交而万物通也，上下交而其志同也。内阳而外阴，内健而外顺，内君子而外小人。君子道长，小人道消也。

象曰：天地交，泰；后以财成天地之道，辅相天地之宜，以左右民。

卦辞：以往来法序治通泰，且健德以顺正道。

彖辞：四重位域的交泰之道。

象辞：值泰势，宜以德政之有为治其泰安。

泰卦，坤上乾下，为天地交泰而吉亨之象；泰卦与否卦皆连接四重位域大秩序，卦体与大秩序交通与否，决定了是通"泰"还是"否"闭的状态。通泰者，天地阴阳相交且和畅，万物生遂，皆言相生相长的状态，利君子得位行正道。《程传》曰："小，谓阴；大，谓阳；往，往居于外也；来，来居于内也。阳气下降，阴气上交，阴阳和畅，则万物生遂，天地之泰也。以人事言之，阳为君子，阴为小人，君子来处于内，小人往处于外，是君子得位，小人在下，天下之泰也。泰之道，吉而且亨也。"

四重位域交通原则。天地以气交；天之阳气下降，地之阴气上行，天地气交而生万物，呈天地之泰，反之，为天地之否。阴阳以气合；阴阳二气相交则阴阳通，万物生，内阳，生之源，外阴，成于物，反之，不交不生，物不能成。健顺以德言；健者，乾之本，阳性行健，顺者，坤之性，坤顺以载，而能成事。君臣以志和；"以人事言之，大则君上，小则臣下，君推诚以任下，臣尽诚以事君，上下之志通，朝廷之泰也。"上下之志通，则君臣安和。君子与小人以类言；阳为君子，阴为小人，君子来处于内，小人往处于外，是君子得位，则泰，君子往居于外，小人来处于内，是小人道长，君子道消，则否。

取“茅”象。在泰卦，乾三阳志气相同，居其内且与邦体阴阳相交，其志在外；初九为同志之首，初九举志向外，则众同志皆同，如同茅茹相连；故在泰时，乾三阳同志志在外而同征，为其共同的志向健而征，故同征为吉，“上顺而应，不为违拒，进皆得志，故以其类‘征吉’也。”由此奠定泰安之基础。取茅为象者，有进取和擢升义也。观其拔茅，为拔其上行，泰与否取茅象之爻皆处下，故为进志而自拔。为进取之象，更具进取之志。在泰卦，初以阳君下，为有刚明之才，当时运为济时，君子可退而自处，处泰则自安，当气、时皆具时，其志上进为征，君子上进之志，刚明之才皆能同气，故而皆能应志，应志者皆为同志，共同相牵相援，如茅草之根，广泛相连，若拔一根则有其他相牵连而起。拔茅者，擢拔也，君子进取，也当擢拔君子以就其位，“贤者以其类进，同志以行其道，是以吉也。”自古君子得其志位，因其贤、明而有功于天下，一阳泰则三阳皆泰，唯君子进志可协力共成天下之泰势。

往来之道。往来之道需要具备的四种德质，为天地交通而万物生化之时运，内阳而外阴的精气状态，内健而外顺之性德，君子进志得位小人消退之政治环境。何为“小往大来”？小往者，阴顺居外；大来者，阳健在内，此为内阳而外阴的泰之质。内阳决定了其核心原动力光明无比，刚、明之质地，阳者健，故阳气充沛且发散往外，阳气源源不断被输布，故而邦体气血充足。外阴之体得其精气给养，故而能顺；同时，阴性为收敛且节制的，故而外在消耗小于内在供应，其邦体之“神”因精气充沛而得以保存，不至于神气耗散至邦体无存，“神”足则处之泰然，这也是为何从泰之始便能安泰的原因。神足且气精充沛，精气神不断扬升，是三阳开泰之吉亨之所在。

大秩序之往来。有其内阳原动力般的输布，全息元象般的动态交易得以时刻联通，从泰体产生各系统往来，尤其是与天地、上下、内外乃至宇宙的大秩序，从全息交易可知，世间百物不废，任何一物，无论是宏观之大或微观之小都与外界深入交易联系，以全息元象交易相互，而惧以终始，其要无咎。在小畜时，共同体概念初具且各种优质资源集聚，在履时，共同体秩序因制礼而贯通邦体结构，同体位域概念备具，既安其位序又彼此相连，邦之共同体继续从邦之礼制（健全状态）走向与大秩序往来的格局，从而形成了共同体逻辑成果——呈现出泰和否。在大秩序往来中，天地相交万物生化得遂，上下相应使其下志可上求且上应而能擢升下，内外健柔得体且能精气正常输布，君子与小人能在德政环境里各施其长，各尽其才。但需要注意的是，任何体系与形式的往来，必定履礼，有礼方可交易，且须依德位履礼，要在礼法基础上往来，才能在大秩序里建稳定的小秩序。

内君子外小人的德政。此德政乃君子自健其德而有邦体倡德之风尚，故而德政是泰卦之所以通泰在治理上的原因，君子自身有刚、明之德，又健而居内，履位得体而明确，有位德，正因履位得体居其内，而有下体阳健君子合理用其上体阴柔顺承之德，成为邦体德政一部分。在为政治理上，又以进志、包容、诚且实、中心愿等众多德政要素，倡其德政，故而在泰体小人群体皆接受君子教化，且小人群体以顺承之德助其为政。

治其同质汇聚的“茅茹”之志，扬其不为已身而志在天下之吉途，抑其小人变志且奉君之丑径。治其存乎广大的包容之大，扬其用心弘大、无所遐弃偏私的中行显君，抑其志所包蓄，以求济其为身之利之阴否小人。治其知泰、否交替之明，扬其能居安思危，谨守正道，化险为夷者，抑其怀谄奉承，妄作非为，终致羞辱者。治其盖出本心之诚，扬其上下皆诚不相欺，各得其正，抑其小人合交以害正道，且失实之欺。治其为民请命造福天下之愿，扬其既时存戒惧危亡之心，又知物极必反之理，而能奉以济否闭、改革时弊之命者，抑其不重天道，不知阴阳，偏居偏安且妄作非为乱其位序者。治其物极必反之极，否无长否，泰亦无长泰，物极必反之理。否、泰之转，在于政，否、泰之极，在于治，政如城隍，宜勤检善修，不治修则易颓覆；扬其能听其教诲，行守正再图强之道，抑其兴师好战易败亡之政。

物极必反之道。顺而阴居外，曰“小往”，健而阳在内，曰“大来”，其小往大来、大往小来，以其阴阳盈虚而相互转化，其阴阳盈虚之转化，使其上体与下体可以颠倒，内外与往来可以此消彼长，君子失德可成小人，小人正德可成君子……物不可终安，也不会终乱，所谓治久必乱，乱久必治正是如此。泰极则否，否极则泰为道之所呈，法之所运，皆道法气数也，唯睹运体而思治理之道，泰体时常改革时弊以防否势，否体时健德以提升气运而打破阻隔。无论泰与否，皆应以德政倡天下正道，以德教教之成君子，睹根本法序和属性秩序而行德政践履之道，履序洞明而明气，履位共礼而言德，履礼举德而可治，履德通泰而能安。

德政其“志”

初九：拔茅茹，以其汇，征吉。

象曰：拔茅征吉，志在外也。

泰卦初九刚明处下，为泰之始，有阳动而牵连三阳并动的同征之象，故与九二、九三志同，志同者类聚也，为同质汇聚的贞吉之象。阳者，贤也，从初九上进“拔茅”牵引而起可知群贤皆有上进之志，且有应在外，故有“志在外”，实则君子之志在求上达于天下，不在自身也不在己位。治其同质汇聚的“茅茹”之志，扬其不为己身而志在天下之吉途，抑其小人变志且奉君之丑径。

《程传》曰：“初以阳爻居下，是有刚明之才而在下者也。时之否，则君子退而穷处，时既泰，则志在上进也。君子之进，必与其朋类相牵援，如茅之根然，拔其一则牵连而起矣。茹根之相牵连者，故以为象汇类也。贤者以其类进，同志以行其道，是以吉也。君子之进必以其类，不唯志在相先，乐于与善，实乃相赖以济。故君子小人未有能独立，不赖朋类之助者也。自古君子得位，则天下之贤萃于朝廷，同志协力以成天下之泰。小人在位，则不肖者并进，然后其党胜而天下否矣。盖各从其类也。”

同质汇聚。从泰和否都不难看出，群阳和群阴同处下，有“拔茅”牵连之象，以“拔茅”牵引而言同质汇聚，泰者阳同质，否者阴同质，同质者，以类聚。类聚者，宜党同。在泰卦呈现的为阳质类聚的群而不党，而否卦呈现的为阴质类聚的党而不群。群而不党，泰君子类聚之性，众君子皆以志应，虽群汇但无党谋，虽有志同，但志非群汇而谋志，而是自身的刚明之志，发乎于自明，故群会而不党，不党为不专营结党。同泰君子群而不党不同，否小人类聚为群而结党，从初六入于地之根象，根根相连且相通表明已结党，虽结党也群会，但群众志不同，皆无征天下之志，且有意承君应阳；虽志不同但以利相应，此利为阴小需君之阳利，但大往小来说明，就算有利但利亦有限，故而众群阴小专营奉承之丑径，以谋已私。

志同征与志异贞。志同征者，泰君子群而不党之众阳，不为已身，虽结党但不营私，进者征也，同征其志，进志于天下，故而造福与天下。志异贞者，否阴小人群而党，但志异，为利而应君接阳，志异则节变，故需坚守正道。对比泰君子进志天下之善，否小人以利奉君为行其丑径。所以要扬其善，抑其丑。扬者，拔也。“贤人在上位，则引其类而聚之于朝。在下位则思与其类俱进。”李士珍曰：“茅为人所用，用则登于宗庙，不用则老于山林。茅不自达，必俟人拔之。拔，擢也。用贤者首举一大贤，则群贤从之。阳主进故‘征’，得时有应故‘吉’。”对于有造福天下之志且有造福之能者，还有否卦九四，在否卦，有其九四志行，奉天命以济否闭，而有“畴离祉”之象。畴者，类也，指下卦类聚之群阴；离，附丽；祉，福也；为引导阴小之同类依附于九四之济否君子，而获福。

德政其“大”

九二：包荒，用冯河，不遐遗，朋亡，得尚于中行。

象曰：包荒，得尚于中行，以光大也。

泰卦九二以阳刚君中，上有六五柔顺之应，二与五泰交，有上所专任之象，故而有治泰之主之说。九二与三阳同体，乾健有包荒之实，故而心胸开阔，广纳远贤，以包含荒秽，受纳冯河者也，且不结党营，用心弘大，无所遐弃；上应柔尊而居臣辅之实，实乃以其“大”德辅佐六五持中以治世，而“得尚于中行”。治其存乎广大的包容之大，扬其用心弘大、无所遐弃偏私的中行显君，抑其志所包蓄，以求济其为身之利之阴否小人。

“包荒”。包者包容、含容；荒者，荒远与荒秽之地；言包荒谓心胸开阔到足以包容天下，连荒远、荒秽之地皆能包，实为有包容之大，此大者为“王”之心，九二包荒，实为二与五交而同心同志，既与王交志，王亦与其交心，只有通心、通志才能达其荒秽之远。从包荒之象可知，二上应柔尊而成五之专任，居臣辅之实。“用冯河”，冯者，借也，为无舟而徒步涉河。被河阻隔而断绝交通，成为泰交的障碍，以“用冯河”言果断刚决渡河涉险，实则以其刚勇克难，《程传》曰：“用冯河，谓其刚果足以济深越险也，自古泰宁之世，狃于安逸，必至于衰替，自非刚断之君，英烈之辅，不能奋发以革其弊也。”“不遐遗”，为不遗弃远方之人，“不遐遗，谓治夫泰者，当周及庶事，若事之微隐，贤才之在僻陋，虽遐远不可遗也。”“朋亡”，亡者，音无；以失朋之象言既不结党又不为朋谋私，为无朋党之见，无私无偏，存乎光大，故曰‘朋亡’也；反观其朋者，为小人也，因无利而自走，亦无见九二君子之德之明。

对比泰之九二包荒与否之六二包承，泰之包言于乾，而行于乾，虽与六五交心通志，但皆因有其“包”德才能行包之实；包荒者，象天包地。而否之包言于地，但包于乾之九五，象地为天所包，为以大包小。从位而言，九二与六二皆得中位。从位言包，泰之九二从下包上，为有包之大德才能以下包上；而否之包为九五包于上，六二承其所包，虽以二之位言，但实际上为异位而包。所以，言包者以及能包者，必然为乾阳君子，并以其包之德而包，否则如否之六二居其位，也不能包。观其否之九五，有其包承而不乱群之实，成其以德济否之大包之心。

治其大。大者，多也，为九二处泰四德之多，在处泰四德里，又以包容之大和无私光大显著。九二处泰四德为九二处泰四道之德，以“包荒”“用冯河”“不遐遗”“朋亡”四者，成处泰之道，其中以“包荒”的有容之大，而通其他。同时又以九二的处泰之道，呈其九二诸德，且以德中行，成就处泰之道光明显大。

德政其“明”

九三：无平不陂，无往不复，艰贞无咎；勿恤其孚，于食有福。

象曰：无往不复，天地际也。

泰卦九三处下乾之终，在诸阳之上，有泰阳之盛，阳者必升，故又处下卦进升上卦之转折位，有泰之盛阳将进否阴之象。“无平不陂，无往不复”为地平极则险陂，天行极则还复；平陂以上卦地形之险夷来言，往复以下卦天气之往来而言。其平坦之地延伸至远处，无不转化为险陂；过往之机虽已消失，无不又将重机再现。故戒其安逸松懈，当居安思危，谨守正道，则可无咎。何言“无咎”？为“居不失其正，动不失其应，艰而能贞，不失其义”，故而无咎。“勿恤其孚，于食有福。”恤者，忧也；孚者，信也，谓取信于人；食者，俸食。为虽处天地交接与阴阳转化之时，因有孚信而不必忧虑其爵位俸禄，实为有福之兆。治其知泰、否交替之明，扬其能居安思危，谨守正道，化险为夷者，抑其怀谄奉承，妄作非为，终致羞辱者。

九三以乾极应其坤下，为天地交接之际，所谓“无常安平而不险陂者，即无常泰也；无常往而不反者，谓阴将复也”，以无常泰和阴将复，言天地之交接和阴阳之转化为天理必然、世间常理，值泰极否来之时，应据险当思变通以应对其变，唯有不变者——君子之孚信，不会因为环境变换而影响其地位与爵禄之根本。

治其“明”。为明天地与阴阳转换之机、明否极泰来之天理必然、明有孚信而无忧扰、明羞耻而行君子之道。明天地与阴阳转化之机，这个“机”就在于处位而觉险，处九三位应觉否阴之险，这为险未到而先觉之觉明，有这种先觉了，再在天地交接与阴阳转换时能居安思危，谨守正道，从而把握时机。明泰极否来天理之必然，泰极否来或否极泰来，皆需洞明，这是天理转换之必然，天理循环盛极必衰非人力、人心所能移，只能明其至理而思变通之法；如何变通呢？为守成，“九三在泰中，守成之象。艰贞者，守成之良法也”。有孚信而无忧扰，九三治有刚明之才，故自具孚信；如何能无忧也？为以信德感之，“其信义诚着，故不恤其孚而自明也”。马振彪曰：“九三处天人相交之际，持盈保泰，艰以图之，贞以守之，此自可以福天下，虽一身劳瘁，亦弗所恤。舜之风雷不迷，禹之胼手胝足，文王不遑暇食，周公握发吐哺，各尽其职，只是为天地裁成辅相以左右民耳，何尝计及身家乎？功在天下而不敢居，但求无咎而已，此皆一诚之所孚也。”明羞耻而行君子之道，否之六三以阴柔之质处否极而进，为非知耻者，知耻者不会为应阳而变志，不会一心奉承其上，马振彪曰：“‘包羞’二字，括尽小人情状，六三不中不正，当否之世，窃位苟禄，备员全身，不自知其可羞也。曰位不当，勉其履当其位，勿以无耻小人自居也。”

德政其“诚”

六四：翩翩不富，以其邻，不戒以孚。

象曰：翩翩不富，皆失实也。不戒以孚，中心愿也。

泰卦六四处上下交泰而居其坤阴，以阴在上，其志在下，连同上二阴亦志在趋下。翩翩者，往来飞动之貌，以翩翩飞动之象，言上三阴相从而下降；邻者，六四同类之邻；为六四翩翩就下，与其相邻之六五、上六同类两阴，连袂地下降而求应于阳，下求阳以资富实。三阴皆能谦虚求阳，故不待教戒，而皆能取信于阳。“以其邻”之“以”为与，为与其邻也；而“不戒以孚”之“以”为而，为不戒而孚。李道平曰：“三承四，曰‘其孚’；今四乘三，故曰‘不戒以孚’。”治其盖出本心之诚，扬其上下皆诚不相欺，各得其正，抑其小人合交以害正道，且失实之欺。

正因六四连同上二阴皆阴虚无实，且居上位，才有上三阴下降求阳以资富实，不富而相从之意。当值阴阳交泰之时，上阴与下阳盖出心中所愿而行交志之通，实乃以诚相待，不待告戒而诚意相合。俞琰曰：“易以阴虚为不富，六四阴爻，故曰‘不富’。愿者，上下交而其志同也。泰之时，上下不相疑忌，盖出自本心，故曰‘中心愿也’。”

治其“诚”。要有盖出本心之诚。九四之志，盖与有其扶危济倾之诚，无诚则志不坚，纵然有天命亦有君命，也难行其倾危之难。诚者，公也，天下为公之心，为天下造福，若无天下为公之诚愿，亦难行。其泰之六四亦是，之所以能以资富实，为上下交诚而诚心所愿，从翩翩飞动之貌，可见趋同之愿心，诚心所往。

德政其“愿”

六五：帝乙归妹，以祉元吉。

象曰：以祉元吉，中以行愿也。

六五阴居尊位，下应九二，上下交通，有“帝乙归妹” 而成和合至美之象。王弼曰：“女处尊位，居中履顺，降身应二，感以相与，用中行愿，不失其礼，帝乙归妹，诚合斯义。履顺居中，行愿以‘祉’；尽乎阴阳交配之宜，故‘元吉’也。”治其为民请命造福天下之愿，扬其既时存戒惧危亡之心，又知物极必反之理，而能奉以济否闭、改革时弊之命者，抑其不重天道，不知阴阳，偏居偏安且妄作非为乱其位序者。

“帝乙归妹”。与归妹卦不同，此处取下嫁之象，言帝王商汤下嫁其妹以配贤者。六五以阴居尊位，为泰之主，柔中虚己，以下嫁之象而委从九二。帝乙以“无以天子之富而骄诸侯”制王姬下嫁之礼法，帝乙嫁妹，使其降其尊贵以顺从其夫，而其夫正贤，有治泰之主，取“帝乙归妹”象，与其言下嫁，不如言愿嫁；愿者，精神所愿也。六五以交易之质和往来之实，而有其“自愿”，所谓阴阳感以相与，六五用中行愿，最终的交通在于和合，而上下交心的完美交和，出自于诚愿，以精神超越位序，以和畅自由而享合美元祉。

“元吉”，大吉而尽善者，帝乙归妹之时，则有祉而元吉矣。刘沅曰：“阴之从阳，女之顺夫，天下之义也。六五以柔中，下应九二之刚中，以尊降卑，虚己下贤，如王姬下嫁而获吉。二、五皆得中，为泰之主，以中交中，行其所愿而成泰，盖阴阳之正，天地之义也。”

治其“愿”。泰之六五以下嫁之象而委从九二贤夫，贤者治世良臣也，六五用中位行治天下元吉之愿，实为出自心地诚愿。否之九五休止天下之否闭为己任，为有苍生之愿。虽有其愿，亦知其治术之要害，六五知九二能治，以委从九二而择贤；杨万里曰：“王姬之贵，不有其贵而贵其夫；君人之尊，不居其尊而尊其贤。任其臣以致泰，君之愿欲，孰大于是？九五知若救否势当寄维系，能维系者，天下邦民之共也，只有邦民从大而根深，堪比苞桑。”王符曰：“是故养寿之士，先病服药；养世之君，先乱任贤，是以身常安而国脉永也。”既知先后，又知轻重；治国亦如此，对症下药方能解危，泰之六五与否之九五皆有常人不能比之开明。

德政其“极”

上六：城复于隍；勿用师，自邑告命，贞吝。

象曰：城复于隍，其命乱也。

泰卦上六居泰之极，为泰极而否来，有“城复于隍”之象。“城复于隍”，复者，倾覆也；隍者，城下沟也，无水曰隍，有水曰池；为高大的城墙已颓覆入城沟。值此物极而反之时，切不可兴师动众。应接受邑人之谏言，修明政令，改革时弊，以谨守正道而避免灾吝。城者何也？为掘隍土积累而成城，在泰之终，将反于否，城土倾圮复反于隍。城土倾覆，如同邦序结构瓦解，民心离散，故不可兴师动众，用之则祸乱。既然难免城复于隍，不可力争而动众，只能听从亲近之告命而守正，再修废图强，勿忘其耻。

否无长否，泰亦无长泰，物极必反之理。否、泰之转，在于政，否、泰之极，在于治，政如城隍，宜勤检善修，不治修则易颓覆；扬其能听其教诲，行守正再图强之道，抑其兴师好战易败亡之政。

李士珍曰：“城虽坚，久不治则坏；政虽美，久不修则弊，此泰极否来之象。然城已坏，无可以守，安可以战？内政未修，安可攘外？况权柄下移，内忧方大，若更贪功黩武，徼福境外，愈促其亡，故‘勿用师’也。又世将治则命自上而下，将乱则命自下反上。天下有道，则庶人不议，泰将成否，故邑人来告其命而议之。”

治其“极”。极者，终极也；物极必反之理。否无长否，泰亦无长泰，物极必反之理。否无长否，泰亦无长泰，否闭终极，必然泰转，物极则必反，只有善为其政，能居安思危，常改革时弊，防泰极否来之弊。黄寿棋曰：“三、六两爻所体现之泰极否来之哲理，深具诫意。九三示以‘无平不陂，无往不复’之警言；上六则示以‘城复于隍’之教训。”又曰：“否极泰来的哲理，上九喻之至明，但要彻底倾否，非刚健勇猛之力不行，上九积乾健至盛，实为济否成功的主要因素。”

纵观泰卦，泰取天地交而万物通立象，取上下交而志同立用，在于根于自然法序的泰通之体而有君子泰同之用。纵观易体可知，是否泰通关乎是阳主大时还是阴主大时，唯有阳主大时才能顺应阳势而扬升泰通文明，以君子泰同之用升其同人之志。在泰之六爻中，初与四相交，为交之始，在始交之初贵在进志，故而初九言茅之连茹以其汇，四言以其邻如鸟之连翩，皆在于言君子进志生发的联动状态；二与五相交，为交泰之中，二五皆以中德立位，九二包荒，以化方外，六五归妹，以怀远人，故五言君降其尊贵以任夫臣，二言大臣尽责任以事君；三与上相交，为交之终，九三三言平变而为陂，无往不复，上六城复于隍，应谨守正道。

处泰体必明泰通之体用，所谓泰通在于明自然法序的交通往来之机，此为通泰之体——根本法序，立通泰之体方有君子泰通之用，所谓泰通之用，在于从道法根本、邦民体系、刚柔动静、正邪关系而言德政治理，此为君子当政的属性秩序。每一个位域或自然属性的事物，皆有各自本有的秩序和法度，顺其秩序往来则通，反之则不通，交通则泰，不通则否。泰通事关阳主大时，否塞事关阴主大时，若阴主大时则患、祸、灾、难多生，暗系统主导易体世界，必然多灾多难，更有难以出入之难体，民多艰辛。若阳主大时则文明升华，君子进志且志行，进位且能当位，基于德政治理而有德文明之构建，民众履刚制且应正序，既能养正又能大畜，还能被君子教化而同人。

从泰防否。从卦序而言，泰后成否乃自然往复之机，但泰否之转，需法序大时所赋予，若无大时赋予，则无法序扭转之机，与其泰后成否，不如治泰防否，从通泰往来的大好局面预防否势生成，乃君子居安思危之道。居安思危慎终如始乃既济之道，故而泰通既济，否通未济，使其否势能预防之。所谓预防便是德政治理之成效，君子当道行德政治理的核心在于君子进志，泰卦取茅象，以茅之连茹以其汇立辞，便是激励君子进志且志同相连，进同人之志，志在从泰通文明全大体而扬升德政文明，使易之全体皆能摆脱否塞。从交感五通系统而言，从泰治否乃君子之责，更是天道所赋予，正因天地交而万物通，人与宇宙无时无刻不全息元象交易在一起，故而更应以交易之质和往来之实，行德政治道，使其既安其位序，又能超越位序而治其精神，全大同之理想。

养德卷：养正七渐

卷之言：从大过之难到养正七渐

本卷领起之卦为大过卦，统领之卦为大壮卦。以大过卦的大过之难领起，围绕“大过”之治理而有养正七渐的养德系统，以大壮卦统领革卦、渐卦、家人卦、颐卦、大畜卦、升卦，形成以养正七渐系统来治理大过之过程。

君子通正，又进志能通位，值大行德政内外之治道时，君子当有所作为，但遇大过卦，遭受大过之难，亦致使无所作为。蒙大过之难，必依养正七渐正固而渐养之，使其德刚体壮，不受大过侵扰，能执天道行王道，谱写天下正大之序。

在大过卦，中通之位被过君子之激阳所填，使激阳充实于两阴之间，以阳塞满而滞，使中位之泰通成否势，否弱之资无以成泰栋之才而致过。其因在于否弱失资的过君子，自视过高，言过其实，浮夸妄动而充当栋梁之大任，以过君子之质地行称位君子之表，通过激进事件，占位以政；以德不备、才不具、功不成、行有过之资占位，又以智昏不明自视过高而担当栋梁大任，再以志大才疏之昏昧行盲政、昏政，虽据位而不通政，无良政以疏通邦体民众之往来，将本来泰通往来的局面打破，导致政务瘫痪，使其重新窒塞，犹如栋“桡”，酿成误国误民之弥天大祸。

大过之难。大过之难是过君子群体以虚而浮夸的非君子行为所造成君子文明之大难。值大过之难，别说有所作为，称位君子及民众唯恐避之不及，或卑以居下，或远遁阳外，使本来鼎足支持之群体，成弱而无力之人，能如初六保其自洁就已不错。最终德不备、才不具、功不成、行有过的过君子群体，以健德有虚、养正不实、自视过高、言过其实、浮夸妄动的过君子之质，违背事物正而序的发展规律，行其泽灭木之大过，以害称位君子、害位、害政、害王道、害民、害泰通文明之桡，造就君子文明之大难。

难得作为之难。在大过卦欲作为却致大过而难得作为。本来在大过卦，以“大”可行大事，以“过”有阳过中，是以得阳而行大事之良机，却奈何其阳不实为虚而无实之激阳，所行大事亦为无德政甚至无良政的激进之事，以激阳激进用过据位以政，既冲击了称位君子，又冲击了原本泰通往来之政，既使称位君子远遁避祸，又致王道壅滞，鼎足不强，成其大过体。

值大过体难得作为之难与大过之难，必然先行革变，再图渐养；先革而后养才是振济大过之路径，不革除过君子的大过之政，其虚而浮夸的激进风气无以从新，社稷鼎足之君子和民众无以回归，且不革则不能养，别说养正以渐，任其大过之体横行，则将面临无以生产，温饱难以自足之灾变。纠其原因，过君子造成君子文明之大难的本质就在于健德有虚、养正不实，继而才形成无明德以辨事物本序和时局状况，才形成激阳与激进事件。

养正七渐。革卦以革新之道而有革正，渐卦以渐进之道而有渐正，家人卦以伦序之道而有家正，颐卦以养正之道而有颐正，大畜卦以蓄德之道而有蓄正，升卦以阶序之道而有升正，大壮卦以正大之道而有壮正；以此七正渐养，得其养而能固，固而能蓄，蓄而能刚，刚而能升，升而能壮。在革卦，从法革到序革而成革文明之健；在渐卦，从渐进至升华而谱写伦序；在家人卦，从正固正家到伦序正位；在颐卦，内养神气外养贤并养德居正；在大畜卦，蓄德治蓄功与蓄志通蓄神；在升卦，刚上升柔而时位有阶；在大壮卦，内刚化外政使天下大壮；七卦同体又各位域自专而共同用事，以卦体小体之养而得正，来全养正七渐的大体之功。在养正七渐的过程里，革新以去故取新成养正转变之基，亦是养正之始，从革处始养，在于无革不足以取“正”；

渐养是之所以能养正之路径，不激进用事，亦符合养而得正的原理和自然规律；家人是得养且养而有序之基，亦是养之序从小走向大的关键转变；颐而能得正是养正的思想，是从颐养而通修齐治平的路径，颐而不取正、不得正又将成为祸之源；养德从革之初，到颐正而大畜，皆是贯穿养正七渐的核心，亦唯德能全其正；蓄德是养正且发生升华的关键，无蓄德刚上出柔，则无升华的转化之功；升华有体是大壮壮而有所依存的关键，故升卦承大畜而启大壮，皆是养正之果。养正七渐的每一个卦体的治道皆是养正之果，且还有大畜上九证道并得道之大成就，以转凡入圣之大贤大教天下；养正之果以得正大为大果，正大之果，以内刚化外政的大正之治道，行王者之政，以治道通正大之序，执天道行王道，以中正养大体并全大体，以大壮一卦之序贯通所有正序，使天下所有体皆能壮大。

之所以要成其内外刚壮之体，从养正七渐之过程可知，刚壮则栋梁不桡，君子不屈，正序不移，善政不止，教化无穷。养正七渐者，以养正之道治大过体的难得作为与大过之难。在大过卦，以成其大过而使栋桡，栋之所以桡在于大过之才虽阳但不足刚健且壮，至大壮体内外刚健且壮，使栋而成栋，无有桡之担忧，栋梁不桡成其刚壮之支柱。因大过致过，原本鼎足之人皆远遁避祸而只求自保，真君子屈服于过君子是大势所逼迫，而大壮体从升卦君子以用见大人之利进位的位且当道，君子行正，不受阴妄所屈服，君子不屈成刚壮之魂魄。因大过体违背事物正而序的发展规律，行其泽灭木之大过，不仅致使政务瘫痪，王道壅滞，还以害称位君子、害位、害政、害王道、害民、害泰通文明，使正序文明、君子文明、德政文明等遭受大难，从养正七渐到大壮体，因内外之刚壮强健，可使正序不移，在正序得以正常运转且不断扬升的基础上，保其德政治道的善政不止，且行教化无穷之利。

大壮刚壮强健状态下的栋梁不桡，使激阳与阴无可乘之机；君子不屈，君子不屈服小人排挤与迫害，且升志进阶，立志执正道以清天下之弊；正序不移，从革新之序、渐进之序、家人伦序、养正之序、德蓄之序、升阶之序、刚壮之序，坚固其正序，使既序且正，并养一处而得全利；善政不止与教化无穷，君子当得作为，大正在外无非善政与德教，也因善政与德教之正，才成其大正之体，圣贤主其精神，君子充其精气，不断扬升其精神品格，使外壮之体成大正之体。

养正七渐之神妙，在于内刚外化。以内在刚强之精神，化在外，以政和教之治道，使外体品格升域而平衡内外，实则以内养外，以内治外，以内教外。大壮以内之精神化外在之政，正是君子的理想志愿，君子治身德、健位德，升志当政，便是以治君子之范式，自证唯德能通所有、能济所有“小乘”之利，行使小人有德且天下同德的“大乘”之愿。执抱元守一之精神，从大正之道，通过内刚外化而政、教在外，成正而大的正大之序。大正之道，使大壮能内壮与外壮的贞正之道；正大之序，以大正之道行善政、德教在外，建成能促使邦体正固且壮大的秩序，犹以法、礼、德三者之正大总持其他壮大之序。

养正七渐之功，从被“难”伤于外的君子反于内、反于家，被家养而奉食，到自求口实养小体；当得颐道之大正，被颐道和德政所养，成其不家食而吉的大养局面，终是君子处颐体知颐时、通颐德、进颐养万民之志，以养人为公施善政在外而养大体，以养德养于内而全大体，以此得颐正，乃颐正之功。外养蓄势，内固蓄核，外蓄善政之德，内蓄龙阳之德，以得时、得位、得内外之体而蓄德有大成，既有上九得道之成，又有守道崇德安于教化，使万民被德所养之成，此为养德之功。凭颐正之功和养德之功，由大畜成大壮，中间又贯穿于升，之所以有升，在于有萃而聚，聚而序，序而泰，泰而治，治而养，养而正，正而蓄，蓄而通，通而升，升而有养德之笃实，故能成其升；在升卦大畜卦蓄德的刚健之乾性化在升卦成能育万物之坤地，以精气化神之功成其精神升域的新品格，最终普写正大之序，有治精神之功。正大之序，为中正之道大成且稳固，能以大正之治道沉淀成大壮文明，又以能全大体之正，而从养阳之正，健德之正，正固之正，精神抱一之正、进位升阶之政……凡能得正之事，皆能以健德、善政、德教等，贯通于执天道行王道之政中，以精气神正固而抱元守一，使纯粹精神而终能治于精神。

章一：难得作为之难

大过卦：大过之难

大过卦：大过之难

兑上巽下

健德有虚与养正不实

小人当道有否塞之难，唯君子能聚气养德而志养社稷，神足且气精充沛，使精气神不断扬升，从而产生德文明治道之沉淀。君子与小人的区别便是君子有德，君子之德在于君子从“正”而健，而养正之道正是养德之利器，以养之利和正之序，既使天地人三才合德，又使精气神三者合德，以此交而通，继而以心神驭气之正，以气养神志之正，以志进求位之正，有当位以政健序之正……继而见天地万物养正之道。从咸正、萃正、泰正皆可以看出，正是君子以“正”治理而致通，君子通正，又进志能通位，值大行德政内外之治道时，君子当有所作为。

君子作为，既要有修身健德而称位君子的身德之基，又要有进志求位并当位的位德之柄，才能以身君子和位君子之柄健德在政。在以交感五通治否难与小人之难过程中，以正固之利行萃正之教，正是感通君子并激励君子，使以萃正之道聚气凝神而正固身德，又以当位升阶之利尚德政而积位德在政。以身德和位德之健来养政治之作为，健者，动也；养政之作为，亦动也，动则有过，而有大过之体。

《序卦》曰：“不养则不可动，故受之以大过。”凡物养而后能成，成则能动，此“动”有养之动和成之动。养之动者，颐养之健动，为人、物经过颐养且养正之成长；成之动者，为人、物养正且成后，又继养之，养而过之，使成之动过积不动乃至灭没于物，致大过，也是“泽灭木”成其大过体之所在。同时，成之动，还有自以为成，进而动，以进之动谋求超越己才之用，而致“过”，且有过之大。

“不养则不可动”。养正之道，不在于动，在于内养其德、外养其贤，且要安止其所妄动，养的目的并非为“动”，以不养则不可动来对照，养而动之为有过错；养之动在于以静养内健其德，非养其外在之妄动，非人、物之成长壮大之长动，这是迷惑养而动的表象。在大过体言以动致过，在于大过呈现的养之动，为外在之妄动，非内在健德之阳动，违背了养正之正养。当违背了养正之正养，衡量君子之实的内在，则出现虚而空的表象，以外在浮夸的养而动之表象，以为养有所成。故而大过体的“君子”以德不备、才不具、功不成、行有过之资，进而妄动，以言过其实欲担当大任，成大过，并成大过体独特的“过”君子。

《杂卦》曰：“大过，颠也。”颠者，填而塞也，满而滞也。在大过卦，四阳充实于两阴之间，以此阳满而窒塞不通；其坎卦有一阳中通于两阴之间，而大过体以四阳之填，成为大坎之象。《礼记》云：“盛气颠实扬休。”郑玄注：“颠读为阗……盛声中之气，使之阗满其息，若阳气之休物也。”陆德明释文：“颠，依注读为阗，音田。”孔颖达疏：“颠，塞也。实，满。”《说文》云：“阗，盛貌。”段玉裁注：“为盛满于门中之貌也。”

在大过体，中通之位被四阳所填，以致满而塞，塞则不通，使中通成否势，否则无以担当泰之栋，从而使栋“桡”；桡者，削弱，弯曲、屈服之义，为否弱之资削弱泰栋之才，使其无以成栋，当栋梁被削弱，可想而知，已致大过也。否弱之资无以成泰栋之才，且满塞栋梁之位，既使该通之体窒塞不通，又使栋梁之位资、才不足而致大过。观大过体，此种满塞中通之位的四阳，便是否弱之资的“过”君子的不实之阳。

大过卦，兑上巽下；为泽在木上的灭木致过之象。泽乃润养于木，乃至泽过动而灭没于木；灭之，使木不存，成其大过。大过者，阳过，故为大者过，过之大与大事过也。《程传》以“凡事之大过于常者” 立义，又以“道无不中，无不常，以世人所不常见，故谓之大过于常也”释义，又以“阳过中而上下弱”言过。

在大过卦，中通之位被过君子之激阳所填，使激阳充实于两阴之间，以阳塞满而滞，使中位之泰通成否势，否弱之资无以成泰栋之才而致过。其因在于否弱失资的过君子，自视过高，言过其实，浮夸妄动而充当栋梁之大任，以过君子之质地行称位君子之表，通过激进事件，占位以政；以德不备、才不具、功不成、行有过之资占位，又以智昏不明、自视过高而担当栋梁大任，再以志大才疏之昏昧行盲政、昏政，虽据位而不通政，无良政以疏通邦体民众之往来，将本来泰通往来的局面打破，导致政务瘫痪，使其重新窒塞，犹如栋“桡”，酿成误国误民之弥天大祸。

观大过之象以及过君子如何致大过的过程可知，唯称位君子当道，以正阳进正志，履法、礼、德三位一体之正序，行德政之治道，方是治国安邦之正途。同时又能治理和教化独特的过君子群体，教导他们如何才能以治君子九德系统健身德，以养正七渐行渐养，以交感五通行交感致通泰，以德政之治道行小往大来之往来……而成为身德、位德、政德均称位的君子。

难得作为之难。在大过卦欲作为却致大过而难得作为。本来在大过卦，以“大”可行大事，以“过”有阳过中，是以得阳而行大事之良机，却奈何其阳不实为虚而无实之激阳，所行大事亦为无德政甚至无良政的激进之事，以激阳激进用过，既冲击了称位君子，又冲击了原本泰通往来之政；既使称位君子远遁避祸，又致王道壅滞，鼎足不强，成其大过体。

初与上对。初六有“藉用白茅”之敬慎，上六有“过涉灭顶”之危行，为“位”

之大过。二与五对。九二有“枯杨生稊，老夫得其女妻”之利，九五有“枯杨生华，老妇得其士夫”之丑，为“时”之大过也。三与四对，皆为栋象，上隆下桡，九三有“栋桡”之凶，九四有“栋隆”之吉，为“体”之大过。唯有持中正之道的二与五，稍有生机，以上华下稊之“生”象，处不利之体言可为之事，实际上是难得作为的勉为其难。大过以阳盛为过，又以阳多塞而满，在卦爻处位上，又复以刚居阳，有过上加过；故而出现刚居阴位得吉，刚居阳位得凶。大过体，并非只言过错，言难得作为之甚，九三最难得作为，而九二、九四、九五皆可有所作为，以行大事言大过，只不过处不利之体言可为之事，无论是得吉、得丑，还是得凶，实际上是难得作为的勉为其难。

从难得作为之因可知，持中正之道的九二与九五，有阳刚之才又值中正之道，却只能以九二枯杨生稊之象与九五枯杨生华之象处之，还是九二比初近本以及九五承上近末得阴助济，才勉强为之。可想大过体所导致的灾难何其严重，致使全卦中所有爻位只能图自保而安乐，把难得作为推向了极致。

枯杨之因，从“泽养于木使木成长”的养之动，来理解“养正”，是过君子群体从开始便出现的偏差，杨树之成长只是养正之表象，为外在之养成，非内在养正之序的正养，养正为以静养内健其德，非养其外在之妄动，非人、物之成长壮大之长动，这是迷惑养而动的表象，过君子群体把这种外在养成当作健德有实和养正有成。为何会有这种误解？在于过君子群体无有明德以明养正之真实义，亦无明德洞悉称位君子之所以能称位的基础、条件、内在规律和规则等，以外在表现之比对，从而自视过高，造就妄动之因，进而以志大才疏之志，再进而妄动，以谋求超越己才之位而担当大任。以虚而浮夸志大才疏的激进之志，自我激励，直到激发种种激进事件。过君子壮大成群以虚而浮夸的无根之阳，行过激之进，据位以政，以政不通而使王道壅滞，以致泰通往来滞阻，使阴阳输布使其平衡无以养邦民，成其栋桡而危的大过之难。

大过之难。大过之难是过君子群体以虚而浮夸的非君子行为所造成君子文明之大难。值大过之难，别说有所作为，称位君子及民众唯恐避之不及，或卑以居下，或远遁阳外，使本来鼎足支持之群体，成弱而无力之人，能如初六保其自洁就已不错。最终德不备、才不具、功不成、行有过的过君子群体，以健德有虚、养正不实、自视过高、言过其实、浮夸妄动的过君子之质，违背事物正而序的发展规律，行其泽灭木之大过，以害称位君子、害位、害政、害王道、害民、害泰通文明之桡，成其大过之罪。

大过：栋桡，利有攸往，亨。

彖曰：大过，大者过也。栋桡，本末弱也。刚过而中，巽而说，行。利有攸往，乃亨。大过之时大矣哉！

象曰：泽灭木，大过。君子以独立不惧，遯世无闷。

卦辞：值栋桡之大过，当尽匹夫之责往而致通。

彖辞：大者过与本末弱的栋桡之因。

象辞：值大过时，把避祸方略当成正固指南。

大过卦，兑上巽下，为泽在木上的灭木致过之象；大过者，以“大”言阳过中而盛，以“过”言大盛壅滞而致过。四阳居中以大盛壅滞，使泽的润木之性，以阳过之盛动灭木，使木之不存，而致大过；上下二阴不胜其阳重，成“栋桡”之象；故致过在乎阳，使栋桡亦在乎阳，其二阴被阳逼迫使其一阴退而居卑，无以承阳之盛、重、激，另一阴远遁阳外，避而远之，只能以身涉艰险；而中间四阳以阳盛过激使中位郁塞，迫使泰通往来无以交通，以政不通而使王道壅滞，鼎足不强，成其大过体。

“栋桡”。栋者，栋梁也。《说文》云：“屋内至中至高之处亦曰阿，俗谓之正梁。”《释名》云：“栋，中也。居屋之中也。”栋取其能胜重，既厚而实能承重，又责大而任重。《系辞》云：“上古穴居野处，后世圣人易之以宫室，上栋下宇，概取诸大壮。”以“大壮”取栋义，在于师法大壮之体，为以德之大畜与阳之大壮两者相辅相成而成栋。四阳聚于中位，有承重之象，又九三、九四皆取栋象，而获任重；是故，卦辞言“栋”是指中位四阳，爻辞言“栋”专指三四爻，在于举中枢之任。德与阳两者之赋予，成栋，而大过体之栋，有阳却为虚而浮夸之激阳，也使其成为大过卦独特的过君子，过君子又因健德有虚和养正不实，而德之不存。在卦中，四刚居中，二阴不胜其重，造成“阳过于中而上下弱矣”的栋桡之象。桡，取其中强而本末弱，是以成桡。《汉书》云：“主疾无嗣，弄臣为辅。鼎足不强，栋干微桡。”注：“桡，削弱。”中位之阳本来要自做栋梁，并以阳性养木，使木能渐养渐长而厚其本实，却因泽性太过，使其弱木避而远之，以灭木之象成其栋桡。

过君子。“过”君子为出现在大过体的独特“君子”现象，他非有称位君子（真君子）的德之实，却又非有小人无志、无德的阴柔之害，虽言君子，但又有小人之质，言小人又行君子之志，又具阳之属性，故为介于称位君子与小人之间的过君子。过君子的特质便是：德不备、才不具、功不成、行有过；过君子是违背了养正之正养的群体，以养而动表象之成，自以为有称位君子才德之实，以此妄动而往，求进位且当位，益虚而空的内在，欲充当大任，从而致过且有大过的群体。过有多大，在于所充塞之位的高低与责任之轻重。位高、责重过君子之质行称位君子之表则大过，才德越虚，过则越大。言过君子，并非已有过，而是以过君子之质，进而动则会致过。故而，过君子为健德有虚，养正不实，自视过高，言过其实，浮夸妄动必将得致过的群体。

过君子健德有虚是其不能称位君子之重要原因，在治君子九德系统里，历经困→复→损→益→恒→井→巽→履→谦修而健过程，从而治有身德之成，以身德修健之终与位德修健之始而称位君子；身德者，君子私德，君子私德以身德修健之终有成，而身德君子只是衡量君子的基本条件，过君子连这个基本条件都修建未及而致虚。养正不实是过君子不能治明德而称位君子的原因，不能治明德在于过君子对养正之理解有重大偏差，误以为人、物外在之养而成长便是养正且有德的标志，而养正在乎内，以专诚、守静的正固之利行萃正之道，在于心不外驰凝神聚气的萃聚而正养，以阳裕德健之动，方为养正之动，过君子无明以知养正之大义，把浮夸无实的外在之成长当成养正之成。以此谬误，既违背养正之正养，又继再行妄动之举。过君子效仿称位君子志向远大，志在当位以政而健位德，谋求以大善济邦，以此自视过高，并言过其实，认为称位君子能当位而政，自己也能独当一面。要知道养正之义，除了养之利，还有正之序。养之利在乎内之养，我们说天地人三才合德以及精气神三者合德以阳出震，而有震之动，此为内养，非人的长大成人外在之长动；而正之序，为履法、礼、德三者之位序，这是君子进位、向邦与共育位德之必要条件；除此以外，还有在养的过程中履正，如心神驭气之正，以气养神志之正，以志进而求位之正，有当位以政而健序之正等，才是养正之大义。对养正大义理解的偏差，是无明德的结果，而明德又是与身德之健息息相关的，故而形成了连环误差。

正因为过君子健德有虚和养正不实，又无明德洞悉称位君子健位德的基础、条件、内在规律和规则等，从而自视过高，造就妄动之因，以志大才疏之志，进而妄动，以自视过高自期望欲担当大任，谋求超越己才之位，纷纷激进上求；而这种志大才疏之志正是过君子激进之志，正因为激进，又不切实际，才造就四阳填满中通之位，此四阳正是有称位君子之表与有过君子之质的过君子之四阳。过君子四阳以激进之志求谋位，又以同类之激进使称位君子失位，导致中通之位填而塞、满而滞。为何会出现填而塞、满而滞的状态呢？在于过君子虽然占位，但无才德以为政，自视过高终究是自视过高，使其政务瘫痪，空有其位，而无良政以疏通，连之前的泰通往来的局面也被打破，使其重新窒塞。

中通之位，是邦体政治之中枢，被过君子四阳以激进为由占据，以言过其实之资行大事，结果可想而知，此四阳以德不备、才不具、功不成、行有过之资，担当栋梁大任而导致栋“桡”之大过。此大过，是误国误民之弥天大祸，比否难时否塞以及小人当政更要严重。称位君子皆志通而知通，在政则懂政，而过君子空有一腔激进之志，最终因为才粗质略之政盲而将本来泰通之政，拖进窒塞不通之否势。在否难时，尚有政可疏通上下，虽然是小人当政，唯利是图，但不至于以中枢瘫痪导致邦体秩序、政治架构、行政治道等全部失灵，以此导致文明失陷之大过，其灾难可想而知，过君子之“过”，乃是大罪社稷、邦民、文明之大罪过。

为何会出现四阳这一类过君子呢？从蹇卦言“利西南”到解卦亦言“利西南，往得众也”，便是以“利西南”的得朋之利合群了过君子群体。之所以利西南，在于西南利退复自治之安，也符合大人以贞正之德固守自安之理，更利于君子反身修德而正位济蹇难，以得朋之当位，行振济蹇难正邦之政。故而西南为可固守自安之地，立于难初解而休养生息，为难得的安生之所。西南以固守贞正的有德之地以及得朋之地，使其西南有德亦得朋。有德亦得朋，正是君子以振济蹇难立正邦之志，通天下君子之志而有众君子之同，有众君子之同，必是德化之所，再以得朋之众聚，以利于生养之气机，驭得朋之当位而德化苦难之人，以此既得休养生息的安生之所，还得德化众人的德化之功。值萃卦时，君子萃聚后再类分后集，得朋的君子群体再次在萃体，以萃正之序的分类萃集结成朋党，延续了“得朋”之聚以及“往得众”之义，更延续了安解之德政，以及以德启蒙之教化。而有一部分非君子之“朋”，为君子安政与教化的对象，他们被合群，如屯卦的草昧君子和蒙卦的启蒙君子走进草昧去合群、启蒙民众一样，从被合群，到被教化，乃至被激励以及被感通，以亲众朋党君子之便利，进入了“朋党”之列，便是过君子群体。

从被合群、被安政、被教化、被激励之过程，再以亲众君子之侧之便利，以昏蒙之识盲目自视，认为自己已有称位君子之类同，再加上无明德以知健德于养正之大义，产生的理解的偏差以及错误，决定了他们的德不备、才不具、功不成、行有过的过君子之质。正因为过君子群体的成长是伴随着被合群、被安政、被教化、被激励之过程，也就决定了他们在健身德与养正而称位君子上，必然存在健德有虚和养正不实的大问题。从过君子的产生过程可知，他们首先划分了与君子的界线，他们在称位君子之侧，虽然也做了很多面面俱到的健德、养正、进志等肤浅的表面工作，但终究才德不具，时位不予。当从交感五通至泰通往来的局势到来时，他们被君子当道小往大来的局面所迷惑，因智昏不明并自视过高，且被自我激励，继而形成一个群体的激进，从而酿成大过的灾难。

过君子激进事件。激阳是发生在过君子自身的激进事件，过君子群体以常伴朋党君子之侧，听政解、结政要、应德化、参与德政等种种君子该有的作为，自以为已成称位君子，尤其是朋党君子在萃卦以“利见大人”之利而进位得政，被过君子群体洞见，故而自我要求激进式的进步，自我激励要有如称位君子般之作为，看似是励志，却是激发已身虚而浮夸之阳。经过自我激阳，在泰通往来的德政局面里，以君子当道该有所作为之由，行占位以政的激进事件。

之所以说占位以政为激进事件，在于称位君子进位得位，有其特定程序和礼序。在泰卦有“拔茅”考察擢拔的过程，且在多个卦体也有“利见大人”

之言，即如是告之君子进位且当位以正，在乎时与位，只有德裕才足的条件具备了，才能逢时、位之机而进。而过君子以自我激发的情绪涌动，以激阳为基础，行占位、抢位等激进之事。《彖辞》云“大过之时大矣哉”，为大过体言时，又以时言位，程颐曰：“立非常之大事，兴不世之大功，成绝俗之大德，皆大过之事也。”极言大过之时用。

大者过与本末弱。中通之位被过君子这种激阳所塞，虽“激”而不能当位以政通，反而以昏误政，以蒙昧昏先前之政。健德有虚和养正不实是他们的底色，虚而浮夸是他们的门面，故而虽有阳之表象，但此种激阳却不能去阴之郁积，反而以微弱之阳的当位便利，害称位君子之真阳，使称位君子受尽迫害。当过君子群体以激进的方式壮大，所抢、占之位日渐增多，原本称位君子之位便因此消彼长而削弱，面对激进事件，君子所受冲击可想而知，为了避免迫害，称位君子只能远避之，或卑以居下，或远遁阳外，皆无以承过阳之盛、重、激烈，且“避”之不及，故而呈现了大者过与本末弱之象。

大者过与本末弱便是造就栋桡之因。过君子壮大成群以虚而浮夸的无根之阳，行过激之进，据位以政导致政不通而使王道壅滞，以致泰通往来滞阻，使阴阳输布失去平衡无以养邦民，继而称位君子及民众避之不及，或卑以居下，或远遁阳外，使本来鼎足支持之群体，成弱而无力之人。大而过之激阳无以成栋，鼎足不强之人又无以承重，使其栋桡而危。之所以成“桡”，就在于过君子群体通过激进事件占位而害当政之位，继而又以当位之利害政，以当政之无能害王道，再以王道壅滞使国陷难而害民，当民受大难，政不通人潦倒，而害泰通文明。以害称位君子、害位、害政、害王道、害民、害泰通文明之桡，成其大过之罪。

“利有攸往，乃亨。”值过君子当政致使栋桡之大过时，必因窒塞而不通，虽言称位君子被迫害而远避之，但值国危民难之际，当有健德有实、养正有序之人，往而致亨通，以尽匹夫之责。利于称位君子往，以当位且能称位之能用良政疏通窒塞之满，以有用取代无用，治壅滞不通而亨通。称位君子志通而知通，又善治通，尤其是以交感五通治否难——从否塞不通到泰通之治道。卦中虽四阳大过，但二五得中，内巽外说，有可行之道，在于守中正之道而济通，终究，过君子有阳而无实，言养而泽性太过，所发起的众多激进事件终无以胜正道，故利有所往而得亨也。

“君子以独立不惧，遯世无闷。”在值大过之当时，从致大过之因到以匹夫之责利有攸往济大过之体，君子应以“遯世无闷”为避祸方略，以及以“独立不惧”为正固指南。君子师法大泽灭木而大过之象，首先应洞察致大过之因，其次从致大过之因里找到振济大过之良方，然后在大过之盛时，明时局之盛衰，用正固指南用之则行，行则独立不惧，用避祸方略得之则藏，藏则遁世无闷。

独立不惧，为称位君子的本质修养，以独立不改之秉性，正阳固德，以健德有实、养正有序区别健德有虚、养正不实、自视过高、言过其实、浮夸妄动的过君子群体，从德之根本上下手，在德、才、功、行上下功夫，以此独立不惧之敢作敢为，既区别于过君子而健德养正，又担当匹夫之责对虚而妄动的过君子行教化之能，让其明白过德不备、才不具、功不成、行有过乃过君子之质地，虚妄之激阳是徒有其表，也是因此自视过高而妄动激进造就栋桡之因。

值大过体栋桡之盛时，应审时度势，以“遯世无闷”避祸自保，同时以扎实而实在之修持为过君子群体立下健德、养正之典范，称位君子之所“遯世无闷”以能称位而当位，是有其本因的，是以有德且养正为根本的。“遯世无闷”是师从复卦一阳来复时至日闭关之举，以得阳、裕阳、固阳的德之本修持，行“先王以至日闭关，商旅不行，后不省方”健德之法。先王重德以及倡导修健之传统由来已久，师先王崇德之道，法先王固德之法，修健与养正之事来不得半点浮夸。之所以言“遯世无闷”，就要如潜龙般能遁能隐，其修真证道的心耿介如石，毫不因世俗功名与世风看法而转移。

单以避祸自保只能独善其身，应从过君子之产生来反思，要谨慎结不类之党，同类萃聚也必须坚持萃乱与正集的萃集原理。萃之初有乱，避免不了被合群、被安政、被教化、被激励的那些民众混入君子之列，但要遵守聚后而再分类集，以真正的朋党之群守位、履礼。

守位则是以德之差别而分位不同的礼序，如称位君子有朋党之位，而那些亲朋党君子之人因德不配位而不能称位君子，故而无君子之位，他们只是被合群、被安政、被教化的对象，非“朋”类。履礼则是防止自视过高事件和激进事件再次发生。称位君子进位以求，继而当位，都得履礼以法，何况过君子群体。对过君子群体更要严格擢拔制度，以礼制规范且约束之，使其有才德而进退有度。

敬慎且自好

初六：藉用白茅，无咎。

象曰：藉用白茅，柔在下也。

初六阴柔，履居巽体，卑以处下；以阴柔居巽下，用茅藉物之象，以过慎之行是以无咎。白茅，洁物与薄物。物之洁者，洁物示敬于神，值大过体，遇大过之事，必先祀天、祭地以示专诚，同时再以物之洁而洁自身，修身而自洁。物之薄者，趋时而敬慎，茅之为物虽薄，而用可重者，以用之能成敬慎之道。

藉者，衬垫，用白茅垫祭器。《说文》云：“藉，祭藉也。”按：藉之为言席也。白茅，菅草。古时祭祀，以白茅藉祭器，包牺牲，缩旨酒。巽象白茅，兑主祭器，藉用白茅之象。

《系辞》曰："苟错诸地而可矣，藉之用茅，何咎之有，慎之至也。夫茅之为物，薄而用可重也，慎斯术也以往，其无所失矣。"正是以藉之用茅言敬慎之至，茅虽至薄之物，然用之可甚重，以之藉荐，则为重慎之道，是用之重。胡瑗曰："为事之始，不可轻易，必须恭慎，然后可以免咎。况居大过之时，是其事至重，功业至大，尤不易于有为，必当过分而慎重，然后可也。"

敬慎且自好。茅之为物，薄而用重，在于敬而成慎，慎而有诚。初六执柔处下，不犯乎刚，以独立之慎，修专诚之德，以洁之诚而自洁于己身，正如"白茅纯束，有女如玉"所云，为以白茅譬喻贞洁。

处大过体"栋桡"之凶，既以柔巽下，从卑而避祸，同时又知修德之要，以敬慎且自好得修健之要领。栋者，栋梁之体，茅者，薄弱之基；栋与茅皆君子之器用，以薄之用，亦可用之重，虽薄，但志向远大，可以薄致重之栋梁；拔茅连茹，正是君子固志并征志的写照。《案》曰："任重大者，栋也；基细微者，茅也。栋支于上，茅藉于下。"君子以藉用白茅，谨始虑终，则无所不至，以身无过动，行无败谋，何咎之有？

激阳用过得凶道

九三：栋桡，凶。

象曰：栋桡之凶，不可以有辅也。

三四二爻，居卦之中，栋之象，象栋居中而众材辅之，奈何过刚特甚，以刚居刚，独刚过而不济，不能近于人，人亦不能近之，无辅而不能任重，以不胜其重而不支，犹栋梁下桡，象桡而占凶，凶之道也。

九三栋桡，乃太刚则折之自桡。之所以有栋桡之折，在于激阳用过又激进欲独大。

《程传》曰："夫居大过之时，兴大过之功，立大过之事，非刚柔得中，取于人以自辅，则不能也。既过于刚强，则不能与人同。常常之功，尚不能独立，况大过之事乎？以圣人之才，虽小事必取于人，当天下之大任，则可知矣。九三以大过之阳，复以刚自居而不得中，刚过之甚者也。以过甚之刚，动则远于中和，而拂于众心，安能当大过之任乎？故不胜其任。如栋之桡，倾败其室，是以凶也。取栋为象者，以其无辅而不能胜重任也。或曰：三巽体而应于上，岂无用柔之象乎？曰：言易者贵乎识势之重轻，时之变易。三居过而用刚，巽既终而且变，岂复有用柔之义？应者谓志相从也，三方过刚，上能系其志乎？"

激阳用过。激阳之阳，非君子刚明之阳，而是虚而浮夸之气被自我激励所成。而这种自我激励乃是对称位君子之误解，只看到了称位君子进位当政之表，并没有看到称位君子才、德皆具之质，又对健德与养正存在误读和理解上的偏差，他们只是在被合群、被安政、被教化、被激励的过程中，做了一些健德、养正、进志等肤浅的表面工作，并没有依照治君子九德和养正七渐的过程，来解决健德有虚和养正不实的大问题。要知道称位君子健身德而称位君子，要经过以困卦德之辨，行辨质见修之道；以复卦德之本，行性命双修之道；以损卦德之修，行损修固阳之道；以益卦德之裕，行益阳裕德之道；以恒卦德之固，行德固恒养之道；以井卦德之地，行善地井养之道；以巽卦德之制，行进位节制之道；以履卦德之基，行履位制礼之道；以谦卦德之柄，行谦谦君子之道的完整过程，之所以言治君子九德系统便是如此。一个完整系统的修健过程和执行方略，才能造就称位君子之身德；以身德之成终，才能进而有位德之始，才有过君子群体看到的进位而当位，行当位之政，在解卦安解蹇难、否难之民，使生息休养与正序复生，虽然他们当政执政，握有权柄，在于当位执政之才德是自己修健而来，是从七日来复阳积善累而来，非得朋结党之便利。

以过君子之质地行称位君子之表便是他们最佳的写照，称位君子以德政激励他们对其产生了误解，从而激阳用过，让名位、功德冲昏了头脑，以过刚之特性行称位君子之政。过君子之质地与行称位君子之表，此两者皆是大谬，过君子之质地决定了他们不能担当大任、重任，行称位君子之表更是让他们抢位、占位、据位后，以得位而忘乎所以，哪知“位”被德所定位，又被政所赋予，当位、称位、配位之德位属性在“位”的定位上和政的赋予上，是相辅相成而分毫不差的。

德配位，政称位才能得其当位。过君子激阳用过便决定了激进欲独大的秉性。独大便自视无所不能，九三处巽木之上，以木长成之表象之短见，浮夸之气气焰冲天。哪知道“位”是礼序之表达，是法、礼、德各种类秩序交织在一起的综合表达，牵一发而动全身。故而一位之位可以说是全他位来辅，同时又以己位辅他位，无辅而不能任重，何况九三欲独大。最终九三因才德不具，时位不予成为过君子群体中最典型的代表，以栋桡而致大过，风雨飘摇，大厦将倾，不可终日。

行大任得吉道

九四：栋隆，吉。有它，吝。

象曰：栋隆之吉，不桡乎下也。

九四刚居阴位，居上卦之下，下实而不桡，以阳居阴，过而不过，其象隆。隆者，盛大，取乾之大。李过曰：“下卦上实而下弱，下弱则上倾。故三居下卦之上，而曰栋桡凶，言下弱而无助也。上卦上弱而下实，下实则可载。故四，而曰栋隆吉，言也。”

九四之所以“隆”，在于三以刚居刚，而阳激刚过，四以刚居柔，阳爻皆以居阴为美；三在下卦之上，下卦巽木有表象之长成，有自视之短见，而四在上卦有泽之润物之性；三处下为上实下虚，四于上卦为下实上虚。

行大任得吉道。四居近君之位，为担当大任者；之所以能担大任，在于九四乃以刚居柔，能用柔相济其阳，使阳不过刚。值大过体时，阳刚不能济体，四阳已满，中位已滞，再用阳则阳太过，唯以刚处柔，从柔来济刚，使刚柔相济而得济，况且九四与初六相应，得柔之气，以此能胜其任。值大过体虽言独木不支，但大难时总有支撑者。

《程传》曰：“若又与初六之阴相应，则过也。既刚柔得宜，而志复应阴，是有它也。有它则有累于刚，虽未至于大害，亦可吝也。盖大过之时，动则过也。有它，谓更有他志。吝为不足之义，谓可少也。或曰：二比初则无不利，四若应初则为吝，何也？曰：二得中而比于初，为以柔相济之义。四与初为正应，志相系者也。九既居四，刚柔得宜矣，复牵系于阴以害其刚，则可吝也。”

养正才能得济

九二：枯杨生稊，老夫得其女妻，无不利。

象曰：老夫女妻，过以相与也。

九二居中，刚健履柔，以阳从阴，独能济其过，卦爻以枯杨生稊取象，占其老夫得其女妻之事。阳之大过，比阴则合，故二与五皆有生象，此“生”象犹老夫得女妻，阴阳相与，能成生育之功。九二当大过之初，得中而居柔，与初密比而相与，九二象老夫，初六象女妻；九二处乾，为老夫，初处巽下为女妻，二乘初，巽承乾，阴阳有情，故曰“老夫得其女妻”。

枯者，木之老也，巽木长成而至乾为老；杨者，速生早凋之木，易感阳气而生，阳过则枯，兑为泽，巽为木，木生泽中之象；稊者，木根新生之芽也，刘琨《劝进表》云：“生繁华于枯荑，谓枯根也。郑康成易亦作荑字，与稊同；取稊之根，为荣于下者。”女，《说文》云：“女，妇人也。”王育曰：“对文则处子曰女，适人曰妇。”《尔雅·释诂》云：“女，如也。《白虎通》曰：“言如人也。”徐锴曰：“女子从父之教，从夫之命，故曰如。”取巽从、为如；妻，巽齐成妻，《白虎通》云：“妻者齐也，与夫齐体。自天子下至庶人，其义一也。”

胡炳文曰：“巽为木，兑为泽，杨近泽之木，故以取象。枯杨，大过象。稊，初在下象。老夫，九象。女妻，初柔在下象。九二阳虽过而下比于阴，如枯阳虽过于老，稊荣于下，则复生于上矣。老夫而得女妻，虽过以相与，终能成生育之功。无他，以阳从阴，过而不过，生道也。”

九二之养正。九二以中自处，用柔相济刚之过，以下养之，为得其养正，故而杨枯槁而复生稊。阳过而未至于极，在于柔养之功。处大过难得作为之体，过刚不能有所作为尤在九三也，九二作为四阳之列，也受难得作为之限，且在九二因刚过使木成枯，枯木既无新生之能，又无栋梁之材，且唯恐无用而遭弃。“栋负众榱，则木之强者也。杨为早凋，则木之弱者也。此卦本末皆弱，二近于本，五近于末，故均为木之弱也。” 九二以中正自处，得柔以相济，使其复生稊。老夫得女妻，以能成生育之功使其再生大用，且无阳刚过极之失，故言无所不利。

虽生华但得丑

九五：枯杨生华，老妇得其士夫，无咎无誉。

象曰：枯杨生华，何可久也。老妇士夫，亦可丑也。

九五承上，近于末，阳过之极，又比过极之阴，以生华耗气，使气势将竭，故无咎无誉。

何楷曰："生稊则生机方长，生华则泄且竭矣。二所与者初，初，本也。又巽之主爻为木、为长、为高。木已过而复芽，又长且高，故有往亨之理。五所与者上，上末也。又兑之主爻，为毁折，为附决，皆非木之所宜。木已过而生华，又毁且折，理无久生已。"

九五虽以中正居尊位，但值大过体，苟泽灭木有其体亡之祸，九五亦当不能免难，九五应难，不能济全体，下亦无应助，不能行大事成大过之功，更不能济大过之难体。然而九五上比过极之阴，以阴济阳，使其枯杨之生华。枯杨生华，首先是枯木得生机，其次是生华耗气，使气势将竭。五上亲比上过极之阴之老妇，为老妻少夫的夫妻之象，老妻少夫不能生育，犹老树开花，为不可久长之象。

苏轼曰："稊者，颠而复蘖，反其始也；华者，盈而毕发，速其终也。"枯杨下生根稊，则是复生与生机之象，而上生华秀，虽有所发，终气尽而干枯。

九五得丑。九五得丑既在于处尊位未有济大过难体之功，有政之丑；又在于本阳刚之才却以极之阴济之，使其枯杨生华，有行之丑；再以士夫而得老妇之行径，虽无罪咎，殊非美，故象辞言其可丑。

灭顶之凶

上六：过涉灭顶，凶。无咎。

象曰：过涉之凶，不可咎也。

上六处过极之地，才弱不足以济，值泽之灭木之极，处上为其灭顶，呈大过体的灭顶之灾凶。

《程传》曰："上六以阴柔处过极，是小人过常之极者也。小人之所谓大过，非能为大过人之事也。直过常越理，不恤危亡，履险蹈祸而已，如过涉于水，至灭没其顶，其凶可知。小人狂躁以自祸，盖其宜也。复将何尤？故曰无咎，言自为之，无所怨咎也。因泽之象而取涉义。"

值大过难体的灭顶之凶灾，为难上又有凶，而辞言"无咎"，在于应"遁世无闷"之言，以灾祸成其独立不惧之人格和健德修养之良机，所谓在大失处有得，便是此义，孔子所以观卦象，言"不可咎也"，在于应大难而有大思，物不可终过，亦不会全灭。

《案》曰："此爻《程传》以为履险蹈祸之小人，《周易本义》以为杀身成仁之君子。《周易本义》之说固比《程传》为长，然又有一说，以为大过之极，事无可为者。上六柔为说主，则是能从容随顺，而不为刚激以益重其势，故虽处过涉灭顶之凶，而无咎也。如东京之季，范李之徒，适足以推波助澜，非救时之道。况上六居无位之地，委蛇和顺，如申屠蟠、郭泰者，君子弗非也，此说亦可并存。"

章二：养正七渐

革　卦：革新之道

渐　卦：渐进之道

家人卦：伦序之道

颐　卦：养正之道

大　蓄：蓄德之道

升　卦：阶序之道

大壮卦：正大之道

革卦：革新之道

兑上离下

从法革到序革而成革文明之健

《易》曰："生生之谓易"，依"道生之"之"生"哲学可知，立于生化本质、生化原理、生化过程的"生生"，因道生德蓄大道生生之健作用言"无"中生"有"， 而革则为在有中言变，变则易，易则有新，唯生、变、易才能出新，变革便在于出新而取新。言革者，变革是过程，革新才是目的，以变革之路径生革可成革新之道。

在大过卦，中通之位被过君子之激阳所填，使激阳充实于两阴之间，以阳塞满而滞，使中位之泰通成否势，否弱之资无以成泰栋之才而致过，在大过已成之体，不仅难得作为，还因大过致使政务瘫痪，王道壅滞，鼎足之人皆远遁避祸而只求自保。尤其是德不备、才不具、功不成、行有过的过君子群体，违背事物正而序的发展规律，行其泽灭木之大过，以害称位君子、害位、害政、害王道、害民、害泰通文明之桡，造就君子文明之大难。值大过体难得作为之难与大过之难，必然先行革变，再图渐养；先革而后养才是振济大过之路径，不革除过君子的大过之政，其虚而浮夸的激进风气无以从新，社稷鼎足之君子和民众无以回归，且不革则不能养，别说养正以渐，任其大过之体横行，则将面临无以生产，温饱难以自足之灾变。纠其原因，过君子造成君子文明之大难的本质就在于健德有虚、养正不实，继而才形成无明德以辨事物本序和时局状况，才形成激阳与激进事件。从大过本质处生革，便是去故，取泰通往来之政焕然一新，为取新。唯变革去故能振济大过，再取新使其养正有序。

革新，则需去故，去除否塞不通之蛊乱宿疾而通泰一新；变则通，故革新先变革。《序卦》曰："井道不可不革，故受之以革。"井之为物，久存则污秽而败，易之则清洌，欲井养不穷则必时时革之，处井则渫污、甃井（修井）……使其能养，以及变革井养之能事，而求新"井"式，故处井不可不革。"井"者，养物之用，在体言以政养邦、民，在私则言以德养身、位，取"井"以言，在通往大同之途与治君子以正上，需时时变革，既革除宿疾以济否塞，又推陈出新促德文明升华。

革卦，兑上离下，为泽中有火之象。兑为金，离为火，金火锻炼曰革。在革卦，离为日，兑为月，日月交替因日月而明时，乾行健，巽专度，因明时演度而知历，故有治历明时之象；乾者言王，兑言收，离主遇，巽主命，有王者受命之象；乾主始，兑主改，巽出新，离言色，有改正朔、易服色之象。《礼记·大传》曰："立权度量，考文章，改正朔，易服色，殊徽号，异器械，别衣服，此其所得与民变革者也。"孔颖达疏："改正朔者，正谓年始，朔谓月初，言王者得政，示从我始，改故用新，随寅、丑、子所建也。周子，殷丑，夏寅，是改正也；周夜半，殷鸡鸣，夏平旦，是易朔也。"王者受命，改正朔，易服色，而得革象。以革象言"革"者，为王者去故取求而求大治之道。

革，始于序，而革于序，以革理、革察、革势、革专、革度、革序等成为变革之路径。始于序，此序为道法之序，明时而知历，因知历而明法序，故革通自然法序；以明时审度来言革，为处当革之体与当革之时方言革，改正朔、易服色以革新而忌反革，这是革之前提。革始于序，以革出自然法序合天地自然之理，凡合法序之理皆可进革，而有革理，因革理而革，方有革之正，以革之正对比反革，便要惕惧且忌讳暴力打破秩序之反革。因正序之需而革，才是革之大义，以正序之需而行革变，方为行王道治邦、民之正途。

言革者，必先察，为革察；革察需治明，需王者之明，睹法序辨革理的大君子之明，以及邦体众君子之同明。依革之正理方能成就邦、民认同之革势，革之作用在于邦之大体秩序与制度之变革，必因有众同之革势而革。从革天下之弊的局部之革，到归位于一视同仁之法革，再进行改志之革。以改革有专攻而有革之专，依革之专，从改善蛊乱宿疾的局部变革始，并非全部推倒；在变革过程中，言变革而能存异，方有革之度；从革之专攻的变革中，尤以信志改命之革为盛，而有革之盛；变革愈盛，则出新的力度愈盛，当弊端得改，则新政惠民愈盛，而能成就革同；君臣、上下、邦民均有革同之革，而自成革新之序，以终革于序而有革成。

革新之道，始于道法之序，既有革理，又当革之天时，以变革之路径而成革之法，以去故取新拯济弊陋而有革之大义，从革之专攻生革之地利，又以革同取变革之人和，值天时、地利、人和齐备而生革，是革信之源，以取革信推革，是“巳日乃孚”变革之思想，也是以革取正的简易之法，以革法和革于序而有革之成果。最终以革之出新并取新之成果，来以革化风气，既正序于邦、健德于民，又使小人革面，并在革序中健德，以革文明而促德文明之健。

革新之成果正序于邦，使邦体在扬升的正序中能大畜其德，大壮其国力；革新之成果健德于民，既能使在变革中因革之有序与革之有法而健德，又能以革之德而新民。使小人革面，便是以革序行革之教化，以革文明促德文明之健。革之德者，以天时、地利、人和取革信使革之有正义，又以革之有序以及革之有章法而生革德，因革于序和革德而有革文明之新健。

革：巳日乃孚。元亨，利贞。悔亡。

彖曰：革，水火相息，二女同居，其志不相得曰革。巳日乃孚，革而信之。文明以说，大亨以正。革而当，其悔乃亡。天地革而四时成，汤武革命，顺乎天而应乎人。革之时大矣哉！

象曰：泽中有火，革。君子以治历明时。

卦辞：以取革信之元亨，使革始于序，而革于序。

彖辞：以革而有信，革而当，革而正，健革文明。

象辞：以治历明时健明德，把握金火锻炼变革之机。

革卦，兑上离下，为泽中有火金火锻炼变革之象。兑泽在上，离火在下，火燃则水干，水决则火灭，为水火虽相处但不相容之象，犹二女共处一室，虽相处却心志不相通。不相容、不相通而又要相处，则必生变革以取新来容、通，泽中有火，恰是火炼泽金，火炼而出真金，而金性又生水，以充泽气，以此相循而融通与共，以救危亡。火炼出真金，从泽水生金，既有水之革变，又生金之革新，不容不通则变，出新取新则能循环与共。

金火锻炼之象，也道出变革之事需“慢火”而循序缓进，火大则涸，水涸则失存金之所；同时，革之发生是在水火不相容、二女志不相通的前提下，是基于泽火之大体而变，故革要遵其革理与革法方能生出革果，从革体而言，革有泽、火先存，为有其原有秩序与文明积累，虽言革始于序而革于序，但革的推陈出新，必经过变革之路径，通过变革之路径而生变革之法，在没有产生和获得革同就直入全面推倒的序革，是十分危险之蠢革。

革卦取“水火相息”与“二女同居”象。水火者，革卦上体的泽水与下体之离火；息者，处也，泽水居上而水性润下，离火居下而火性炎上，水大则水灭火，火大则火涸水，实为水火难以相处不得息之象；处革便要解决水火如何相处就息，但水火相克为其本性，故处革必言变革，以取虽相克但能相就之道。二女者，泽为少女，离为中女，中少二女合处一卦，二女者，性柔，既无识大体之明，又无兼听以就明之智；少上中下，少不经事又居上，使中而有怨，郁火而未发，虽相处但其归各异，在于其志不同而不相得，处革便要解决二女虽同居但志不相通，志不通，则无法以志同而志心于邦，不但不能济邦，还会因志不相通而使既有秩序有否塞之弊，日久便成蛊乱宿积，以深重难行而受其困，邦体要前行，便不能不变革。处革要从“水火相息”与“二女同居”两处变革寻求使相克能相就以及居同志亦同的解决方法，从而革除弊病，去除否塞不通之蛊乱宿疾而通泰一新，以革新之力，为邦体注入新活力和动力。

以“二女同居”通睽卦。睽卦，上火下泽，为火动而上、泽动而下，二女同居之象；离火，火性炎上，兑与坎皆水，水性润下，火居上而上行，水处下而下行，性相违异，中女在上，少女在下，人心乖张，亦志不同归。之所以成睽，在于“壬癸为冬，故许以冬时解癸，以为冬时水枯，癸象水从四方流入地中”。象水从四方流入地中之形，聚而成泽，又离为目，目与癸而成睽，为中女上少女下之睽象。同为二女同居之象，其志不同行曰睽，其志不相得曰革。其睽与革之不同，除了处位不同，便皆在于“志”不同，因二女皆性柔质顺，而无君子健德与正邦之志，皆家长里短事务之小志，这便违背正大同之邦与德文明以健之初衷，必积而成弊，况且女聚日久则引男意乱情迷，恐蛊乱君子之志，故必革其睽体与革体之弊，使其虽位不同但德同、志同。在睽卦，六五柔中以阴爻主事，是以不可大事而小事吉，在革卦，九五阳刚中正，以“虎”王之道，革天下之事，是行天下革变之大事之时。

“巳日乃孚”。以巳日取孚信，在于以巳言孚。巳者，《说文》曰：“中宫也，象万物辟藏诎形也。”巳，居天干之中，后序庚辛，以万物辟藏诎形而言万物有始发之义但仍隐伏；以巳言始，后序庚辛，从始发而发育，继而成变革之体；庚者，犹更也，辛者，言新也，以庚辛言更新、去故之变革。巳日，亦为浃日，十天干为日，十二地支为辰，天干循环一周曰浃日，地支循环一周曰浃辰，浃日与浃辰皆言整个周期与过程，以巳日言，在于巳以居天干之中，出于中而终于中，为革之弊病，已经隐伏了一个完整周期的时间，亦过一个周期的核查。同时，若发生革变，亦要经过一个周期的检验，既不能一蹴而就，又要循序渐进。“巳日乃孚”，以取“巳日”之象，以及“巳”之度，言革信与革时。革者，处革当取革信于先，革时，为当革之时方能革，不能强革为祸。孚者，信也，以巳言信，正如“日信出信入，南北有极，度之稽也。月信死信生，进退有常，数之稽也。列星不乱其行，代而不干，位之稽也”所说，以度、以数、以位言信当如日、月、列星般有序，以信之正序来言革始于自然法序之革序，又以革序之于法序之正，言革信之正，有革信之正，才能取革信、采革信、就革信。

孚者，信也，立孚信以通中孚卦。《杂卦》曰：“中孚，信也。”其风之信、泽水之信，以及候鸟之信，皆履时序如期不失信而成信，亦可睹信而知候。中孚卦，巽上泽下，为泽上有风而风行泽上之中孚象；风行泽上而感于水中，卦体内外皆实而中虚，为中孚之象，二与五皆阳而有实，在卦之全体则中虚，为卦二阴在内，四阳在外，而二五之阳，皆得其中。以一卦言之为中虚，以二体言之为中实，皆孚信之象，以此“信”使中虚成信之本，中实成信之质。中孚卦取“豚鱼”立象，豚，猪也，坎兑同宫，转坎注兑，坎为猪，兑亦为猪，《说文》云：“豚，小豕也。”鱼，潜于水中，取巽之木精。取豚、鱼象言兽、虫之微而贱，以此言无知之物，此等无知之物的小牲，用在中孚卦以此祭祀，以此来感格天地神明，为一体同观，二阴居中，虚心善顺，感应之道。巽主白茅，兑主酒，白茅缩酒，灌地降神，成祭祀之象，以二阳得中，诚意笃实行祭祀，为以治孚而言赤诚之心。以诚心笃意行祭祀来感天动地，值虚实相济之际，以孚信有成，故有感应。

中孚卦之所以言“利涉大川”，既治孚信有成，又得舟楫之利，以感而遂通而无往不胜。其孚信有成，既在于以豚鱼之简祭，祭而能感天地神明，又在于卦体化物之功，卦中三四两柔在四刚之中，阴居内则体虚，体虚则能受，阳得中而诚，阳以诚施，阴以虚受，阴阳相济而成其大体，而且九五中正，以孚诚而无所不达，故而有应天之谓，以诚而求，故能应。舟楫之利者，震为乘、主虚，巽为木、为舟，兑为泽，木在泽上，外实内虚，而成乘木虚舟之象，内虚可载人，外刚则浮于水，以刚柔相济，而乘舟利涉大川。孔颖达曰：“信发于中谓之中孚。鱼者虫之幽隐，豚者兽之微贱，内有诚信，则虽微隐之物，信皆及矣。既有诚信，光被万物，以斯涉难，何往不通，故曰‘利涉大川’。信而不正，凶邪之道，故利在贞也。”

革信，为变革应有之信德。以革始于自然法序合天地自然之理而有信正，以正序之需而行革变而有信义，以时日成熟有当革之时机而有信时，以信正、信义、信时三者齐德，方建革之有孚。处革当建革信方能成其革，在变革之初，因未有革信而皆不信，不信而革便使其成为革难。未有革信之革难，在革之初，因无睹弊乱的革察之能而不信有革之必须；其“水火相息”与“二女同居”之弊，需治明方能成其革察，同时，弊病的到来总是发生在毫无觉察之初，继而成习以为常之习性，以在常而不觉有弊，故而成其不信有革。从不信有革而发生革之变，继而不信能革，不信能革常常产生在大众群体中，因为在革之初，总是少数明且智之人持革之思想而变革，当大众群体不信有革之产生时，自然便不信能革。革之初，通常以少数变革多数，又以变革原有之秩序和制度，使其看似难度很大，不信有革成。不信有革、不信能革、不信革成之三不信，是未治信而生革难之因。故，革必取革信，以信通理，以理通正，再以正正义，方能迎变革时机之到来，否则生革难不说，还会引起变革失败之倒革事件发生。

革蒙。正因在革之初有三不信之现状，就必须取革信，以信正、信义、信时三者齐德来建孚信，便是取革信，取革信后还要在三不信群体中采革信使其能信而积极参与变革，当三不信群体走入变革之路，便会以就革信之举而渐成革势。取革信、采革信、就革信之过程便是以革信来启发三不信群体之革蒙，而且革蒙将一直伴随着变革之进程，并随革法与革果的产生而日益加深，使三不信群体从采信者，转变成变革推动者和变革者自身，成后革之人。也正因有革蒙之启蒙以及变革者愈众的参与，革之孚信会愈甚。在革卦，二五皆中正且心志相应，有自孚之德以及治信之位德，继而能以孚德蒙他，使其先进之革带动后进革人，因信而通，又因蒙而启志，使其志同，故必大亨，这便是革体大亨之所在。革体大亨，必然在变革的过程中，能革之有法，以及革而有成果，使其不信、不通、不得都能悔亡，继而产生大革同，从而利革体正固。

“革而当”，为以革之当仁不让而有变革之正当性，以革之正当性而有革法、革时、革度之恰当性。革之当仁不让者，必有睹法序辨革理的大君子，以“明”德成先革之人，这是大君子之“国家”担当与君子使命，正因君子之当仁不让才有邦体文明之扬升。当仁不让之君子以“明”德察法序、邦序，制定革之策略，使有革法、革时、革度之恰当性，革法、革时、革度这三者之恰当性共同组成变革之“革而当”之路径，使其成革势。能确保革而当，就要有机备、德备、位备等条件具备。机备者，天时、地利、人和等革之条件要皆齐备，使其有当革之时和当革之事；德备者，从大君子之使命和众君子之担当，以德辨理，以德治信，以德蒙人，再到凭德行革，使变革具备先进性；位备者，革体二五皆当位，成为革之核心，又值九四既有革才又能成其革势，既能治信又能改命，使其有革成。

“文明以说”。革体随革之进程先后有两“说”，为在革之初有行革蒙的启蒙之劝说，以及在革果产生后行革悦之文说。在革体，兑言说，又主悦，行革蒙与行革悦皆有说，又有悦。行革蒙之说，以革蒙启发他人必言说，尤其是对三不信之大众群体，对革义、革理、革之策略不信或存疑者，皆需行蒙道晓之以理而启发之，故主宣说；行革悦之说，当正确而恰当的革之策略产生、革果取得后，革悦之说便随之产生，此为参与变革之大众广为宣说。宣说必以正，否则若任由二女乱说，则有蛊乱之嫌。行革蒙之悦，在于有革察、革明之人因光明而悦，以变革的光明愿景之喜悦，宣说于人，动之以情，己悦又悦他；行革悦之悦，此悦以“文炳”“文蔚”之文明特征重在文悦，文悦之产生也是革文明之果形成之写照。文明以说者，以宣说以正及文说的蔚然之势，成革之“说”文明。

“大亨以正”。在革体言大亨必重元亨，无元亨则无革体之大亨，革之元亨者，以“革始于自然法序合天地自然之理”来言道法本序之“元”，唯此革之正义、正理，能大行其革变的贞正之道，有此“元”亨为前提，革体才有大亨之基、之本，这是革体先于变革之先的前提。也只有在此正义、正理的前提下，才能言革之正当性与恰当性，不合法序、法度与时机之革，会给原有秩序带来冲击，会因打破平衡发展而带来灾难。在革体因“水火相息”与“二女同居”而不通，才产生变革的必要和理由，又以“元亨”之道从法序根本上解决了革理，故能取信而革，使其变革治有自孚之德，支持变革之人亦有治信之位德，因信而通，继而在变革的过程中产生革蒙以启发他人，因蒙而启志，使先进之革人带动后进革人，使其水火相处能出新，二女同居志亦同之亨通状态。大亨以正，在于以其元亨及大亨行革义，以“革而当”之贞正之道，使变革者皆能成为当仁不让之革主。

“治历明时”，为君子以治法序之知而健明德。历者，示天地法序之历数，以日月星辰各行其度，亦各有其数，皆为示之以自然法序，君子观四时之象，以历法裁定并推演天地之革数，既授人时，又可以此历数察革时，实则以治“历”而明法序之要，法度之质。虽言治，但在于言知，又因知而明，故治历明时正是君子健明德之时。君子以治历明时，从治历而知历，以知而察，以察而明，以明通法序之本，德性之地，从而明德彰显。以“顺乎天而应乎人”之天时、地利、人和齐备而生革，再以革变出新，以新序治于邦，从而新民，是谓以革政行德政。

革志。无作为之当体，皆因无志，之所以革体要变革，既在于为水火难以相处而生相克之矛盾，又在于二女同居虽能相处，但因其志不相得，成否阻塞之现状，故而不得不革，而革之核心在于革志。革志，使其阴柔之二女转变志心有向健德君子之志，处革之君子有向大明君子之志，邦体众君子皆有变革济邦并正邦之志。治其“志”，在于志通并继而转志，革体以变革之道，行新民之革政，从“大亨以正”而通志。从众之皆同处变革，以德政德化而正邦，并最终走向革志，成其革文明，使阴柔知健德，君子知明德并健明德，正是善之至。

革决，为王道之决。夬者，决也，以刚决柔而有决性。以革决而通夬卦，夬卦，泽上乾下，为泽上于天扬于王庭之象。革依夬出，为作革之决策与号令，必经朝堂之决议，变革为关乎国计民生之政，必然要经过朝堂之决策，以共议而显决策之公共性，以“扬”言明决策应当公开、透明而不藏私；以阳决阴，为以明察决断不明与失明；以五阳决一阴，在形成最后决定时，注重多数认同并通过之原则。乾圆兑缺之夬体，以兑缺之现状，警示决策要查漏补缺，使决策尽量完整、完善，更是以圆存缺之象，要允许不同政见或意见的群体存在，保留他们的意见和声音，并不妨碍决策之权威。阴与缺之存，既是夬体之现状，又是革体之现状，不要专制一方而消灭异己，否则将走向革文明与德文明之反面，要行“健而说、决而和”之和道，不行以戎为上的专权之穷道。革依夬出，还在于夬体有泽决于上而注溉于下之象，实则有以夬决之政来布施恩泽于民，而新民之政，无外乎革，以革新之力新民，以此德政而施禄及下，是夬决革新之初衷，更是以变革言善之愿景。

革文明。革以始于自然之序，而有革之明，以大君子之明察革时、究革理而行革，是革具元亨之要义；再以革夬扬于王庭，以决策之公共性和合法性，在革专、革度上以革而当带动大众群体参与变革，因革同使其成为变革之主，而成其革势，从专革到一视同仁之法革，再到革新制度并走向序革之路，从而完成“革，始于序，而革于序”的变革之路径。革则出新，以革之出新新民，以革之新序序邦，使邦民在新序下革志，邦民皆以大同之志向邦、济邦、正邦，使其革政成为新民之德政，德政既施禄及下惠及于民，又以革化风气行德教之道，既正序于邦、健德于民，又使小人革面。以“文炳”“文蔚”文明特征之文说沉淀成就革文明，并以革文明促德文明之健。

中顺自固而守成

初九：巩用黄牛之革。

象曰：巩用黄牛，不可以有为也。

初九处革之初，居初无应，未可有为，为革时、革位、革才皆不具，故不当有革，反而要以“巩用黄牛之革”之象来坚确固守。巩者，固也，取象承巽以束之，变艮以止之；用者，乾之用也；黄，中央色；牛，坤象也；革，包束之物，坤之皮也。巩用黄牛之革，谓以中顺之道自固，不妄动也。《案》曰：“更改之义，有取于革者。革，鸟兽之皮也。鸟兽更四时则皮毛改换，《尧典》‘希革’‘毛毨’之类是也，六爻取象于牛虎豹者以此。牛之皮至坚韧，难以更革者也。以之系物则固，故遯二之执用者似之。以之裹物则密，故革初之巩用者似之。”

《程传》曰：“变革，事之大也。必有其时，有其位，有其才，审虑而慎动，而后可以无悔。九以时则初也，动于事初，则无审慎之意而有躁。易之象，以位则下也，无时无援而动于下，则有僭妄之咎，而无体势之重。以才则离体而阳也，离性上而刚体健，皆速于动也，其才如此，有为则凶咎至矣。盖刚不中而体躁，所不足者，中与顺也，当以中顺自固而无妄动则可也。”

初九虽阳，但居下无位，比于六二，上无正应，处变革之初，革时、革位、革才皆不具，唯中顺自固而守成，以待革时成熟。中顺自固而守成，顺什么？固什么呢？之所以言革之时机未到，在于君子以治历明时有成而能察革时，时者，法序之显，亦是法序之用，能查革时，则因知而明，故而当顺法序而待天时，且因治历之知而固明德。虽处下位，但因明德必知当革之察，变革在所难免，故在贞固明德的同时要固变革之志，并健志以求进位，使其居革位时能革，更要在革时不对、革位不当，革的时机尚未到来时，要及时发现隐微之变，以自固守成之为，行固德、固志治君子之大作为。

从专革到法革

六二：巳日乃革之，征吉，无咎。

象曰：巳日革之，行有嘉也。

九三：征凶。贞厉。革言三就，有孚。

象曰：革言三就，又何之矣。

六二柔顺中正，上有刚阳之君为应，同德相应，皆中正无偏私之情，恰逢“巳日”之时到，对比初九无革时而言，现革时已到，二与五相应，二得五革夬之权势相援，二之位有顺而无违，故革位具备，二为文明之主，事理皆明，得其革才，故革时、革位、革才皆齐备，正是革机到来之时，故“乃革之”。征者，以乾之行健而征，乾阳刚且明，言“征”为明征，且具征之健，是发生变革正义性和正当性的写照，征行则有嘉庆，“时可矣，位得矣，才是矣，处革之至善者也”，故而革之无咎。

六二变革的特性为专革，六二以先革使其变革呈自下而上之革势，二五虽相应，但于五而言为臣，通常臣道不当为革之先，能以革之初地成其先革，在于九五治信，六二治明，二五以明德和信德相应，以察天下之弊，九五居尊，自有王权之信，六二知“巳日”之历时，根于自然法序之明。六二以先革具专革之特性，专革者，革而有专攻，革而有专域，不是漫无目的、不加思量地乱革，且专革必革而有度，专而节制则为度；革而有专域，在于六二质柔无君子之同，而不能引起大范围的同革，只能革在下，革在自身。以专革之先革，驱动大的革同，是六二以巳之明担当革之责任。革而有居地，又逢革时，既治信又能取君信，以此行革道，则吉而无咎。《程传》曰：“不进则失可为之时，为有咎也。以二体柔而处当位，体柔则其进缓，当位则其处固。变革者，事之大，故有此戒。二得中而应刚，未至失于柔也。圣人因其有可戒之疑，而明其义耳，使贤才不失可为之时也。”

九三居离之极，位兼乾离，又变体出震，自任刚明，却以过刚不中之才躁动于革，故存“征凶贞厉”之戒。但处已有变革之革体，居下之上，又睹水火相息之否难，事苟当革，岂有不革之理，但自任有刚明之才，躁动而妄为，因无孚而人皆疑之，使其有“征凶”之实。无孚，则当治孚，以“革言三就”之慎，改易言辞，反复稽考，而后申命告之，始能孚于人。革言，犹当革之论，兑主言，为言而有辞，巽反兑，则革言；就，取艮之成，郑玄注：“就，成也。”审察当革之言，至于三而皆合，则可信也，言重慎之至，以三就之合而治孚，则有信使众所信，如此则可革。龚焕曰：“九三以过刚之才，躁动以往则凶。

处当革之时，贞固自守则厉。惟于改革之言，详审三就，则既无躁动之凶，又无固守之厉。得其时宜，所以可革也。”

九三变革的特性为以同革之势而行法革之实。对比六二之专革，九三以居下体之上，位兼乾离，又变体出震，既有下体之位，又连上体，而有连而同之势，故以此带动变革的同革之势。同革之势出，九三睹六二以革之专和革之先，认为质柔之六二有革，自已亦当革，冒进且自任刚明，这是九三躁动于革之所在，这也是产生“征凶”的原因所在，从“征”可以看出，九三定上下奔走，广为发动，在此过程中产生了无孚之言论，使其有众疑。九三毕竟有刚明之才，有向邦革变之志，面对冒进、无孚且征凶的局面，而能及时从革而悔来革已。直面九三变革可见，他主观革意很强，且带动同革驱动力十足，又能及时反思纠错，已然成变革之主力军。

九三变革从“征凶”到“有孚”的过程，正是反应了变革的曲折过程，革而出错在所难免，难能可贵的是革而有错，错而能纠。九三纠革之措施便是革言三就，革言三就的实质便是行法革，三者，多也，以广泛采个体意识而求同，实则采法信也，为革于法之实质，言之辞章者，法之条文也。革言三就以反复审稽且有公论而推进公论程序，以广泛的同革之势而行法革之实。九三革而悔来纠错，便是去故，去原有观念（原秩序）之故，以及去冒进躁动于革之故。推进公论程序，便是法制意识的显化，公论则兼听，更要广采；从位而言，九三处上下联系之际，上有刚明九四，下有阴柔六二，阶级形态很强，故不能厌恶阶级，既然言“就而合”，便不能摈弃任何言论以及意见，这便是取信治孚信之关键，当九三有信德时，法革之势便取信于众人。

革道之成，改命固志

九四：悔亡。有孚改命，吉。

象曰：改命之吉，信志也。

九四以阳居阴位而有悔，然革势已从下体进上体，又值水火之际，以九居四之刚柔相际，以此革用行革，故能悔亡。以“有孚改命”而有革之盛。改者，取兑之金，巽出新；命者，政令、天命；志者，以心言志，为心之所之；兑反巽，则改命，正是革而行之当时；信者，笃信，因改命信志生笃信。

《程传》曰：“九四，革之盛也。阳刚，革之才也。离下体而进上体，革之时也。居水火之际，革之势也。得近君之位，革之任也。下无系应，革之志也。以九居四，刚柔相际，革之用也。四既具此，可谓当革之时也。事之可悔而后革之，革之而当，其悔乃亡也。革之既当，唯在处之以至诚，故有孚则改命吉。改命，改为也，谓革之也。既事当而弊革，行之以诚，上信而下顺，其吉可知。四非中正而至善，何也？曰：唯其处柔也，故刚而不过，近而不逼，顺承中正之君，乃中正之人也。易之取义无常也，随时而已。”

革之盛。九四之所以有革之盛，在于革才、革时、革势、革任、革志、革用等可用于革之条件齐备，且革已过中，已有变革初期的初步检验，而变革已经深入法革之同，革之大势已成，上体与下体皆进入革势，以“革而当”而有革之盛况。如何革而当呢？九四从下体跃入上体，或跃在渊，有位当革；九四出离入兑，秋有收，有时当革；九四虽以阳居阴，但阳而刚，以刚明之才有才当革；九四近君，既受君信任，又肩负革任，有任当革；不仅革之条件齐备，又值九三以革而悔纠错去故，以“就而合”推进公论程序采信有成而出新，从九三“征凶”到“有孚”便是变革之利，种种便利条件汇聚，促使九四变革之志最盛。

革道之成。因变革之大势且革而出新，致使产生改命与信志之变革，而有革道之成。刘牧曰："成革之体，在斯一爻，且自初至三，则革道已成，故下三爻皆以革字着于爻辞。至于四，则惟曰'悔亡，有孚，改命吉'也。"改命与信志是革道之成的标志。改命，在于改原有积重难改之政和令人通过变革改其天命两者。改政命和改天命，正是通过变革改其"水火相息"与"二女同居"之弊，以金火锻炼出新使相克能相就，在两象积弊处变革，使其"改"而出新，革而善，而有命之新，志亦通，命新则政新，其新民之新政出，同时，改其二女同居志不通之貌，使居同志亦同，改其"女"之天命。因改命而信志，志通相得，继而进志，使其阴柔之二女转变志心有向健德君子之志，处革之君子有向大明君子之志，邦体众君子皆有变革济邦并正邦之志，"唯改命之志敷布四体而孚于万民，志无不达也"，以革而善，而止于至善。

革文明之成

九五：大人虎变，未占有孚。

象曰：大人虎变，其文炳也。

上六：君子豹变，小人革面，征凶，居贞吉。

象曰：君子豹变，其文蔚也。小人革面，顺以从君也。

九五阳刚中正居尊位，大人之气象，以大人之道，革天下之事，故而成革主。虎者，大人之象，大人者，万民之主，乾也；孚者，信也；炳者，明著，取离象。《格物论》曰："虎，山兽之君也。"虎，百兽之王，乾也；变，以兑之金言改、易；虎变，夏希革而秋毛毨也。"鸟兽春孳尾，夏希革，秋毛毨，冬氄毛，不违其时，犹有信也。"郑汝谐曰："革之道久而后信，五与上，其革之成乎。五阳刚中正，居尊而说体，尽革之美，是以未占而有孚也。其文晓然见于天下，道德之威，望而可信，若卜筮罔不是孚，虎变之谓也。”

九五王道之心。九五位尊而无位之忧，经过专革、法革、革之大盛，革出新之变革过程，亦无革时之忧，九五龙虎大人之象，如虎之文采，无革才之忧，正是九五以大人中正之道，变革天下之机，正所谓“炳然昭著，不待占决，知其至当，而天下必信也”。又值九五信有天下，同时使天下孚信，信德昭著，事理炳着，正是顺天时，应人心，随时求变而革之。九五以新天下之民为任，大求革而善以及大新民之王道之道。

上六阴柔居革之终，革不可以过，亦不可以有行。变革进入“文蔚”之变，言君子之变革，如豹皮之文理，细密翔实，其文蔚然；平民因变革出新被王化，改其观而顺以听命。豹者，上应艮爻，艮者，熊豹之属，以此言君子之类别；文蔚者，豹之文密茂而成斑，其文蔚然。对比九三躁动于革“征凶贞厉”，上六“征凶贞吉”，谓事之已革者，宜保变革之时局，持盈新守成，不宜复变。孔颖达曰：“居革之终，变道已成，君子处之，虽不能同九五革命创制，如虎文之彪炳，然亦润色鸿业，如豹文之蔚缛，故曰‘君子豹变’也。小人革面者，但能变其颜面容色顺上而已。革道已成，宜安静守正，更有所征则凶，居而守正则吉。”

《程传》曰：“革之终，革道之成也。君子，谓善人。良善则已从革而变，其着见若豹之彬蔚也。小人，昏愚难迁者。虽未能心化，亦革其面以从上之教令也。虎豹，大人之象。故大人云虎，君子云豹也。人性本善，皆可以变化。然有下愚，虽圣人不能移者，以尧舜为君，以圣继圣，百有余年，天下被化，可谓深且久矣。而有苗有象，其来格烝乂，盖亦革面而已。小人既革其外，革道可以为成也。苟更从而深治之。则为已甚，已甚非道也，故至革之终而又征则凶也。当贞固以自守，革至于极，而不守以贞，则所革随复变矣。天下之事，始则患乎难革，已革则患乎不能守也，故革之终戒以居贞则吉也。”

革文明之成，王化之道蔚然成风。大人虎变，君子豹变，言君子之质地，以类相应。虎之文，其文炳然，豹之文，其文蔚然，皆事理昭然，革之成事既易辨，革之大理又易懂。正因大人虎变、君子豹变之正革，才有“小人革面”是王化之成，王化之道广被天下，以此新天下之民，继而使其革新之新序成其风俗，小人革面成其风尚，便皆能在新秩序下顺以听命，齐心向邦，继而进志正邦。言革道已成，为革之大体有成，始于初固守，起于二专革，历经多种变革之路径，然后能开大型范且令人耳目一新，因肇造维新之功，而礼明乐备，有革文明之成。革文明者，以革化风气，正是德教之类，欲行王道而王化，终是德化，以革文明促德文明之健，正是王道之道，“王道之行，则仁义成俗，而心亦无不革。”昔日“周公迁殷之顽民，居于洛邑，历世化之，已得纯善，则小人革面之事也”能使小人革面之风尚兴起，是革体变革之功。

渐卦：渐进之道

巽上艮下

从渐进至升华而谱写伦序

在革卦，以泽中有火金火锻炼立象，从水火虽相处但不相容与二女共处一室虽相处却心志不相通处变革，寻求使相克能相就以及居同志亦同的解决之道，值天时、地利、人和齐备而生革，大行革新之道，通过多种变革之路径，以及“革而当”之成革之法，从而革除否塞不通、激进致过、王道壅滞等弊病，以革新之序来序邦，以革德王化而新民，以革文明之成而促德文明之健。以去故取新的革之成果，一洗作为之难与大过之难的宿疾，当宿疾通泰一新，得当渐养，以后养承先革，使革变有功，养正有基础。

以革新之成果正序于邦，使邦体在扬升的正序中能大畜其德，大壮其国力，革不可一日而成，养更不可一蹴而就，当渐以养正，行渐进之道，故而有渐。渐养利恢复气血，继而待精气充足而养神，当神足则能以神御精气之变，而行泰通往来，当与大秩序的往来通道建立，以天人合一全息元象的“动态”交易，复以交感五通的交通之道，行精气神正固之利，待阳气健而固，则可以德政内外之治道，治其深受创伤的大过体，以及革新求生养的革体。物无终难之理，革则能变通而致出新，养则能纠其健德有虚与养正不实之过。

以渐进之道养之，既健养德性，又渐养身德、位德与政德，使健中有养，养中能健。《序卦》曰：“艮者止也，物不可以终止，故受之以渐，渐者进也。”艮止渐进，一屈一伸，应屈伸之消息，一伏一飞，应动静之状态，进相反于止，更强调动，而动者必有根，其根必为静之艮根；故而，止之所生言进，为在静中取动，以动静二相应法序而动，所以进以序为渐，依序而进，进而有缓。进以序不越次，在邦、在家、在个体皆依位次、序次进缓而有常度，以此示纲常伦序。

渐卦，巽上艮下，为山上有木而渐积渐进之象。在渐卦，巽为草，艮象木，离为日，坎主水，草木得阳光雨露而渐长，草木渐长，必经过日月寒暑经年更替，渐长在于“长”进之过程，并非着重于长后草茂木高之状，而且木之高在于山高。渐卦中，集水、木、土象一体，木长水消，土淹水没，以土阻滞，以木疏通，有分流治水之象；通其滞，分其流，为大禹治水之法，《史记》曰：“禹之功大矣，渐九川，定九州，至于今诸夏艾安。”坎数三，巽主入，艮象家门，三过家门而不入，言大禹治水之事也。

在渐卦，以“女归”言女嫁成家，并有婚嫁之过程。艮为少男，巽为少女，少男阳下与少女阴上，阴阳交，从男未娶、女未嫁之状态渐进发展，成男娶妻、女嫁夫之成家之象；其成家的渐进发展在于先从少男、少女皆年少，而男未娶、女未嫁，继而有男下女上之阴阳交感之渐进交合，又值卦中有巽象女、坎主归、艮言待之象，呈待字闺中之女，出嫁，而有女归待男行，乃至阴阳交合，成家媾和之过程，成家后，巽女顺乎于外，为依男女之序而有妇德，并持家有道。

取“雁”象。渐卦以鸿雁设象，以女归立意，而女归出嫁成家又必依“雁”为礼，以独特的雁礼，言婚嫁之礼序，为依礼有序而不越序，卦中以干、盘、陆、木、陵言渐进之序。《白虎通·嫁娶篇》曰：“礼曰，女子十五许嫁，纳采、问名、纳吉、请期、亲迎，以雁贽。”《仪礼》中说婚有六礼，分别为纳采（提亲义）、问名（合婚义）、纳吉（定婚义）、纳征（过礼义）、请期（择日义）、亲迎（过门义）六种礼节。“以雁为贽”者，“取其随时而南北，不失其节，明不夺女子之时也；又是随阳之鸟，妻从夫之义也；又取飞成行，止成列也，明嫁娶之礼，长幼有序，不相逾越也。”在渐卦，坎居北，离位南，巽象鸟，春分北来，秋分南往，知时守节且进退有序，艮阳巽顺，随阳之鸟，雁也。巽为雁，艮为手，雁在手中，而象雁礼。

渐进之道。以“女归”言婚嫁，礼成，男女成家而有家人，有礼而依礼；以婚嫁之过程，以尊礼次、履礼序而言渐进之义。以渐之进，言进位，进位必进而正，能进位在于有家，家序正，女贵守妇德、重家礼而正，故家人为进位正邦之基。以渐之长，言渐养，水涵养于木，依寒暑时令渐次而长，长为果，寒暑时令为序，依序则得正养，则渐进养正。以渐之动，言动出于静，动静二相之法理，因屈而伸，因伏而飞，升华之情皆渐次而达。从渐进、渐长、渐养之动从静出，取动静互相之理，依其进、长、养之法序，并履其序次，从渐进至升华而谱写万物相生相依、相克相存之自然伦序。

渐：女归吉，利贞。

彖曰：渐之进也，女归吉也。进得位，往有功也。进以正，可以正邦也。其位刚，得中也。止而巽，动不穷也。

象曰：山上有木，渐。君子以居贤德善俗。

卦辞：以“女归”婚嫁之礼序而言渐之道。

彖辞：法负阴抱阳之理，阳升进位以正邦。

象辞：从“渐”进的动从静出示德之高大。

渐卦，巽上艮下，为山上有木之象。渐而进，依次序而进，为进而有序。在渐体，止下顺上，进而不速，缓进之义；巽艮两体，阴上阳下，阴阳交合而得位正，处卦体中又有二五中正，阴阳相应而行进正，正因为有其正序，故女愿归，男愿娶，得家正。《程传》曰：“以卦才兼渐义而言也，乾坤之变为巽艮，巽艮重而为渐。在渐体而言，中二爻交也。由二爻之交，然后男女各得正位。初终二爻，虽不当位，亦阳上阴下，得尊卑之正。男女各得其正，亦得位也。与归妹正相对，女之归，能如是之正则吉也。天下之事，进必以渐者，莫如女归。”

“女归吉”。渐卦取女归立意，归，女子出嫁曰归；嫁女曰归适，返家曰归宁。《左传·庄公二十八年》曰：“凡诸侯之女归宁曰来，出曰来归。”观其渐体之象，有离为日，巽主落，坎在西，艮为山，日将落西山，正是黄昏亲迎，进行婚礼之时；巽为女，艮主因，艮承巽，而成“姻”字；离主附，坎为归，有女乐归附，婿曰昏，妻曰姻，合而成婚姻。之所以取女归象来言渐进之义，在于男女和合成婚，以齐家在进位于朝之先，以先后不乱而履其次序，也是《大学》言正心、修身、齐家、治国、平天下之次序，依次言正其心，健德而修身，男女和合而齐家，齐家后进位于朝。

“利贞”之言，在于以女归，言得位正与行进正。男女之事，正应速动有悔、渐进则无咎，和合之先在于交感与思量，男女嫁娶与齐家之事，始于意，成于礼，守于正，以正固诸德而取吉祥之大义，既然齐家成进位之基，又肩负繁衍子嗣，传家承德之重任，必然重伦序之重，而行贞正之道。在嫁娶与齐家之事中，得位正就在于女得其妇位名正言顺，故而能乐意归附男子，并守其妇德；行进正就在于婚之六礼，必得履礼而行正，故而使女能进位居家。若涉不正则当戒，如《程传》曰：“诸卦多有利贞而所施或不同，有涉不正之疑而为之戒者，有其事必贞乃得其宜者，有言所以利者，以其有贞也。所谓涉不正之疑而为之戒者，损之九二是也，处阴居说，故戒以宜贞也。有其事必贞乃得宜者，大畜是也，言所蓄利于贞也。有言所以利者以其有贞者，渐是也。言女归之所以吉，利于如此贞正也。盖其固有，非设戒也，渐之义宜能亨而不云亨者，盖亨者通达之义，非渐进之义也。”

以“女归”嫁娶齐家而通家人卦。《杂卦》曰：“渐，女归待男行也。”婚嫁之礼，必待新郎循六礼亲迎始成，婚嫁齐家，依法序而出礼，履礼行婚嫁，而有得位正与行进正之利贞之美。《杂卦》曰：“家人，内也。”家人，言家之内事也，也以内而不对外言私事，以内事对外事则有正邦、民之事为外事与王事。在家人卦，巽妻，坎夫，夫妻相亲，举案齐眉，家人之象。“家”之字，《说文》曰：“宀，交覆深屋也。”巽象屋檐，主于“宀”象，“豕”属坎，离为火，主礼，以火礼祀之象，为陈豕于室，以示祭敬；祭者，示家齐于神明，敬者，珍之爱之。

家人言正位，“女正位乎内，男正位乎外”，正位之得，在于以渐进履礼序，才有得位正与行进正，成为在家人言正位之基础；内外者，在家男女之序，柔而顺于内，阳而刚于外，正是以阳护柔弱，以阴柔根护而出阳，正是男女互正而互家之义。在家人卦，以“利女贞”言利女子正固。家之成，在于“女归”成其家而齐家，自古家道之盛衰，莫不起于妇人，故女之正固是家道发迹之本。以“渐”成“家人”，依渐序成就家人之道。在家人卦中，六二坤爻主内，九五乾爻主外，二五中正相应，正如乾男坤女而合德；乾坤合德，在于有德，自从“渐”履婚嫁之礼始，以德礼之道，位次之道，健德于内外；而齐家之道，正是行内德健于身、外德进于位之时，既健德治君子，又以治君子而进位正邦。

以德、以才而养，成养正之道；养正者，渐养以正也；以渐养通颐卦。《杂卦》曰：“颐，养正也。”颐卦，艮上震下，为山下有雷而观颐自养之象。在颐体，上止而下动，有上下二阳如人之唇齿，内有四阴呈虚而求食之态，故有“颐”之象。在颐卦，通过养身与养气、神而养性，继而有颐养万民之颐道，颐养万民者，既需有养之善政，又当有王道养正德化之德政。颐卦两阳四阴，阳者治刚明之德，有圣贤之象，阴者被阳所养，如万民求养于圣贤，实则以气、身养德，圣贤行德之教化，而使万民能自养。“君子以慎言语，节饮食”，就在于舍食欲之小而就养德之大。以养人为公，在于能养之善政，养己为私，在于节而有度，以食养气精。卦中内三爻多以自养口体，既有大快朵颐之妄动，又有舍尔灵龟之愚，故而有凶；外三爻多内养其德、外养其贤，能知妄动且安止所动，因明颐之所在，故而有吉。吴曰慎曰：“养之为道，自养之道，以养德为大，养体为小。艮三爻皆养人者，震三爻皆养己者。初九、六二、六三，皆自养口体，私而小者也。六四、六五、上九，皆养其德以养人，公而大者也。公而大者吉，得颐之正也，私而小者凶，失颐之贞也。可不观颐而自求其正邪？”

以“颐”体行渐养之道，先养口体，再以食养气，后以气养德，继而气德一体，浩然正气出焉。先养口体，在于静，以静食而养气，其大快朵颐之妄动，是口体之凶事，更是以动破静而失其定。以气养德，在于先求贤并亲贤，在于诚；为何求贤，就在于求口腹之快的食欲之人通常不明德为何物，又如何养之，求贤开示以讲，在于以诚求明。当贤行教化日久，民可自养其德时，在于定，以定而节饮食有度，更以定之静出气之动，且健德以静而养德，必得其正。渐养之道者，从养小体而后可以全大体。

渐之“进得位”。因行渐进、渐长、渐养之道，从“女归”婚嫁成家而进，此“进”为进而向邦，进而向邦在于志，君子以向邦之志而进，继而进得位。之所以能进得位，在于以身德与家德之成，进位向邦得位。“进以正”在于婚嫁礼正，成家正固家德而有家德正，以此渐正之道，进得位以求，求以位政、位德来正邦，则“可以正邦也”。以进而正进得位，在于有家以及有德，故家人之体、健德之正、履礼之正三者为进邦之基，从而形成了私（个体）→家（婚嫁成家与家人）→国（邦体）→政（德政）之渐进之路。

以进位之象通巽卦，在巽卦有立身而进位之象，从修身初成以进位言利见大人，以利见大人，擢拔健德与有德之人进位主政事。巽卦的进位之象在于从井之地到巽之风，为从下而上的进位之象，修德养外善莫过于行善政，君子立身修德养外善，需进位以行善政普施之利，无位则无政可施，君子进位者需如井卦汲水一样有上汲引之人，故言利见大人。在巽卦，虽言利见大人，实则无位亦无政，以取“巽在床下”之“床”象，君子虽进位但君子尚无当位，只能行“床下”（床下，房中幽暗之地，阴邪滋生且不去之地，既有位卑又有事小）卑难微小之事。而渐卦之进位，比之巽体又更进一步，已可以进而得位，有“位”之当，则有政之当。

从“进得位”，以“用见大人”而通升卦。《序卦》曰：“萃而上者谓之升，故受之以升。”物之积聚而益高大，以聚而上，呈升；阴气聚因沉而降，阳气发散于上故升于上，然萃聚而聚终必散，降极反升，皆是气序自然之理，阳往阴来，阳气进而升，则往升而不来，故有“萃聚而升不来也”之谓。升卦，坤上巽下，为地中生木而积小高大之象。在升卦，坤为地，巽为风，以土气扬升成风，为风自地出；巽为木，坤为地，为木生于地，积小以高大；震者春，兑主收，为春花秋实而有丰果。在升卦，二得离之气，扬而升上，五伏乾之体，居中而面南，二五相应，乾离志同，正是“用见大人”之机；巽长且能顺，升进以时，“志”道大亨也，并以志行而行升道之大亨。震之行为征，进于远而有远征。大人南面而听天下，“君子前进必遂其升而得行其志”，有“南征，吉”。

以渐之动，言动出于静，以“动不穷”，法动静二相之理，动从静出，动不穷则渐进、渐长、渐养而盛，阳升德长愈盛，以盛之体而成壮，以此通“大壮”卦。《杂卦》曰：“大壮则止。”壮在于渐蓄而壮，以“止”言壮，在于利于贞正而壮不可过，实则有壮之盛，壮则阳盛，以动静二相之理，阳壮基于阴，阳壮太过则伤阴，伤阴则伤阳之根，不利再壮，大壮者，以动静之极，明盛衰之道。

大者壮。乾刚而震动，所以有壮，而“大”者何来？为乾阳渐而长，蓄而大，无不是道生之，德蓄之；因道生德蓄生生之健，依渐长之顺，形成长→育→成→熟→养→覆生变易过程，阳蓄而大，成物形之与势成之长、进，故而渐成其大。大壮必贞于正，道生德蓄必得道体之大正，德性之大正，无此大正无以成生变易之变易，也无从有蓄而大。“大壮利贞，大者正也，正大而天地之情可见矣”。天地之情，则是道体德性之本原情状——道生德蓄大道生生之健本原。一切大壮之大正，在于蓄德，民治君子健德蓄德于身，邦以善政颐养万民蓄德于德政，蓄而养之，渐养渐成，才有成大壮之路径。大壮者，雷在天上，雷霆震天之惊，不容败德之俗，警示邪恶之政，“君子以非礼弗履”，修身健德之事是进位、得位之基，更是邦大壮之基，故要法雷霆震天之惕，无论是修身还是进位，皆不越法序，不违礼序，不背位序，“日新其德”，蓄德以富自身，再进位以济天下。

伦序之道。以渐进、渐长、渐养之义，师法能使其“渐”而动长的动静二相之理，以法入序，以“家人”之归序、“颐”之颐养次序、“升”之阶升之序、“大壮”蓄而大之序谱写万物相生相依、相克相存之自然伦序。

“家人”之归序，以渐言“女归”，为男女依礼婚嫁，女归男而成家，男女归家而成其家人，在家人以“父子之亲，夫妇之义，长幼之序，尊卑之等，内理人伦，外存王道，家人之大义也”之体，因女子正固、乾男坤女合德，而有家序正，再以家人归德，行言而有教、教而以德之恒常之道，而正家序，君子辨物居方，则君君、臣臣、父父、子子，各正其位而守其道也，正家而天下定矣。

“颐”之颐养次序，在颐卦，初九、六二、六三，皆自养口体，六四、六五、上九，皆养其德以养人，养口体者，私而小，养德并以德养人者，公而大；以颐养正，在于渐养，先养口体，在于以静食而养，忌大快朵颐之食欲妄动；再以食养气，以静节制饮食而食，既不因食多伤气，又从食而生其气，从舍尔灵龟之愚，到养而就其灵龟之明，则是以食盛养气精；以气养德，首要在于求贤并亲贤，以诚求贤，圣贤行德之教化，使万民能自养其德；以王政养万民，在于先养贤之重，从颐之大体养贤以政，便是从养小体到全大体，养气为大，养德为重，当气德一体，则万民治。

“升”之阶升之序，升者，以柔而升，以动从静出，以志行进位而升，以“用见大人”而进得位；之所以能进位得位，要归其德健，进位归于政，又健其位德与善政治德，这是积小以高大之升之大义。从升之初六未进而先发心，在于固志，并以志行，九二欲进却以祭祀而求福，在于固诚，以得离之气而升，九三以“升虚邑”而始进，且进无疑滞，六四以歧山之高而有升之实，六五升天子之阶，为大得志进之极而升，上六以不息之升，进于幽深之域。从升体的升进之状态，而行阶升之序，虽升进之象在外，但犹以健德、固志、固诚为重中之重，为之所以能升进之根源。

“大壮”蓄而大之序。大壮以克己复礼“非礼弗履”之戒，以“日新其德”之阳升德长，来壮其大体，一切修身、蓄物、养贤、养气、正德、进志等壮而大之本原，在于道生德蓄大道生生之健，正是履其“家人”之归序、“颐”养之次序、阶“升”之序，不失节，不失时，长幼有序，不相越次，才能蓄而壮大，既师法自然之法序，又履位序，行蓄德富自身，进位以济天下之正行。

家人之道

初六：鸿渐于干。小子厉，有言，无咎。

象曰：小子之厉，义无咎也。

六四：鸿渐于木，或得其桷，无咎。

象曰：或得其桷，顺以巽也。

初六以阴居下，上复无应而失位，君子始进于下，犹雁之在水；小子欲涉水求婚，而无媒不交，有媒妁说合，则无咎。干者，涧也，取坎水，艮山，两山之水，干也；小子者，未婚少男；厉者，谓涉水，以涉水言求婚；有言者，为媒妁之言。渐诸爻皆取鸿象，鸿之为物，至有时而群有序，为不失其时序；大曰鸿，小曰雁。雁，往来有时，长幼有别，先后有序，每飞不远，取雁象言渐进之义，《仪礼》曰："大夫执雁，取其候时而行也。"鸿渐于干，如女归男，得其所栖之地。李鼎祚曰："鸿，随阳鸟，喻女从夫。"

《程传》曰："干，水湄。水鸟止于水之湄，水至近也。其进可谓渐矣。行而以时，乃所谓渐。渐进不失，渐得其宜矣。六居初，至下也。阴之才，至弱也。而上无应援，以此而进，常情之所忧也。君子则深识远照，知义理之所安，时事之所宜，处之不疑。小人、幼子，唯能见已然之事，从众人之知，非能烛理也。故危惧而有言，盖不知在下，所以有进也。用柔所以不躁也，无应所以能渐也。于义自无咎也。若渐之初而用刚急进，则失渐之义，不能进，而有咎必矣。"

六四阴柔居正，进而据九三阳刚之上，而九三上进则不能安处于四之下，所以四之位非可安居之地，如鸿之进于木，而木渐高，处不安之状，鸿之趾连，不能握枝，故不能栖于木；然得其"桷"（横平之柯，取坎方巽木象）而能安处，又以四能顺巽，上从九五，而可自安，因顺之又顺，故谓"顺以巽"。胡炳文曰："巽为木，而处艮山之上，鸿渐于此，则愈高矣。鸿之掌不能握木，木虽高，非鸿所安也。然阴居阴得正，如于木之中，或得平柯而处之，则亦安矣，故无咎。"四之处境本危，危则有失，但又因得其所，而自取安宁之道。

初六涉水求婚，因媒妁而合，故在言"合"；六四鸿之进木，在横平之柯得其所，故在言"安"，而合与安，皆婚嫁与成家之道。婚嫁之合，在于良禽择木而栖，这是以“女归”言婚嫁之所在，非男娶女为主，而是女择安居之家为先；有良禽在，君子相时而动，动而求，求之以诚，是健其诚德，若无诚德之本，则女子无有“安”可言；媒妁者，传信达意之使者，既在于言之有信，更在于以信言德，传信达意满足了女子求安之心，则能促成求而合。男女之合，始于求，进于礼，执其婚之六礼，履而行之，则成男女嫁娶与齐家之事，有家方能言安家，履礼正才能使女能进位居家而正固其德。家者，鸿之进于木，可安居之大树为其家。小子从涉水，要渐长成木，巽者，大、高之木也，不能是弱枝，喻小子之长成，既能使良禽有栖息之所，更有安居之家，才能成其“顺以巽”，男女和合成家，以此共享家人也。

初六与六四所示家人之道，合在于求，而求在于治其诚，也因诚使媒妁有可语之言，“求”与“诚”皆在于治女子之安，以信赖与托付之安，使其合。安在于可依、可靠，可依者，在于男子自身长成高大之木，有安得其所之地可依；可靠者，以四近五，上可进君，有上进之地，进位以渐有可靠之前途。

颐养之道

六二：鸿渐于磐，饮食衎衎，吉。

象曰：饮食衎衎，不素饱也。

六二中正，上应九五，鸿渐于磐比之鸿渐于涧，又渐进之义，而坡，渐不求速，为进之安裕者。磐者，石之安平者，《说文》云：“坡者曰阪，一曰泽障，一曰山胁也。”饮食者，以坎之兑，言酒食入口；衎衎者，从容的和乐之貌；素者，巽之白为素；素饱，谓不劳而食，无功而禄。鸿雁进于山坡，有饮食和乐之象。二与五以中正之道相应，犹鸿渐于阪，不为徒饱而处之安平，故其饮食和乐衎衎然。胡炳文曰：“艮为石，故有盘象。鸿食则呼众，饮食衎衎和鸣，初之小子，厉有言，危而伤也。二饮食衎衎，安且乐矣，时使之然也。在初则无应，在二则柔顺中正，而上有九五之应也。”

饮食者，颐也。《礼记·乐记》云：“饮食者，所以合欢也。”合欢之象在于牙车、牙辅之动而进食，吃之快，食之有乐才有朵颐之欢。六二饮食衎衎然，以从容和乐之貌，不行大快朵颐之事，以气定神闲而求安平之享，正因有此，而成颐养之道。《诗经·魏风》云：“彼君子兮，不素食兮。”君子不尸位素餐，尸位素餐者，以在其位而谋其政，以不在位而节制其欲，颐养之欲在于“节饮食”，节饮食，以养口体而养气，食多、食快皆伤气，故食当有衎衎然之貌，从容在于不贪求食之多、食之好，食之快，和乐在于以气养神，有神采奕奕之貌。不图大快朵颐口腹之快，而求气定神闲，神采和悦之享，实为养口体、养气、养神……渐进之序，如六二“不素饱”之态，以“不素饱”言进而有序而不苟进，司马光曰：“君子寡欲则不役于物，可以直道而行，小人寡欲则能谨身节用，远罪丰家。”以颐养之寡欲养气、养神，实则在养德。养气、养德成其颐养之正。

伦序之道

九三：鸿渐于陆。夫征不复，妇孕不育，凶。利御寇。

象曰：夫征不复，离群丑也。妇孕不育，失其道也。利用御寇，顺相保也。

九五：鸿渐于陵，妇三岁不孕，终莫之胜，吉。

象曰：终莫之胜吉，得所愿也。

九三阳刚，居渐之时，志将渐进，上无应援，当守正以俟时；三在下卦之上，位艮体之终，犹鸿进至于陆。六四以阴居上而密比，阳所说也，九三阳处下而相亲，阴所从也。二爻相比而无应，相比则相亲而易合，无应则无适而相求，故为之戒。陆者，高平之地；夫，阳体，九三之谓；妇，阴体，六四之谓；孕，取离之大腹言怀胎；育，震之生而有育；离象坏，艮反震，故妇孕不育也。坎为盗，坎化坏，又遇离兵，故利御寇也。坤，顺也，二三居正，亦顺；艮之坤，二三亲比，为“顺相保”也。三若不守正而与四合，是知征而不知复。若以不正而合，则虽孕而不育，盖非其道也。《案》曰：“此卦以女归为义，则必阴阳相应，乃与义合，故初之厉者无应也，二之安者有应也。三亦无应，而位愈高，则不止于厉而已。上九在卦外，不与三应。如夫征而不复，不顾其家也。三刚质失柔道，如妇有产孕而不能养育，不恤其子也。以士君子之进言之，上不下交，而下又失顺勤之道，于义则凶矣。上下不交，必有谗邪间于其间，所谓寇也，惟能谨慎自守，使寇无所乘，则可以救其过刚之失而利。”

九五居尊，六二正应在下，为鸿渐于陵之象，二五虽中正以应，但为三四所隔，非能遂遇，而成三年不孕之义。然二五毕竟中正而应，中正之德同，终不能夺其正。三比二，四比五，皆隔其交者也。未能即合，故“三岁不孕”。徐进，则必得其所愿，之所以能得其所愿，在于以不正而敌中正，只在一时，而中正久在，故久则能胜，胜在以正且徐进。

《案》曰：“先儒见三五两阳爻皆言妇，故于三则以妇指四，于五则以妇指二。今推爻意，盖三五皆取妇象。三无应者也。五虽有应，而反其类者也。既取妇象，而所应者阴，是之谓反类。其失卦义，又有甚于无应者矣。故三犹孕也，但不育耳。五则三岁不孕，盖不相和合之甚者也。三过刚，故戒以御寇，恐其不能慎也。五有中正之德，故无戒辞，而直以终莫之胜决之。胜字，蒙九三御寇之义。夫谗邪国之寇也。君子之进，所以不能和合而通者，寇胜之也。然如九五之德，则所谓可以正邦者。当渐之时，有终吉之理，岂谗邪所能胜哉。”

伦序者，以自然之序渐进而履伦序。九三鸿渐于陆，得非所归，九五鸿渐于陵，终得所愿，皆有其因。九三在于上下不交，九五在于中有所隔。九三的上下不交，既有上阴，又有自身之因，上九在卦外，如夫征而不复，不顾其家，九三自身因过刚而失柔，如妇有产孕而不养育。以伦序言，九三就有乱序之嫌，不能孕而不育，失其妇道和家道，伦序不容也。上下不交，必有谗邪间于其间，三过刚，戒以御寇，恐其不能慎。非理而至者谓之寇，守正以闲邪者谓之御，阳刚居正，如能谨慎自守，闲谗去邪，则利在御寇也。程敬承曰："三以过刚之资，当渐进之时，惧其进而犯难也，故有戒辞焉。征孕皆凶，言不可进也。利在御寇，言可止也。"

九五虽终得所愿，但也有三年不孕之象，最终如愿在于以正而胜。之所以言胜，在于从九三御寇而来，九五御寇在于以渐进之道御天下，虽有隔滞，不能使其和合而通，但也只在一时，所以要持以正，所谓"君子居上不骄，处下不谄，不为功劝，不为利诱，不为遇乐，不为黜忧，进而不获其身，行而不见其人，孰能胜之邪？"正是如此。

之所以伦序来言，就在于应履伦序而非乱伦序，九三与九五，皆取"妇"象，且以阳爻言妇，在于三以妇指六四，五则以妇指六二，二与四皆阴，三犹孕但不育，五则三岁不孕，为不相和合之甚；以阳取"妇"象在于以阴阳来对比，九三虽阳，但乱九三位者，在于上九和九三自己，上九应先安其家，再进其位，而非征而不复，使鸿渐于木而无桷，以致家人失去依靠，造成九三过刚；九三有孕，就该孕而产，产而养育，这是妇德，亦是家人之序；从鸿渐于涧，小子求而合，到执六礼而婚嫁成家，无不是该婚嫁则婚嫁，该成家则成家，该孕而产就得孕而产，这是人处于家之本位与家德之本分所定，是家之于自然法序的一种伦序，而九三刚而失柔，乱其伦序。

对比九三乱伦序，而九五则是正伦序者，且是以德正序，九五以尊位御天下，得所愿的便是天下伦序正，只有依伦序而进，履其"家人"之归序、"颐"养之次序、阶"升"之序，不相越次，从而蓄德以壮大，正是"君子之业必精于勤，勤于省察，内御心贼，安其良知。王者之道必止于至善，善于治世，外御夷狄，保其民人”，以济天下之正行，行王者之道。

升华之道

上九：鸿渐于陆，其羽可用为仪，吉。

象曰：其羽可用为仪吉，不可乱也。

上九益进，升进到至高之位，且出乎常位之外，在人则超逸常事之外，在鸿而言达于至高其羽毛可用为物之仪表，因可贵可法而有吉。贵在于升至虚空之云路，而有通达无阻蔽之“逵”，《尔雅》曰：“九达谓之逵”，为达之至高，升之至高又因空中有仪，自然贵不可言；法在于进退可法，进退有序而不乱序。孔颖达曰：“上九与三，皆处卦上，故并称陆。上九最居上极，是进处高洁，故曰鸿渐于陆也。‘其羽可用为仪吉’者，居无位之地，是不累于位者也。处高而能不以位自累，则其羽可用为物之仪表，可贵可法也。”

升华之道。上九示升华之道有三：为位之高、贵之华、境之极。位之高者，九进而达，九达而逵，直至通达无阻蔽，相比干、盘、陆、木、陵而言，是升之至高之言；贵之华，其羽毛可用仪而显贵，鸿之羽，华在外，以逸于空中仙风十足，能用“仪”示物，皆高贵也；境之极者，因超乎常位与超乎常事，而处无为境，进位言政，皆在有为，位之极在于九五，九达而逵为升至至高，以超乎常位则离常位，是进位之极，位之极则升无为境。

上九为何会有升华之象？在卦中皆有“女归”之义，独于三五言妇者，阴爻则其为臣道妻道不必言，之所以言“升”而进，在于法负阴抱阳之理，为阴中出阳，阳从阴中出，有生阳之基则有“渐”，阳出而升不能只看阳渐而升之外象，还应深知有“阴”在起用，且起大用，既为生阳之根，又为阳以渐之基，渐卦以“女归”立象、立义皆在于重负阴抱阳之理以及阴阳互根之理，这是直入阴阳法序之大言。上九之所以能升华，在于以阳盛而大升，在于阴之根已足，全卦下五爻皆可看作是阴之根，以渐进、渐长、渐养之进位有为之极，而升无为之境。此无为之境，从位而言，从有为之极而升，值有为之根而升，根深而境自然深；从德而言，上九不为九三牵绊，九三曾以过刚之性孕而不育，乱其家道之序，如今在上九，九三之过刚转柔，女之尊妻道有甚，故而有阴之根，使上九之阳进而升，此升象，是九三乃至下五爻妇德、家德、序德养而盛、盛而壮的必然结果，上九之阳的羽仪，是健德之褒赏。从伦序而言，九三从乱伦序到归伦序，九五以尊位御天下，得偿所愿的便是天下伦序正，而上九之升华，正是以无为境升入法序境，正是伦序的最高表达；升华者，必渐进而长，必正伦而序之，方能因德盛而有华贵之仪。

家人卦：伦序之道

巽上离下

从正固正家到伦序正位

在渐卦，以鸿雁设象，以女归立意，从“女归”婚嫁成家履礼而序之过程，依渐进、渐长、渐养之属性法序，从负阴抱阳、阴阳动静互根之理，成其渐进之道之本理。再以“女归”嫁娶齐家而通家人卦、以渐养通颐卦、以渐进而升通升卦、以渐之壮通大壮卦，由法入序，以“家人”之归序、“颐”之颐养次序、“升”之阶升之序、“大壮”蓄而大之序谱写万物相生相依，相克相存的自然伦序。

养者必当正序而渐养，而养正之正序建立在渐进、渐长、渐养为含义的属性法序上。在渐卦，九五以尊位御天下，以天下伦序正而得所其愿，从渐进至升华，正是履其伦序而成其养正之道，当革之新序新邦、新民，渐之伦序被履正，正是归位“家人”伦序之时。在渐卦以“女归”言婚嫁，以婚嫁六礼之礼成，男女成家而有家人；婚嫁齐家，“家人”从履婚嫁之礼而言礼序，履礼行婚嫁，有得位正与行进正之利贞之美。

《序卦》曰：“伤于外者，必反于家，故受之以家人。”从蹇险之难、交困之难、否塞与小人之难、明夷之难、大过之难等，都有被“难”伤于外的情况发生，尤其是大过卦，在过君子群体以虚而浮夸激进行为造成大过之难时，称位君子及民众皆远遁避祸，唯恐避之不及，或卑以居下，或远遁阳外，使本来鼎足群体，成弱而无力之人，其“弱而无力”便是被难所伤的境况，所谓伤困于外，则必反于内，反于家，既被家养，又正家序，继而以家序正养家人，思修齐与平天下之道。

在家人卦，巽妻，坎夫，夫妻相亲，举案齐眉，家人之象。“家”之字，《说文》曰：“宀，交覆深屋也。”巽象屋檐，主于“宀”象，“豕”属坎，离为火，主礼，以火礼祀之象，为陈豕于室，以示祭敬；祭者，示家齐于神明，敬者，珍之爱之。伤于外之人，归家居交覆深屋，有父母之亲，夫妻之义，家人融洽亲比之仁，为归家居家而得其身安，故而“家”之体在于家人之用，以仁、义、亲比皆具，使离火以照幽暗，以火礼祀之光明让伤者心安。以火礼祀，正是家人之专诚也，陈豕于室，家人之智也。以仁、义、礼、治、信五德居家，身安心亦安得神明之佑，故而家有亲，亲又诸比。

《杂卦》曰：“家人，内也。”家人，言家之内事也，也以内而不对外言私事，以内事对外事，则有正邦、民之事为外事与王事。养家人、正家序、履伦理为家之内事，而治其过、平天下、正教化为外事与王事，所谓思修齐与平天下并举，以内理人伦，外存王道成其家人安身立明之大义。家人之主体为夫妻共成主，此为家人之正位，以阴阳互根互补而齐，所谓立家便是阴阳得其平衡而立；再以家之正位主体，纳内外、上下、左右等，才有家人之正序，以正位之位言内外之序，夫妻共体为内，有内则成家之主体，夫妻共体之外，为外，对外才有家人之主体；以正位之位言尊卑上下之序，便有父母，以正位之位言左右之序，便有兄弟。

家人言正位。正位之得，在于以渐进履礼序，才有得位正与行进正，成为在家人言正位之基础。在以夫妻共成正位的主体里，“女正位乎内，男正位乎外”为负阴抱阳之体，是家的正位主体能“气”旺之根本。在家人的正序里，夫妻共体为内，而女又正乎共体之内，也是正位的主体之所以正的原因。内外者，在家男女之序，柔而顺于内，阳而刚于外，正是以阳护柔弱，又以阴柔根护而出阳，正是男女互正而互家之义。巽为齐，故主妻，坎为夫，离为丽，巽风与离火，风助火势，火借风力，风火亲比，以家人之体，夫妻互用，《说文》曰：“妻，妇与夫齐者也。”正是举案齐眉、相得益彰之家人象。火燃能化物，风入能化民，风火之功，既繁衍教化于子嗣，又可进位有功教化于社稷。家以家人为成员，家人以男女婚嫁为先，继而得妻才能正室而有子女，父母兄弟皆有亲，成其上有老，下有小，旁有亲之父父、子子、兄兄、弟弟、夫夫、妇妇……家之范式。有家之成员，则有长幼之位序，以位序服家事，治家则家道出焉。

家人伦序之道。风自火出，以小家之礼、德内出，及于外成伦理共序，便是家人卦呈现的伦序之道。先从婚嫁成家之礼得“家”，再从夫妻共成正位之主体，得“家人”。从内外、上下、左右而见家人之位序，以人伦关系履位以礼，则有家人伦序之道。故以“家人”之体，言“君子以言有物而行有恒”，言有物者，面对父父、子子、兄兄、弟弟、夫夫、妇妇……家之范式，在于言而有教，教而以德；行有恒者，在于重其恒养，以德、以才养家。言伦序，在于履位以礼，见礼有位，既是德位法则，又是以礼法见礼制。实则法、礼、德三位一体之家政与德教。

在家人卦，初九以防闲法度治在家之将始，以家法执事，正是正固之举。六二以柔顺中正而安分家德，之所以有诸多得正，在于正应九五之威严，严而有正，阳正且阴能顺，也是六二之所以柔顺所在；阳正，正在治家本理和伦理本序之正，阴顺，顺在治家之家政、家德、人伦皆正，得正而顺。九三刚正严厉，以嗃嗃之貌对笑乐嘻嘻，治家道以齐肃，使人心祗畏而正家法、家礼，严立家之法度，正家之伦理，并非伤恩义，而是严在当时，恩义于长久。九四治家有功，使其大富，而致富之因在妇德正固，为初九履法有度、积德有常而积福报修持在前，成其以德养家，使其富而有实。九五身范既端，以感格其家而盛德至善，九五明以执事，以阳严阴，不仅治小家有成，却以治家之成推而广之，由内而及外而治国，成其正家而天下正。上九以诚为本、以严为用而治家道有成，再以有孚威如而思治家之久远，所谓齐家之道，以诚为本，以严为用，依礼德之序，履位而贯穿其中，有孚威如之家，则能致长远。

正家与正天下。履伦序便在于以德、以位养其正序，在于实现家人之体的教化功能，以代代相传之教化传承崇德、重礼、履位之家教风尚。以德养家与家人，使家人之体成为德教最显著且最经典之范式，源于自然法序，正于“位”之伦理关系，流变于文明传承而不变礼、德之根本，以此行有恒之道以及有恒之教。以卦体的上下相爱，以促天下相爱。以治家之范式治国，式家人伦序之道而成伦理共序，以九五之躬行而行感化，把得正、见法、知礼、富家、有德之家事，用诚、严、位而示范于天下。

家人：利女贞。

彖曰：家人，女正位乎内，男正位乎外。男女正，天地之大义也。家人有严君焉，父母之谓也。父父，子子，兄兄，弟弟，夫夫，妇妇，而家道正。正家而天下定矣。

象曰：风自火出，家人。君子以言有物而行有恒。

卦辞：从利女子正固而正家，得家人之治道。

彖辞：养家人、正家序、履伦理、定天下。

象辞：内理人伦、外通王道，以治家之范式治国并思长久。

家人卦，巽上离下，为风自火出而家人之象；家人者，以成家之共体而先家内之道，其次治家人之道，再在治家人之道基础上见伦序之道。以成家之共体先家内之道，为成“家”与“家人”之法，言治家人之道，为家之政也，而言伦序者，为家教也，以家政治其家，以家教与共走向天下，这便是家与天下通过“家人”的纽带关系。以成家见家人，以家人之位序知天下之共构而见天下，故而平天下在于治家，德教天下在于家教以德。

家内之道与治家人。《程传》曰：“家人者，家内之道，父子之亲，夫妇之义，尊卑长幼之序，正伦理，笃恩义，家人之道也。”从履六礼婚嫁齐家而有家，再从夫妻共成正位之主体，得“家人”，此为成家与家人之法；而养家人、正家序、履伦理为家之内事，之家之内事为家政。家人之成，在乎得位正与行进正，而得位正与行进正为依“渐”卦履渐进之道，以此“利贞”之美为治家人奠定贞正之基础。养家人在于养正，以什么养正呢？以利贞之道，行法、礼、德三养，如此养之，家人才能得其所养，亦才能言行有恒。当家人得法、礼、德三养则自然得正，天下之正者，无外乎法、礼、德三者且三位成序，家人得正，在得正的过程中，需履位才能正，故而“位”是养家人、正家序最重要的法则。离开“位”之法则，则无以谈养家人、正家序、履伦理。家内之道，得“位”则养，亦据“位”才有家人的人伦关系，以“位”的尊卑上下，行法、礼、德之养，才为执家政得法。

得位并履位才是正家序之法宝，才能以家之正位主体，纳内外、上下、左右而成家人之序，言“序”必依位而履位，不然则无以成序，同时得位则能得治序之法。履伦理，是正家序之道所呈现的人伦关系，符合法、礼、德共序，以此贡献给天下家庭共尊之礼序；以得正、利贞为特点，对内利养家人、正家序，对外利邦体建共序，被天下家庭所共同认同的一种共序，故伦理既以人伦之正序在家内，又以普世之准则与共在家外。

风自火出。正是由内出而及于外的秩序生发之道，为由男女之体，履六礼婚嫁齐家而有家之共体，再从家之正位得家人之序，依家人之序走向天下伦理之共体。火者，成礼，风者，从火成礼之礼与共成共序；礼成于内，正是以家人之道而成礼之体，以火礼祀，正是家人亲比之专诚成礼，再以家人之正序，在家内履礼成序；教发乎外，为伦理与共发乎外而成共序。火炽则风生，从家人之序，走向社稷之伦理，便是风自火出之象，以小见大而教化无类之义。离火照幽暗于明，使小家见家人礼序之大，巽风行教化于无声，使共理成天下伦理之大。伦理之共序，无声无息存乎社稷各个家庭，崇德、重礼、履位之家教风尚教导天下之家人。

风自火出，以小家之礼、德内出，及于外成伦理共序，便是家人卦呈现的伦序之道。由男女之个体履礼成家，以家人见礼而成礼，再以家之共体履礼成家人之序，由家人走向天下共体而发乎外，从而产生了伦理共序的过程，也呈现了思修齐与平天下的关系。家人以礼之成，使无礼而被伤于外之人归家，再值父母之亲，夫妻之义，家人履位序而亲比之专诚，使家成为既可身安，又能心安的理想之所。所谓“齐乎巽”，言万物洁齐于巽方，尤其是在家人卦，巽居内成齐家之家人。《程传》曰：“二与五，正男女之位于内外，为家人之道。明于内而巽于外，处家之道也。夫人有诸身者，则能施于家。行于家者，则能施于国，至于天下治。治天下之道，盖治家之道也，推而行之于外耳。”

“利女贞”，利女子正固而行贞正之道。之所以言“利女贞”，既在于女为成家且正位之基，女之正固是家道发迹之本，又在于以正德和养正之家教重点在教女。前者以家的正位之体，言女之用。有“女归”婚嫁，才能齐家，从而以夫妻之共体成家之正位，这是家人、正位之基石，自古家道之盛衰，莫不起于妇人，故女之正固是家道发迹之本；女正位乎内，则主家政，其孝顺双亲、哺育子女等家礼、家德莫发乎于女，礼与德者，因共序于性，而显柔性，正与女之阴柔应合，故而女承载了家礼、家德重要践行之人，也是为何言女正位乎内的原因；内者，外之基；柔在内而阳在外，以阴阳互根之理，以阴为基而生阳，使阳气发乎外，把家礼、家德再发扬出来，来共识家人之人伦与道德。

后者言正德和养正之家教重点在教女。那是因为女有阴柔之性，相对于阳刚而言，易昏蒙不明，无明德之阴柔群体，最易应难而受困，又容易因阴柔昏蒙，不尊正序，易重蹈大过覆辙。在困卦，困之主体光明被掩蔽，君子被小人掩蔽，以致处卦体之人穷困道屈，在大困势之下，可以说小人群体更惨，不仅身困而穷乏异常，且都无法济困，成为困体最惨淡的群体。女之所昏蒙不明，就在于其性柔，常有健德有虚与养正不实之忧，故而正固女子之德，是家道之重担，教之在家内，使有德而发乎外，正是利女子正固之所在。当女得教，女有德时，便是家道发迹之时，女子正固而行贞正之道，才能载礼、载德，家有礼、德之根基，便能渐养而长。

“女正位乎内，男正位乎外”。在家人卦中，六二坤爻主内，九五乾爻主外，二五中正相应，正如乾男坤女而合德；乾坤合德，在于有德，自从“渐”履婚嫁之礼始，以德礼之道，位次之道，健德于内外；而齐家之道，正是行内德健于身、外德进于位之时，既健德治君子，又以治君子而进位正邦。从治家之道推而行之于外，便有治天下之道，正是内理人伦，外通王道。林希元曰：“所正虽在女，所以正之者则在夫，盖主家之人也。”男以阳正位乎外，在于家序已正，在家人共体里，正位已明，则应履“位”而安位，如何安位呢？以长幼尊卑安上下，以亲比安左右，再履位之礼序，安法、礼、德三者之序，至此有家道成。

正家与天下定。内理人伦，外通王道，便是正家与天下定的直观表达。内理人伦者，则既以“人伦”治家人之道，又以依“人伦”之正序而正家人之序。如何正家？以家人履礼序、尊位履之家政成治家之治道，以法、礼、德教于家人之家教，使家人知礼、有德继而以家人和社稷共体的关系，与共走向天下。当履礼序、尊位履之家政，到法、礼、德三者之德教，天下便有礼制和德治之基石。推一家之道，可以及天下，可往往是治一国容易，而正一家难，治一国有众君子成共体，而正一家，位在前，序在后，教在其中，全凭洞悉家道人伦之序， 可家家有本难念的经，非一句尊礼之家政与行德之家教那么简单。

妇德与富家之道

初九：闲有家，悔亡。

象曰：闲有家，志未变也。

六四：富家，大吉。

象曰：富家大吉，顺在位也。

初九刚明，处有家之始，亦处治家道之将始。治其有家之始，能以法度为之防闲，则不至于悔矣。闲者，谓防闲法度，以家法防在治之将始。王弼曰：“凡教在初而法在始，家渎而后严之，志变而后治之，则悔矣。处家人之初，为家人之始，故必闲有家，然后悔亡也。”治家为治乎众人，以法度严之，则防止失长幼之序、乱男女之别、伤恩义、害伦理之事发生。能以法度闲之于始，而不放任其性，是至悔亡的原因。

治家如治国，先明法度，后从教化，处家治之始，为妇应娴习长幼之序，男女之别，家人正序，伦理与恩义等，师从法度娴习为妇治家之道。当为妇能以法度闲之于始，便是修妇德之始，亦是以法显德的治家之始。《后汉书·烈女传》云：“清闲贞静，守节整齐，行己有耻，动静有法，是谓妇德。”治家从防闲法度，法在前，履法在后，履法则见礼，从法并知礼则有妇德。胡炳文曰：“初之时当闲，九之刚能闲，颜之推曰：教子婴孩，教妇初来。”

六四以巽顺之体，得其正位，六四以当位之位，承阳又应初，为得其安处之义。六四与初九正应，阳在下主义，以阴居阴而在上位主利，为有福于家之象；之所以有富家之象，在于巽顺于事而由正道，能保有其富。《程传》曰：“居家之道，能保有其富，则为大吉也。四高位而独云富者，于家而言。高位，家之尊也。能有其富，是能保其家也，吉孰大焉？”

富者，福也。富从何来？在于初九以法度严之，从妇德治之，履法有度、积德有常则生福报。《礼记·礼运》云：“父子笃，兄弟睦，夫妇和，家之肥也。”

妇德与富家之道。初九与六四正应，阴阳相和，以利女子正固的修妇德治在将始，成其九四之所以富家之因，履法有度、积德有常而积福报修在初九之前，积家人微末小事之德，修能致千里之富。卦辞言“利女贞”，以言利女子正固，正是家人发家致富之治道。女子正固，唯妇德是从，便是治家人之捷径，女子知正固者，便是明德之所用，亦知德之所在，唯妇德是从者，便是知履家法便是知礼、修德之基，故而同四一起，以阴阳和合与动静有法，持治家之道。自六二“在中馈”，进而至四言富家，正是以正固之利而利四之阳位。

通常四在他卦，以近九五多为臣道，在家人卦，则亦妻道。从正固妇德而有富家之道可知，主养一家者为妇，而夫为主教一家。在家人之共体里，养而有教，才能富。养家不只是食养，而是家法、家礼、家德养之，妇女执家事，便有妇德。有了履家法、家礼之养，才能积福以富，以家法、家礼、家德之富才能教之正道。故家教，亦为德教，正应积福报之事修在前，才有六四顺在位，以阳出而德显，这是看一家之风貌的关键所在，从阳出而德显亦知妇主事、持家、修德如何。

得正与正家之道

六二：无攸遂，在中馈，贞吉。

象曰：六二之吉，顺以巽也。

九五：王假有家，勿恤，吉。

象曰：王假有家，交相爱也。

六二柔顺中正得位，与九五正应，以阴应阳，尽妇人之义，为女之正位乎内者。妇人之道，巽顺为常，以顺其妇德本分之事，则是正固吉祥之事，妇人的职责所在，若能在于家中馈食，安于饮食，且能专诚供祭，则得妇人之正，故曰："无攸遂，在中馈，贞吉。"遂者，取乾之往行；无攸遂，示不敢有所专也；中馈者，酒食，祭祀之用鱼、苹、藻。

六二以中正当位承阳，顺也；上正应九五，亦顺；顺之又顺，故曰"顺以巽"，而"顺"恰恰是妇人之德，以柔性显顺德，再以当位之顺，行治家之顺德，故而大吉。以柔顺处中正，妇人之道；妇人居中而主馈者也，故云中馈。

家妇之专，便是专有其职事，以馈饮食之食养一家，则得其所专，若还能奉祭祀，则以治礼而使职有其所。至于奉祭祀之谓，在执家事治家上，主要言妇人专注其职事、专诚其礼，以此安于家政，安分于家德，无所怨言亦无所求。六二得妇人之正，在于以馈饮食得执家事之正，以奉祭祀得专诚其礼之正，以柔顺中正得安分于家德之正。

《礼记·昏义》云："古者妇人先嫁三月，祖祢未毁，教于公宫。祖祢既毁，教于宗室。教以妇德、妇言、妇容、妇功。"注："妇德，贞顺也。妇言，辞令也。妇容，婉娩也。妇功，丝麻也。"

九五刚健中正，下应六二之柔顺中正，以刚处阳在外，又有持家有道之六二顺于内，以阴阳相济和内外同德，使九五成为治家之至正至善者。王者，五为君位，以“王”言；假者，至也，极乎有家之道。龚焕曰：“假与格同，犹奏假无言，昭假烈祖之假，谓感格也。九五以阳刚中正居尊位，为有家之主，盛德至善，所以感格乎家人之心者至矣。王者家大人众，其心难一。有未假者，勿用忧恤而自吉也。盖初之闲有家，是以法度防闲之。至王假有家，则躬行有以感化之矣。”

《程传》曰：“夫王者之道，修身以齐家，家正而天下治矣。自古圣王，未有不以恭己正家为本，故有家之道既至，则不忧劳而天下治矣，勿恤而吉也。五恭己于外，二正家于内，内外同德，可谓至矣。”

九五治家。九五身范既端，降福于家，远应六二，近比六四，当一家之主，以感格其家而治家有成。在家人卦中，初三五皆阳刚，初以成家之初和处治家之初始，而未能言治，多以家法、家礼而娴习治家之法，而三五为主治家之人，相比五有位、有德，还能即尊身而降于家，三刚而不中，失之过严，未免有悔厉之失；唯五刚而中，尊有威严，随威却爱，以爱家人之爱，实则用其他治家之成而共治家，以初九、六二、九三、六四各自治家之法来尽其治家之道，这便是九五言爱而能包之义，包纳各种能正家之治道来治家，便是九五之风范，亦是九五之所以有“严”之所在。

象辞以严正为吉，在于九五以治国的法、礼、德之崇尚而尚家严，正是严才有序，才独显人伦之位，亦才有法可依，在初九言法，以阳爻处处言妇女从法治家，便是取阳爻之严。当能履法、礼之严，家之大爱便呼之欲出。《程传》曰：“人之处家，在骨肉父子之间，大率以情胜礼，以恩夺义，惟刚立之人，则能不以私爱失其正理，故家人卦大要以刚为善。”以刚严为善，爱非溺爱，以严而爱方显正家之大义，溺爱滥乎情，以情胜礼、以恩夺义非治家之道，亦非家政、家教之道，更非出自家内而及于外之道。九五治家，便是以正家之小，以礼、德之内出，及于外成平天下之正序。

得正与正家之道。六二得正，九五正家，皆是家人之治道。六二以执家事治家，尽妇人之职，以馈饮食得执家事之正，以奉祭祀得专诚其礼之正，又以执礼而知礼通妇人之明，连同执家事之正，得执一事而通一事之正，继而以柔顺中正之德得安分于家德之正。卦辞言“利女贞”，正是对应六二之爻，以六二得正治家言“女正位乎内者”，六二爻正所以发明利女贞之义。初九修持在前至六二又柔顺中正，六二又得九五严爱之感格，一个正家一个治家，阴阳相济和内外同德，既有利正固的妇德之成，又有治家得治道之成。然而得正之难，难在执事无怨，知礼而能履，有位而能守，明以执事，得其明正，故而有本分之说，柔顺中正而安分家德便是六二得正之所在。

同六二明以执事、得其明正治家一样，九五亦明以执事，在于明严正之所在，正是九五以阳严阴，六二以正应顺从之，故最明者乃九五，明一个家、一件事该有其本理和本序，中间贯穿于礼、法，故而严而有正，阳正且阴能顺，家定矣，阳正在治家的本理和伦理之本序，阴顺在治家之家政、家德、人伦皆正。明以执事方能感格其家，并非单以一个尊位降临，而是以正德之范严而正，使父父子子，兄兄弟弟，夫夫妇妇，不违家法、家礼履位恰当而各得其所，以情、以恩相伴之相亲相爱，以相敦睦。

正家而天下定。风自火出，便是九五以治家之成推而广之，由内而及外而治国。六二与九五皆盛德至善，便是正家之关键。以小家之礼、德内出，从六二治家的家政、家礼、家德、人伦之正，再由九五及于外成天下伦理共序。以卦体的上下相爱，以促天下相爱。以治家之范式治国，式家人伦序之道而成伦理共序，以九五之躬行而行感化，把得正、见法、知礼、富家、有德之家事，示范于天下。

严厉与威严之道

九三：家人嗃嗃，悔厉吉；妇子嘻嘻，终吝。

象曰：家人嗃嗃，未失也。妇子嘻嘻，失家节也。

上九，有孚威如，终吉。

象曰：威如之吉，反身之谓也。

九三刚正，以刚居刚而不中，在内卦之上，为主治乎内者；以阳居刚而不中，虽得正而过乎刚者，治内过刚，则伤于严急，有家人嗃嗃严厉之象。妇人受到重责，虽悔厉但获吉。若治家过严，骨肉恩胜，严过故悔，故必悔于严厉；虽悔于严厉，未得宽猛之中，然而家道齐肃，有严之所在，使人心祗畏而正家法、家礼，则为家之吉；相反若妇子嘻嘻，失于放肆，则终会见其羞吝。嗃嗃者，严厉之貌；嘻嘻者，放肆之貌；嘻嘻者，嗃嗃之反。

九三刚正严厉，成其嗃嗃之貌，而卦中非有嘻嘻之象，为盖对嗃嗃而言，故妇子嘻嘻为假设之辞。以笑乐无节之嘻嘻，弛于家礼，以私情之纵，将会终至败家，与其嘻嘻之失节，宁可嗃嗃之严。嗃嗃之严为严在当时，而成在未来，尤其是以妇对子，情溺之爱，将误其终身。故以严立家之法度，正家之伦理，非伤恩义也，所谓于正伦理处笃恩义，笃恩义而不失伦理，便要以严代放。

胡炳文曰："嗃嗃，以义胜情，虽悔厉而吉。嘻嘻，以情胜义，终吝。悔自凶而吉，吝自吉而凶。九三以刚居刚，若能严于家人者。比乎二柔，又若易昵于妇子者。三其在吉凶之间乎！故悔吝之占两言之。"嗃嗃，以义胜情，严在当时却利在得治家之道，嘻嘻，以情胜义，松弛在当时却终失家节致败家之凶。《礼记·昏义》云："成妇礼，明妇顺，又申之以著代，所以重责妇顺焉也。"三在吉凶之间，故悔吝之占两言之。

上九以刚居上，在卦之终，为居家道之成者，故极言治家之本。王弼曰："家道可终，惟信与威。"既然言家道有终成，必然有诚信严威，无诚信严威则无终吉。治家之道，非至诚不能及，故必中有孚信，以诚方能致常久，而众人自化。非至诚不能感格，无威严不能通志，不诚则上下相欺，众事不立，不严则礼法不存，渎慢易生，有孚威如，得其终吉。

《程传》曰："为善不由至诚，已且不能常守也，况欲使人乎！故治家以有孚为本。治家者，在妻孥情爱之间，慈过则无严，恩胜则掩义。故家之患，常在礼法不足，而渎慢生也。长失尊严，少忌恭顺，而家不乱者，未有之也，故必有威严则能终吉。保家之终在有孚威如二者而已，故于卦终言之。"

在家道中，真实无妄谓之诚，如赤子之诚，循礼无违谓之信，履家法、家礼是也。威如之吉，并非作威之态，而是以反身自治，以真实无妄之诚，履家法、家礼而反身求己修德，以德威之，则感化使人畏服。苏轼曰："凡言终者，其始未必然也。妇子嘻嘻，其始可乐。威如之吉，其始苦之。"

"行有恒"的正家久远之道，亦是长治久安之道，修思永的长久意识，方是平天下之思量。《书》云："七世之庙，可以观德。万夫之长，可以观政。"齐家之道，以诚为本，以严为用，依礼德之序，履位而贯穿其中，有孚威如之家，则能致长远。

纵观家人卦，夫以严为正，妇以顺为情，贯穿诚之本而履家法、家礼于家之治道中，成其正家之主旨，且有孚威如之家，既能治家之成，又能致长远。在初九，以曰闲，三曰厉，上曰威，皆以刚显阳之道，却是妇人执事而治家，二四皆曰顺，显妇德之位、时，尤其是二得诸多之正，极具中正之德，并同九五上下合德，阴阳相济正家有道；上之威，既是时，又是位，时者，家道治成之时，位者，有孚威如之位，成其家人之治道。

颐卦：养正之道

艮上震下

内养神气外养贤并养德居正

在家人卦，夫以严为正，妇以顺为情，贯穿孚诚之本而履家法、家礼于家之治道中，成其崇德、重礼、履位之家道风尚，以小家之礼、德内出，及于外成伦理共序而治天下。所谓内理人伦、外通王道便是由此渐进，以治家之范式治国，式家人伦序之道而成伦理共序，便是家人卦以成其养家之小养，呈现法、礼、德在治家过程的重要作用，也为伦理共序提供家“序”基础。之所以能成共序，便在于法、礼、德三者既成体又当用，以正于“位”流变于文明传承而不变礼、德之根本，以由内及外的风自火出，示法、礼、德之教化，行长治久安的有恒之道以及有恒之教。

正家与正天下，皆在乎得养，养家人者，不只是执家事、奉祭祀之食养，而是明以执事，以阳严阴，以家法、家礼、家德贯穿终始的伦理之道养之，从而以执家事之正，执一事通一事之正，柔顺中正的家德之正，盛德至善躬行感化之正……成正序而养天下。言养必得养道以正养之，而养正之道，为颐卦所呈。

《序卦》曰：“物蓄然后可养，故受之以颐。颐者，养也。”物既蓄聚，则必养之，无养则不能存息，而颐者，养也，人口所以饮食，养人之身，故名为颐。物蓄而后可以养人，由养人推养之义，大至于天地养育万物，圣人养贤以及万民，与人之养生、养形、养德、养人，皆颐养之道，利用颐养而后厚生，才能成其大壮。所谓“动息节宣，以养生也。饮食衣服，以养形也。威仪行义，以养德也。推己及物，以养人也”，从外养身、形到内养气、神，养小体而后可以全大体。

《杂卦》曰：“颐，养正也。”养正首先在乎得“正”，其次才是如何养之，故颐正在乎正气；从内养气、养神而裕阳健德，从外通过养贤而养善，以颐养浩然正气。孟子曰：“我善养吾浩然之气。”颐口腹者，养其小体，颐正气者，养其大体。在颐卦，通过养身与养气、养神而养性，继而有颐养万民之颐道，颐养万民者，既需有养之善政，又当有王道养正德化之德政。

在家人卦，以治家之成而能养家与家人，养家与家人者，为得其小养，除了小养，还有大养，从养身、养气、养神、继而养性，再从个体之私与共养家人、养社稷，继而颐养万民，成其养之大，养气、养神、养性者，为内养，向内求精气神之养，为健阳德之养，养社稷、颐养万民者，为外养，向外求养之善政之养，为以政见善之养。而小养与大养的目的皆在于养正，以养正之治道，方能得养之道。

养正必渐养，方得正，任何激进之养，皆非正养；言养，不只是人、物外在体格之养成，如大过卦杨树之长成，不以外在表象之长为养之成，而以得养之道，能养气、养神、养心，继而明心见性之养，方为养成，亦为养之小成，除养之小成，还有颐养万民并教他人有德且见性之养，得浩然正气为成其大养。

颐卦，艮上震下；在颐体，上下二阳爻，中含四阴，上止而下动，有上下二阳如人之唇齿，内有四阴呈虚而求食之态，外实而中虚，故有“颐”之象。在颐卦，通过养身与养气、神而养性，继而有颐养万民之颐道，颐养万民者，既需有养之善政，又当有王道养正德化之德政。颐卦两阳四阴，阳者治刚明之德，有圣贤之象，阴者被阳所养，如万民求养于圣贤，实则以气、身养德，圣贤行德之教化，而使万民能自养。

自求口食为养身之术，“舍尔灵龟，观我朵颐”则是养口腹而害养气、养德之大体，孟子曰：“养其大体为大人，养其小体为小人。”大体者，道义、道心也，小体者，外物、人欲也，求食欲而失道心，止外物而迷自性。王政欲养万民，必重德养之道，德养之源，必先求贤、亲贤并养贤，虽养身果腹为先，但养气为大，养德为重，当气德一体，则万民治，陈琛曰：“集义以养其气，寡欲以养其心，守圣道而不溺于虚无，崇圣学而不流于术数，则所以养德者正矣。穷而不屑于呼蹴，达而不至于素餐，不以贫贱饥渴害其心，不以声色臭味汩其性，则所以养身者正矣。”

养正之“正”在乎道，而如何养正之“养”在乎养之术，再以养之用，以“颐”体行渐养之道，以养正之“道”区别养之术、用的关系来颐养。先养口体，为以食养身，再以食养气，后以气养德，继而气德一体，浩然正气出焉。先养口体，在于静，以静食而养气，其大快朵颐之妄动，是口体之凶事，更是以动破静而失其定。以气养德，在于先求贤并亲贤，在于诚；为何求贤，就在于求口腹之快的食欲之人通常不明德为何物，又如何养之，求贤开示以讲，在于以诚求明。当贤行教化日久，民可自养其德时，在于定，以定而节饮食有度，更以定之静出气之动，且健德以静而养德，必得其正。渐养之道者，从养小体而后可以全大体。

在颐卦，惟有二阳，两阳爻居天地之位，上九在上，谓之由颐，为颐主亦为颐养天下之主，群阴从“我”而求养，使处颐而能得养。以两阳颐养四阴，坤主万物、类万民，六五以尊尚贤人，不仅养贤还从贤。初九在下，以灵龟伏息而自养，实为得颐养之道的自养之贤。由颐者，养而得利；丘颐者，养而有位；拂颐者，不养而动，道之所失。颐之上体言止，皆吉，而下体言动皆凶；在上而止，为养人者；在下而动，为求养于人者，动而求养于人者，必累于口体之养，以求口体之养，动欲而观朵颐，不知内养其德、外亲其贤，安止其所妄动。

颐养之道，以养人为公，养己为私，以养德为大，养体为小，得颐正为吉，失颐贞为凶。颐养之道，在乎静，以静养气，养之于内；在乎诚，以诚亲贤从贤，使贤养之，养之于贤；在乎定，以定制妄动，养之于明，舍欲从定在于明。初上皆能自养，皆得颐养之道，初养其己体与己位，故为小，上养其德、养其政、养其善，故为大。四五养人，五亲贤并养贤而为天下之公，四养亲而为私。公而大者吉，亦得颐之正；私而小者凶，有失颐之贞。相比它爻，六二与六三则有凶，处颐不能自养，本身就凶，不从"观颐"处得颐道，却志于颐养口腹之食物往求逐妄，又皆无明辨得失之德，舍近求远，拂颐而终不可用。

初九以得自养之道而本无所求，为处颐体得颐道之贤，本应被养、被亲、被顺从，奈何有"灵"而不自保，有贵而不自珍，且行舍贵求贱不明得失之举，以动而求朵颐置己于凶道。"舍尔灵龟，观我朵颐"为假设之辞，圣人以其为妄动失贞且致凶，在于启示养之道在于静，且在乎气，故深戒妄动从欲，多欲则失贞；且君子应师法初九灵龟自养且养气之静，师法上九以得颐道之贤能而颐养万民，故成其承天之宠，而庆赐之大者。君子观君王养贤、亲贤并从贤之道，观臣民自养之术，观阴柔失养且致凶之因……以种种观颐而师法颐道，正是知颐时，通颐德，进颐养万民而正邦之志，行颐养术用之正，而大行颐道之时。颐养之正，在于牧心以养德，以德承任天下。

颐：贞吉。观颐，自求口实。

彖曰：颐，贞吉，养正则吉也。观颐，观其所养也。自求口实，观其自养也。天地养万物，圣人养贤以及万民，颐之时大矣哉！

象曰：山下有雷，颐。君子以慎言语，节饮食。

卦辞：从观颐自养之道而得颐养之德。

彖辞：从得颐道、施颐术、求养用而养万民全大体。

象辞：颐养并养正，养德方不失颐正。

颐卦，艮上震下，为山下有雷而观颐自养之象。颐，养也；取象口食物以自养，故成其养义；《释名》曰：“颐，或曰辅车，或曰牙车，或曰颊车。”震动于下，当牙车，艮止于上，当牙辅，牙车与牙辅互体，以颐食而养，颐口腹而食者，养其身之小体；艮主休、息，震为生，坤为养，以休养生息而养，为颐食正气，养其气、神之大体。林希元曰：“人之所养有二，一是养性，一是养身，二者皆不可不正。观其所养之道，如大学圣贤之道，正也，异端小道则不正矣。又必自求其口实，如重道义而略口体，正也。急口体而轻道义，则不正矣。皆正则吉，不正则凶。”

“贞吉。”颐卦言“贞吉”在前，故而颐之占以得正在成卦之先；得正之贞吉，在于颐养成于自养，以观自养之颐，得其以食养口体之身，再以食养气的颐养之法，继而以颐养之法，求能养贤、养邦民、养浩然正气的大体之养，为求颐养之道。在求颐养之道并探讨如何能实现治颐的过程中，总结如何能全大体的养正之术，如以静食养气的“静”，以及养贤应以诚先求贤并亲贤的“诚”，皆是通往颐养之道的养之术用。无论是师法颐之自养从小见大，还是颐养本身就蕴含全大体之道，以能养万物、养万民成为文明进程中的天下正道。

“观颐”。从观颐体所养的过程，而求养之道。之所以有“颐”可观，在于颐有自养之前提，人、物能自养是颐的自然状态，也是人与自然相处最不违背自然之处，人以口腹为食是可观的自然现象，人处家中被家人奉养口食是颐养的居家状态。自养以始于自然状态而成自发之颐，亦为生存之本能，自求食，便有求食的众多方式方法，亦有家人奉养口食而安居的颐养方式。在家人卦，六二以柔顺中正之德，以馈一家饮食之食养而专职其事且以奉祭祀之专诚知礼而执礼，从而以妇德之得，得家德之正，故而从自养之食能见礼、见妇德，亦见家德。礼在馈饮食、奉祭祀的执事过程中自然呈现，而妇德在妇人馈饮食自身，家德便是从妇人之身德，通过专诚执事履家人伦序而获家德，这是一个以居家自养之小而见伦序之大的通道，正是因为存在这样的通道，使其能观“颐”，以及通过观颐的状态、现象这种通道，通往颐养与自然法序的关系，从而探索养正之道。

民以食为先，填饱肚子的问题一直关乎人与自然的深刻关系，观颐的过程，总结如何能养的方法，通过颐养与自然建立更深更广的交流通道，是观颐求养正的目的，况且从颐自养之小，要找到解决颐养万民之大的途径，并在颐养之“道”上升华，如何从民之己身养气、养神，使其富足精神，如何从邦之大体养贤、养德、养浩然正气，使其能治于精神，方为重中之重。

观颐，为通过颐之自养找到“颐”之所以能养人之道——颐道，此颐道贯穿天地养万物之中，人在自养过程中日用而不知，而天地养万物为以道体生之，以德性蓄之，呈天地大养之道。观“自求口实”为观其养身之术，再以道、术相得而通用，以养之用，可以将颐道既用于小养养身，又可用于大养养万民，而君王通颐道以驭颐术养邦、民，为用在养万民之政上。君王以先养贤，再以贤养德政，通过养贤与养德政来养德，便是君王驭颐之术，也以此找到了如何养德为大的方式方法。寻求颐养之道，师法颐养之道，以颐道养正，而有养小体与养大体之术、用，当驭颐成术，则颐能成养正之治道。

“自求口实”。有口食的生存之求和口实的节制之求两者，口食的生存之求，为存身之本，以口食求生仍是人生存第一要务，无食则人将不存，何谈其他，故而能养人于口食，功德很大，也是君王之所以志养万民的原因，既是尊位之责所赋予，又是以德通善之所在；口实的节制之求，为立人之本，从立身之基有善恶之辨是人之所以区别动物属性之所在，且能选择从善还是从恶，仅从求口实便知价值取向。口食之需是从动物本能，口实之择是从人性向善之能，人从张口的那刻开始，便从动物属性走向了更高尚的人格属性，既然言“求”，这便是基于“自求口实”从人的生存之基，所具备的“正”的导向和原则。

颐之时。“养”从求生之本开始便有“正”，颐的口食状态，便是人求“正”以存的状态；“正”，既是颐养的原则，又是在颐养过程中的价值取向。从卦辞的贞吉之占，到《彖辞》言“养正则吉”，以成卦之先的颐之占得正，继而观颐道有正，从两者相兼的得正之吉，利颐养而成卦，以此具备颐之时。“颐之时”，以颐道成颐体而具颐养之时，时者，人按时进食，并以“时”的随处可见而随时可用，随时随地都有“自求口实”的颐事，故颐之事关乎天下大事，也是为何从观颐求颐道，来用于养大体之用。从颐之时求颐道来养万民，便是颐德，既是颐的卦体之德，又是颐义自身之德，君子师法颐象，应进颐养万民之志，此为颐德与养德所赋予。感叹“颐之时大矣哉！”便是君子知颐时，通颐德，进颐养万民而正邦之志，行颐养术用之正，而大行颐道之时。

养小体。身者系私言小，从养万民之公，而有养身之私。从“自求口实”先养口体，再以食养身。养口体为口食之求，此为生存之本，故人皆自养为养私之序。既然有以口食养口体，便是养身，为何要有“再以食养身”呢？便是立于口实的节制之求，而立食养之德，此“身”存于求口实的是非中，既赋予了食物之德，又是人通过口食立人身之德，以一养二存，使身存与养义之存皆在口食中呈现，便是自养之颐而可观的状态，如果不观其一养二存呈现出的颐义，便无法识别养小体之重。

人从求生之本走向立身之本，此时才体现出“气”，所言的气并非食物的精气，而是人立身、立德、立志三者之气，存于一口食中。先养口体，再以食养身，在于得自养之正，得自养之气。通过口食找到立身、立德、立志三者之气，便是以食养气。以食养气在乎静，大快朵颐之妄动为以食养气的失养之法，之所以言“静”，在于气静则聚，气动则散，大快朵颐虽食但不得气，更不得口食之法；为何要静食呢？在于通过口食得气而思索大养之道，妄动失思，其立志进志便无从谈起。

从身小体之食而求生，以求生之本走向立身之本，便有一养二存的人身之德，以立身、立德而得气，此气非食物之精气，而是德气、志气，故才有食养之大。从口体小食使身存而得养之大，大在于气德一体，通过食而聚气立德，身之正气与立身之德，生于口，存于腹，激荡于心胸中，流注贯穿在四肢百骸，化精气而养身，使精气神三者渐养成浩然正气。

全大体。相对于养身之私，养贤与养万民有养之大。养贤因责重而大，养万民因万民体大而大，养大体并非能全大体，但以求全大体为颐养之理想。人自求以及奉养一人之口食容易，而养天下万民则非易事，民以食为天，民有食则安，故而安民之食，在于寻找食之“天”——颐道，通过观颐找到能养万民之颐道，颐道在养不同的对象有不同的含义呈现，而养万民之颐道在乎政，以善政得体养民，以及以安民之政使民自养，以政能养，使“政”成为颐之术。

求颐道，在于随颐而通颐；驭术用，在于通过驭政、驭贤之术来达到养正的目的，故养贤、养政皆为颐养之术用，用之得法、得体则能养大体。养贤，在于贤能治政，又能养志；治政，能疏积弊、制良策、安田亩……在乎政之良，策之善；养志，通过贤能致通，以养众人之明，以及使君子立养邦之志，在乎求贤而养贤，贤并非时时皆有，故要养贤。贤之用，关乎政、明、气、志、德等方方面面。以道、术、用的位域关系来颐养，将得其养正之法，而能把政、明、气、志、德等关乎国计民生等诸大事，按道、术、用的位域层次制成政，再施于政，唯以贤才能胜任，在颐卦，能做到养贤与养万民者，为《彖辞》所言“圣人”。

言全大体，在于养万民之政要见大善，以善政之普施能全所有民，使民受养。万民得养仅是养其发肤，而全大体之“全”在于立于养万民发肤的基础上，能养气、养神、养善、更能养德、养性，最终以养性、养德而全道德，方为全。

使万民得口食而养，养其身体发肤，为养在外；而能养气、养神、养德、养性，为养在内；无论是养在外还是养在内，常以政来养，通过政来实现养善，为养在位。养在位便要养君子，使君子进志而得位，颐养之体要有君子当位以政的见识，才能实现颐养万民并养正而全大体的理想。

渐养之道。无论是养小体还是全大体，养于内还是养于外，皆要渐养，依治君子九德来养君子之过程可知，固阳健德非一蹴而就，凡事行渐，任何激进和违背颐养规律，皆不能得养，反而有失德、失气之危险而最终失养，失养则易生祸变。在观其自养的“自求口实”过程中，言不能为了口食，而不节口实，因口食易得，口实则不易节，若无存身之求，则应以口实之节来求口食，以得气、立德而得正，亦是渐养之义，把口食易得的容易事，放在口实之节之后，而不是急于前，从每一口食中得正，渐养其气。同理，养万民时亦不能急养，急养易生迫民、害民之急政，急政多为祸国殃民之政。

“君子以慎言语，节饮食。”君子法山下有雷之颐象，应知养大体要重于养小体，养于内要重于养于外，但养小体为养大体之基石，养外之身存才为再养内之途径，故而君子应求两者兼得，道术相济，在“节饮食”的基础上“慎言语”。“节”在于饮食时以少吃、慢吃节制口腹欲望，目的在于能通过颐食而静思立身之德，以一养二存之德来养气，气得养则神足，神足则明，则知颐养之正。“慎”在于从口实之择来从人性之善，以“慎”通正，从张口进食、言语的那刻开始，养从求生之本开始便有“正”，以颐养并养正的原则，走向更高尚的价值取向。

“节”重在养德，“慎”亦重在养德，言语一出而不可复入，饮食一入而不可复出，节食欲之小而就养德之大，言节者，食物多而不急，故口食之事应在节口实之后，从每一口食中得正，渐养其气，便在养德。以养人为公，在于能养之善政，养己为私，在于节而有度，以食养气精。卦中内三爻多以自养口体，既有大快朵颐之妄动，又有舍尔灵龟之愚，故而有凶；外三爻多内养其德、外养其贤，能知妄动且安止所动，因明颐之所在，故而有吉。

吴曰慎曰：“养之为道，自养之道，以养德为大，养体为小。艮三爻皆养人者，震三爻皆养己者。初九、六二、六三，皆自养口体，私而小者也。六四、六五、上九，皆养其德以养人，公而大者也。公而大者吉，得颐之正也，私而小者凶，失颐之贞也。可不观颐而自求其正邪？”

观养气而节欲望

初九：舍尔灵龟，观我朵颐，凶。

象曰：观我朵颐，亦不足贵也。

初九以一阳而伏于四阴之下，阳刚足以自养而不食，上应六四之阴而动于欲，见其可欲，朵颐而慕，为阴所致，故凶。尔，初九之谓；我，六四之谓，艮主我，震反艮，故主尔；灵龟，无待于物的不食之物，以不食而能长寿；朵颐，鼓腮、垂动、欲食之貌。

王弼曰："朵颐者，嚼也。以阳处下，而为动始，不能令物由己养，动而求养者也。夫安身莫若不竞，修己莫若自保，守道则福至，求禄则辱来。居养贤之世，不能贞其所履以全其德，而舍其灵龟之明兆，羡我朵颐而躁求，凶莫甚焉。"

龟，能咽息不食；灵龟，以灵喻其明且智；言灵龟者，在于寡欲，不贪口食之欲亦能以气养之；虽自养，但为气养，言气养则可以不求养于外。《尔雅·释兽》郭璞引《洛书》曰："灵龟者，玄文五色，神灵之精也。"郭璞《尔雅·龟赞》曰："天生神物，十朋之龟，或游于火，或游于蓍，虽云类殊，象二一归，亹亹致用，极数尽几。"龟甲可以卜，以卜而通神明，在于灵龟养气有德，因德而神，因德而明。《洪范·五行》曰："龟之言久也，千岁而灵，此禽兽而知吉凶者也。"颐体为大离之象，中虚空灵，虚而有气，为灵龟之象。

舍尔灵龟，观我朵颐。以放弃灵龟自养食气之能，而去躁求朵颐。处颐体言求颐，皆人求生之能，食之欲在所难免。初九以阳刚不能自守，本以德能自养，且进志可正固而继养德，但志却上行，上应于四之阴，阴者多欲，且不能自制而节。初九以失阳刚之德，逐口腹之欲，把口食之欲放在立德之先，为"自求口实"之大忌。朵颐，为朵动其颐颔，动颐垂涎之象，其象在动，动于欲求，心既动，则必自失，欲发乎心识，迷欲而失己，心识已乱，自然无明以知养正之道，故而舍德而逐欲，舍道而求用，以阳而从阴，走入颐养之凶。

明辨得失。从卦辞与《彖辞》言"观颐"到爻辞言"观"，观者，从微妙处谛视，而审别是非，从观之谛视而加以辨别，辨在于明，非观之明，若无观视之明亦无审辨之明。初九无观视之明，以阳刚之体求养口体于阴，对阴体六四——鼓腮、垂动、欲食"阴柔"的颐养状态观视不明，继而又对灵龟无审辨之明，从而导致舍贵求贱。

舍贵求贱。方孝孺曰：“彼或不知自身重而为外物所移夺者，自轻者也。”面对无明以审辨贵贱的现状，初九求养口体于阴，不求养志、养气、养德于“灵龟”，舍弃正固之利，驱逐妄欲之欢，而人性之现状本来如此，不知灵龟之宝，不知灵龟之所以神，而对追逐欲望趋之若鹜，甚至放弃本有的修为和原则，此种舍贵求贱不明得失已成社稷、民众之通病。

静以养气之道。从“舍尔灵龟，观我朵颐”得到启示，应舍外物而求自内养，弃妄欲而求静心，人以口食为食，生存之常理，但以朵颐行口腹者，为以欲逐妄，况且有灵龟以食气自养在前，并非口食之对比，故而要明养正的贵贱之道。不动食欲之妄以气养之，既有养体之存，又有养神、养心之妙，不能因养口腹而害大体，大者，内养神气、心性大于外养口体，因养的位域层次高而重。初九内舍己之大体而外观人之小体，并且舍己贵而从人之贱，实在是为求外物而迷失自性。

气养者，静也；朵颐者，动也；在卦中初为动之主，上为止之主，而动违背静养，不能养内之大体，故有凶，初九的颐养之道，在乎静而非妄动，在乎持贵守内而非迷于外物。

司马光曰：“君子寡欲则不役于物，可以直道而行，小人寡欲则能谨身节用，远罪丰家。”如果初九不能寡欲且内养，逐妄而求于外，则应凶道，唯有观灵龟之象，心灭朵颐，师灵龟之法寡欲内养，修身养性，方为正道。

见凶道而思治颐

六二：颠颐拂经于丘颐，征凶。

象曰：六二征凶，行失类也。

六三：拂颐，贞凶，十年勿用，无攸利。

象曰：十年勿用，道大悖也。

六二柔中，近比于初，居坤之离爻，离象薪火，虽得中但不能自处，不能自养自济，求养于初，则颠倒而违于常理，求养于上，则往而得凶；阴不能独生，必求养于贤而宗于阳。颠者，同“蹎”，跌倒，仆下；颠颐，二求养于初；拂，除、去；拂经，戒其动，从丝为经，衡丝为纬，凡织，经静而纬动；于丘颐，动而求养于上；颠颐，为二有待于震初；丘颐，为求养于艮上。

丘，土之高者，上之象，二五得位得中，而不能自养，反由颐于无位之爻，与常经相悖，故皆为拂经。颐之六爻，求养于下则为颠，求养于上则为拂。黄干曰：“六二比初而求上，故颠颐当为句，拂经于丘颐为句，征凶则其占辞也。六三拂颐，虽与上为正应，然是求于上以养已，故凶。六四颠颐，固与初为正应，然是赖初之养以养人，故虽颠而吉。六五拂经，是比于上，然是赖上九之养以养人，所以居贞而亦吉。”

《系辞》云：“柔之为道，不利远者，其要无咎，其用柔中。”六二柔中不能自处，必从男，阴不能独立，必从阳，从男、从养为逐养之利。《程传》曰：“天子养天下，诸侯养一国，臣食君上之禄，民赖司牧之养，皆以上养下，理之正也。二既不能自养，必求养于刚阳，若反下求于初，则为颠倒，故云颠颐。颠则拂违经常，不可行也。若求养于丘，则往必有凶。丘在外而高之物，谓上九也。”是故，圣人告之曰“颠颐”，戒之曰“拂经”，拟之以“于丘颐”，劝之曰“征凶”，在于能执柔中，方能其要无咎。

六二之凶。颐体卦止二阳，二既不可颠颐于初，若求颐于上九，往则有凶，曰“征凶”。在颐之时，相应则相养者，上虽阳但非与二有应，无应往而求养，既不合位又不合义，更不合颐养之正，故而因不得位、义、正之凶。颠颐则拂经，养之道在静，故以“拂经”戒其动，但颠而动，违背养之道，又有妄求，故不得养之法而凶。六二以柔处中正，在他卦多吉，而颐卦有凶，在于阴柔既不足以自养，又往求悖理，两者皆不与颐道相合，颐卦从卦辞言“贞吉”“观颐”“自求口实”三者，皆是能自养之象，处颐不能自养，本身就凶，不得颐道，六二又以阴柔之才，往求“颠颐”与“于丘颐”之悖理，求养之道不得法，不仅不能获其养，还将六二无明辨得失之德暴露于外，故而有大凶之言。

六三以阴柔之质处不中正之位而失正，又在下卦动之极，是柔邪不正而动者。拂颐，不养之谓。《程传》曰：“颐之道惟正则吉，三以阴柔之质，而处不中正，又在动之极，是柔邪不正而动者也。其养如此，拂违于颐之正道，是以凶也。得颐之正，则所养皆吉。求养养人，则合于义。自养，则成其德。三乃拂违正道，故戒以十年勿用。十，数之终，谓终不可用，无所往而利也。”

六三应上四之妒，求养于人而不自养亦不养人，处动之极，不安其静，反害其正，故有凶。孟子曰：“自暴者，不可与有言也；自弃者，不可与有为也。”颐正则吉，六三多欲妄动害颐之正，大失颐养之道。

六二与六三皆见凶，究其原因皆不得颐养之道，爻才本皆阴柔，无自养之利，所求养又求不正，无明辨得失之德，亦无探究养正求养之法，又以多欲妄求背养之道，实在是不明有甚，值凶道也是自招其祸。由此可见，卦辞与《象辞》言“观颐”何其重要，为通过颐之自养找到“颐”之所以能养人之道——颐道，此颐道贯穿天地养万物之中，人在自养过程中日用而不知，并非深奥难以获取。之所以观颐，便是寻求颐养之道、术、用而济养，既能自养又能养人，既能养小体又能养大体，观颐得道或得养正之法是至关重要的，在求术、用之前先治明，以“明”德而求养，方知如何得养以及如何得正，见凶道而思治颐，便是六二与六三以凶象的启示。

见吉道而思养德

六四：颠颐，吉。虎视眈眈，其欲逐逐，无咎。

象曰：颠颐之吉，上施光也。

六五：拂经，居贞吉，不可涉大川。

象曰：居贞之吉，顺以从上也。

六四正位居体，柔居上而得正，所应又正，初四相应而求养于初，求谋顺遂，虽颠而吉，四在人上，居大臣之位，虽有大臣之位，但阴柔不足以养天下，初九以阳刚居下，为下通颐之贤，与四为应，四以柔顺应其正，为赖初以养，以上养下则为顺，今反求下之养，以颠倒曰颠颐，虽颠而吉在于得养，又以高位亲贤。

虎视眈眈，下而专，为专视于食，心不他顾之貌，实则心神不外驰的颐道；其欲逐逐，求而继，为孜孜以求，汲汲营营之貌；以上养下，颐之正，若在上而反资养于下，则是颠颐，上求之以真，下应之以诚，四之得养初九为吉。

吴澄曰："自养于内者莫如龟，求养于外者莫如虎，故颐之初九六四，取二物为象。四之于初，其下贤求益之心，必如虎之视下求食而后可。其视下也，专一而不他；其欲食也，继续而不歇。如是，则于人不贰，于己不自足，乃得居上求下之道。"

二与四俱为颠颐，虽皆逐欲，二凶却四吉。二之志在物，而四之志在道，二在上而反求养于下，下非其应类，以欲逐物，在于以妄逐妄，既无正可固，又逐妄失正，故凶；四居上位，以贵下贱，是在下之贤，四以明从养，知下贤而从之，为亲贤，以贤之养而从养；亲贤从养，致于道，集义养德，求于下以养人，必当继续求之，不厌其数，然后可以养人而不穷，故有上下之志相应而施于民，四得贤以养民，故四以高位而有德。四之吉在于养德，知贤之德，从贤以养的柔顺之德，得贤养民，养之于大体而有德。在颐卦，自三以下，皆逐欲以养口体，四以上，多养德、养善者。

用贤之道。四之所以有吉，在于四亲贤并从贤以养，四之养实则是被贤所养。虽言养贤，四以臣位却被贤所养，可见贤有养大体之贤能，六二、六三连求食口体都占凶，而能养大体且养之有道，便是贤才与常人之别，也是要亲贤并养贤的原因。六四知己不胜其养天下之任，在于有自知之明，求在下之贤而顺从之，以济其事，使天下得其养，有择贤之明，以自知之明和择贤之明，在于贤确有其贤能，以亲贤、用贤而解养天下之难事，仅贤用一事而济位之重责，实有用贤之高明。

六五柔中失正，居尊位不能养人，反而赖上九以养于人，故其象为拂经，言反常。阴柔之才，履居坎爻，自陷其自养中，处位又犹在坤中，被众多待养的坤众所附，颐道未大成，故“不可涉大川”，居坤顺之体，近上九之贤，若顺以从上，以养贤而从贤，有待上九之由颐，乃得居贞之吉。

养贤之道。颐之五爻不言颐，以颐由乎上，六五居君位，本应养天下，然其阴柔之质，才不足以养天下，上有刚阳之贤，顺从贤使贤以养天下，以尊位从贤，为以位养贤，六五养贤，笃于委信，使贤养万民，当天下被养，其尊位亦然有德，故元吉自见。尊位任大责重，然而因才不济终不能胜，故不能涉大川，若涉大川，终不能济还将应难，养贤并用贤，在乎己身之明德与位德，以位从贤而养之，是九五治颐之道，亦是见吉道而思养德之典范。

养贤而贤养天下

上九：由颐，厉，吉。利涉大川。

象曰：由颐厉吉，大有庆也。

上九以刚阳之德在上，故利涉大川。上九以阳处上，而履四阴，阴不能独为主，必宗于阳，且六五之君，柔顺而从于己，领臣众一起赖己之养，故而上九当颐养天下之大任，天下由己所养。

贤养天下。阳实阴虚，实者养人，虚者求人之养，故四阴皆求养于阳者。然养之权在君，养之能在上，是二阳爻又以上为主，而初阳亦求养者，上九以养天下之所有，成其《彖辞》中的“圣人”。以君臣之义言，上为贤，五为君，君养贤；实则五以尊位从贤而养贤，从颐养关系而言，阴爻象万民，且初阳亦求上养，故皆为上九所养。上九又怀厉而自养其德，颐之所由出，既能正固其德，又有养天下之能，德、能兼备；能正固其德，在于以明治养正，从养德为本而正固养天下之能，在于辅助君王颐养万民，以人臣而任天下，以政之善，养天下万民之德，又得颐养之正。如此有德、有能，又得养正之贤，必为六五所尊崇，为天下人所膜拜。身当颐养天下之任，济天下艰危于口食之中，安天下亦治天下，犹有圣人之大德。

大畜卦：蓄德之道

艮上乾下

蓄德治蓄功与蓄志通蓄神

在颐卦，君子通过观自求口实之自养，观臣民自养与求养，观君王养贤、亲贤并从贤，观贤以德养天下，观阴柔失养且致凶等众多“颐”养状态。从卦爻亦总结出由颐者，养而得利；丘颐者，养而有位；拂颐者，不养而动，道之所失。以此观颐，得出颐养之道在乎静，以灵龟自养之静养气，养之于内；在乎诚，以诚亲贤从贤，使贤养天下，养之于贤；在乎定，以定制口体朵颐之妄动，养之于明。总结颐道并师法颐道制定颐养之术用，使君子处颐体知颐时、通颐德、进颐养万民之志，以养人为公施善政在外而养大体，以养德养于内而全大体，以此得颐正。

颐养之正，在乎养德，以养德，既能养小体，又能养大体，还能以养之内外而全大体；养气、养神、养善最终亦以阳裕得固而健德，最终以养性、养德而全道德，故而全然在乎德也。养正则能蓄，养德则蓄德，以善政养万民于外，则蓄善政之德，以自养养气、神于内，则蓄身之阳德，以位谋颐养天下以及养贤之政，则蓄位德。外蓄位德与善政之德，内蓄阳德，而有大畜。

《序卦》曰：“有无妄然后可畜，故受之以大畜。”无妄刚自外来而为主于内，阳实阴虚，因有“刚”而有实，刚来富且实，实则有蓄聚之势。之所以能蓄，在于刚来而富实，何以成刚？为阳复成刚，故而在乎阳与阳之裕；以阳裕来复成刚，再因刚而蓄，便是成蓄势的来由。刚者，阳刚也，因养正方得阳，无论是养气、养神得阳，还是养善得阳，皆是健阳并使阳裕之道，尤其养德之阳，阳而有实，有阳刚之性。刚者，刚强也，为崇德而有善政之强，以崇德之善政养民，使体制得体，法序健全，君子当道，万民得养，天下从正，以国富民强而刚强。正是因养德的阳刚之性和国富民强的刚强之大，言大畜。

大畜之要，便在于得阳，得刚，且使阳刚富且实。以国富民强的刚强之大得养，以德政从善而养万民之大体，有阳善普施之大，方有刚强之性；而养德的刚强之性正是言“蓄”之蓄核，无核无以蓄聚。《杂卦》云：“大畜，时也。”时者，有待时义、值时义和蓄而有时义。待时，待能蓄的条件齐备，待养正渐养之时，大畜因刚而蓄，而“刚”之来由需以养正之道，依渐进而养，才能养而有蓄，以阳裕德固的刚复阳气而蓄聚。从养正七渐的渐进过程而言，成其大畜体必然齐备革卦的去故革新之时，革除宿积后行渐养，依渐卦的渐进之道而养，养必尊序，从家人卦以伦序之道养之，为养而有位序，正家与正天下，皆在乎得养，言养必得养道以正养之，从颐卦得颐养之正，以养正之道养之，从小体养气、养德得乎“刚”，再以德之善政养乎外、以养德养乎内，而全养之大体，到大养得养，才能成其“大”，从小畜到大畜体，大畜必然是蓄聚成刚的蓄势大，以及能蓄的群体大，成其大邦体之蓄。故而大畜需待时，从小体之刚蓄，以养正行渐养之道，以全大体之刚蓄而成大畜。

值时义与蓄而有时义。当以养正行渐养之道渐养多时，成其当蓄之时，为蓄之值时；蓄之值时为大畜的正当其时，当蓄之时，必遵循蓄道法则而蓄，必然有循序渐进的渐蓄过程，为蓄而有时。当蓄之时方能蓄，且以渐蓄蓄而有时。大畜卦取象天在山中之蕴蓄，山以止言静，静养则气聚，成其止则聚之义。大畜体必静待蓄时以及依渐进而蓄，方能成其大畜养“刚”之蓄聚。蓄聚大体的养正过程，体量大且缓慢，既要依养正七渐的过程循序而渐进慢养，又要抓住成其大畜体的关键要义——养德，故蓄德方为大畜体第一要义。

养德与蓄德的关系。在养德的颐养过程中，养而有成便能蓄，养德是蓄德的基础，蓄德强调聚而有实之蓄果。在蓄德的过程中，德成聚核，有核方有实，也是德之阳刚的表现，养能成聚势，持续渐养之，便能蓄德。全大体之养德，养在乎政，以政全养之大体，而蓄在乎教化，以教化全蓄之有实。养德为政养，蓄德以教蓄；德教者，从圣贤“多识前言往行”而直入心性而教，使教之果能刚健笃实，而全蓄德之义。外养蓄势，内固蓄核，成德蓄之要义。

大畜卦，艮上乾下，天在山中而所畜至大之象。大者，蓄的范围有全大体之体大，以蓄于德而有蓄之大，能全大体者，言万民之大，任何所蓄、能蓄之体唯有蓄于德方为至大，为蓄而达乎根本。畜者，有蓄聚、蓄止、蓄通、蕴蓄之义。

蓄聚，外养蓄势之聚，言动以养势，大畜在于有大体之蓄，而致大体之蓄在乎政，以政行养德之善，在乎动，以施政及政通而动，动以养蓄势，是养之功。蓄止，内固蓄核，言静以聚阳气，大体之势在外，内核坚固而能蓄，静则止，止则聚，以蓄止而聚有实，静以得蓄实，是固之功。蓄聚在外，蓄止在内，以此阴阳相应而蓄，外动内止，外动以养蓄势，内止以固蓄核，是大畜之所以相蓄聚之根本。在卦中，《大象》专取蓄聚义，而六爻专取蓄止义，内卦以受蓄为主，外卦以能蓄为义。

蓄通，外动内止，外动以养畜势，内止以固畜核，止则聚，止而后有积，使蓄能渐积成山势，积山以通天气，成蓄通义。畜不能成山势则畜而不止，蓄不能通天气则蓄之不成。以艮山通乾天之气而蓄通，乾者，德之至刚至健，德蓄通乾气，方成其至阳至刚之性，得至刚至健之乾气方得“大正”。在卦中，三与上居内外卦之极，畜极而通。蕴蓄，当畜极而通时，则有大畜之成，大者，得乾之大正，蓄者，得蕴蓄之成，成其天在山中之大畜体。

大畜以外畜内止为象，以二阴畜四阳成卦，内卦受畜，以自止为正，外卦能畜，以止之阳为政，独上畜极而通。卦辞与彖辞兼取蓄止、蓄聚二义，多以蓄聚为大义，在于取蓄德养健之大正，六爻专取蓄止义，犹以爻位相应而以阴止阳。三与上居内外卦之极，畜极而通，在于以志相通。初九有厉，九二说輹，九三闲习，三阳健于内，以内阳刚健蓄德；六四牿牛，六五豶豕，二阴止乎外，为执止阳妄动之政，从爻位上看为节制而止，从卦体而言实为助阳，制其妄动奔逐在于制其阳健之性，固守而蓄；唯上九何天，御气有术，又养阴有方，成其阳神出窍得大亨通之逍遥，虽得逍遥，但以处大畜之责，守道而安于教化，以教通君子，以无妄养正之诚、启蓄德固守之规而大教天下。在大畜卦中，二与五，有难得之明，以"明"治于政，并以贤养大体，成其畜之功；三与上，有难得之志同，以"志"通健，并广开贤路通天下君子，成其畜之神；畜有功，在乎畜体本身，二五得中，肩负社稷之责，畜有神，在乎超出畜体之外，以得大道、通乾性而和光同尘，以通神明之德，类万物之情而自在逍遥。

大畜：利贞。不家食吉。利涉大川。

彖曰：大畜，刚健笃实辉光，日新其德。刚上而尚贤，能止健，大正也。不家食吉，养贤也。利涉大川，应乎天也。

象曰：天在山中，大畜。君子以多识前言往行，以蓄其德。

卦辞：蓄德政以养万民，济大畜涉大川之通。

彖辞：得正固之利，通乾天之性，全大畜之大体。

象辞：通乾性、法天道、尊圣贤而蓄德养正。

大畜卦，艮上乾下，天在山中而大畜之象。大以畜体之大而有大，又以蓄于德方为蓄之至大；蓄以蓄聚、蓄止、蓄通、蕴蓄成其畜义，以通乾至阳至刚之性而得蓄德之“大正”。德与乾性之气，一脉相承，且以刚健为性，德蓄正需行健，方能因阳气大健而德固，以成健德之实。之所以从蓄聚、蓄止、蓄通的过程言大畜，便是以养阳气之健，通德固，以德固而健，通乾性之气，又以乾性之健，通道体德性之大正，通得体德性之大正则能施生万物，运转精神。

德为核。德在于正固，德为核，则能正固外养之阳气，也是蓄聚有实的原因，而成其大畜体，则必以全大体之养德方能言大，蓄德在乎教化，故德未蓄聚之前，全靠德政教化养之，其待时义便是待德教以养，才有阳之大势，以供蓄聚，故德教为养德最重要的内容与形式。《礼记·祭统》云：“孝者，畜也。顺于道，不逆于伦，是之谓畜。”注：“畜谓顺于德教。”以孝之伦序，言尊卑传承之教，而德教之大，并非只有孝，“畜谓顺于德教”德教之所以能畜，在于有德为核，教以养德成势，依德核聚之，德教有大，使其渐蓄成大畜之体。

养之功。德教的性质为以德政教化养德，教化并养德方目的，养德能成势，全赖养之功。养之功，从草木生、百兽育、物华蕴，到养正七渐养革体、养家人体、养颐体、养渐体等，从小体之刚畜到全大体成大畜，均要依赖养之功。《说文》云：“畜，田畜也。田畜谓力田之蓄积也。”力田者，“养之曰畜，用之曰牲。”家人奉养口食，牵引牛鼻，耕作井田，用牲畜力田，再养田成畜以济家人，成食养之积蓄。《左传·昭公二十五年》云：“为六畜、五牲、三牺，以奉五味。”乾马、艮牛、兑羊、鸡、豕等皆大畜之名物，便是从小家之养到用大牲以祭祀的大国之畜，以小家牧养六畜力田蓄积，到以小养全大养，用大牲祭祀，为感格天下的国之精神，以合人心、摄众志、敬取德之大用，既能萃聚君子同人之志气，又萃聚贤才养邦之正气，以“宗庙”精神崇德政，以崇德之治道行感格天下之教化。此种从养家人口食之小体，到全大体的感格精神，以养之功成全大畜之功。

“不食家，吉。” 不自养求食亦不被家人奉食，而取被养而食。不食于家，从家人进位，被德政养而食，君子进位而当位以正，以位食禄于朝，以及食在德政。不食家，在乎从家之小体进而与共向邦之大体，君子食禄于朝且以政为食，民众被德政所养而食。食于家者，多被“难”伤于外而反于内，藏身于家，被家奉食，而不食于家，从家进位，被养而食。如何做到从食于家到不食于家呢？为从革卦取新养之，从渐卦渐进养之，从家人卦履伦序养之，再从颐卦以养正之功，颐养万民之进位，使万民得其所养，为被德政所养之功，所以才有从小体之食到向邦大体之食的转变，德政养万民，使万民被政所养，君子进位当位履政，食禄于朝但亦被政所养。

固之功。政有功，民得养，不食于家，养的位阶得升，君子当道，以德蓄通而得正固，正固，才是养德并蓄德的关键。从家人卦利女子正固而正家，以正家而定天下，以治家之范式言正固；从萃卦聚气凝神，以正固之利行萃正之教，在乎德固而行德教，大言正固；从颐卦内养神气外养贤，到养德居正，更言正固全大体……均围绕“德”回到了“正固”的主旨。大养则厚积，厚积则利正固，正固则能蓄，蓄聚则通，蓄通则致久，以此成大畜的畜之当时。

无论从养还是从畜，皆是福泽万民之事，能畜大者，必以正，正则当固，故而大畜为利贞之道。之所以利贞，从不食于家到被政所养，从家进位，谋道济天下之道，而此道正是通往大畜正途上的崇德政并以政代教。崇德政并以政代教，正是养天下、全万民之舟楫，此“舟楫”民众行之，虽不食于家但可得养，君子行之，可进位得当位之位，又可以位行善政，实则为济通之楫，故曰“利涉大川”。李世民《帝荡》云：“故舟航之绝海也，必假桡楫之功；鸿鹄之凌云也，必因羽翮之用；帝王之为国也，必藉匡辅之资。”大畜之舟楫，以德政为舟，以养而正固为行，以外动内止成德蓄而通乾天之性为岸。

“刚健笃实辉光”。刚健，乾之性也；笃实，人之德也；辉光，天人之合，德固而德被天下。德为核，且得正固之利，以蓄而通乾天之气，乾性刚健，师法乾之刚，人正固健德有实，成其刚健笃实之蓄体。《史记·律书》云：“明庶风，居东方。明庶者，明众物尽出也。” 艮为火始，其象辉光；刚健笃实之畜体在成其所蓄时，以蓄止正固之成，而成其辉光大象，其辉光正是崇德政并以政代教，德被天下之辉光。

“日新其德”。日新其德是大畜之所以能畜之根基，日新在于勤健，君子自强不息也。德之为核，无论是以善政养之，还是以静止而正固之，都是大畜成体之主体。在卦中，乾体刚健以性通明，艮象专诚且明，两相同明，在乎德健且固，以诚至明而日新其德，乾承艮体，艮主贤人，为而学之当请教贤能，多识前言往行从圣贤之教，为学而明德之关键。在大畜卦，以卦体言日新其德，在于有新德之体，此体成于比卦，从比卦作制便以思修永的长久意识，定下崇德政、行德教之格调，这是体制之成；从革卦去故取新，就应从根本祛除宿疾，尤其是革除过君子虚而浮夸的大过之政，以德政之治道致泰通往来而焕然一新，这是革新秩序和否政之成；从颐卦知颐时、通颐德、进颐养万民之志，得其颐正之道渐养之，这是既养小体又全大体的养正之成。故而，有此从根本体制、革新弊政、颐正渐养的三体位域之基，行渐进之道，才有日新其德的大畜之体，美好而健全且健康的局面，总是要经过众多共“体”沉淀与积累，才能实现其治道之全。

“能止健，大正也”。止者，蓄止而聚之义，以艮止之静，使阳气正固而德固，正是言乎蓄义；健者，乾性刚健而生发，以乾性之刚，使正固且蓄聚之德能成其蓄势。“能止健”为上下两体皆日新其德，以德蓄而成体，正因上下两体皆行德蓄大义，且刚健笃实，故而大正。止，并非停止，并非以艮势止住乾之健，而是以“止”言静止，蓄之道同颐之道，在乎静、在乎诚、在乎定，且蓄德之事，蓄善之政永无止境。在小畜卦六四以一阴蓄止众阳，以柔解阳亢化解矛盾之“止”言蓄止，小畜言礼之所出，虽蓄之微小，但经过以礼怀柔、以礼定序、以礼蓄大之过程，从采“礼”之术、用到定礼序，皆是从治道之术，言如何蓄力；在大畜卦，围绕“德”之正固而健，以大养而能蓄聚成蓄义，而蓄聚之核心便是蓄止之能聚，以守静笃而凝神聚气，行萃正之集而固德。同样的蓄止义在大畜卦与小畜卦截然不同，在于体、时、位皆不同。

尚贤与养贤。颐卦重贤，且尊位从贤使贤养天下，成就颐之功，大畜体亦尚贤并养贤，养至大并德至深，唯贤也；能“日新其德”者，唯贤人，以此激励君子健德向上之志。在卦体中六五应九二，为养贤之体，以九二之贤，应六五之明，促君臣际会。从颐卦之上九以“由颐”之贤，成颐养天下之主，群阴从“我”而求养，这正是亲贤、养贤并从贤得治的好处。在大畜卦，崇德便要尚贤，贤有德可成众君子之楷模，也才能成其以贤范式天下，使畜有大体。养贤，可求贤以明，以蓄德成大畜，最终在于德积而通乾天之性，乾性在于致大明，治君子与健明德，亦是卦体要务，而贤之明，非普通君子可类比；养贤治世使贤养天下，贤养天下者，既可治世以政，以德政养万民，又可促君子进志，使天下皆能从正道而食、养。子曰：“君子谋道不谋食。耕也，馁在其中矣；学也，禄在其中矣。君子忧道不忧贫。”德厚致贤，贤而通道，君子谋道不谋食，正是圣贤之作为，以道养而在乎口体之食养，但亦能被食所养，唯贤才能从养小体而全大体之养，养而能蓄，养贤治世，蓄德通道，正是大畜尚贤与养贤之所在。

“应乎天”，在卦中，六五下应乎乾，且尊而尚之，既崇贤，又崇尚天道，当蓄止正固阳气以蓄聚，便从外养蓄势，内固蓄核而成大畜之道。大畜，蓄止在山中，成蓄在天中，应乎天者，通天之气，得天之道。应乎天，便是君子大治明德之时，所谓德蓄而明，大畜则大明，明在通乾性，法天道。

“君子以多识前言往行”。德蓄之道，非得体、时、位皆齐备能蓄，乾天之性，非固德刚健且笃实而能致通，固而君子师法天在山中而大畜之象，以“多识前言往行”应亲圣贤并从圣贤以学。“前言”者，往圣之心传也，“往行”者，先贤之身教也，言传在先王与贤才也，以此三者心传、身教、言传日新其学，学以致明，以明通大畜之大义，从而涉大川，济天下，故《书》云：“惟德惟义，时乃大训。不由古训，于何其训。”圣贤之道，学而通达，以致修身、亲贤、正固之利用，以蓄其德。

动静之间言蓄止

初九：有厉，利已。

象曰：有厉利已，不犯灾也。

六四：童牛之牿，元吉。

象曰：六四元吉，有喜也。

初九以阳刚又健体而居下，一阳初畜，但德未必正固成畜，故必为妄动上进者；六四在上，蓄止初九妄动。戒其妄动而利已。《程传》曰：“大畜，艮止畜乾也。故乾三爻皆取被止为义，艮三爻皆取止之为义。初以阳刚，又健体而居下，必上进者也。六四在上，蓄止于已，安能敌在上得位之势？若犯之而进，则有危厉，故利在已而不进也。在他卦，则四与初为正应，相援者也。在大畜，则相应乃为相止畜。上与三皆阳，则为合志。盖阳皆上进之物，故有同志之象，则无相止之义。”

初应四，遇二三相滞，初九不可进而未必能自不进，危之道，故戒之云进则有厉，惟利于已，在于不进而守已位；动则犯灾，厉则利已，不可犯危厉而行。《程传》言在他卦，四与初正应为相援者，而在大畜不援且相止蓄，实际上定义了另一种相援的含义，便是以助益为援，若应援初九动而往则有厉，以止动看似无援，却因守位利己而吉，故而在一卦中能“合志”方知爻位之明，若卦有明德，爻亦有明德，此卦的位域品格一定不低。

六四正位，蓄止初阳，然四能止之于初，故为力易。初九居下，阳之微者，微而蓄之则易功，犹童牛而束牿，令觗触之性不发，无伤人之忧，虽觗触而无伤，大善之吉。童者，初生之牛，震初生而艮类牛，以初生未角而称；牿，施横木于牛角以防其触，所谓楅衡者也。

安其位。以位而言，四下应初，处蓄体，为蓄初者，以阴蓄阳，止乎动，初居最下，虽阳位卑而力微，力微之初蓄之则易制，以阴蓄止阳，本为难事，但四蓄止初则易，犹童牛而加牿，大善而吉。四以阴蓄阳，止之于未角之时，为力则易，在于安其初九欲动之位，使其有蓄之实，蓄之道在乎静，所求的便是阳能守位以静而能蓄，故而四尽其位职。四居上位而得正，以正德居大臣之位，身肩重任，把蓄止于初当成“政”务，以己政安分其欲动。《程传》曰：“概论畜道，则四艮体，居上位而得正，是以正德居大臣之位，当畜之任者也。大臣之任，上畜止人君之邪心，下畜止天下之恶人。人之恶，止于初则易，既盛而后禁，则扞格而难胜。故上之恶既甚，则虽圣人救之，不能免违拂。下之恶既甚，则虽圣人治之，不能免刑戮。”

童牛而加牿，禁锢其恶，得其时，童犊始角而加之以牿，使抵触之性不发，使人无伤，六四能蓄止上下之恶于未发之前，以位得其时。牛之性，抵触以角，故牿以制，乃得其牛之本性而治之，为得其性。得其时又得其性，虽加牿以禁锢，在于治而得其法，得能畜之治道。

求仁舍义。在卦中，二阴畜阳，谓之大畜，在爻中，应于阴者，皆不宜动，初与二皆有应，且皆以阳应阴；在大畜的畜义中，一阳初畜，阳弱位卑，不至于成其大畜，故畜之者大的状态尚未出现，当功德未隆时，必静潜而勿用，静在乎得养，潜在乎正固，以此方得大畜之要领。妄动一事，阳应阴最易动而往，当戒其妄动利其自己时，初九应以明而治明，静守方为大局蓄力，非援四方显位义，可见卦之仁与爻之义发生冲突时，应就大舍小，就其大仁而舍去小义，便是初与四皆能得吉之所在；况且四以大臣之位相助，便是求大仁，非为己位之利，童牛加牿实为大畜之政，四得其要领，治动有法，以禁锢妄动之性得其治道。从初与四应乎大畜爻中可知，以蓄止之静止欲进妄动，得其法并安其位；以牿止抵触之性，得其性并安其政。

动静之间。无论是得其法并安其位，还是得其性并安其政，皆是以动静之法行大畜之宗旨，以静止动能正固，以静蓄聚能蓄之力且静蓄笃实。由此可见，静则得养德并蓄德之道，动则逐妄驱利失蓄聚之贞，动静之间得失立现。为何要从得法、安位以及得性、安政来蓄止初九妄动？在于初大畜之初，一阳初畜之功德实在来之不易。大畜之所以能畜，在于蓄德，德能蓄在于德之正固，德能正固在于阳裕且刚，养裕之道在乎养正，而养正之道在乎气之感通并萃正；从交感五通的过程可知，治其气机泰而通的过程，正是从解卦、随卦、咸卦、萃卦再到泰卦的过程，要经过破郁交气、随物应情、感而遂通、凝神聚气等治道，方能使气机交感并感通，到萃卦以正固之利使阳有实，德能养，故而从交感五通到养正七渐得阳气以及正固其德的过程，漫长而艰辛，当值大畜能蓄德时，得其大正之道，勿要害其功德。此功德无论是从养小体，还是全大体，都经过了内养和外政的复杂治理过程。

四以阴蓄止初九阳妄动，以“止”成义，在彖辞言“能止健”时取艮止之静来言“止”义，在于阳气正固而德固得其蓄聚之义，故卦体以“聚”为义，而爻以节制为义，“止”义在彖辞与爻辞的含义不同，在于体、时、位皆不同，与处小畜卦时含义不同类似类。在大畜卦，德为核，阴为体，阳为用，以阳之用行萃正之集而固德，阴之所以为体，在于阴性善收，以守静笃而凝神聚气得畜之体，以阴静收阳，大畜而笃实。

明德知时位

九二：舆说輹。

象曰：舆说輹，中无尤也。

六五：豮豕之牙，吉。

象曰：六五之吉，有庆也。

九二刚中，上应六五，九二为六五所畜，二处中故能自止而不进。五处上有尊位，在上之势不可轻犯，虽有应，但遇三相滞，虽有阳势但不可进。为五所蓄，犹车脱輹而不能行，处乾健之中，虽志于进，但以明度势，进之不可，故止而不行，如车舆说去轮輹，谓不行。輹者，车伏兔，垫在车箱和车轴之间的木块，使能承载车箱；《说文》云："輹，车轴缚也。"舆说輹，车从伏兔上脱落，而不能行。

九二的自知之明。九二阳刚而居中，能知位而存大势，见进势不可为，故自说其輹而不行。九二不行，自畜其止，为明德所致，自知之明发挥了作用，明位亦明势；明位者，不以下犯上之尊位，明势者，处大畜当蓄聚而止动，取大仁而舍小义。在大畜卦中，初九蓄止，虽迫于危厉，但得四相助而利己不行，亦有求仁舍义之明；九二不行，以主观自蓄其止，在于有时、位、势之明；九三良马驰逐，利有攸往，君子为上所牧。

六五以柔居中居君位，止蓄天下之邪恶，阳已进而止之，是以得其机会而可制。豮者，阉割，《说文》云："豮，羠豕也。"豮豕，阉猪，为猪去刚暴之势。豕，刚躁之物，其牙尤为猛利，若强制其牙，若制豕之牙，不唯难止其暴，不能去其刚暴之根本，若豮去其势，则牙虽存而刚躁自止。若制豕之牙则用力劳而不能止其躁猛，只能勉强维系当前之健，不能使刚暴的本性发生改变，故而从根本上止其刚暴。如六五五蓄九二，蓄之则止，不劳而治。《程传》曰：“夫物有总摄，事有机会，圣人操得其要，则视亿兆之心犹一心，道之斯行。止之则戢，故不劳而治，其用若豮豕之牙也。”

吕大临曰：“六四六五，皆以柔畜刚，止健者也。牛之刚健在角，豕之刚健在牙。初九居健之始，其健未著，若童牛然。禁于未发，以牿闲之，及其长也，无所用其健，岂特不暴而已。安于驯柔，可驾而服，故有喜也。九二居健之中，其健已具，若豕之牙，渐不可制。六五居尊守中，能以柔道杀其刚暴之气，若豮豕然，其牙虽刚，莫之能暴，可以养蓄而无虞，故有庆也。”

明德知时位。九二阳刚在健之中，虽执健之气，但畜而未成时，阳气尚稚，犹刚躁之豕，豕之刚健在牙，豕之牙渐不可制，如何制九二之刚暴，六五以柔道杀其刚暴之气，以去势制其根本。六五居尊位，掌国之大政，九二犹顽民，为天下之恶，民有欲心，见利则动，其刚暴妄动之性犹在，故君子法豮豕之义，不可以力制，则察其机，持其要，不假刑法严峻而恶自止，塞绝其本原而能胜。知九二刚暴，在于处蓄而知其时，六五居尊知天下之恶，在于得其位而履位。六五以知其时和知天下之恶，而有止恶之道，止恶之道，在知其本，得其本原之要，不制其牙而豮其势，故六五既有怀天下之心，又有治天下之道。

六五养贤。六五居尊以应九二，制其刚暴，用其贤能，实为养贤之道。待贤阳长，则用贤养蓄，六五蓄政于已位，为蓄政在外，蓄阳健并养贤于九二，为蓄德以内，外政内德之蓄，呈君贤中正以用，故而大畜体外懿文德以化民养，在于六五以明治政，九二去刚暴之势而养德笃实。六五与九二蓄德有术，养德与治天下有道，值大畜体，利用厚生，天下有福庆。相比四得时，五得位又得势，四有喜五有功，圣贤牧心，内生喜，君后牧贤，外有庆。

同志而道大行

九三：良马逐，利艰贞，曰闲舆卫，利有攸往。

象曰：利有攸往，上合志也。

上九：何天之衢，亨。

象曰：何天之衢，道大行也。

九三阳刚居正，以阳居健极，上以阳居畜极，止极而行，犹良马驰逐，极而通之时。三与上皆阳爻，故不相畜而俱进，有良马逐之象。然过刚锐进，又处蓄之极而思变，故其占必戒以艰贞闲习，虽有戒，但利于有往。

畜至九三，经过初、二之畜，其畜势强健，而有良马之谓，项安世曰："初九在初，故称童牛。九二以刚居柔，无势，故为豮豕。九三纯干，故为良马。"舆者用行之物，卫者所以自防，当日常训练车舆与其防卫，宜有所行动而前往，三上无应，往遇二阴，宜艰难其事，三乾体而居正，为能贞者，乘锐进之势而戒以知难，知二阴滞阻之难，则能不失其贞，志在锐进，其刚健必被二阴所耗，这是有失之所在，故不得不戒。

上九居大畜之极，畜极而通，豁达无碍，以一阳蓄止于外，而三阳藏蓄于内，成其大畜通达之体，畜极而通，豁达无碍，故畜极而亨。衢，通达的道路，《说文》云："四达谓之衢。"何天之衢，因通达而能至志通之地。天衢之亨，谓其亨通旷阔，无有蔽阻。

王宗传曰："《彖传》曰'刚上而尚贤'，则上九是也。以阳德而居五之上，为五所尚，此所以有何天之衢之象。天衢，通显之地也。下之三阳，由己上进，故九三曰良马逐，又曰上合志也，此贤者之道所以亨也。何，如何校之何，《释文》曰：梁武帝读音贺是也。言以身任天下之责，当畜贤之时，为五所尚，主张贤路，贤者之得志，莫盛于斯也。"

吴澄曰：“后汉王延寿鲁灵光殿赋云，荷天衢以元亨，何作荷，何天之衢，其辞犹《诗》言何天之休，何天之龙。大畜者，一阳止于外，而三阳藏畜于内。畜极则散，止极则行。故上九虽艮体，至畜之终，则不止而行也。”

终始有度。《阴符经》云：“观天之道，执天之行，尽矣。”艮为观，乾为天，震为道，观天之道，畜终则亨始，终始有度而执天之行。畜极而有终，亨通有致始，便是大畜上九之象。畜极而有终，为大畜体畜极而有成，值大畜体当有畜之能事，不仅畜体大成，且因畜势通天，有天路四达之通，此种路通，为在乎蓄德的畜极而通，随畜随发，不足为大畜，惟畜之极而通，豁达无碍，如天衢然。亨通有致始，在于从畜极而通，致使贤路大通与君子之志同而大通；贤路大通，为贤路广开，贤才与君子皆有进而致通的通道，君子之志同而大通，为志同通天下君子之志，天下君子同，则大通，此处大通全赖德蓄之力。

同志。九三与上九皆阳而不相畜，但阳而志同，三犹处乾健之上，相应以志进，进而合，为志同道合。三以刚健之才与上合志而进，其进如良马之驰逐，其健有速，亦为蓄势有速，三有艰贞之戒，故与上之合为志合，非以应而合，以应合遇二阴为滞，则无有极速可言。同志之合乃亨通之合，可以去阴除滞而畅快通达。在大畜卦中，二与五，有难得之明，以“明”治于政，并以贤养大体，成其畜之功；三与上，有难得之志同，以“志”通健，并广开贤路同天子君子，成其畜之神。畜有功，在乎畜体本身，二五得中，肩负社稷之责，畜有神，在乎超出畜体之外，自在逍遥，故而“上”为得大道之真君子。三与上为同志，目光既在畜体，以刚健大畜其力，又目光远大，良马驰骋利涉大川，在乎以志治健，并以进志而涉大川，最终以志同得“天之衢”之大亨通。畜极而通，养德蓄力，终是以志通，只有阳健君子志行大畜，才能执畜到养德而能蓄，尤其是在阳被阴蓄止，二阴阻阳健之路，初九如牛，九二象豕猪，九三良马，均以路行通畅而能行，二阴阻路有艰，这也是爻辞言艰、厉之所在，终是用志，用志蓄力，继而才是进志蓄德，持之以恒，使德力强健而通，再同志并通乾性之气，通大明之德。固而无志，无以成君子，无同志更无以致大同。

上九得道任逍遥。上九得道，且得大畜御气之法，以及乾性施生万物之用。上九值畜极而通之时，以得“天之衢”之大亨通而通乾天之性，乾天之性有大明，故而上九既明心又见性，成为得大道之真君子。上九居大畜之极，德蓄之能甚壮，致畜极而通，阳神出焉，豁达无碍任逍遥；之所以有阳神出窍，在于驭龙德阳气笃实，有乾阳之基，乾的龙阳之气驰骋如马，上九御气有术，以阳温养二阴之妄，阳气亢健之时，以阴御之，再次蓄其德力，固其龙气，待精气全通，以御气之法有功而蓄功大成，得龙德真阳神于上，阳神出外通乎天衢，与天同其光，与地合其尘，与圣合其道，通神明之德，应万物之情，得逍遥自在。上九以通得德性大正以及运转精神之能，贤德广居，一身能任天下，成圣而治天下并教天下，致使天下君子齐亲往听圣之教诲，值上九得道并依大畜之法治天下时，以无妄养正之诚、启蓄德固守之规而大教天下。

纵观大畜卦，初九进则有厉，惟利于已，知难而止，正应其当大畜之任的六四，六四以童牛加牿的大畜之政，止动于初使安分其位而正固。初九与六四呈现出求仁舍义之美，当初九蓄德之功德未隆时，必静潜而勿用，静在乎得养，潜在乎正固，以此方得大畜之要领，妄动一事，阳应阴最易动而往，初九以明而治明，静守为大局蓄力，舍弃援四之义，就大舍小，就其大仁而舍去小义，使四得蓄政，初得固正。无论是得其法并安其位，还是得其性并安其政，皆是以动静之法行大畜之宗旨，以静止动能正固，以静蓄聚能蓄力且笃实。

九二执中道，以自知之明能说輹而不行，既知势又知位，六五居尊以应九二，制其刚暴，用其贤能，九二阳刚在健之中，阳气尚稚，犹刚躁之豕，六五以柔道杀其刚暴之气，以去势制其根本。六五蓄政于己位，为蓄政在外，蓄阳健并养贤于九二，为蓄德以内，外政内德之蓄，呈君、贤中正以用，六五与九二蓄德有术，养德与治天下有道，外懿文德以化民养，天下有福庆。

九三良马驰逐，止极而渐通，上九畜极而通，养成而施用；九三与上九以同志之同，应以志进，进而合，以志同道合而致大亨通，三以刚健之才与上合志而进，其进如良马之驰逐，其健有速，亦为蓄势有速，同志之合乃亨通之合，可以去阴除滞而畅快通达，上九值畜极而通之时，以得“天之衢”之大亨通而通乾天之性，精于御气之术而又能守道安于教化，成为得大道之真君子。

升卦：阶序之道

兑上震下

刚上升柔而时位有阶

在大畜卦，二阴畜四阳，以内卦受畜、外卦能畜的外畜内止成卦。三阳健于内，以内阳刚健蓄德，二阴止乎外，为执止阳妄动之政，以助固守而能畜，在内外两相同明且日新其德的大畜卦，以畜道蓄政而外养万民，又以蓄德得正固之大正内通君子，使其君子志合行健畜极而通，畜极而通，以通神明之德，类万物之情得其蓄神。畜有神在于畜之功，功在以明德治德政，并广开贤路崇贤养大体。大畜之全体，外蓄善政之德，内蓄龙阳之德，以得时、得位、得内外之体而蓄德有大成，此大成既有上九得道之成，又有守道崇德安于教化，使万民被德所养之成。

外养畜势，内固畜核，外畜内止成德蓄之要义，从而成其天在山中而所蓄至大之象，尤其是蓄极而通得大畜之时，上九何天之衢，御气有术，又养阴有方，成其阳神出窍得大亨通之逍遥。上九之所以能御阳气，在于乾体阳足以行刚健，乘志而升；乾三阳健阳固德蓄德成势，乘阳健得升；众君子以志相应，进志而合，乘志气得升；上九以阳温养二阴之妄，去阴除滞养阳神有成，阳神出窍畅快通达，乘精气神三全而得升；其阳行健之气升，君子进志合志之志升，治德政得大正的政通之升，皆成其“升”象，又得其“升”体，故而有升卦。

《序卦》曰：“萃者聚也，聚而上者谓之升，故受之以升。”从萃正之聚始，凝神聚气而正固其阳，从阳裕得固，健德有成，养乎其“刚”，得其刚上而升。在乎刚并得乎上，刚为基，上为势。刚上而升，养刚的过程，便是从萃聚、经过颐养到德蓄的过程，养德之笃实，在刚上之升，谓之升。德蓄而成大畜为蓄而有成的结果，而成其大畜并得“刚”的过程中间贯穿了阳气升、政通之升、君子志升、精气神之升，养而不固无以成萃聚，萃而无升无以成德蓄，德蓄必有刚，阳刚笃实再蓄而必刚健而升。

诸升象之中，犹以气升贯穿在所有升象之中，气升，始于萃，萃以凝神聚气而有聚气之实，这是成刚之根基，也是升象之初始，升象的特质取“上”义，但值萃聚时，气因聚而被收摄，与升之上刚好相反，但正是因为萃聚之收成其了升上。萃聚时收使其正固成阳，阳裕德固而有刚之实，从外养蓄势、内固核的德蓄过程可知，这是因德蓄而实刚的过程，当“刚”的根基笃实，便有升之始。升之初始与升之始不同，升之初始在萃聚的状态发生，此时气是正固而收摄的状态，而升之始，是刚笃实行健向上而有升之实。此两者如树之生长过程，树先向下扎根为升之初始，而升之始是树向上生长，故而升之初始是升之始的必然过程，且两者皆是气以“升”贯穿。

在萃聚的收摄过程中，气是聚而收的，收摄状态怎么能有升象呢？气聚而收并正固成阳，气未收摄而离散的状态为阴，阳为阴的升象，这是基于阴阳之性和阴阳位域差别之升，且气聚而收依德核而聚收，德为核，为精气神三者合德，以无感舍识弃意虚我而心的斩妄去欲之利器——聚气凝神而正固，使其有能聚的动能，以此正固，使感通的二气归一气之类，离散之气由阴变阳，阳气蓄而阳裕，由阳蓄来复成刚，刚成而德固，德蓄而刚上，从而成其升之实。所以有萃而聚，聚而序，序而泰，泰而治，治而养，养而正，正而蓄，蓄而通，通而升，升而有养德之笃实，故能成其升。

伴随“气”升所贯穿的蓄德而刚之过程，离不开以崇德政之治道的有效治理，尤其是既治养大体，又因治理之成效使秩序重新扬升且类集，形成了政通之升的局面，政从泰卦君子当道而通，泰通则气机能与大秩序交易往来，使萃正之聚得天地人之大气，既更利于聚，又更利于养；君子当道则从“通”汇同君子之志，再加颐卦从贤以治和大畜养贤教化，以此激励君子，使其君子志升，君子升志是贯穿所有治道有成之根本，尤其从蓄德最终成其大畜体，便伴随以君子之志贯通始终，尤其是遇阴阻滞和时、位之止，皆是君子固守而行健，方成就大畜体刚健而笃实，也为升卦奠定了刚而上的基础。君子升志致刚而上的大畜体，必然有精气神的整体扬升，尤其是蓄卦上九得阳神际出，便依赖内在精气神的刚而升。从政通之升、君子升志到精气神的刚而升，由精气神发乎外的秩序也随之扬升，成其以德政、德序治其“精神”。内外精神品格之扬升，才是升卦的整体格调。处升卦言升要知，无萃不养，无颐不蓄，无大畜不升。

《杂卦》曰：“萃聚而升不来也。”升之上，始于萃之聚，以萃聚正固之基，蓄德刚上而升。升，因刚健德固而不来，在于根基笃实，再无受阴与受气之体，纯阳刚健不受外气固而养，而在坚固其内阳使行健；故言升必大畜其力，而力大至极唯德能成其大。德大能载者，坤地也，以厚德载物而成其德，木者，根于地而长于外之物，受大德滋养，故而长势益高，以德力发继，成地中生木之升象。木升长在外，却根在地中，受德惠恩，之所以能升，在乎德厚。德厚化地，以坤之德生育万物，成地在内而木在外之升体。

精神升域。大畜蓄德，有上九“何天之衢”升乎体外，以证乾性得自在逍遥，大畜卦之上九便是大升之象，只是升而再来，以大贤之大明安于教化，大畜之上九之所以阳神升乎外，在于健德笃实而行健有方，以德蓄之大成升乎天。在升卦言升，却以德为地，且使德厚化地成坤载物之德，养其升体，德厚必因厚蓄而成，此德之厚蓄既有阳德刚健蓄在内，成内证阳德，又有崇德之善政治乎外，成善德在外。以此内外之积，厚而化地，以坤厚载物之性，化育万物，使其含弘光大。大畜因德蓄之成通乾性而终升乎天，升却以德蓄之厚而成地，彼时天，此时地，正是位域不同而呈现体的对待不同，之所以有如此的不同，在于卦体的“精神”基调不同，升卦在大畜的基础上，完成了有精神升域。升卦以大畜卦为升象之基，也是精神升域的写照。精神升域，升卦升其大畜卦之精神品位，以大畜精神之成，化而成地载育万物，恰好是大畜大成的写照，证其精神，成而化地，蓄德主育万物，成其厚合弘物之大精神。精神升域，是德位法则所赋予，位域不同，则视野和格调自然迥异。

君子升志。“精神”最能萃正人心，故而在精神升域的宏大事件面前，君子总是率先被激励和感格，君子有明通乾天之地，君子亦健德可化坤地育物，进而为政，善施四方，在精神通君子这个属性上，天行健与君子升志总是息息相关，君子自强不息之所在便是君子升志，以此得乾之气。升志与进志不同，进志在乎“位”之进而升，而升志之“升”是精神品格之升，正应君子升志且伴随精神品格之升，有升位之升的当然，君子升位，便能以政德施有为，化四方之善，以此得坤之气。同得乾坤之气，既激励君子自强不息升志，又使君子进位而当位厚德载物而施有为，便在升卦。

德政升序。君子法坤之性，地之德，以升于精神之志，升志进位而当位，以德政施有为，使君子当道并当政，君子当道以崇德政之治道，师法大畜之上九，以通得德性大正以及运转精神之能，贤德广居，一身能任天下，成圣而治天下并教天下，使其德政升序。德政升序，在于以德政成邦体正序，为升有为之政成无为之教，德序之成，成在既以政行养正之诚，又以教启蓄德固守之规，成乎于位，履位成礼，使法、礼、德三者正序而大教天下。

升卦以志行立象，以阳升德长立意。君子观木生地中，长而上升之象，虽人人欲求升，但当知升之大义，为阳升德长方能成升之根，植于根而升，才有大人见于明堂之照，才能藉以援引，举以进之，使其志达而登位；故在于慎修其德，渐进养阳，积小以高大，方能成其正邦之大志。胡炳文曰："木之生也，一日不长则枯，德之进也，一息不慎则退，必念念谨审，事事谨审，其德积小高大，当如木之升矣。"

在升卦，初六以"允升大吉"，孚诚以升，有升之根，而合志之进，如木之长，根深才能高大；九二"孚乃利用禴"，禋于神而求升进之福，以喜自内生，而有庆自外来，为有喜之进；九三"升虚邑"，正而且巽，上顺且有援应，值当升之时，进无疑滞，为不疑之进；六四"王用亨于岐山"，以先王登岐山祭祀之象，言以诚敬之，正是六四下接九三，以顺贤人之升，上承六五，从君王之事，为顺事之进；六五"贞吉升阶"，以柔履尊而登天子之阶，为大得志之升，五二相应，柔以时升，而登于极，贞吉升阶，升而有阶序，为大遂志之进；上六"冥升"，上六阴柔居升之极，以知进不知退，升于幽深之域，利于正德而不息之升，为不息之进。

阶序之道。卦中六五爻言"升阶"，阶者，为天子登阼阶以临祭祀，履步登阶以上，在卦中亦言位阶，以位阶之序值升，而有阶序之道。虽然升阶之象言六五，但阶序，取升卦之升义以及诸爻升且履位之状态。以序言阶，在于升而有道，阶序是升道的重要内容。在升卦，时、位阶有阶，尤其是为什么有升，必然得时或得位，或两者兼有之，就在于它之一种基于位的礼序，升而有序，正是升卦文明的写照，亦是德文明非常重要的一环，升卦言德，德蓄刚上而升，便是德文明升华且文饰的呈现。在卦中，初信从二，在于二为初的升阶之序，使升不越阶而升，且为履位阶而升，尤其是六四守位而顺事，六四以近君之位知位阶，专诚履礼而守位，且还能就贤使贤得升。九二有喜，以见孚治诚得位而安位序，且履君臣之位序不冒进而升。正是阶序之道，赋予了升卦以及诸爻吉而勿恤之占，尤其是"柔以时升"义下得时与得位，以精神升域、君子升志、德政升序之升法，将阶序之道呈现的淋漓尽致，且最终形成以阶序之升道，教化君子知德、识德，继而顺德，以积小以高大之训，促德文明升其品格。

升：元亨。用见大人，勿恤。南征吉。

彖曰：柔以时升，巽而顺，刚中而应，是以大亨，用见大人，勿恤，有庆也。南征吉，志行也。

象曰：地中生木，升。君子以顺德，积小以高大。

卦辞：蓄德、升志、育功使内外精神品格扬升而元亨。

彖辞：以得时又得位，而得阶序之升道。

象辞：从德育生而法升道，德是能升以及处升之大器。

升卦，兑上震下，为地中生木而积小高大之象。升者，进而上也。升言进，再以进言上。之所以进，为因升而进，而升在于德蓄有蓄果而升，德蓄的蓄果以刚健笃实继而行健有而成，故而言进，在于升之实，而升，在于德蓄有果，且衡量这个“果”有成是以刚上而升的状态成果。所以进以升为义，升以蓄为基，以刚为根，以德蓄行健为动态，呈其升而上义，而进便是升而上在德蓄而有成，君子升志而进位，德政通泰而升序的表现。更多时候升为内在阳刚之性，而进为外象状态。如地中生木中，木之长为进在外象上的呈现，而地之所以使木能长，为地以德生育，因德而升长，故升表内在，而进言外象。

以升义来释“进”，在于升从气萃聚而升，历经萃聚、正固、颐养、蓄德等过程，而整个过程为气以“升”贯穿，最后显现出“进”的状态，并具体呈现出因精神升域而卦体进阶，因君子升志继而进位且当位，因德政大治而升政进序等内容，正因有具体内容的进阶，才使我们从“进”之象步入升之大义，同时解升义亦便知进义。如果说升贯穿了整个气聚、正固、蓄德到精神升域的整个过程，而进则只是基于升的末端之状，故无升不言进，而进必有升。进，以升的末端之状，多言前进，在卦中以前进而言南征，大人南面而听天下，君子升志并得行其志，利南征，故言“南征吉”。“征”往则行祭祀，全牲以荐，得其升卦之专诚。

“上”。刚上曰升，从德蓄行健之成曰刚健，刚健是成大畜之要，而健是以刚为基再蓄德行健的状态，以刚为基再行健，则成其“上”。故而“上”必表蓄果，又基于蓄果而表升象，还表升而进的升位，因升位之位确立“上”，是升言位域与品格之所在。刚上曰升，以“上”承接刚与升的临界状态，来言位域之差别，以此在升卦主德位法则。

“生”。在升卦的德位法则里，以“上”来确立位，位之上曰位域与品格之升，位之下曰根，曰基，曰刚。在大畜卦因蓄果有成而亨通之“天”，在升卦且成“地”，以彼时天与此时地的位域差别，呈现精神升域。升卦以大畜卦为升象之基，尤其是德蓄之厚成，尤其是升卦赖以能升的根本，故而在升卦言“生”时，必使依德育而生，此德从何来？为德蓄且行健的蓄果、升象两者齐备而来，只是因位域升格，在升卦化而成地。天之德性化而为地之德土，使“生”能扎根在德土中，以此地中生木成其升卦之体。

升卦之生，扎根德土，依养而长，以进而成，以志升成其高大。升卦之德土，从蓄果，依升象；升卦之养，为依精神升域之精神，君子升志之志以及德政升序之善政三者之养分；升卦之成，以地中生木之木成，进升之外象，以志行贯穿大人之体，进升之位；终以循序渐进的阶序之“小”养与德积，而成其精神升位之高大。

在升卦，地中生木，木生地中，长而益高，木因得养而长，因升之养而有成之长，长进并升，长而益高，为升之象；坤地并巽风，风者乘土德之气，土德借风之行，德自地出而成风，升之德气行而教化之象。巽木，坤地，震春，兑金，木生于地，春花秋食，春种秋收，积春之劳，而有秋之获，借春花之育，收秋实之果，积小以高大，顺时自得位与势，为升之成。

“元亨”。升卦之所以得元亨，在于以坤地之德通乾天之性，而坤地之德又为大畜因德蓄之成的乾性蓄果所化，德厚化地，使升卦受德惠恩，成其能升之因，又以坤之德生育万物。德大能载者，坤地也，以厚德载物而成其升卦生育之德，地中生木之“生”，无坤生地载则无以成。无萃不养，无颐不蓄，无大畜不升，是能成其“亨”通之路径。乾天之性，能通大明，坤地之德，能载育万物，且两者在升卦合德，成其以地德在内而木象在外之升体，同时以明升志，以地育功，以内外精神品格之扬升，得其升卦之“元”亨。也正是以其元亨，通其升卦精神品位升域。

《案》曰：“卦直言元亨而无他辞者，大有、鼎也。虽有他辞而非戒辞者，升也。历选易卦，惟此三者，盖大有与比相似。然所比者阴也，民也。所有者阳也，贤也。鼎与井相似，然‘往来井井’者，民也。‘大烹以养’者，贤也。升与渐相似，然渐者，贤之有所需待而进者也。升者，贤之无所阻碍而登者也。易道莫大于尚贤，而贤人得时之卦，莫盛于此三者。故其彖皆曰元亨，而无戒辞也，不曰利见大人而曰用见，代氏之说得之。”

“勿恤”。升卦言勿恤，在于自有贞吉在内，之所以不言贞吉，或戒之以危、厉等，在于无有危、厉可忧，更合大贞吉而无虑。之所以勿恤，在于升卦以元亨之卦德，有能成“亨”且致通之路径，有积小以高大、德自地出而成风与春花育收秋果之象，以及德气行而教化之能，还有精神升域、君子升志、德政升序的升义之养分，以及用享之专诚，集诸多亨通、贞吉于卦体一身，故而勿恤。其勿恤还在于“用见大人”而勿恤，用见大人者，在升卦为君子得时，又得位。因升义，得升卦之大时，因用见大人，得升卦升志之位。得时与得位此两者，皆是易体大吉之所在。

“柔以时升”。在卦中，巽从坤顺，柔不自进，以二五相应，五以坤之顺而伏乾之健，乾性以明使柔得以升，柔顺其升道而进；君子之进，得柔时，升柔位，顺其升道，成君臣际会而道济天下。柔以时升，为在升卦得时又得位。升卦以“用见大人”使君子进而得位，君子向邦、正邦之志，在此志行得亨。恰大人居位，阳气升而进，为才、德具盛之象，气盛成势，大人当见于明堂，如此向邦之势，“志”必得其所归；使其所归者，气与德也，气者，自颐养而盛；德者，健德于内外，渐而长，蓄而壮。故而进位可得位，得位以正邦。“柔以时升”，聚民物曰萃，阴气之合也，阴气合则沉而降；进贤人曰升，阳气之起也，阳气起于阴之聚，故而升之初为柔。继而在升体，坤顺，巽柔，兑和，震行，为君子才、德气盛，进位是升象；“柔，安也。”为柔者安其时，顺其位，故而有柔以时升。

升得“时”，首先得萃正之时，萃得其时，则能观其所聚，而天地万物之情可见；其次得颐之时，颐道养正，天地养万物，圣人养贤以及万民，以正居颐时，则颐之时大矣哉！再得德蓄而刚上之时，成其利涉大川之大正，以蓄果之成，养在升体，使升得其时。从萃而聚，聚而序，序而泰，泰而治，治而养，养而正，正而蓄，蓄而通，通而升的过程，便是以“气”升所贯穿，而气无养不成气，以颐养之正“气”成其养小体、全大体之实，故而在颐卦有“颐之时大矣哉”之感叹，升得颐之时，为得其养正之大；继养正之时，再得蓄德之刚健笃实，以日新其德，得其大畜之“日”时。故而集萃正之时，颐正之时，大畜之时三者，以气、神合德，成其升得其时。

升得“位”，君子升志进位，以“用见大人”之利，得其“位”之当位，再因德蓄为基，升得其时，使升之“位”有称位之能，得其称位，升卦君子巽以顺德，进位积善政、由善政蓄德，成其积小以高大之升，健德有实而得其配位。以当位、称位、配位的德位法则属性，升而有养德之笃实。

升卦言“柔以时升”，其柔为刚上之柔，为柔性；乾性化坤，刚上出柔，实乃造化之妙。刚上出柔，为精气化神之功。刚上者，刚健笃实之德再行健之状态，秉乾性而有刚上，乾性者，纯粹精也，精成体必有气之用，乃精气实为一体。出柔者，坤性地德之柔，其柔正是乾性的纯粹精所化，化在升卦，治其精神升域，为精气化神之体。升而化，德位法则主之，乾性化地德，为神主气精之用，升卦之“神”与神主气精之“神”，刚好是两个德位位域之品格。神主气精之神正是乾性，乾性精气神三者一体，以纯粹精的状态呈现，化而成地，言化，实则为升位域之新品格。而之所以能刚上出柔有精气化神之功，在乎得时又得位，从大畜之精神，化而升成升卦之精神，以此两者之时位，成其厚合弘物之大精神。

“用见大人”。二五相应，乾离志同，大人居尊位，德化养物物进而升，升以德积，故而用见大人。用见大人，君子升志得位，既得志之伸，又得位之展。大人得君子，得其能，得其德；君子得大人，得其善政，又得其通乾坤之明。何以有“用”？为君子进位又当位的凭借之器，此“器”大器曰德、身器曰志、外器曰政，以此三者为用，以此为用，见尊位大人，以得时、得位之得，使自己成非尊位之大人。大器曰德，从大畜卦蓄德治蓄果为基始，到升卦积小以高大之渐积，“德”始终是凭借天下之大器；身器曰志，君子之所以能见大人，在于进志而升志，这是君子贯穿诸事物始终的利器，志在身，君子以身进见，志成为有德之身器；君子见大人当立志作为，崇德政，尊正序，重教化是君子治明所致，必与大人志同道合，政施在身外，成善政之外器。君子见大人，大人又何以知君子？大人用明以知、用贤以治、用志而合；君子从贤处治学有成，为从贤处而来，贤治君子，有贤引荐大人便知君子。

“君子以顺德，积小以高大。”君子先知德、识德，继而顺德，再以积小以高大的方法积德。知德，在升卦尤其要知“德”的位域品格，从刚上出柔的乾性化坤地，升卦的坤地之德又为大畜因德蓄之成的乾性蓄果所化，以“化”的承接关系，因时、位不同，其德与精气神三者则根据位域差别而有品格不同，知德的位域品格之差别，便要以同体位域方法论入德位治则，德性会在不同的位域，显现不同的特性。识德，要识升卦的“德”之来由；升之所以成升，在于有升的基础，所谓无萃不养、无颐不蓄、无大畜不升，便是德在不同卦体的不同呈现，皆又为升卦积累德之基础，升卦之“德”正是由“小”积而大成，此“小”便是众多卦体之义，并非卦小，也非德小，而是因卦之多的对比来言小。顺德，“顺”在于取法坤地之德，效法乾健之德，再师法两者合德，成其能积小以高大而积德的方法。胡炳文曰：“木之生也，一日不长则枯，德之进也，一息不慎则退，必念念谨审，事事谨审，其德积小高大，当如木之升矣。”

合志与顺事

初六：允升，大吉。

象曰：允升大吉，上合志也。

六四：王用亨于岐山，吉，无咎。

象曰：王用亨于岐山，顺事也。

初六主巽，以柔顺居下，上承于九二之刚，巽之至者，四无应援，不能自升，顺承二阳而获信，初六位下，乃木之根，得地气以养，而有木之升。二以刚中之德，上应于君，当升之任者。允者，信从也；《尔雅·释诂》曰：“允，信也。”疏：“谓诚实不欺也。”初之柔巽，信从于二，信二并从之，值升卦而同升，乃大吉。

二为初的升阶之信。二以阳刚之才德，居中上应于君，既有德又力能当治巽之任，初阴柔无应援，不能自升，但初有根在地，得地德滋养，养而当升，虽柔但亦具升卦登进之志，二从刚中之贤以进，亲贤以升而大吉。

根地与合志。初六之所以能升，在于居巽下犹木之根，扎根于地，使根地而能养，升卦以地中生木取象，初六便为木之根，木欲长而不扎根则无法高大，故木高大之根本和基础便是扎根在地中，能得地之德滋养，方有外在的长势。木有根，在初六，之所以为阴，为长势向下，升卦以刚上为升，皆表上，长势向下和升上相逆，如萃聚之收摄，气虽收但性刚强，长势向下之逆，为扎根之举，实为进升志于内而求升于上。根地蓄升势，是能升的关键和根基。初六扎根于地，得地滋养，便是得“志”的关键，此志之来源在于坤之德教养之，而升卦的坤地之德蕴含乾天之性，是大畜卦德蓄之蓄果，刚健之志充实其中，故而初六能受志且自生其志，乃有受志、生志之源。

贤之教。当阴柔之才，有了阳刚君子的登进之志，便是升卦位域升格之所。初六受志、生志为受坤地之德滋养，由此扎根成生长之势，同时亦蓄升势，当初六自健升阶之志而能升时，为信从于二，之所以能信二并从之，在于二为贤，贤教导初，使初亦有同升之志，从而有与上合志的基础。初信从二，在于二为初的升阶之序，初之升，不能越阶而升，必履位阶而升，且初之升并非升位，而是升志，其志与上相合。

六四柔顺之才，上顺君之升，下顺下之进；六四以正位居体，上承六五，从君王之事，下接九三，顺贤人之升。六四爻义与随上之义类同，皆言王用此人，以享于山川。王者，取震象，《春秋考耀文》曰：“王者往也，神所输向，人所乐归。”以震为往而类君王；雷动百里，声所至而相附，又以雷言诸侯之应。亨者，通享，祭器之象。

《程传》曰：“昔者，文王之居岐山之下，上顺天子而欲致之有道，下顺天下之贤而使之升进，已则柔顺谦恭不出其位。至德如此，周之王业用是而亨也。四能如是，则亨而吉且无咎矣。四之才固自善矣，复有无咎之辞，何也？曰：四之才虽善，而其位当戒也。居近君之位，在升之时，不可复升，升则凶咎可知，故云，如文王则吉而无咎也。然处大臣之位，不得无事。于升当上升其君之道，下升天下之贤，已则止其分焉。分虽当止而德则当升也，道则当亨也。尽斯道者，其唯文王乎。”

六四守位而顺事。六四居近君之位，值大升之时，其位不可复升，犹能升者，唯同君之志，故六四守位而升志。六四上升近君，则无位可升，下升天下之贤，则使贤能进位而升。六四守位在于守君臣之道，顺事，在于顺升卦“柔以时升”之大义，主升天下贤才之志，升志而就贤，使当升之事、物还能升。六四知守位在于知位之阶序，位之阶序者，为礼制之道，六四履礼而守位在于“顺”礼序、位序之至理，虽位不升，但大吉。六四守位升志而就贤，在己位，虽守位，但近君能见大人；当升天下贤才之志而就贤，自己便是众贤才之大人，贤才得“用见大人”升志而从君，六四大吉在于不居就贤之功而专享神明，以己之专诚来响应王之伟业。

时位与阶序

九二：孚乃利用禴，无咎。

象曰：九二之孚，有喜也。

六五：贞吉，升阶。

象曰：贞吉升阶，大得志也。

九二刚中，上应六五，为“刚中而应”，值升卦言升，以柔为善，以得时、位为善，二以刚言升，为得其中位和居巽时，刚中而应，应五而见大人，升卦以见大人为大吉大利，但二仅言无咎，在于二以阳而从阴，刚以事柔，非进身之顺道，但二以得中见诚，且有见大人之利，故而无咎。禴者，四时之祭最薄者也。

九二见孚。二以阳刚应五事上，而五以柔之才为君，故二承刚强之臣，强臣在下事上之柔弱之君，未有不为矫饰者，故而只能以诚意相交，才能免于咎。利用禴之简祭，以表至诚存内，以此不假文饰于外，诚积于中，而尚诚敬，既诚于君，又敬于位。之所以言“孚乃”，在于孚乃宜不用文饰，更加示专诚，在于感其上而得信。萃卦六二以中虚为孚，升卦六二以中实为孚，虽虚实不一，但表孚诚皆一致，之所以中虚为孚，中实亦有孚，在乎体、时、位三者皆不同，且所应君之刚柔亦不同。九二见孚，为彖辞言“刚中而应”，以刚中之才见孚而应君，成其无咎之爻位。

九二有喜。当九二以见孚治其刚中而应之咎，以无咎成其喜，九二之喜，在于安贞于中，且以见孚之专诚求升进，九二当进在于六五之君用贤，九二贤以能升，则喜自内生，庆自外来为受五提携升用。九二以诚致久，又以位致用，九二得位之利使其能和悦发乎心。九二有喜，在于以得位再治诚，更在于得位而安位序，贤之升，非冒进而升，而是履礼序而升，九二见孚治诚便是履礼序之道，贤有贤位，君有君位，两者有位阶之别，值升卦得阶序之道，方为得升道。

六五以柔居尊，以阴居阳而的正固，当升之时，以登天子之阶而吉。五之质本阴柔，需守贞固才能得吉，五之所以吉，在于信贤不笃，任贤不终，任用刚中之贤，辅之而升，犹登进自阶。九二阳在下，正应五，五能用贤而汇升。阶，天子登阼阶以临祭祀，而阼者，为主人阶。

六五得时。六五升尊位乃得时而升，升至五而极，为大得志者，二五相应，贤臣辅在下，柔以时升并登于位极。六五得时而生，时者，巽木已成于内，处坤中而在外，正是木长而成贤，坤中而德厚，坤地有德，而坤之中犹有德，两德齐备需待时才能成，而“德”在升卦为积小以高大，小积大成需时，当得“时”的条件备具，则得升道。六五能升阶在于贤辅在外，而德之厚积载在内。内外齐德，便升而履尊，成登位之极。

阶序之道。六五升阶，既是阶之位序所赋予，又是履礼序。贞吉升阶，升而有序，故以阶言之，为阶之位序所赋予，而履礼序，谓宾主以揖逊而升者，有三揖三让而后升阶之说。《案》曰：“升阶须从李氏熊氏之说，盖古者宾主，三揖三让而后升阶，将上堂矣，而犹退逊如此，以况君子始终之进以礼者也。升晋之所以必贵于柔顺者，以此升阶之戒，不在贞字之外，乃发明贞吉之意尔。”位序与礼序，皆是以时与位贯穿其中，尊位序便是履礼序，履礼序便需依位而履。

勇升与冥升

九三：升虚邑。

象曰：升虚邑，无所疑也。

上六：冥升，利于不息之贞。

象曰：冥升在上，消不富也。

九三以阳刚之才，正而且巽，进临于坤，阳实阴虚，而坤有国邑之象。上皆顺之，复有援应，当升之时，登高不倨，临深不畏，进无疑滞，以是而升。虚者，大丘，《集韵》曰：“古者九夫为井，四井为邑，四邑为丘，丘谓之虚。”邑者，城邑；疑者，猜忌。

九三勇进。升卦诸爻皆有吉凶之占，且皆以吉为主，可见升卦的卦体与爻皆吉而勿恤。九三独无吉之占，在于值升卦皆履位序而升时，九三勇进而无所疑畏，九三以阳且刚勇进，为升之大势，与柔以时升之义反，故其辞非尽善，但勇刚以升，虽非善但亦无凶，升卦言志升，九三以志而升，虽无吉亦无凶。

上六阴柔，居升之极，昏冥于升，为知进而不知止者。已在升之极，是昧于升进之理，若能知时消息，自消其进亢而退，不更求进，乃利于升正在理。冥升者，用明已极，复入于幽；豫上乐极，故冥豫；升上进极，故冥升。《案》曰："冥升与晋其角之义同，皆进而不能退者也。以其刚也，故曰角。以其柔也，故曰冥。利于不息之贞，其戒亦与维用伐邑之义同，皆勤于自治，不敢以盛满自居者也。以其刚也，故曰伐邑。以其柔也，故曰不息之贞。"

《化书》云："天下贤愚，营营然若飞蛾之投夜烛，苍蝇之触晓窗。知往而不知返，知进而不知退。而但知避害而就利，不知聚利而就害。夫贤于人而不贤于身，何贤之谓也？博于物而不博于己，何博之谓也？是以大人利害俱忘，何往不臧？"

九三勇进，上六冥升，处升卦，皆知进而不知退，九三勇进在于还能升，而上六入于冥还能求进，皆是乘升卦之志，可见升卦之教化已深入人心，尤其是以积德之政训导全体，激励君子，收到奇效。积小以高大，上六处卦之终，正是入高大之体，展德积之厚之时，但仍勤于自治，不敢以盛满自居，故而有冥升之利而无困穷之失。

大壮卦：正大之道

震上乾下

内刚化外政使天下大壮

在升卦，刚上出柔曰升，刚上为在大畜卦之蓄果基础上再蓄德行健，以“上”表升象，出柔则是精气化神之功，由大畜卦蓄德的刚健之乾性化在升卦成能育万物之坤地，以此刚上出柔的精神升域成升卦的品格与精神。因刚上出柔之升，才成其升卦地中生木之“生”，生则扎根德土，依养而长，以进而成，以志升成其高大。能通大明的乾天之性与能载育万物的坤地之德，在升卦合德，成其地德在内而木象在外之升体，同时以精神升域、君子升志、德政升序之升法治其升体，以“柔以时升”和“用见大人”得升卦时与位，以内外精神品格之扬升，使其升卦以及诸爻得大吉而勿恤。之所以有吉而勿恤，在于升卦以阶序之道，知德、识德，继而顺德，以积小以高大的渐养以及厚积之训，既治升体，又促德文明升其品格。

刚上出柔在内在曰升，在外在曰进；升卦之进，有升志进位之进与爻位之进；升从养，从蓄，养为正固养正，蓄为蓄德，两者历经萃聚、正固、颐养、蓄德等过程而显现出“进”的末端之状。升卦以“用见大人”言君子之志进与位进，升而进，依阶序而进，为进之有度，履进有法，得时位法度之升进，进而能壮，故大壮有进盛之象。

《序卦》曰：“遯者退也，物不可以终遯，故受之以大壮。”遯有违去之义，阴长而阳遯，因疑而退；壮，阳壮而德盛，为进盛之义；以遯者主退，壮者主进，而全动静进退之道。从养正七渐值大壮，之所以言壮，在于刚壮，而成刚壮的因素：阳裕且正固而有阳壮，刚上且蓄德既有德壮，又有刚健之健壮，正德而升志有志壮，德政治善且升序有政壮和善壮；集阳壮、德壮、健壮、志壮、政壮、善壮于一体，成其“刚”，亦成其“大”。故大者，以积壮之力强而言大，犹以成壮之体多而言大；壮者，以成乎刚成壮之实，刚强且笃实成壮之内在，内刚强能养大正在外，成其状且大之外在。

刚壮曰壮，以内壮和外壮皆有刚而成大壮，内壮者，必是内在精气神的刚壮，精气刚壮，从萃正聚气，到颐养，再到德蓄刚健而壮，又经过品格的升域，呈现在大壮体的刚健笃实而强壮。神刚壮，从舍识弃意虚我从心，行洁静精微之感通，心不逐妄外驰，静守正固精气，以神主气精之用，使精气得以受摄坚固，继而以颐养之正养神，蓄德，尤其是在大畜卦的上九以神御气之术，以阳温养二阴之妄，使阴神能转阳而精气全通，得龙德阳神于上而窍出天际，为神足且刚壮之大象；精气神三者在阳神合一，以专诚之用，推无妄养正之诚，以精气化神之功，化在升卦成坤地之德，哺育万物而神不驰，精气不散，再自升虚邑至冥升精进养之而不退，刚强成壮。内壮之精气神，成体时三者抱元守一，自当固守，待用时以神主气精而用之，发乎于外以崇德成序而全大体。

外壮。以抱元守一之体，行神主气精之用，其大用便是化德政而教化在外，成刚壮之大体，当大体刚壮，有大正之德力，方成其大壮。德政在外，需尚贤、养贤、并从贤，再以贤教君子，使君子进志并升志，以利见大人和用见大人之“利”，让君子进位而当位，以君子当道的德政治理天下。崇德政之治道，以政养万民，使万民不家食而成其养，民得政养和德教而渐力壮，将逐渐走向开明，继而进志，健德成君子；以善养君子，使君子从执德政而健位德，当君子群体以当位之位，称位之能，配位之德阳盛而壮，其大壮之体以外壮而日渐壮大。以内外合德之壮，见天地万物之情，以全萃体、大壮体之终极使命，并以壮体建法、礼、德三体之序，扬升大壮体的精神品格，以全大体的精神得养，使天地万物可无政而自养。

大壮之体，依萃正之聚、颐养之正、德蓄刚健，行渐养之道而内壮，内壮以“养”贯穿前后，以“阳气”贯穿其中，以神主气精收摄正固，以舍识弃意虚我从心而正其心神。以内精气神之德化外在之体，依革变之新、德政之治、进阶之序、德教之化，依升而进外壮，外壮以“志”贯穿前后，以“善”贯穿其中，以尊位大人正位居体君临天下，以众君子升志施政有为并教化四方。再以内外皆壮而相兼，得全体之大，以强健刚壮之德力见其大正，在大壮见大正，方见道体德性的生化之能，以及圣人全德并正德之功。

之所以要成其内外刚壮之体，从养正七渐之过程可知，刚壮则栋梁不桡，君子不屈，正序不移，善政不止，教化无穷。养正七渐者，以养正之道治大过体的难得作为与大过之难。在大过卦，以成其大过而使栋桡，栋之所以桡，在于大过之才虽阳但不足刚健且壮，至大壮体内外刚健且壮，使栋而成栋，无有桡之担忧，栋梁不桡成其刚壮之支柱。因大过致过，原本鼎足之人皆远遁避祸而只求自保，真君子屈服于过君子是大势所逼迫，而大壮体从升卦君子以用见大人之利进位得位且当道，君子行正，不受阴妄所屈服，君子不屈成刚壮之魂魄。因大过体违背事物正而序的发展规律，行其泽灭木之大过，不仅致使政务瘫痪，王道壅滞，还以害称位君子、害位、害政、害王道、害民、害泰通文明，使正序文明、君子文明、德政文明等遭受大难，从养正七渐到大壮体，因内外之刚壮强健，可使正序不移，在正序得以正常运转且不断扬升的基础上，保其德政治道的善政不止，且行教化无穷之利。

大壮刚壮强健状态下的栋梁不桡，使激阳与阴无可乘之机；君子不屈，君子不屈服小人排挤与迫害，且升志进阶，立志执正道以清天下之弊；正序不移，从革新之序、渐进之序、家人伦序、养正之序、德蓄之序、升阶之序、刚壮之序，坚固其正序，使既序且正，并养一处而得全利；善政不止与教化无穷，君子当得作为，大正在外无非善政与德教，也因善政与德教之正，才成其大正之体，圣贤主其精神，君子充其精气，不断扬升其精神品格，使外壮之体成大正之体。

《杂卦》曰："大壮则止"，大壮刚盛在内则"刚以动"，动则反静，违背守静而正固原则，刚以动，在于壮盛而过，故壮不可过，需止健并平衡内外，寻求动静有常的内外平衡之道。刚盛在内，动亦在内，则应止健，使壮不可过，壮之动以动反静而伤阳，大动则伤德，动于外则伤政，政伤则民伤。言"止"，为任何违背静守的内动、逐妄之动，都要被制止，这是心不外驰、神不外散的真如体所赋予的正道，也是明德洞晓动静根本之所在。止大壮之过，既从内明时位而知进退，又从外求内外平衡而行内刚外化之道。

内刚外化。当刚壮在内，且内壮之精气神抱元守一正固其时，刚壮且强日盛，然壮不可过，内强壮必有外体弱，当内强外弱时，内外不平衡会以阳伤阴，继而伤阳本身，故而要转化其刚强，为使内刚外化，把内在壮盛之能量，化在外政和教化上，如从大畜卦到升卦，从大畜卦蓄德的刚健之乾性化，在升卦成能育万物之坤地，犹有"化"上的关系。正因为有这种扬升位域的"化"，才有化腐朽为神奇之功。

大壮的内刚外化为以内在刚强之精神，化在外，以政和教之治道，使外体品格升域而平衡内外，实则以内养外，以内治外，以内教外。大壮以内之精神化外在之政，正是君子的理想志愿，君子治身德、健位德，升志当政，便是以治君子之范式，自证唯德能通所有、能济所有"小乘"之利，行使小人有德且天下同德的"大乘"之愿。

从大正到正大。执抱元守一之精神，从大正之道，通过内刚外化之政与教，成正而大的正大之序。大正之道，使大壮能内壮与外壮贞正之道；

正大之序，以大正之道行善政、德教在外，建成能促使邦体正固且壮大的秩序，犹以法、礼、德三者之正大总持其他壮大之序。

在大壮卦，初九壮趾，以动而在乎进，失恒养，有征凶之占，且以征进害专诚之孚，使孚穷而致凶。九二居中，以位求正使刚柔得中，执中正之道且唯变所适，有当位之位与称位之德，故以贞吉之占为爻辞。九三以刚居阳处乾极，正是小人用壮，君子用罔之占，小人妄动虽有勇用壮，但却陷困，征凶贞厉。九四壮进却能贞吉悔亡，在于君子以“正”执进，合《彖辞》的大正之道。六五阴柔居尊，用以柔化刚的和易之术，防其刚壮之过，有称位之能却无配位之德，在于处大壮居尊位却未执正大之主旨，行其内刚化外政之功，虽有止刚之术却无正大之道，虽无悔但政绩平庸，离正大之圣功远矣。上六进退不得而无攸利，虽艰但以柔化刚而自得吉。

大壮：利贞。

彖曰：大壮，大者壮也。刚以动，故壮。大壮利贞，大者正也。正大而天地之情可见矣。

象曰：雷在天上，大壮。君子以非礼弗履。

卦辞：以正固之利使有壮而盛的贞正之道。

彖辞：从内刚化外政的大正之治道到正大之序。

象辞：执天道行王道，建正大之序并履序。

大壮卦，震上乾下，为雷在天上蓄大而壮之象。卦中四阳阳势过中，长而壮，犹雷霆动于天，其势盛大，既有壮之盛，又有势之大，而成“大壮”。大壮在于渐蓄，故而成在大畜卦，由德蓄刚健而壮，值大畜之体，艮乾同宫，山天同气，蓄而见天，壮而见势。之所以有大壮之谓，在于集阳壮、德壮、健壮、志壮、政壮、善壮于一体，成其“刚”，亦成其“大”，以积壮之力强而言大，犹以成壮之体多而言大。壮者，刚壮曰壮，以内壮和外壮皆有刚而成大壮，大壮从刚，刚从德蓄，德蓄从养，以成乎刚壮之实为内在，养大正在外。

大壮利贞之大正。大壮之道，为从内刚壮而养外壮，故大壮之道为君子正固之道，若大壮不得其正，则空有强猛之势。利贞，值大壮体，以正固之利使其壮而盛的贞正之道；大壮成其刚壮强盛，在于行渐养之道以“养”贯穿萃正之聚、颐养之正、德蓄刚健的前后。

大正之道，从舍识弃意虚我从心得心神之正，随物应情与感而遂通皆能履咸正类序，使心不逐妄，能以神之内守而正固精气，使气能萃正而集。从神内守得受摄精气之正，神主气精，作用全在神，从气机交感并萃正而言，精气之用本在乎行，精气行而通泰不被阴妄消耗，方成其正，言洁静精微之感通，在于以心受精气而明辨细妄。从精气行而通泰得阳气之正，得阳气，在于渐养且养正，从养口食，养心神，再到养德，且终以养性、养德而全道德得大阳气。从治君子九德得君子治身德之正；从交感五通得气机交感且感通之正；从去除否塞不通之蛊乱宿疾而通泰一新变革，以始于序而革于序，得革新之正；从渐进、渐长、渐养之属性法序而养正，得渐养之正；从崇德、重礼、履位之家道风尚，以小家之礼、德内出，及于外成伦理共序，而得家人伦理之正；从尚贤、养贤，并从贤，再以贤教君子得贤正；从君子进志并升志，以利见大人和用见大人之“利”，得君子履阶序之正。

所谓大正之道，为君子依明德，值任何一卦之当位，履卦体内在法序，行卦体自身之治道，使其能称位和配位卦德，自然能得其大正之道。同时，则能依任何一卦的大正之道，探究卦体治道，洞悉卦体内在法序，履卦体当位之时、位，从配位之德健卦体大明之德，最终通其道体德性，治大明。

大正之所以“正”，在于行中道而唯变所适；持中，以得正，谓中正。以中正之大正，唯变所适任一卦体而得其正。《礼记·中庸》云：“君子之中庸也，君子而时中。”中者，时与位。时者，阴阳之消息并刚柔之常度，呈在卦体中，贯穿自然法序并自成时序；位者，并非卦爻的二五之中位，而为卦体当位之位与能配位其爻德之非当位；从中正而大正者，又在乎体，为体、时、位三者履中正而成体序。

“刚以动”。卦中四阳息阴，阳势过中而壮，犹雷霆动于天，其势盛大，虽雷动于天，但大壮体壮而稳固，以待风雨而不惧变故。乾体居内，震体居外，乾体正且刚壮，成大壮之基，大壮之政根于乾天之道而行于王道，王道行震，正是执中正之道为天下正序之时。天道为王道之根，君子法之，内外齐德，以内在纯粹之精气，化外在之政，以震响于天际，乘雷雨之势，行乎四方，正是大壮体内刚化外政之时，亦是执天道行王道之时。震之动，无刚不足以出震，阳足刚强且势壮才能出震，故震全在乎刚，刚壮行健，正是震响天地之时；震之所以能震，在乎德，“帝出乎震”，无刚壮之内在以及纯粹之精神，便不能载“帝”之德，故刚以动，为刚壮行健而动，为德大之健动。

德大之健动。德大之健动，非空有其强盛之体，而是有德之内核，大壮刚盛在内则“刚以动”，以动反静，常为壮盛而过之动，为防伤阳、伤德之动，常使壮不可过而止健。刚壮之动，非大壮之过盛之动，以德大之健动，行以内刚化外政的转化之能，不仅无需止健，还应大行正固之利。故德大之健动，非违背正固之利的妄动，而是依内在之刚壮为阳之源，以内神化精气之功，散而在外成政于教，以内刚外化之平衡解决了壮盛之过。

德化之功。大壮之德化，为内在刚壮之德，外化成政，以化之功，行正且大的正大之道。正且大，以中正之道教天下人能大壮，亦能内刚而外壮，以全大体能大正，为正大之道。刚在内，而动乎外，是应德大之健动，非过盛之妄动，行以刚之德外化成政，以德政载德教之大正，得大壮之义；刚盛在内，动其政在外，以内刚壮外大，把内刚盛之壮化成外动，成其颐卦养大体并全大体的养正理想。

之所以大壮能养大体并全大体，在于以“化”连接内德与外政，成其大壮的正大之道；蓄内在之德力，是大壮自萃卦、颐卦、大畜卦起正固而蓄德，并以渐养之道，逐渐具备了刚盛且壮的内在实力，又具备了德大而健动的外化能力，再加上得神主气精的正固之利，使刚盛之壮，壮上加壮。铺就外政之基，自颐卦、大畜卦、升卦等诸卦亲贤、养贤并从贤，已经大畜其贤力，养贤根在养德与治明，故成外政重中之重，尤其是贤能教君子，使君子有德，又能治政，使君子所执之政为善政；蓄贤力再蓄君子之力，从养贤处养君子，使外政有了发挥作用的群体，而铺就外政之基的主体在升卦，升卦以阶序之道升其位序，使君子能进位，以此蓄大壮之政；君子养正而升阶，大贤教君子养德，大人教君子养政，皆在升卦得到呈现，同时又以阶序之道，使君子得时、位，让其成为执大壮之政的主人，为大壮施大正之政奠定了基础。

以蓄内在之德力和铺就外政之基两者，从蓄大壮之政，到执大壮之政，以德化之功转化，以内刚化政之能事，成就大壮体化腐朽为神奇之转化，以内外合力，得其大者正之实。内健刚盛之体，成就外政之源，为健内力；外以德政行善，以善之德充实内在刚盛，为合外力。内外合力，从颐养正固，从刚上蓄德，从君子升志并升阶……以此履天道执王道，得其正大之体。

从大正到正大。大正者，大壮体刚盛之正且盛而大之道；正大者，从大正之道执天道行王道，以中正养大体并全大体，能建“中正”成序。从大壮之大正，走向正大，便是从一卦之体，走入卦体之全，以“大”而应所有，把中正之道，放“大”在全万民之体，并建“中正”成序，以大壮一卦之序贯通所有正序，从而成其“正大，而天地之情可见矣”。以治道通正序，内刚化外政之大壮治道通正大之序，使天下所有体皆能壮大，便是大正到正大之义。

正大之序，把大正之道，建成适用于大体的正序，使正而大能全大体之正。正大之序，以“中正”立义，以“全大体”为用，贯通法、礼、德三者正序之“正”，既是法、礼、德三者正序之载体，又能表达且承载任一正序之大义。在大壮卦，正大之序，为中正之道大成且稳固，能以大正之治道沉淀成大壮文明，又以能全大体之正，而从养阳之正、健德之正、正固之正、精神抱一之正、进位升阶之正……凡能得正之事，皆能以健德、善政、德教等，贯通于执天道行王道之政中，使纯粹精神而终能治于精神。

“君子以非礼弗履。”从大正之道到正大之序，以治道通正序，正是大壮既壮其自身之体，又以建序履序而扬升至正序，故而君子师法雷霆震天，执天道行王道之象，应思刚壮而盛大的来由，以及大壮从大正到正大之去向，思来由者，应行能使取刚壮的正固之路；思去向者，履礼成序正是正大之所在。礼者，以治道成正序也；履者，依德位法则履序当尊礼。非礼弗履，正是修身健内德，以精气神正固而抱元守一，以无妄养正之诚、启蓄德固守之规，见礼并履礼，以大正之治道行王者之政，建序并履序以万民之福祉全王道之大德。

征进与壮进之别

初九：壮于趾，征凶，有孚。

象曰：壮于趾，其孚穷也。

九四：贞吉，悔亡。藩决不羸，壮于大舆之輹。

象曰：藩决不羸，尚往也。

初九阳刚，居乾体而处下，为壮于进者，处壮承壮，居刚用刚，在下而用壮，壮于趾。九在下用壮而不得其中，居下而壮于进，其凶咎之加身必如影随形。趾者，脚趾，为在下而进动之物。王弼曰：“在下而壮，故曰壮于趾也。居下而用刚壮，以斯而进，穷凶可必也，故曰征凶有孚。”以刚处壮，居上犹不可行，何况在下。

初九之所有凶，在于动而在乎进，因进而失恒，在大壮卦以刚壮为义，固守刚壮在于以静摄受之，动则违背静的正固义，又值阳爻，更当用柔，而非刚动；动而在乎进，言进为壮于行而不顾本位与本职，不守位亦不正固，故而当凶。处初九且遇阳，在虽刚壮但壮而不盛时，宜贵于用柔，方能得正。趾在下而主于行，初乾体而居刚用刚，为用之有误，用刚失恒，为失恒常固守之养。阳以居位静守为孚，故初在下，壮未盛，刚未过，本为有孚之位，但因壮于趾动而欲进，使用刚失恒，而孚道则穷，孚道以专诚为信，专诚则需静守无妄动之举，故初九之凶，在“征”凶，无征不凶且尚有孚。

九四居四阳之终，爻刚位柔，虽有壮之甚但非壮之极，群阳并进，非二阴所能羸困其行，冲破九三屏障，犹輹壮则车强。三以九四之刚在前，如藩篱之障而不能进，故触而受羸，四以六五之柔在前，如藩篱剖破而无俟乎触，故不羸。曰藩决不羸而不及羊，承九三之辞也。壮于大舆之輹，亦可进之象。《朱子语类》云：“九二贞吉，只是自守而不进，九四却是有可进之象。盖以阳居阴，不极其刚，而前遇二阴。有藩决之象。所以为进，非如九二前有三四二阳隔之，不得进也。”

藩决不羸，其道通也，壮于大舆之輹，其行健也。九四承两阴，阳滞阴通，谓无触而剖破，亦曰藩决不羸而不及羊，在于自有其通道。王弼曰：“未有违谦越礼而能全其壮者也，故阳爻皆以后阴位为美。”无触而破且不及羊两者，在爻中为有违谦越礼之举。藩篱决开，不复羸困其壮，故尚往。车之败，常在折輹，輹壮则车强，车强则能往，高大之车，轮輹强壮，便有行之利，故云壮于大舆之輹，车壮于輹，车主进，则壮于进，进为君子之道，从升卦以升义主进便以阳进主君子道长，当君子执进道，则有“正”，故而能悔亡。

征进与壮进之别，就在于初之征，以动而在乎进，是失恒养之举，且因用刚失恒之征进，使孚穷，故而有凶；九四有进象却能悔亡，在于君子以“正”执进，合《彖辞》的大正之道，以大正行健亦有正大之义；初九与九四皆为阳，亦皆有“动”象，却凶吉有别，在于处大壮体，其阳的刚盛状态会因时、位不同而有差别，且刚盛之壮言动，犹在乎时位。

中道与正道

九二：贞吉。

象曰：九二贞吉，以中也。

六五：丧羊于易，无悔。

象曰：丧羊于易，位不当也。

九二以阳居阴，又履居中位，以中求正，履谦不亢，是以贞占。易祓曰：“爻贵得位，大壮则以阳居阴为吉，盖虑其阳刚之过于壮也，故二与四皆言贞吉。”九二得位且刚柔相济，以中求正而得中道，又值大壮以刚居阴为吉，故九二以“贞吉”为爻辞。

《程传》曰：“二虽以阳刚当大壮之时，然居柔而处中，是刚柔得中，不过于壮，得贞正而吉也。或曰：贞非以九居二为戒乎？曰：易取所胜为义，以阳刚健体，当大壮之时，处得中道，无不正也。在四则有不正之戒。人能识时义之轻重，则可以学易矣。”

中正之道。从九二以阳居阴而言，虽有不正，但又能得其正，在于得其中位，以位求正，以此刚柔得中，以得“中”恰如其分，戒其阳刚过于壮，从此得大壮之吉。从处位而言，以中位止动，从爻位止其刚壮之过势，从九二可看出得中道之妙，大正之所以“正”，在于行中道而唯变所适，九二以位求中变阳壮而刚柔得中，便是唯变所适而得其正的代表爻位，既能通变，又能以变通适，有“适”则不据于一位之爻而能得全卦之义。故九二的中道贞吉，既有阴阳相济得平衡之理，又有刚柔得中而执中道之事，当理与事皆占吉，止刚过又能以阳行健而健乎刚，虽以柔济刚过但亦守位而正固刚，理与事皆在位德之中，故以当位之位与称位之德，则能当得中正之道的楷模。

六五柔中，阴柔居尊，为离阳之类，行不与时，不能抵触，无所用其壮而丧羊于易。易，容易、平易，取兑和；羊，外柔而内刚，群行而喜触之物；丧羊者，为羊失其刚性，言离其群类；丧羊于易，言忽然不觉其亡。《朱子语类》云：“丧羊于易，不若作疆埸之易。《汉书·食货志》疆埸之埸正作易，盖后面有‘丧牛于易’亦同此义。今《周易本义》所注，只是从前所说如此，只且仍旧耳。”

胡炳文曰：“旅上九丧牛于易，牛性顺，上九以刚居极，不觉失其所谓顺，此曰丧羊于易，羊性刚，六五以柔居中，不觉失其所谓刚，自失其壮，故爻独不言壮。”

卦体有羊象，在于言外柔而内刚者，羊群行而喜触，以象诸阳并进，四阳方长且并进，为阳势强壮而有触之象，六五以柔居中，若以力制，则独柔难胜群刚，将会有悔，故六五以和易处之，不以力制，则群阳无所用其刚，使群羊丧其壮于和易，以用“和易”之法而无悔。《程传》言，五以位言则正，以德言则中，故能用和易之道，使群阳虽壮无所用。以和易有方而言丧，相比大壮卦言丧羊，还有丧牛、丧马之象，旅卦言丧牛者，失其柔性，睽卦言丧马者，失其匹配。《书》云：“宽而有制，从容以和。”言丧在于有制，以合易之柔制其刚壮强势，为以柔化刚的和易之术。

以柔化刚的和易之术。六五阴柔居尊，值阳壮之体其性柔则为离阳而居，故言六五位不当，但位中得正，又居尊位，以得中和得尊化解了其位不当之忧虑。尊位赋予了六五将执中正之道而护大壮全体，大壮全体以刚壮而盛，四阳并进，其触势强盛，若不能止则刚壮太过将伤大壮之体。值大壮之四刚刚盛大势下，六五以尊位治其过，为以柔化刚，用和易之术防其大过。六五能化刚之过和四阳强盛之触势，便有称位之能，故六五以尊位得称位之德。

六五有称位之能却无配位之德。六五以和易之术防其刚壮之势大过，使羊失其刚性，既不会壮盛太过，又卸其触性，将危害化解；但大壮卦之所以有从大正到正大的升华，便在于以德化之功，使内在刚壮之德外化成政，而此外化之能事非大壮尊位行之，否则就算有化之功，亦无使善政、德教普施之能，尊位之君若不能主导之，则失尊位之德，故六五虽有称位之能但却无配位之德。六五居中位与尊位，仅仅化解了四阳之刚性与卸其触性，化解了壮而过的危害，是远远不够的，若不能以内之刚盛来壮外之大政，则不能全大壮养大体并全大体的养正理想。

六五仅治其无悔，却无内刚化外政之功，为以尊位仅行中道，却未执正大之道。大壮之所以言正大便是执天道行王道，以王道之善政和德教普施，以中正养大体并全大体，使天下万民皆能壮大。六五居尊位背弃正大之主旨，为不作为，不作为与大过卦的难得作为不同，六五有位、得中且执正却不施，归根结底为六五质柔，平和之君无君之大威，居乾用震时，震之威却未响于天际，仅以平和矛盾了事；质柔则无大明，明德缺失是导致如此局面的关键，又使内刚化外政之大明，安享于内在之强盛，而无照外体尚还弱小之明，阴柔少明，是尊位大忌，致如此刚盛的大壮体于“羊”身，实为羊领众狮却只见藩篱，离正大之圣功远矣。由此可见，大壮之正与大正之道的差别，便能对比正大之圣功，又能以此种差别来对比且明晰其功在何处。

妄动致困

九三：小人用壮，君子用罔，贞厉。羝羊触藩，羸其角。

象曰：小人用壮，君子以罔也。

上六：羝羊触藩，不能退，不能遂，无攸利，艰则吉。

象曰：不能退，不能遂，不详也。艰则吉，咎不长也。

九三以刚居阳而处壮，乘承皆乾体，又当乾体之终，以壮之极，为君子过于勇者。九三过刚不中，又极壮如此，在小人则为用壮，在君子则为用罔。罔者，无也，视有如无，以其至刚，蔑视于事而无所忌惮；羝羊者，刚壮喜触之物，凡物莫不用其壮，齿者善啮，角者善触，蹄者善踶，羊壮于首，羝则喜触，故取为象；藩者，藩篱也；羸者，拘系之困也。

公羊顶撞藩篱，被缠住羊角。九三处下卦之上，以阳居阳，为强壮之人，君子值强壮之极，以明德将知进退，而小人乘此，则必恃刚强凌犯于人，小人尚力，故用其壮勇，君子本刚，又有君子之明，故用罔，以用罔而不用其壮。小人之所以用壮，在于九三位刚已过中，小人必不知固守而动，有动而不顾之进，犹刚狠之羊，虽藩在前，必用其勇壮而往前，故顶撞藩篱，触突而进，以至反羸困其角，以勇而欲进却困其进，故凶。

郭雍曰："刚至三而壮矣，小人务胜人，故喜壮而用之。君子务胜己之私，是以勿用壮于外也。以用壮为正，则危矣。羊喜触，用壮之象也；触藩羸角，用壮而厉也。君子用罔者，君子罔以壮为用也。先儒或为罗网之罔，失之矣。"

孔子曰："君子居易以俟命，小人行险以侥幸。"君子尚德而不用壮，小人触藩在于用其壮勇，羝羊触藩，羸其角，为小人受困，虽有勇用壮，但勇壮无良果，却陷其困，可见勇壮也只是过程，君之进退自如则无羝羊之困。项安世言：“既曰‘小人用壮’，又曰‘君子用罔’，劝戒备矣。又曰‘贞厉，羝羊触藩，羸其角’者，恐人以用刚居刚为得正也。”九三贞厉之占，凡可以致凶而未至者，则曰厉。

上六以阴柔之质居极，壮终动极，故触藩而不能退，处穷极之位，进而无所得。犹羝羊触藩，进则碍身，退则妨角，进退皆不可。三前有四，故为触藩；四前遇阴，故为藩决。上六在众爻之上，为不能退者，又处壮之终，故又不能遂其进。遂者，前往；详者，审察；上六妄动遇困，遇事不能详审致过之因。

上六以阴柔处壮，不能固守则妄动，而妄动则遇困，因困而失其壮，但犹幸其不刚，用壮则不利，有摧必缩，无所往而利，艰以处则尚可以得吉，故占曰“艰则吉”。《朱子语类》云：“上六取喻甚巧，盖壮终动极，无可去处，如羝羊之角挂于藩上，不能退遂。然艰则吉者，毕竟有可进之理，但必艰始吉耳。”知艰而处柔则吉，居壮之终，从“艰则吉”与“咎不长”可知吉凶有变，之所以有变，在于用壮不能归于柔，在大壮用柔则得吉。

妄动致困。九三与上六皆有妄动而致困，九三之妄动在于小人用壮，小人用其壮勇触藩，虽有勇用壮，但羸其角，却陷困；上六进则碍身、退则妨角而无可去处，如羝羊之角挂于藩上，亦受其困。九三羸其角在于用壮，上六阴柔虽不至于羸角，但不能退亦不能遂。大壮体刚勇有余而阴柔不足，五与上皆阴爻，正是以柔化刚之时，故而上六虽进退不能受困，处艰但有吉，便在于用柔，艰乃为时局所困，吉在于以柔化刚而自得吉。

纵观大壮卦，四阳息二阴成卦体，刚壮而盛且过中，故在乎中正。中者，贵乎中道与中位，正者，以事理得中为正，又以阴阳当位而刚柔相济为正，且得刚柔相济之利，刚以柔济之，柔以刚济之，使不失其正，此事理之正，之所以有事理之正，在于刚壮而盛时，止其刚壮则用柔事，而柔位以济刚时，为以柔化刚又不失正固；虽以刚处刚，以柔处柔，但能得中位，亦有其正。项安世曰：“大壮之时义，其所谓利贞者，利守事理之正，不以爻位言也。九二、九四、六五三爻，不当位而皆利。初九、九三、上六三爻，当位而皆不利。又于九二、九四，爻辞明言贞吉，于初九、九三爻辞明言征凶、贞厉，圣人犹恐其未明也。又以《小象》释之，于九二则曰，‘九二贞吉，以中也’，明正吉以中而不以位也。于六五则曰位不当也，亦明无悔在中不在位也。易之时义屡迁如此。”

化德卷：德教十政

卷之言：从无明之难到德教十政

本卷领起之卦为明夷卦，统领之卦为鼎卦。以明夷卦的无明之难领起，围绕“无明”之治理而有德教十政的化德系统，以鼎卦统领观卦、中孚卦、涣卦、夬卦、晋卦、贲卦、同人卦、大有卦，形成以德教十政系统来治理无明之难之过程。

在明夷卦，明入地中取象，以“伤”立意，上六象暗主，执暗却自耀其独明，夷伤他明，五爻皆被其伤，呈现以大阴诛阳、昏蒙诛明、迟钝诛志、否塞诛序、险困诛身、大过诛位的明夷六伤成其明夷大难，暗众群体以欲当政而堕落自伤成明夷难之主体，亦有处明夷行德政与教化难、君子艰贞且正志难等诸难。

明夷之难。明夷有昏蒙草昧与刚强众生居明夷而蒙明夷大难、处明夷德政与教化难、君子艰贞且正志难的三大“难”系统。暗众群体居明夷因以欲当政而堕落自伤，成明夷的主体之难，暗众因昏蒙且欲妄刚强，无明亦无志，无明识德政系统，使其德政难行，德教更难，再加上无志难以正志去积善累德，故而难上加难，成其仅次于坎卦之大难。

治明夷大难以及其他诸难在于德教十政行德化之功。在明夷卦虽有明夷大难，但仍以“正”为体，以“进”为用，并非只见避祸，而不见济夷之道；

明夷全卦、爻以文王、箕子而引史证辞，既举明夷“利艰贞”之卦德，又言处艰难以正志之用，使明志互发而固守时艰。举圣贤之事例，在于以史为鉴而治明，师法圣贤之精神而正志，以圣贤的言传身教，日新其学，学以致明，以致修身、亲贤、正固之利用，立志蓄德济天下；最终成其明夷体以纯粹精神且抱元守一的内光明行刚壮而化外的正大之进，使其内文明隐于内，暗众柔顺于外，终显内阳化外政的治理之功。

德教十政之所以以鼎卦统领，在于鼎卦立君子使命、王道使命、文明使命、德位使命、道德使命，以此凝君子天命，使天下君子正位居体，发乎从正大到大同之事业。正大之事业与大同之理想，无不以志立鼎，用志作鼎，犹鼎器之重不可移。以鼎卦统领，在于行德治乃君子天命之使然，以君子承载德文明使命而产生的德治之道，方为从正发乎大同之鼎器，所谓大器大用，便是如此。

德教十政。观卦以道→法→术→用之王道系统而行王化德政，中孚卦以正志求孚同应得信而行孚信德政，涣卦以宗庙制礼正涣风立德范而行宗庙制礼之德政，夬卦以德决共建夬制而行建制德政，晋卦以乾坤合德而精气神三全行光明升华之德政，离卦以明德照四方治服同天下而行德照之德政，贲卦以内外合德而文质相资行德文明之德政，鼎卦以鼎之重器而凝天下使命行使命德政，同人卦以志通同人而致通天下行志通德政，大有卦以天下归德而德服四方行德服之德政。

在观卦，以中正大观观四阴不正致祸，再行王化之道观民设教而德化天下；在中孚卦，通过专诚之信在小内与感通往来之应在大外，立孚信，以中孚“乘木舟虚”之利，用专诚斩妄去欲，立诚信感格四方；在涣卦，因中孚的豚鱼之教刮起涣体风行水上之祸风，致使涣难发生，涣体以宗庙之道立重器治涣，以正风气之能，行摄众志与凝人心而拯济涣难；在夬卦，以德决之道成就夬体“制”

文明，使“元永贞”之精神比制之愿景终成于夬体，行一制决所有与一序刚万德之能，以夬制载万政，又以夬制正序所有而厚万德；在晋卦，以崇德推明行光明之道，犹以德为核的三次升华，至晋体使乾坤合用而内外合德，内外合德之用全晋卦“丽乎大明”之精神；在离卦，以德照之道治本性文明、社会文明、王道文明、德文明四种文明，形成以生化之性、生养之德所成就的天下丽明之正道，并以明丽之内文明化成文饰之外文明；在贲卦，聚晋制离序之功使外政能自养并正固内阳，内外合用又文又质成其卦体文明之象，治德政文明有成，且贯通各卦治道而化成天下；在鼎卦，立“鼎”象而健君子使命、王道使命、文明使命、德位使命、道德使命，以此凝君子天命，来发乎从正大到大同之事业；在同人卦，以志通之道通天下君子之志，形成离与天同，离气与乾气相合且众阳皆应的同人之应，以天下众人无所不同之德同，构建德文明成正序之同；在大有卦，以德服之道治德服天下，形成德被四野，无所不照，德服天下，无所不服的盛大丰有之境。

德教十政之成。正因德教十政之成，让“天下大同”并非不可触及之理想，而是有实施和实践之路径：乃践行大正之道，全正大之事业，以“执大正之道→全正大之事业→达天下大同”为路径，实现天下归德且健德文明之成的大同文明。大正之道，乃德教十政所秉持之道；正大之事业，乃内刚化外政并内外合德而全大体，最终建法礼德三者一体的正大之序，而有德文明之大健。德教十政之卦体，不仅执卦体之治道行德政，还以十政之次序以及十政之整体，执天道行王道，以中正养大体并全大体，践行正大之事业。正大之事业以内刚化外政而养大体，以内外合德而有功，在德教十政系统里，通过精气神三次升华纯粹精神而治文明，且集诸文明之成而建制成序，以正序养大体并以一序载所有而全大体，以内外合德合功，集德政文明、养正文明、交感文明、德化文明、君子文明等诸文明之成，成就其身德同有、德序统有和德文明丰有的文明状态。

德教十政之功。德教十政有功，既在于治明夷大难以及诸卦体之难，使有患、祸、灾、难的诸卦因德治而脱灾免难，更在于德教十政以卦体之治道行小乘之德治，再执正大之精神，行全大体求大同的大乘之同治；既有小乘治道之利，又有大乘之德教之全。德教十政有功，乃以“德”为核，以德固治其内和德制治于外而内外合德，德盛生德照而放大光明，使其产生天下归德而治其德服，天下德同则生德服，在天下归德的文明状态里，因回归德性至理，以共服而无不服。大有德服四方，乃德文明富有，有德升于“精神”而精神圆明。

从明夷卦领起，立鼎卦统领，而有观→中孚→涣→夬→晋→离→贲→鼎→同人→大有的养德系统。德教十政并非局限于养德系统之十卦，还集序德系统、身德系统、明德系统、志德系统、感德系统、养德系统、化德系统诸卦德政治道为一体，以德教系统之大成而有德治文明。

章一：无明之难

明夷卦：无明之难

明夷卦：无明之难

坤上离下

避祸藏志再正志向明

执抱元守一之精神。以萃正、颐正、蓄德以及纯粹精神的养正之功，使德刚体壮而通君子正，凡能得正之事，皆能以养外德、健善政、化德教贯通于执天道行王道之政中，来通天下大正。从大正走向正大，便是从一卦之体，走入卦体之全，以“大”而应所有，把中正之道，放“大”于全万民之体中，并建“中正”成序，再以一卦之序贯通所有正序，从而建成适用于大体的正序。正大之序，以“中正”立义，以“全大体”为用，贯通法、礼、德三者正序之“正”，以治道通正序，使天下所有体皆能壮大。正大之序，是践行大同理想，通往德被天下与德服天下最直接也是最可期路径。

天下大正，健正大有序，在于进善政，化德教于外，此“进”与“化”便是执德政而普施教化的治理过程。因全大体而有万民之体大，此万民非君子及朋党群体，而且大多从昏蒙无知之草昧安顿或合群而来，为阴、妄太过的过阴之体，过阴之体大耗阳气，大耗君子心志，大耗明君善政……总之，如同“黑洞”般使阳、善、德因消耗而遁消，使其陷入明夷大难。

明夷大难在于过阴之体在外，且体大，明君、大贤、君子有阳的群体尚弱小，内刚壮之阳体不足以支撑这种大体过阴之局面。当根基失恒，则伤于明夷。故而，欲善政与德教治天下，必先解明夷之难，内固养德并蓄德牢固纯粹精神之根基，再继而执德政以教化，以德教十政养于外，使外有“明”

而得养，既脱明夷大难，又践行善政、德教之化。

《序卦》曰：“进必有所伤，故受之以明夷。夷者，伤也。”进而伤，非进而不知退，而是要知为何进必有伤以及如何被进所伤。在从大畜卦通过升卦到大壮卦的过程中，刚上出柔在内在曰升，在外在曰进，升卦之进，有升志进位之进与爻位之进，升卦以“用见大人”言君子之志进与位进，升而进，依阶序而进，为进之有度，履进有法，得时位法度之升进，进而能壮，故大壮有进盛之象。值大壮之进盛大象言“进”，必然有秩序且正序升华而进，有德力强盛蓄德刚壮而进，君子升志以阶序而进，无论是萃正、颐正、还是养德、蓄德，都要有养而固、蓄而壮之体方言进。故而，言“进”要么是秩序与精神升华，要么是善政与德教壮大，要么是君子健德有成或当位有善政，皆德凭而升进，其根基皆在于有德，且要有与养德、蓄德相称位之进，才能得贞吉。

非与德相称位而进者，则必被进所伤，如大过卦的过君子群体，便是以虚而浮夸之志激进，以养正不实，健德有虚致大过，便是激进被无才亦无德所伤，虽值大过卦时伤在别人，但最终伤其大过体与过君子群体本身。当“进”无称位之德相配，则被进所伤，之所以被进所伤，非进而不已不知退，而是进而不已易失根，失根之进是被伤的原因。

失根，失去精气神正固之根而被大阴所伤。有无根之伤和被大阴所伤两者，无根之伤为从失根到无根，最终因失正固之养而被伤；被大阴所伤，为阴、妄太过的过阴之体，以阴伤阳、伤明、伤志，使明有损，德不固而被大阴所伤。君子群体因健德、养正、养德以及进志而治明，为有明之群体，而大畜体、升体、大壮体为从养正七渐养而有明，且是德蓄壮而盛之体；对比有明，阴、妄太过的过阴之体则为无明，被无明所伤而致明夷之难。

明夷之难，难在外无明的过阴之体盛大，要想养而教之，必得大耗阳气、大耗君子心志、大耗明君善政等，以致于从大正走向正大的执天道行王道之政时，阳被阴所耗，内德被外阴之体消融使其隐而不见，既在于内德之阳与大正之善为渐养而来，非恒有之，阳之根有限，又在于阴妄之体过大，昏昧且愚昧的刚强众生顽固至极，两相作用，使其无明甚大，成其阳弱明小与阴强妄大的明夷之体。

阳弱明小。阳之根有限且弱，尤其是尚未打通元阳之根，虽说真如体的元神元精元气周遍圆满而无有穷尽，但值一卦体之明无法通全体之明，卦体如同“封印”使元神之体尚存，但元精与元气因未通全体而被卦体封存，只能从内健心性，从外行渐养；这也是为何在养正七渐过程中，一再强调要舍识弃意虚我从心而行洁静精微之正固，以精气神养而固的抱元守一之精神，心不外驰，神不外散，便是以明心见性之体通万体之明，从而以一处之至明而攻破全阴。值明夷之体，元神元精元气三元归一的元阳之根尚未打通，只能从正固、养正、蓄德、升阶而渐养之。

阴强妄大。阴在于无明而阴，大昏而冥昧，且昏昧足够深，只有少部分草昧被合群、被安政、被教化、被激励，使其伴君子之侧，随从君子而待教，但亦不足以治明；从外而教之，虽能治明，但明而有限，无内阳以刚壮成德，其明烛有小。故健明德是以正大来全大体的永恒之治道，只有健明德才能随之健志德，只有足够的明才能守志、固志以及养德而升志。妄大，在于以阴而无明逐妄，此妄皆大气习且习气顽固，使其被习气缠绕而无法致明，无明又昏昧刚强，习气顽固，以阴强妄大之无明成其明夷之主体，昏昧足够深、习气足够顽固为以刚强众生难以教化的阴妄之体，此刚强为阴妄之极而阴刚欲强，非阳壮之刚强。从习气而言，在治君子九德系统中有从惩忿窒欲到有过则改的损益过程，便是针对习气修健而言，对比损卦遏制嗔怒、止息意欲修习之“遏”与“止”来说，在益卦言“改”，改过则益，可通过在损修身而习气渐浅淡，是损益之功，由此可见阴妄习气与修德健阳的关系。

大乘之进。进而被无明所伤，非进之过，而是失根致无明以及大阴体太过，正大之进在于全万民并建正大之序，且在践行通往大同理想的路上。失根致无明，前有体大的过阴之体而无进途，后又有阴失根缺阳以养而跌落到明夷体，以此蒙难。值明夷体，必然有圣贤、大君子、君子等群体，就算被伤亦要正大之进而进。进，从大正走向正大，便是执天道行王道，行进全大体而大同的理想。进往明夷体，是舍身取大义之行，是“我不入地狱，谁入地狱”的大悲之行，以舍阳壮之身投入阴妄之体，以纯粹精神且抱元守一的内光明，刚而化外，照外以大明，乃救苦救难、慈悲喜舍是也。

昏蒙草昧与刚强众生一直陷入明夷之难中而不觉，且以明夷为安，不仅不知大光明是何物，求之何用，更对正大之善政与教化嗤之以鼻，不屑一顾，远不如嗜欲逐利欢快。故而，在进必有所伤且教而难行的明夷当体，圣贤与大君子必以大无畏的精神勇往前行，为正大与大同理想而来，必持大正而原始要终。正大之进，从进之始而言，进而升，内刚化外柔，贵在转化，在明夷体的转化因位域差太大致使转化亦有障碍，纯粹精神的心性元阳在内，因无明包裹与位域差太大而无法外化，从纯粹精神的精神位域到昏蒙草昧的位域之差便是位域差。故只能从正固之养、蓄所成的刚壮来化，转化之首要便是教君子，使君子群体壮大，让每一个养德有成的君子都有济天下苍生脱明夷之志，星星之火可以燎原，便是内文明而外应难的解明夷之思路。

《杂卦》曰：“明夷，诛也。”诛者，责备、谴责、诛杀、讨伐、消耗是也。《说文》曰：“诛，讨也。”段玉裁注：“凡杀戮纠责皆是。”《论语》云“朽木不可雕也，粪土之墙不可杇也；于予与何诛？”则是取消耗、诛杀义为主。明夷之诛，内在原理为以阴耗阳，阳体被大阴体消耗，使阳化善政无发力之处；外在为明入地中的明夷之象，明伤而昏暗，光明被法序诛杀而伤，明暗者，为自然法序显于明夷之体，非人力诛杀与讨伐。内外合明夷义可知，明夷有大阴体为主的暗系统，以暗体为常，也是履明夷之主体者——昏蒙草昧与刚强众生；还有极少量以有明德、明志、阳德、德政、德教等特征的明系统，为拥有“内文明”主体者——圣贤、大君子与君子群体。明暗两大系统以明系统作用暗系统，以明被夷伤为义。

明如何被夷伤呢？为大阴诛阳、昏蒙诛明、迟钝诛志、否塞诛序、险困诛身、大过诛位的明夷六伤成内容；暗系统以大阴体的阴强妄大之特征，几乎将明系统的优良特征全部消耗化解，使其仅存阳文明在内，而外象则与众人一致。这种夷伤，是基于阴阳盈虚过程，被阴阳法则所主导的，非人为攻击、征讨之夷。由此可见，明系统作用暗系统的内刚化外政，从大正走向正大的过程中，善政难为，教化难行，阳德难积；也正是应大难，才有大乘之进而履正大之义。

明夷之难。明夷有三大“难”系统，以昏蒙草昧与刚强众生居明夷而蒙大难，为明夷之难的主体。昏蒙草昧与刚强众生阴强妄大，且因昏蒙而欲妄更刚强，草昧众多而有群体之大，是明夷体基于屯卦而独有的群体——暗众。暗众是主流群体，贯穿于任何卦体，和君子有明亦有志相比，他们无明亦无志，连小人都不是，因对“明”没有任何识别能力和取用价值，常常不会随君子，且只愿随小人，被小人结党且类同，以欲当政，呈现越昏蒙越堕落且习以为常的自伤局面。暗众群体居明夷因以欲当政而堕落自伤，成明夷的主体之难。

处明夷德政与教化难。暗众无明亦无志，且无对“明”与“志”的取用价值，而且君子主导的以明、志为代表的进步系统，常常违背他们习以为常的驱欲、逐利等价值观念，再加上被昏、蒙自伤，德政与教化难行，尤其是离法、礼、德三大文明系统尚远，对德文明难以理解。从大正走向正大，在于进善政，化德教于外，其施政对象便是暗众群体，使暗众群体能知德、识德，继而顺德，以积小以高大之训，并用德来提升品格出明夷大难。德政之治理需要建正序，以正序来输布，暗众群体因昏蒙对法、礼、德的序系统无知，常只以是否得利为衡量，让德政难行，当德政难行，则德教更难。故德政之初始，一定是让暗众群体取利而正当逐利的，也往往成为宗教化的施行手段。

君子艰贞且正志难。君子贯穿德政与教化的始终，是践行大正走向正大而德文明以健的主体，更是正大之序与大同理想坚定不移的主导者和执行者，使命相当。卦中以文王与箕子应明夷之难来激励君子如何处世与作为，文王者，古之圣贤也；箕子者，古之君子也，圣贤与君子处明夷，尚蒙大难，虽艰但贞，亦能持贞正而正志，求作为并有作为，使明夷之难处在当前而功德在后世。

明夷卦，以明入地中取象，以“伤”立意，以“正”为体，以“进”为用，以内文明隐于内，暗众柔顺于外，虽应明夷之难，但终显内阳化外政的治理之功。全卦、爻以文王、箕子而引史证辞，举明夷“利艰贞”之卦德。上六象暗主，本执暗，且自耀其独明，而伤他明，故爻皆被其伤，而各存避祸与济夷之道。下三爻以明夷为句首，四五明夷之辞在句中，上六不曰明夷而曰不明晦，上六不明而晦，在于五爻之明皆为其所夷。初九夷其羽翼，在伤之初，以垂翼而避祸，类微子用行，显其明与智；六二夷其肱股，六二用拯，乃文王守柔而示顺，亦为避祸而自守之道；九三用内明以进，夷于南狩而得大首，力能正则正，类武王用明；六四夷其心腹，深交于君，类比干以忠勇守艰；六五以贤切近暗主，处位最难，正之则势不敌，救之则力不能，去之则义不可，唯独明不可息，类箕子守贞；上六暗主不明反晦，本上天却入地，类商纣失道，终亡国。故而君子居明夷之世，当健明德以通内文明而享用纯粹精神，以精神济阳功，进志从大正走向正大，以内刚化外善，用晦向明，治天下皆能大明，师法诸圣贤，就算灭其身亦不失其正，虽入地却上天。

明夷：利艰贞。

彖曰：明入地中，明夷。内文明而外柔顺，以蒙大难，文王以之。利艰贞，晦其明也，内难而能正其志，箕子以之。

象曰：明入地中，明夷。君子以莅众用晦而明。

卦辞：处明夷宜正固其内而守贞正之德。

彖辞：师从圣贤明夷之道，以内文明化暗而柔顺。

象辞：以莅众之道治暗众向明。

明夷卦，坤上离下，为明入地中昏暗有夷之象。离主明，坤为地，日入地平而明灭，为明入地中的明夷之象，明夷主暗，为明夷之主体，虽暗但有内阳隐其中。明夷反晋，明入地中为明夷，明出地上为晋，晋者明盛，日照当空，万物进长，明君在上，群贤并进；明夷无明而昏暗，日入地中，明伤昏暗，万物夷伤，暗君在上，明者见伤。明夷主暗，卦中上六为暗之主，不明反晦，使暗而犹暗，五爻皆被所伤，为明夷至暗之时、位，虽暗至深至重，但亦主明而不息。胡炳文曰："以二体，则离明也，伤之者坤。以六爻，则初至五皆明也，伤之者上。上为暗主，而五近之，故《周易本义》从彖传以'利艰贞'为五。"

内阳隐于明夷之中。在升卦，大畜卦蓄德的刚健之乾性化在升卦成能育万物之坤地，而在明夷卦，大壮卦的刚壮之性化外政而内阳隐于"体"内，无明不得见之，便是明夷之体。明夷虽难大，但内阳文明既有抱元守一之精神，又有萃正、颐正、蓄德以及纯粹精神的养正之功，故而明夷的精神属性并不低。如同升卦的精神品格虽在坤，却是由乾性主导一样，明夷的精神品格由内阳精神属性所决定，这也是为何《彖辞》以文王取辞之所在，明夷大难有圣贤定其精神位域，虽然文王与箕子都不免蒙难，但这只是难系统的外在，并非是衡量文王与箕子的标准，反而要以文王与箕子之难启发如何看待明夷之性，以自身遭难而践履精神价值。明夷之精神因内阳隐之而归虚，外阴体的阴妄为实，使明夷之世，道与时违，内阳归虚隐而不见，唯圣贤与君子能洞明。

内阳精神与外难因位域差太大而极不平衡，使其在暗众眼里并无内养精神，精神体与外难体中间在于无明重重包裹，无明包裹内阳精神，故而有明夷之难；反之，处明夷之难的暗众无法见其内阳精神。原本在大畜卦和升卦有相对平衡的内外状态，出现在明夷之差别，在于“体”位域不同；言“体”，如大过体与明夷体的文明位域并不一致，大过之乱在内外全体中，明夷有“暗”，但暗在外体暗众之中，内文明已完成沉淀，且内文明的德文明样式已然坚固，而明夷的外体却处于寻常之卦体中，只是没有形成明夷体内外对照而被忽视。

“利艰贞。”艰者，在于明夷难体的时局所限。明夷大难，无论是行精神，还是践德政，皆是艰辛、艰苦甚至艰危之路；贞者，大正之道也，必守正不移，此为内阳精神的大义所赋予。正因为有抱元守一之精神，亦有成其大畜体、升体、大壮体的养正之功，还有内刚化外政使全大体而教天下人同德的崇高理想，这三者一同才赋予了利艰贞的意义。之所以有利艰贞之言，在于内阳精神如同秘密一样在明夷世界里流传，而开启它的密码只能被极少数人掌握，明此至理的人明白，密码只是打开了一扇门，而路程需要自己去践行，在明夷体下无明师不能致大明，路必定黑暗而曲折，那些不能寻大君子以伴之的人，注定无明灯照路途。

“利艰贞”成为明夷体的显著标签，首要地便在于明夷言大难，且此难尤其是君子难行，明夷六伤，皆伤在君子身上，也是文王与箕子应难的原因。李氏舜臣曰：“易卦诸爻，噬嗑之九四，大畜之九三，曰利艰贞，未有一卦全体以利艰贞为义者。此盖观君子之明伤为可惧，而危辞以戒之，其时可知也。”

明夷言体，又言时，尤其以明夷应时而无明致暗，明与暗最在乎时，因时而成体，以时言先后，以体言内外。时至暗而体至艰，圣贤与众君子为正大与大同而来，必持大正而原始要终，正因难行而能行，才立志以内养照外明，崇德政贵教化，才践行“菩萨”道，从而坚守正固，守其贞正之德。《程传》曰：“君子当明夷之时，利在知艰难而不失其贞正也。在昏暗艰难之时，而能不失其正，所以为明君子也。”

明夷六伤。为大阴诛阳、昏蒙诛明、迟钝诛志、否塞诛序、险困诛身、大过诛位的明夷六伤，以伤于君子，亦为明夷君子六伤。大阴之体的暗众，因无明亦无志，以种种昏蒙和难以教化，使君子行善政与德教在他们当中无发力之处，以“诛”的方式示阴暗众对待阳君子的态度与方式，也因为“诛”式讨伐，独照昏昧。虽言伤，但君子因明德而有觉知，知伤在何处以及如何被伤，其阳、明、志、序、身德、位序等皆是君子在明夷化外政所执利器，也是君子区别于暗众的傍身之器。明君子虽见其伤，但终未被其所伤，伤只是伤的暗众自己，不被德政所安顿，不被正序所教化，不被精神所提升，伤在君子身，却害在他们自身，故而比明夷六伤更严重且危险的却是暗众自伤，为伤而不觉，逐妄堕落而自以为常，这是明夷最大的难体所决定的，也是伤于君子而被反噬的。

文王与箕子应难。文王有羑里之厄，箕子有箕子明夷，皆是以圣贤、君子之身而应难。文王，为周文王，姬姓，名昌；周朝奠基者，文王之贤，不言而喻：作为“易经三圣”之一，对易学有开创性的贡献，有上古“圣贤之君”的美誉，是“内圣外王”的典范。箕子，名胥余，是商纣王的叔父，帝乙的弟弟，官太师，因其封地在箕，故称箕子，箕子与微子、比干史称“殷末三贤”。《论语》中所云“微子去之，箕子为之奴，比干谏而死，殷有三仁焉”反映商纣王暴虐无道，而致使殷末三贤应难之事。圣贤与君子应难，如何理解和解读灾难是重中之重，要知道明夷的君子六伤只是圣贤、君子处明夷体以身试法，现身说法；在于以难行能行而行教化，以身为镜，让众人自照，以亲身经历成史，让名典故来警醒后人，既成史以为鉴，可供明事理而治明，又以“多识前言往行”之教导，教导后人应亲圣贤并从圣贤，以圣贤的言传身教，日新其学，学以致明，以致修身、亲贤、正固之利用，从而立志蓄德济天下。邵雍曰：“用也者，心也。体也者，迹也。心迹之间有权存焉者，圣人之事也。”

“内文明而外柔顺”。在内有文明而外有应难的明夷之象里，既要识取内文明之内核，又要读取外柔顺之顺化。内文明，为内阳文明，并非只指内阳，而是以内阳言阳文明之成。内阳文明成在交感五通与养正七渐的渐养过程，尤其是聚气正固在萃卦，德蓄在大畜卦，刚壮成体在大壮卦，精神位域升格在升卦；由于内阳文明因体世界不同，并不显像在明夷体中，故内文明以内在精神隐而不见。为何有“隐”的状态出现呢？既在于明夷体的明入地中，又在于内刚化外政之“化”，以化之功的转化，隐而不见，只以内阳表示与阳文明世界的联系。外柔顺，因内文明的德化之功，使暗众以明之牵引而渐柔顺。外柔顺同明夷六伤言“诛”不同，无论是“诛”义，还是“诛”的方式皆非柔顺之义，之所以有外柔顺之谓，在于处明夷见伤之体，圣贤与君子难行能行，以身为教，现身说法，终有教化之功，使刚强暗众渐柔顺而顺承阳君子或顺承于正序。

内文明而外柔顺，为处明夷而教化有功，虽有功但并无教化之成，功在建立了有依附内文明的明夷之序，使暗众皆能认同而柔顺在外，依附内文明的明夷之序，非秩序建成的正序，只是让暗众从“诛”的对抗方式，逐渐走到柔顺的暂用工具。仅是柔顺在外的局面，也需要圣贤与君子付出艰辛努力，甚至需要经过漫长时间的不断改造来完成。圣贤与君子行教化是使外柔顺的首要之功，而最终决定之所以能柔顺的在于内文明向上的引力，而这个绝对引力恰恰来自暗众之自心，人人皆有如来智慧德相，心便是向光明之牵引，使内因应外缘而发生明夷之转化。

正志。明夷大难需正志以处艰难，唯正志才能得其贞正，也只有从贞正方能固志而不忘大正之初心。从大正到正大之过程，一切发乎于志，因志而得明，又因明而正志且固志，明和志，是君子自我修持且教化暗众的两大利器。难者，时也，逢时而生，遇时而转，无论是否难、大过难，还是明夷之难，皆依时而成体。内难，上六暗主，六五承之，其他爻位居其内，每一爻位皆有难象，箕子囚奴而不改其志，谓“内难而能正其志，箕子以之”，为以引史而证辞。内难者，难始于上，使难在邦内而重言政难；大难者，为天下之难。在难体正志，乃以正固的方式固阳、固德，唯有寻求阳、德之道，方能保全自身，乃至帮他人脱难，贯通以萃正、颐正、蓄德以及纯粹精神的正固之路，便是志，以正志之用，使明志互发而固守时艰。

“君子以莅众，用晦而明。”君子法明入地中应明夷大难之象，以莅众而察治，察在于以明察晦，治在于以明治晦，使其由晦向明，有明则能治明夷之无明。莅者，察看与治理，《孟子》云：“莅中国而抚四夷”，便是君子的莅众之道。察晦，在于查明之所以晦之因，再以“明”治之，使其有明，而察晦在于莅众，要走察众之所需的群众路线，只有从群众中来，才能治其晦。孔颖达曰：“冕旒垂目，黄主纩塞耳，无为清净，民化不欺，若运其聪明，显其智慧，民即逃其密纲，奸诈愈生。岂非藏明用晦，反得其明也。”

用晦而明。用晦，不在于察太明，而在于以明治其晦，察太明谓太察，太察则将伤于察，非察晦之目的，察晦的目的在于用“晦”而治晦，使晦能明。察之所以晦的原因，用察之手段和过程，目的在于用晦而治晦，结果是使晦能明。君子的莅众之道，在于通过临众之察而重在治，治众之难，方是从大正到正大而全大体之志，也唯有进善政，化德教于众，才能实现执天道行王道之治理。

避祸与藏志

初九：明夷于飞，垂其翼。君子于行，三日不食。有攸往，主人有言。

象曰：君子于行，义不食也。

六二：明夷，夷于左股，用拯马壮，吉。

象曰：六二之吉，顺以则也。

初九以阳居离体，既处明夷之始，又去上最远，为见伤之始，见伤即避，有飞而垂翼之象。九为阳，在最下，为阳明反而上升者，故取飞象。昏暗在上，伤阳之明，使不得上进，是于飞而垂其翼，垂其翼，不言夷，为尚未伤，言夷于左股，言已伤；阳在下，有明，以敛翼而下飞，实为避祸之象。君子以明垂翼避祸，为佯装而求全。

立飞鸟垂翼之象，以喻君子不食之事，君子谏言，三日不受，臣子义尽，三日不食，为义犹存；有攸往，以远害也，应垂翼避祸之象，为君子以明见之将有必伤，故避之；主人有言，自暴弃也。盖可以不食，而不可以不去，去之义重于己之食。微子曰："父子有骨肉，而臣主以义属。故父有过，子三谏不听，则随而号之；人臣三谏不听，则其义可以去矣。"坤主晦，离象鸟，震主飞，坎下首，故有禽鸟垂翼低飞之象。飞，鸟翥，"明夷于蜚"，古代蜚与飞通，为臭虫；行，谏言也；食，接受；不食，不接受劝谏；主人，指上六；言，谏言。

君子以明避祸。明夷之初，非以凶吉之占来言伤，在于君子莅众则必于行，不会趋吉避凶，反而若有凶吉之占，小人将因凶、害而不行，这便是君子与小人在取义上的不同选择，所谓"言吉凶者，转开小人趋避之门，非圣人莅众之道也"便是如此。君子明照，见事之微，见将有必伤，故行去避之；《程传》曰："君子于行，谓去其禄位而退藏也。三日不食，言困穷之极也。事未显而处甚艰，非见几之明不能也。夫知几者，君子之独见，非众人所能识也，故明夷之始，其见伤未显而去之，则世俗孰不疑怪，故有所往适则主人有言也。然君子不以世俗之见怪而迟疑其行也。”见伤之发端而未显，但必有其害，故垂朵而示伤，行取避之，君子于行，谓去其禄位而退藏，能去禄位而退藏者，其心之所向既不在禄位又不在凶吉，而在取义之心志。

六二以至明之才，位中正而体顺，以六居二处之至善，柔顺之至文王以之，为文明之主。值明夷阴暗伤明而言伤之时，六二至善亦不免为其所伤，君子知伤必将终能违避，当伤而未切，如夷左股，尚能安顺以处，犹去马之势，不用其行。

夷者，言伤。左者，先天离位值左，后天震位居东。古人指东谓左，六二“夷于左股”、六四“入于左腹”，皆取左象。“升车象阳，阳道尚左，故人君居左，臣居右”。右为宾阶，左为阼阶，君居左，臣居右，主居左，宾居右；夷于左者，君伤臣，为主伤宾。股者，巽也，巽伏则伤其股。拯者，阉割义，为去马之势，阉割马使去其马的强壮之势。

夷于左股，为肱股之伤；用拯马壮，不用其行，顺处为常，为遇强而示弱以避祸。足，在于行，而股在胫足之上，于行之用更为迫切，夷于左股，伤害其行犹深。二以明居阴暗之下，所谓吉者，得免伤害而已。二之所以免伤害在于自免有道，拯壮健之马，则获免之速而吉，用拯之道使马不壮，以顺处为常。

六二为明之主，并不救昏主，反而用拯之道以顺自处，在于识时局明昏之深切所在。暗伤明渐深，非救主之时位，居暗主之内则先自救避祸，用去马势而示弱、示柔，在于藏志。六二有至明与至善，自当有志，只是志未到显露之时。六二应难、避祸、藏志的过程，如文王羑里之厄，以甘愿被囚禁来打消商纣王猜忌之心，而藏久远之志于心胸，表面上用拯之道使马不壮在外，实际上壮其马势在内，在于蓄德待时，君子内昭明德，外顺暗主，藏志于内，如文王先蒙难而后安泰，值蒙难时身安且顺，在于明而有智，化解夷伤之难亦神速。

《案》曰:“明夷与丰卦略相似,然丰者明中之昏,明夷则昏极而不复明也。两卦皆以上六为昏之主，六二为明之主。既为明之主，岂可不以救昏为急?故此之夷于左股者，与丰二之往得疑疾同也；此之用拯马壮者，与丰之有孚发若同也。盖未至于丰三之折其右肱，则犹有可为之理也。”

进志而得首恶

九三：明夷于南狩，得其大首，不可疾贞。

象曰：南狩之志，乃得大也。

九三刚居阳位，在明体之上，处文明之极，又处刚而进；处离上伏坎中，值外暗内明之际，应上六暗主，其志有向明除害，擒获首恶之象。九三以明之极进应上六暗之极，至明居下而为下之上，至暗在上而处穷极之地，正相敌应，有以明去暗之势。然明夷已久，暗已成常态，南狩之志不可以操之过急，故有不可疾贞之戒。夷者，诛与灭；南者，离也；狩者，田猎；疾者，急躁。

夷于南狩，用内明以进，南在前，为明方，田猎进南，以前进欲除害而曰南狩；大首，谓与九三敌应的暗之魁首上六，得其大首，为除恶首或首恶，上六虽非君位，但居上位暗之极，以暗之主谓之大首；不可疾贞，为不可速，为不可速成亦不可速进，而利艰贞。胡炳文曰：“二之救难，可速也。三之除害，不可速也，故有不可疾贞之戒。”

九三以阳明见恶，又以内文明之健，有刚进。九三与上六虽为正应，但九三至明，上六至暗，实为大敌；九三以内文明之刚，进而健志，志行则有志除害，以至明克至暗，擒获首恶。诛暗主，枭恶首，为九三内文明逢外明夷之使命，九三进志，以刚壮之勇能勇而进征，虽擒获首恶，但涤暗使明与用晦向明之事不可疾，旧染污俗未能遽，革新必行渐，犹如旧疾重病缠身而不可疾取。《周易本义》曰：“成汤赴于夏台，文王兴于羑里，正合此爻之义，而小事亦有然者。”

唯变所适而用藏

六四：入于左腹，获明夷之心，于出门庭。

象曰：入于左腹，获心意也。

六五：箕子之明夷，利贞。

象曰：箕子之贞，明不可息也。

六四以阴居阴，既在阴柔之体，又处近君之位，是阴邪小人居高位，以柔邪顺于君者。初、二、三均在暗外，至四爻则入暗中，暗随远近高下之位不同，越近上六则越暗，六四虽入暗，但比之六五迫暗之犹近，以柔正之当位入暗尚浅， 犹可得意于远去。

《程传》曰：“四以柔邪顺从之，以固其交。夫小人之事君，未有由显明以道合者也，必以隐僻之道自结于上。右当用，故为明显之所。左不当用，故为隐僻之所。人之手足皆以右为用，世谓僻所为僻左，是左者隐僻之所也。四由隐僻之道深入于君，故云入于左腹。入腹，谓其交深也。其交之深，故得其心。凡奸邪之见信于其君，皆由夺其心也。不夺其心，能无悟乎？于出门庭，既信之于心，而后行之于外也。邪臣之事暗君，必先蛊其心而后能行于外。”

入于左腹，以柔邪顺从的隐僻之道深交于君，因结上且交之深，得其心，以此获心意。从近五之位言四，四为五的心腹重臣，入于左腹，伤之深亦交之深，皆值居暗之时位，明夷之心，在于忠且勇，如比干所云：“主过不谏非忠也，畏死不言非勇也，过则谏不用则死，忠之至也。”值暗之时，此种忠勇为愚忠蠢勇，比干招祸，便由此出。于出门庭，既信之于心，而后行之于外；虽言于出门庭而不避害，实则出而行遯，以避终被暗所伤害。胡炳文曰：“获明夷之心者，微子之自靖。于出门庭者，微子之行遯也。”

六五值坤体，又履君位，居至暗之所，承至暗之主，虽尊而不能成主，正之则势不敌，救之则力不能，去之则义不可，成明夷之处位最难者，唯以中位而正其志；正志者，箕子之象也，六五迫近上六，为阴暗伤明之极者，唯箕子正志能济之。

箕子虽被位所伤，但能贞正其志，以内贤将志隐伏其心，箕子明不可息，在于贤于内阳，正应下体文明。五虽履尊但不以君位言，上为暗主，一体不容二主，故五以尊位言大贤，贤得中正之位而正固其志。五切近伤明之主，若显其内贤之阳与正固之志，则必将被害，害非伤能比，将更加凶险，故箕子自藏明志于内。《程传》云：“虽晦藏其明而内守，其正所谓内难而能正其志，所以谓之仁与明也。若箕子，可谓贞矣。”同处明夷之世，文王用柔顺，以济外难，箕子用贞藏，以济内难。外晦其明而内正其志，时位不同而藏之道亦不同，能唯变所适为外化王道者。

本上天却入地

上六：不明晦，初登于天，后入于地。

象曰：初登于天，照四国也。后入于地，失则也。

上六以阴居坤之极，亦为明夷之极者，不明其德以至于晦，五爻皆为其所伤，失道已极，始则处高位以伤人之明，终必至于自伤而坠厥命。

上六为至高之地，明在至高，本当远照，明既夷伤，故不明而反昏晦，上六有昏晦至极。本居于高，明当及远，如照四国，为初登于天之象；乃夷伤其明而昏暗，后入于地而失则。四国者，五爻居上六之内皆被伤，独九三不伤反有刚壮之进，故成四国；又以“四国”言四方，犹指天下。苏轼曰：“六爻皆晦也，而所以晦者不同。自五以下，明而晦者也。若上六不明而晦者也，故曰不明晦。”

初登于天，以自耀其明，反伤人之明。当暗主不食谏言，商纣王逞己之能，伤贤之明，以杀比干、囚箕子，终至亡国之祸而坠入深渊；后入于地，为坠而自毁其明。明不可息，比干虽亡，箕子虽遭贬，但贤明和能正志的事迹却在，以“贤”成文明，继而成激励君子而不息之精神。

本上天却入地，为商纣王之写照，与其同成写照的便是比干、箕子等诸贤，与之反衬的为文王之圣贤。本居上，为主，有其明，应照天下使其明，却自以其明，要独耀其明，天下若独一明而他暗者，必使因主有暗而天下暗。当暗主不食谏言，不知忠勇，一意孤行来伤天下之明，天下本暗而明又被伤，故暗上加暗；当天下有至暗之时，必是天下主一人之责，故而主之明亦至暗，这便是明而不明的原因。相反，圣贤以明居内，并居四方，正是以己之贤明照四方，助主上照天下；当能使天下共明时，却被上主伤其明，害其贤，此为天下至暗之因。当主明而不明，天下亦至暗，便是本上天却入地之写照。本上天却入地，与天下君子离火共照而德被天下刚好相反，君子以通天下君子之志，用天地合德而君臣同心，离火共照德被四方，正是成其大有之时。然而明夷之上主要独耀其明且不应四方贤明，还伤明害贤，既作亡国之君，又留千古骂名。

商纣王成历史写照，而虽入地却上天的恰恰是比干、箕子，乃至文王等，皆应明夷之难，且比干还有戕身之灾，亦不能阻止其贤明于后世。明夷正精神，正是此谓，唯有精神不息，方能通明，以明进志，继而治暗于明。“君子以莅众，用晦而明。”以莅众之道，治众之难，济众之明夷，方是从大正到正大而全大体之举。君子以身试法而教人以明的故事，永远如明珠耀于天际，照人路途。

章二：德教十政

观　卦：王化之道

中孚卦：孚信之道

涣　卦：宗庙之道

夬　卦：德决之道

晋　卦：光明之道

离　卦：德照之道

贲　卦：文明之道

鼎　卦：使命之道

同人卦：志通之道

大有卦：德服之道

观卦：王化之道

巽上坤下

行王道以教而德化天下

在明夷卦，以明入地中取象，以“伤”立意，上六象暗主，执暗却自耀其独明，夷伤他明，五爻皆被其伤，呈现以大阴诛阳、昏蒙诛明、迟钝诛志、否塞诛序、险困诛身、大过诛位的明夷六伤成其明夷大难，暗众群体以欲当政而堕落自伤成明夷难之主体，亦有处明夷行德政与教化难、君子艰贞且正志难等诸难。但明夷卦以“正”为体，以“进”为用，并非只见避祸，而不见济夷之道，值明夷体，以纯粹精神且抱元守一的内光明，行刚壮而化外的正大之进，使其内文明隐于内，暗众柔顺于外，终显内阳化外政的治理之功。

全卦、爻以文王、箕子而引史证辞，既举明夷“利艰贞”之卦德，又言处艰难以正志之用，使明志互发而固守时艰。以圣贤的言传身教，日新其学，学以致明，以致修身、亲贤、正固之利用，立志蓄德济天下。举圣贤之事例，在于以史为鉴而治明，师法圣贤之精神而正志，从大正到正大之过程，一切发乎于志，因志而得明，又因明而正志且固志，明和志，是君子自我修持且教化暗众的两大利器。在难体正志，乃以正固的方式固阳、固德，唯有寻求阳、德之道，方能避祸并保全自身，乃至帮他人脱难。

明夷之难，终究在于大阴体将内阳化外政夷伤，虽导致了行德政与教化难，但明夷之难的主体还是暗众群体以欲当政而堕落自伤，能拯济此大难而救明夷者，需持德政行王化之道。伤于斯亦需成于斯，况且经过从大正到正大之进，内文明隐于内，暗众柔顺于外，已经在明夷体显现了内阳化外政的治理之功。故而济明夷大难，当行“观”，先观难体，再大观天下，以中正大观之道，行刚壮而化外的正大之进，以“观”义的两重境界治明夷，崇德政，贵教化，行王化天下、德被四方的大观之道。

《序卦》曰：“物大然后可观，故受之以观。”言物“大”，在于伦序履正，而无外乎渐养成其大，进位升其大，蓄德壮其大，正是以“渐”之道大物之理。《杂卦》曰：“临观之义，或予或求。”阳长则有余，有余则可多予，阴消则不足，不足则多求，多求在于养其大，壮其盛，求者在于求大，而求大之道，在于渐（渐进、渐长、渐养）之道，物大然后可观，观则言予，予有予政与予德。

予政，以政予民行其善政，为善之大；予德，以德化民以教，为德之普施，而成其德大。之所以临有余而观不足，在于震施艮求之象，临有震体，震主布施，以其阳长而余；观有艮体，艮主欲求，以其阴长而求，而求之主体在民，为民求善政与德，民求则君予，成其君、民大观之象。“人君上观天道，下观民俗，则为观。修德行政，为民瞻仰，则为观。风行地上，徧触万类，周观之象也。”以此而有“观”义的两重境界：以德政观万民，以德教化天下，以观行王化之道，其王道之德，被人所观，为人所仰。

以“观”义的两重境界予政、予德来治明夷。伤在内阳化外政，便从“伤”处“予”治。以善予政，以善化“诛”，使明夷六诛无处发力，唯善之阳政能化阴，亦能化施政时之对抗，明夷的暗众群体行欲驱利，而善之予正对他们驱利之逐。予善政，德便在其中，善多有阳之利，阴趋阳逐利，正是大观体的初政，也是阳文明隐于内，隐暗发力之所在，况且在明夷卦已有暗众柔顺于外，其“顺”正是德政有功的体现。

值观卦，风行地上，徧触万类，正是大行内阳化外政之时。以大观济明夷，在于以小见大，小者立“有孚”于小内，大者，以德政感通在大外。小内者，立孚见信，贯穿其诚在内，从得孚信教之；大外者，从专诚之小内，行王道而德化天下，正是大观之政，亦是大观之教。

观卦，巽上坤下，为风行地上而修德行政之象。观以巽坤成体，巽者，鹳也，审时察变之禽；坤者众也，坤众反复审视鹳鸟，以观鹳之俯仰而察气象之变，《禽经》曰：“鹳仰鸣则晴，俯鸣则阴。”故，观在于俯仰观察。在观卦，巽主木，坤象地，木生于地，物大能视，成观之象；巽风，坤地，风行于地，无所不入，成观入万物而教，当教行于时，万民教化之象。二阳在上，四阴在下，阳刚居尊，既为阴小所观求，又为群下所观仰，以此而定观之观求与观仰之义。观求在于求能养其壮而大之善政，施政则在于君；观仰亦在于君，有德君和王者之德，民才观仰且敬而从之。

观阴妄之生。观卦为四阴势长之观，在姤→遯→否→观→剥→坤执迷妄失过程中，其阴妄从姤起，到观卦有四阴，四阴已然成势，值三阴之否卦时，小人当道阴妄渐长，否小人当道且驱利已久，阴势强盛随时而变，正道被小人害，小人成群，阴中生恶而至观体。值三阴成四阴长之际，必以“观”道察阴妄之生，恶佞之长，尤其是姤阴不正之风、遯二阴伤阳以及否势小人当道所导致的灾祸，如蛊卦的蛊惑之祸，归妹卦的乱正之祸，小过卦的小过之祸，皆是阴妄势长浸正道所致，若四阴之观不能止其阴妄，待五阴生则将有剥卦的剥落之灾，以及噬嗑卦的恶佞之灾。

观卦观阴妄之生且观阴妄致祸，从灾祸之体寻求治理。观卦之起始有难，至少不免阴妄不正为祸卦体，观卦的大观之道，乃从阴妄不正诸灾祸之体起观，阴势渐长且盛大，致灾祸如此，不得不行观道治之，观卦正是以众卦未有的制阴教化之力，才得德化制阴与修德行政之典范。以中正观天下行德政教化，以德化之力使不正能正，使阴能从阳，乃观体之责。

观卦以九五主卦，围绕君及位之主体，设象立意。从九五君位言“位”，为以位谋王政，王政得施，则履位而成其德，以位见“德”，再以德化行王化天下、德被四方之道。以观求与观仰呈观义，求在于民求，仰亦在于民仰；而观则在于君，观则察，君察民，君以识大体治明德而观民所求，能察民求养其壮而大之政，民求则君予，在于君王能否师法自然，洞明阴阳，再依革体，依渐体，依自然法序而行渐进、渐长、渐养之次序，不以急政迫民，不以乱政害民，既察民需，又察民苦，而先成为善、仁之君，继而以位修政，行正邦、养邦之道，再成为勤政惠民之君。以此两者为基，再以政见善，说明修政有正，施政有中，而渐养邦民中正之德，非九五一人中正，而以善政化天下之中正，继而成中正之君。中正之君必有中正之德，邦民虽大而壮，但必蓄其德，君以德观民设教，行德教之道化君子之正，因大同之愿景，在于众君子以德济邦与正邦，通往大同之路，必然以德为凭。君察民，则民亦察君，察君政、察君德，既匡扶君与政之得失，又以政善、君德养其已体，忠君亦随君，成顺之又顺之民。以民察君，便是“圣人以神道设教，而天下服矣”。观卦设“神”道之所在，“神”在于听、察，把听、察之主动权给予民，以民评政，以民评君，再以民忠君，天下怎可不服，不顺？

王化之道。以俯仰之察，察“大观在上”之天地之道，再以“顺而巽”入法序之要，师法、效法、取法自然法序而“中正以观天下”，中正以观天下者，王政之术也，秉德而观，因观而治，且治之有术，正是以道→法→术→用之王道系统，行使民养而壮大之用政，用政之源，根于道法，发之于观道思想而成之于治术。民有其用，民得其用，正是君以位见“德”之时。值观体以“观”义的两重境界（以德政观万民，以德教化天下，以观行王化之道，其王道之德，被人所观，为人所仰），以位谋政，以政见善，以善健德，以德教化，而行王化天下、德被四方之道。

观：盥而不荐。有孚颙若。

彖曰：大观在上，顺而巽，中正以观天下，观。“盥而不荐，有孚颙若”，下观而化也。观天之神道，而四时不忒，圣人以神道设教，而天下服矣。

象曰：风行地上，观。先王以省方观民设教。

卦辞：以敬、诚、仰之位序，治“德”的外、身、政之位域。

彖辞：以道→法→术→用之王道系统观天下，以德治服同。

象辞：观民设教，行王化天下、德被四方之道。

观卦，巽上坤下，为风行地上而修德行政之象。在观卦，二阳居尊，犹以九五居中履正主卦，以上观天道，中观法序，下观民情，成其观体；在卦体，九五以位德敬天地之道，敬道法伦序，敬先王宗庙，再以御天下之位政，从位见德，使坤众顺。顺之有二，为君以政之予、民得君之惠而顺君，以及君以德之化，民得君之教而顺德。巽者，风也，风善行，为王考察世风民俗，以民之需、民之求行政，以政善行天下；风善入，风行地上，无物不被，圣人行无为之事，立不言之教，正是风行而教化。修德行政在于言君，君先治君德与位德，再行有为之善政，君修德在前，行政在后；而民睹赫赫君德，自然被德所感化与教化，又因君之风入教化，民健德在后，这便是观卦以风行地上，民得政利又健德于正，使其顺之又顺之所在。

“盥而不荐，有孚颙若”，盖致其洁清而不轻自用，孚信在中而颙然可仰。盥，将祭而洁手也；荐，奉酒食以祭也；颙然，尊严之貌。梁寅曰：“盥而不荐，设辞，以见其洁清之至而不轻自用耳。犹中庸曰‘不动而敬，不言而信’。圣人未尝不言不动也，而其敬其信则尤在于未言动之时，故圣人之御天下也，其政教之施民，固无不化矣，而其政教未施之时，所以化民者，尤有不言之妙焉。盖其笃恭之极，如临大祭，而孚诚之念存于中，颙然之容见于外，故下民之望之也，其信从化服，自有不知其然矣。” 无不是以“盥”言洁，洁在于敬之，“颙”在于诚，而有德使之敬仰。以这句话立辞在于言说观卦的三件事：

其一在于敬，敬必诚敬之，祭而洁手之敬是外象，通过外象传达的敬意皆易见，而敬之诚敬则是内在修养，不易知，所以九五中正大观在上，必通过外在事务示诚，因为天地之道、宗庙之法以敬行之是理所当然，而“诚”则关乎到以身言德、以德治政的重大问题。敬于外而诚于内，是九五取信天下的关键，以敬示诚，以一个致其洁清的“盥”行为，在于检点行为而修德于外行，以洁身自好健德于身。

其二在于信，敬于外而诚于内，在于治信，既是信德，又是以信德向天下发出的信号，也是九五治天下之思想，必然是修德行政，秉德以化，不要小看一个小小以敬示诚的行为，因在于九五位而言，他表率于天下，这是君以自明而行自信之举，无孚信则失基，更谈不上治天下，欲取信天下，便要以信先言自己。如何言之？在于健德治信，当治信有成时，其“信”便在每一件小事里都能展现，且信使的作用也达到了。

其三在于仰，仰则同，求仰不是满足自己浮夸的虚荣心，而是君民同心，邦民同志，当九五君有修德行政之治国思想，并且知道敬于外而诚于内，以及取信于天下的重要性，自然不会追求浮夸且虚荣的逼仰愚弄的昏聩行为；所以仰行为的发生，一定是从下仰上，且在于因德而仰，在天下之民因君德、位德、政德而仰望时，君便可以德统帅天下，使君民同心、同志而有大行王政。以观之主体，立辞言德政与德化，其德既在以敬示诚之行外，又在以诚治信于身内，还在以仰求同的王政之中，使“德”的外、身、政之位域明晰，又在同一观体之中。

“大观”。何为大观？从观天道、观四时法序、观宗庙、观天下民状、观政、观教化……而言大，正是根于道→法→术→用之王道系统之观。在观体之大观，以“中正以观天下”成观之主体，“中正”者，并不全在于九五位，而首在于德，因大中正而明，“明”德昭著，即中正以明，此“明”对比其他卦与爻言说之明，因能观天道，懂其道体德性以及四时法序而大明，同革体能查革时、懂革之本理的大明君子一样，在九五位上有如此大明者，还有比卦之比君，皆以“元永贞”之特性而明德昭著。天道者，以乾坤统言天地之道，因道施行于天，故以“天”称谓，它有真天与非真天之含义；天道者，因本体、本性而元也，不生不灭而永也，元亨利贞圣德周行而贞正也。法者，道以法运，呈独立不改周行不殆之法序，道无所不包、无处不在，只能洞明，不能察明，察只能察法，以法入道而示道，其四时者，皆法序也，所谓“观天之道，执天之行”正是如此。

之所以从观天道、观四时法序言观，在于言九五之明，以大开明来言九五治“以德政观万民，以德教化天下”的治国之术，以及以德行政的思想之源，以术循源，在于根在道、法也。以德行政，其政在于养万民并壮而大之政，以及以善政、德政教化天下之政，此政因施于民而言用。子曰：“天有四时，春秋冬夏，风雨霜露，无非教也。地载神气，吐纳雷霆，流形庶物，无非教也。”可见道、法教天下，而观之九五师法、效法、取法自然法序而教天下万民，故而以王政之术，行使民养而壮大以及教化之用政。言大观者，在于观之九五治其大明,以明德而位中正,正是以道→法→术→用之王道系统设观、治用之所在。

“以神道设教”。因明神、先神、众神而有神道。明神者，因治其明，而有用之神，知其道之源与法之序，因明而神；用之神，以明而知用，谓知其所以神。《阴符经》曰：“人知其神而神，不知不神之所以神也。”不明道、法之源，事物之本，皆信乎外神，故而迷信成神，以为有“外”神。以“神”

言之在于以变幻莫测之用，示万物之联系，通常世人皆只知用，只见外象，就如在“盥而不荐”中，祭而洁手之敬只是外象一样，其内在还关乎明、诚、信诸德。

只有在道→法→术→用的王道系统里，才能知神之所在，以及用神何在，因“明”神便知神之本，曰道，曰法。先神，此先神者，为崇敬先王乃至祖先之神庙也，以礼敬先王治国之术而有宗庙之道。因先王崇德，观体之文明，建立在先王德政治基上，以宗庙之道崇敬先王，在于知源而重本，既是九五君自健之德，更是教化之工具。众神，以民意之需、求而左右社稷当政之风向，而言神；众神为民，在于众听、众察，听任于君德，察行于己、察弊于政而以民载社稷。《左传·庄公三十二年》曰：“国将兴，听于民；将亡，听于神；神聪明正直而壹者也，依人而行。”水能载舟，亦能覆舟，任何有志执政于民者，皆不敢明目张胆忽视此等众民神。

观以宗庙之义通涣卦。涣卦，巽上坎下，为风行水上涣而散之象；巽坎合而成卦，水遇风则涣，坤六断而离而散，巽善行，故有散而远之成“涣”。涣以宗庙立象，巽者，主命，言气、魂；坎者，主祭祀，言鬼、精；艮者，宗庙也；涣非言人命终精散神离之“鬼”状，而是以涣的离散之象，取精散神离之义来言人心涣散，离世之人需立庙以收魂魄气，人心涣散之民在于以立庙来聚神，凝人心，邦、民进志迈向大同文明，更需要正精气神。涣卦云“王假有庙”，为君王来到宗庙以祭先王；假者，至；庙者，宗祠也。《案》曰：“涣与萃对。假庙者，所以聚鬼神之既散也。建宗庙、来宗庙、行宗庙为王治德服、心服而产生服同之治道。有此治道，则能‘利涉大川’。”《周易本义》曰：“以祖考之精神既散，故王者当至于庙以聚之，又以巽木坎水，舟楫之象，故利涉大川。”利贞者，涣散之道，在乎正固其气、其神而行中正之道。

涣卦云“乘木有功”，以木道乃行，言乘木的舟楫之利，而达成利涉大川之愿。乘木者，更以“乘”而言凭借；首先木有根才能长成大用，同宗庙一样，祭天地，配祖考，在于法“物本乎天，人根乎祖”，以传承有序而示根本；其次，成材才能做成舟，来行舟楫之利，因成其材而有其用；再次，和乘木有功一样，宗庙亦为可借乘之物，皆以德教化之工具，只是此“工具”重之又重，不可随意用而弃之。《系辞》云：“刳木为舟，剡木为楫，舟楫之利，以济不通，致远以利天下。”木道乃行，以舟楫之利，皆以“木”乘其行，以行达其愿，以愿利天下。

观卦以“观民设教”而治“天下服”。观卦九五君如何观民呢？以“省方”的八方巡视体察民情，先治其洞明，对民之状了如指掌后，再施政治其民所求。巽者风，风主行，巽者四，为风行四方而行巡查天下之象。正因以八方巡视来观民，才治之以明，观民的目的在于设教，因民所求来设教，“临观之义，或予或求”，不足则多求，多求在求养其大、壮其盛，这是民之所需；而设教在于“予”，予政与予德，予善政则能成其大，予德则能安其教化。艮观，坤民，巽教，为观民设教之象；巽善行，风善入，四海风动，正是风行教化之时。

教化之政，是以能使民成其大之善政为基础，若民尚不能安，何以言化？所以化民必先以政安民；风入教化者，圣人以德为凭，行无为之事，立不言之教，在无为之境。以有为之善政，再行无为之教化，正是治“天下服”之时，服者，德服也，为君王中正以观天下之身德而服，亦为九五以尊位行修德行政的大观之善政而服，更为以观行王化之道的王道而服，生此三服，则观体大治也。

服则同，以服同而同君、同志亦同心，以君同天下民，使君以帅民；再以志同天下志，使天下民进正邦的大同之志；以中正之道同其心，使见道、证道而正其道心；王化之道以及王道之德，被天下服同，而有其德行被人所赞，德政被人所观，德性被人所仰。

观小

初六：童观，小人无咎，君子吝。

象曰：初六童观，小人道也。

六二：窥观，利女贞。

象曰：窥观女贞，亦可丑也。

初六阴柔在下，以阴柔之质，居远于阳，以观见者浅近而无远见之观，如童稚然，故曰童观。小人者，位下之民，所见昏浅；童者，童稚，幼稚，取艮象；小人之道，君子之羞。观体阳刚与中正均在上，尤其是圣贤之君有大观之深远，而位下之民，因所见昏浅，故见而不明，正是童蒙之观，童则稚，蒙则昏。之所以言小人无咎者，在于童稚昏昧之见，就是初六位下之民之本见，被位所限，故不会责其昏。以初六言小人，在于以“位”来称，又因初六阴柔质弱，故而只能依下位行小人道，小人行小人道，是称位之表现，因其德、才不足以配位君子之道，小人行小人之道，为安享其位序而称位其事。

六二阴柔居内而观乎外，有窥观之象，六二阴柔，居坤之迷，行坎之暗，为二阴所蔽，不能达观九五大中正之道；二应于五，为二观于五，既为以下观上，又为以柔观刚，五刚阳中正之道，非二阴暗柔弱所能观见，故成其小见而不能明之窥观。二既不能明见刚阳中正之道，能如女子之顺从，则不失中正，则利女子贞。窥者，由暗向明，倚门窃视，因见之不明而窥之者少。坤与坎，迷而暗，管窥之视，不能明见。窥观者，妇人之行，不庄之举，以丈夫之阳对衬，则为丑行。胡炳文曰：“初位阳，故为童。二位阴，故为女。童观，是茫然无所见，小人日用而不知者也。窥观，是所见者小而不见全体也。占曰利女贞，则非丈夫之所为可知矣。”

观小。位下之观与小体之观，位下之观者，小人之观，小体之观者，小人与妇人之观。小人以童观为义，妇人以窥观为义，两者皆为小体之观，因昏蒙、昏浅不能远见，故而只能见小而不能见大体与全体。小人道，小人行之；君子道，君子行之；盖万物之道，各有其序，此为“位”所定，位者序也，法序与德序之综合，故万物皆以持己位与己德而安身立命，并以此为常道。君子羞吝小人，为君子知小人不知之情状，丈夫羞妇人窥观，为丈夫明正大与光明之正行。小人童观，日用而不知，在于以迷为常，若以明开示之，又将被小人愚笑之；妇人窥观，行其丑径不以为丑，在于暗而无常见。小人还知童观为常，而妇人连丑恶亦不分。

比之小人还有恶人。偷窃观瞻，以妇人之丑行来对比，可知小人未必坏，只是处位与常德所限，所见幼稚且浅薄耳，而较小人与妇人来说还有更甚者，为因其行有恶，而成恶人，小人未必怀，但恶人必行其坏人之行径。恶人，有恶在身、行、言等，坏人，因行恶而损他人身或利。君子难成，在于君子以阳健刚明之质地，还要治明德、治信德、进志、进位、正邦……既要以治君子系统修身于己，更以治君子过程健德始终，标尺之高，可想而知。君子很难一时修成，大多数人都甘愿当小人，可往往因昏暗不识，大多数人连小人都不是，而是操持欲望并充斥着恶行之坏人。

小人以阴柔之质地，有其位亦有其德，尚有小人之道，小人还可以革面与健德，而更有甚者，是无法启蒙更无法醒悟的尸人，如同死尸一般沉寂，不听善，亦不为善，而能统御他们的便是无君子乃至无小人羞耻的牲人。敬文东云：“在一个处处都是牲人甚至‘肉人’的时代，在一个绝大多数人都屈从军事强人的欲望而甘于‘肉人’和牲人身份的世界……以蓄牧管理学制造出来的最终结果，只能是牲蓄或牲人盈天下。”

之所以言治君子，就在于升小人之浅见，华妇人之丑行。使小人革面，能去其昏浅，使小人有德而能见善，方能观民设教而行教化之实。

观体

六三：观我生，进退。

象曰：观我生进退，未失道也。

六四：观国之光，利用宾于王。

象曰：观国之光，尚宾也。

六三以柔居下之上，处顺之极，能顺时以进退，以可进可退而承上启下，进可以观国之光，退可以守女子之贞；远则不为童观，近则未为观国，居在进退之处，可以自观，时可则进，时不可则退，故曰“观我生进退也”。《程传》曰：“观我生，我之所生，谓动作施为出于己者，观其所生而随宜进退，所以处虽非正，而未至失道也。随时进退，求不失道，故无悔咎，以能顺也。”

六四以阴柔近于五而观。观莫明于近，五以阳刚中正居尊位，四近观之，观见圣贤之道，故云“观国之光”，既近观见君德，又观见国之盛德光辉。四虽阴柔，而巽体居正，切近于五，为观见且能顺从者。

刘定之曰：“九五大君，观己所为以仪型天下。初居阳而去五远，所观不明如童子；二居阴而去五远，所观不明如女子。唯四得正而去五近，所观最明，故曰观光宾王。盖诸爻皆就五取义也。”君既已有圣贤之德，治国又得盛德之光辉，故抱才德之人，皆愿效力其君，以进愿于朝廷，上辅于君进志匡济天下，而人君宾礼之，礼敬贤仕，故云“利用宾于王”。

观体。为观己与观国之观，对比小人位下之观与小体之观，在六三以“观我生”而观己身，六四以“观国之光”而观其国，实则为观其体。也是小体远观的近位之观。六三观己，从观瞻自审，开始育蒙，《朱子语类》云：“六三之观我生进退者，事君则观其言听计从，治民则观其政教可行，膏泽可下，可以见自家所施之当否，而为进退。”从浅见之昏，到可以观瞻自审而思进退，为观的局面已变大，这是六三进位以观的结果，只有进位当其政，才能知事君与治民之事，其进退之选择也在于择其善恶，开始有了善恶观念，进可观国，退可守正，正是观蒙之表现；观瞻则能观其大，自审则能择善恶而知进退，这是以己身、己位而言观之者大。

观之者大者更在六四，六四以近九五，既见君德，又见国之治，君德又大，国之全域更大，是为全体也。六四之观，为以观言仰，因盛德光辉之成，而成其以下观上之观仰，六四民也，为以民仰君，在于君以位有善政，亦有位德之大健。

观民

九五：观我生，君子无咎。

象曰：观我生，观民也。

九五阳刚中正而居尊，为观之主。其下四阴，仰而观之，成其君子象。王申子曰：“五阳刚中正，居尊位以观天下，此君子之道也。天下皆仰而观之。在五又当观己之所行，必一出于君子之道，然后可以立身于无过之地，故曰观我生，君子无咎。” 九五主观，其观天之神道而设教，抱一以为天下式，四阴臣民皆仰观之。是故，天下兴君子之风，则是君王德政所化，可得无咎矣。孔颖达曰：“四海之内，由我而化，我教化善，则天下有君子之风。教化不善，则天下着小人之俗。”九五以观民来观己所行，如镜子之烛照，足可见其君明。《书》曰：“天视自我民视，天听自我民听。百姓有过，在予一人。”

观民。为九五以尊位以上观下，以观民而行察己之道，不行愚人弄人之路径，是求政善与德真之善观。九五以上观下来观民与八方巡视而省方观民不同，省方观民为施政之初，考察世风民俗而观，为政未行而先有其明，以免出昏政而乱民，而九五“观我生”观民，为施政之后明辨得失之道而观。

《朱子语类》云：“九五之观我生如观风俗之媺恶，臣民之从违，可以见自家所施之善恶。”以九五之善观，使天下兴君子之风，就是实已为天下之表率，因有修德行政的大配位之德，而有大君子之称位。既履尊位成君，又能称位大君子，实为健德与进位皆履得其所，九五自己成为大君子实属罕见，既施大善政，又行德文明以健之教化，这大概就是众君子与天下民最崇高之夙愿。

观德

上九，观其生，君子无咎。

象曰：观其生，志未平也。

上九阳刚居尊位之上，为下之所观；然而不当位则无政可观，既被下所观，便在于贤人君子不在乎位，而以道德为重，其德为天下所观仰。观其生，为观其所生。王弼曰：“观我生，自观其道者也。观其生，为民所观者也。不在于位，最处上极，高尚其志，为天下所观者也。处天下所观之地，可不慎乎？故君子德见，乃得无咎。”

观德。以观上九之道德而成观，为观之视野发生重大改变，无论是观小体，还是观大体，以及观己、观君，乃至观国，无不是围绕可见之体而观之，在乎位，在乎政，皆不过朝堂与庙堂之事，而上九之观，因观其道德成无形、无体之观，道德者，世间德政，也可通过政、事来观，而上九所志于道的大道、道法则不能通过政、事之有形有体之事来观，使观的位域层次发生变化。

无形之观，在于观德，更在于观其道体德性之道德，它有能观，可观与观之有觉三层含义，能观者，在于观者自身有观德之层次，在于既明德为何物，以何物来显，以何物来示，又要观而知德，在于能观者治明且有明，它是治明德的结果。可观者，在于能观者所观之对象，需有德，以供可观，有可观之健德者，才能启发能观者成其所观。观之有觉，在于能观者观其可观者，因有德而觉德，因觉德而知道明性。《书》曰："七世之庙，可以观德。"庙承先天之德，在于有德可观，观之对象明确，七世者，以时间示德之形迹，庙者，可观之事，以事载德；可以观德，在能观者自己来观，并观庙知德，知德而觉德，而成其明之大观。

何以言"志未平"？在于上九之志并不在于位，亦不在于政，哪怕是九五尊位，也不是上九君子之志，上九要以崇道体德性之尚，以大明治得道君子，以得道君子之成，于无为境而无不为。在道→法→术→用之王道系统之观里，其"术"与"用"皆是有为境之观，在于有事、有政可观其体，而"法"与"道"皆是无为境之观，无形、无体而只能觉观。观德并非局限于观其德用，如德政以及众有为之善政，皆在其"用"的常度里，而"德"既可以道载，又可化法以呈，故以有为之用观，只能观其有为境，不能入"道"与"法"的无为境里，观其"性"。而观其德性，只能依观而觉，其"用"道不能观之，反而以思维之常见落入断灭之见，反而不能观其德。

在九五之有为境里，以观我生而有"我"，上九之无为境里以观其生，而舍"我"。只有使其生的道与性，方能成其天下之生，亦为终始之生的大生。所以观卦以观体之大观，以及诸爻之观，逐步言明位、政、德的位域层次，以及德化天下的大小乘问题。观之上九，同乾之用九、坤之用六一样，志在于得道君子，只有证悟得道君子，方能入无为境观其性。

得道君子超乎于有为境而居无为或无不为境，以治君子系统来治君子乃至内证得道，皆是生小乘之利的小乘层，其得道之利在于健德君子（内健龙德）本身；而大乘的问题恰在观卦九五以观之政，和渐之进位（进位之极便是观卦九五履尊位），以及以治君子而称位君子，独有观之九五以健德与进位皆履得其所，以修德行政的配位之德，而称位大君子，既施大善政，又行德文明以健之教化，以普照天下之式德化天下，而行大乘之大利。之所以以“大乘”言九五，便在于九五以身位证得道君子，再以尊位行德化天下的普照之政。若无以身位的小乘之成而言大乘之利，会以不见本性而容易落入口头空禅。

中孚卦：孚信之道

巽上兑下

正志求孚同应得信

大观天下，在于笃恭之极，如临大祭，而孚诚之念存于中，孚信在中而颙然可仰，下民望之信从而化服。观卦以“盥而不荐，有孚颙若”立辞言卦德，其一在于敬，敬必诚敬之；其二在于信，敬于外而诚于内；其三在于仰，仰则同，同则有信从。何为大观？从观天道、观四时法序、观宗庙、观天下民状、观政、观教化……而言大，正是根于道→法→术→用之王道系统之观。

在观卦，以俯仰之察，察“大观在上”之天地之道，再以“顺而巽”入法序之要，师法、效法、取法自然法序而“中正以观天下”，再以道→法→术→用之王道系统而观其所有，行养正王化之道，正是以政见善，以善健德，以正德而教化，其德行被民所观，德政被人所仰，德性被君子所大知。观卦以有为之善政，再行无为之教化而治“天下服”，服者，德服也，为九五君王身德而服，以尊位行善政而服，行王化之道德被天下而服。

之所以能“中正以观天下”，在于中正之道所贯穿的孚信之德。无论是治明，还是言志，无论是言建序，还是存治道，无论是治小体，还是全大体，犹以孚信贯穿易之全体，无论是卦体，还是诸爻位，皆处处见孚，位位见信。凡辞有言孚者，其孚信尤其重要，未言孚者，其信义亦贯穿其中。

中孚者，持中正之道，健孚信之德；中者，信发乎于中，由中之信曰正，故执中且正；孚者，主虚而有，言本；信者，主足而准，言笃；孚信，谓无论虚实，皆执专笃而成信实。在卦中，二阳得中与二阴居中成孚之主体，二阳者，二五以中实得中，二阴者，三四以中虚居卦体之中。中实者，孚信之质，以信足而准言笃实之义；中虚者，孚信之本，以虚而有本言信有所出，从而虚实相济，本质互体，专诚笃实而感通天地，达中孚之道。故中孚之用，常以专诚通天地而致孚达信，谓之诚信。

《序卦》曰："节而信之，故受之以中孚。"节者，以制节使不得过越，在于以节言度，而衡量是否过越之"度"便是节制之信物，如同符节言信物一样，节而后有信，有信而后能行，上能信守，下能信从。中孚卦，巽上兑下；为风行泽上而感于水中的中孚之象，卦中内外皆实而中虚，为虚已待应，专诚求应，感通而应，故中孚为感应之道。

感应原理。感应在于感通而应，既在于感而遂通，又在于感而有应，以"应"的气机表专诚之通，而示诚。感通而应，在咸曰感通，在萃有正应，在中孚，成其感通而应。在咸卦，以感通之法感于物再通于物，从德合出震，震动发气，神主气用而感于物再通于物，既感物之法序，又通物之本性，再以洁静精微之感而感于心，感通在于同频二气感应与相与，感通不应不曰感。感应与相与在于有气出与气入之过程，气出，发出交感之专诚，神主气精之气行往外，气入，感通之气两两相应且相与时，以应其出气而有气入，故而以气机出入的感通过程，成其感应。感应，为先感气之出，再相应而有气之入。得感通之气，以气以充内，为气入，气入之应在于有感，应者则感，感者即应。气出少而入多，则成气聚之体，气聚则有朋感而应，成其萃，亦便是从咸成萃的过程。中孚的感应之道，必集咸而聚萃之气机出入为一体。

专诚用事。咸出萃入的气机过程，需以专诚用事成其感而有应。专诚一事，在于虚其心以待应，为何有虚心以待呢？为心神之气以专且诚发乎外，发乎外而无气入以充实，故曰虚；虚而空之体，再以专诚之用使气入，以聚气凝神之道，气便能入，入能感而应。专则凝神，诚则静心，故专诚是发气与入气之能量驱动。形成了以专诚之求，从咸道发气，气出而虚心待应，再以专诚之凝神聚气之用，由萃道入气，而得中孚的感应之过程。在咸出与萃入的过程中，需专诚用事，以诚舍识弃意而虚我从心，达到静心的效果和作用，再以心系一念而统万有之专，无论是求而发气往外以交感，还是待凝神聚气使气入而应，感应一事，无专不用，无诚不成。

感应条件。咸出萃入的中孚感应过程需有如此条件：首先，有泰而通的气机通道，在交感五通的感通原理中，治感通的结果便是能将否之不交不通使其泰通，通泰才能气机往来，才能发生与大秩序建立天人合一全息元象“动态”交易联系，而求感应的气机正是超越自身位域而发生与大秩序相联系，天地交而万物通，这种联系本来是全息交易联系在一起，只因阴、妄、识的重重障碍而无法建立，故而以专诚为驱动，在气机的属性法序里，找到感而应的通道。其次，有诚而无欺之所求，当能感应的通道建立，以诚而专之所“求”，从咸道发气，使其建立待应的前提，德合出震，震动发气，心发识于外，继而有神主气精之气行往外。专诚之求，正是“孚”的孚之破出之义，《说文》曰：“孚，卵孚也。从爪、从子。”为鸟之卵如其期破壳而出是孚之范式；以求之破出，言气之外出，破出之求的正阳之气，才能以破之功求交感。再次，有所求志与愿皆合正道，非欲道和妄道。所求之愿，需为合正道之愿，正者主阳，唯阳气才能发出，也只有阳气能在气机通道里有足够的能量去交感，而欲与妄之气主阴，无法发乎于外，没有发气往外之求，不可能产生“应”事；所求之愿合正道，才利于发气，这是非常重要的发气原理，也是为何阳气与发气先行的萃聚感通原理。以诚而无欺之所求为愿，在泰而通的气机通道里，从咸道发气往外，以“冲气以为和”气机原理，咸气出必有萃气入，二气交感并同频相应，产生咸出萃入的中孚感应过程，并以感而能应与应而能相与，使二气归一气之类。

得诚信。当“求”以诚而无欺之所求合乎正道，德合出震而阳气发出，在于以求表信，二气交感并同频相应，以应而得信，萃气之入充乎其内，所虚之心神充而有实，应而得信，两者再以专诚为用，使中孚感应过程得其诚信。以信求，再以信应，求时以志为愿，故“志”为信求之本，应时以同为应，故“同”为达信之质。以志为愿，志存乎正，为以志正愿，方能使所愿皆正，得其阳气，使求有正信；以同为应，同者，萃聚在于同，无同便不能产生萃聚之实而使气聚能入，萃聚之同，以气同、求同、志同、同人成其萃同内涵。

《杂卦》曰：“中孚，信也。”中孚的孚信之道，以信求感，再以信应，以见孚贯通咸出萃入之气机过程。在卦中，取“豚鱼”之简祭示专诚，以专诚之用，使孚信有发生感应的能量驱动，故中孚卦以“豚鱼”的卦辞言“诚”德，再通篇贯穿如“鸣鹤”“翰音”等取“信”之象，以孚信为义呈现中孚之体。风行泽上而感于水中的中孚卦，风随四季，鸟随季迁，春来秋往，不违其时，是候鸟之信，泽水昼潮夜汐，如钟履期，是泽之信。

以志正愿，使正信以求交感；得专诚之用，贯穿咸出萃入之气机过程；以同为信成其正应，应则诸感遂通，得其以信求又以信应的感应之道。感应之道是中孚言孚信之关键，以信求感，再以信应，得其既虚又实之感应，使专诚之信在小内，而感通之应在大外，感应相与在乎中，再以孚见之，得其孚信之道。心气发乎外而中虚，此“中虚”正是得中之中，中正之中，亦是信发之中，为本中，舍识弃意而虚我从心，使气发乎于中而得“中”，故而中虚为信之本。因中而正，以信求感，信来入中虚而有信之实，以实成质，故中实为信之质。

中孚之道。中孚卦，取“豚鱼”立象而示诚为卦先，再以孚信立意，得专诚之驱动，使其发生咸出萃入之气机感通过程，使感应之通，既通信之本，又通信之实，呈现以孚之破出正求又以信笃应的感应之道。孚信之成，专诚在小内，感通在大外，而心物一体，既融合感而遂通之咸德，又集静心守恒而正固之萃德，全中孚之德。中孚之用，既以专诚斩妄去欲，又以感而有应行中正之道，以此“乘木舟虚”之利，虚实相济，以诚信感格四方。立“豚鱼”言卦德，以无知之物有小在下，通神明达天地有大在上，使专诚之信在小内，而感通之应在大外，得诚意笃实的小往大来之泰通，立中孚之德，故以小诚通大德，以大德范大邦，以信之笃实贯穿其内，便是中孚之道。

中孚：豚鱼，吉。利涉大川，利贞。

彖曰：中孚，柔在内而刚得中，说而巽，孚乃化邦也。豚鱼吉，信及豚鱼也。利涉大川，乘木舟虚也。中孚以利贞，乃应乎天也。

象曰：泽上有风，中孚。君子以议狱缓死。

卦辞：立豚鱼之专诚通孚信，得孚道而涉大川。

彖辞：立小诚通大德，以大诚范大邦。

象辞：祛风止浪，出刑入礼，以中孚之道正德厚生。

中孚卦，巽上兑下，为风行泽上而诚在其的中孚之象。中孚者，持中正之道，健孚信之德；孚，取孚之破出为义，在于以志正愿，使正信以求而交感；信，取以同达信之质为成其求的正应，以孚求同应的虚实相济，发生感应之通，既通信之本，又通信之实，呈现以孚之破出正求又以信笃应的感应之道。卦中二与五皆阳而有实，在卦之全体则中虚，为卦二阴在内，四阳在外，而二五之阳，皆得其中。以一卦言之为中虚，以二体言之为中实，皆孚信之象，以此“信”使中虚成信之本，中实成信之质。其风之信、泽水之信，以及候鸟之信，皆履时序如期不失信而成信，亦可睹信而知候。

“豚鱼吉，信及豚鱼也。”中孚卦取“豚鱼”立象，豚鱼者，隐微之物；豚者，猪，坎兑同宫，坎为猪，兑亦为猪，《说文》曰：“豚，小豕也。”豚者，浮于泥上，言兽之微贱者。鱼者，水之虫，《论衡》曰：“鱼，木精。”鱼者，潜于水下，言虫之隐微者；泽水在下，风行之而感于水中，生其木精之鱼。以“豚鱼”隐微之物立象，为不在于物之贵贱，而在以物通诚，豚鱼为示诚、致诚之通道，以借用之物言“诚”是否有信，王弼曰：“鱼者，虫之隐微者也；豚者，兽之微贱者也。争竞之道不兴，中信之德淳著，则虽隐微之物，信皆及之。”至信可感豚鱼便是如此。

卦中巽主白茅，兑主酒，白茅缩酒，灌地降神，成祭祀之象，以二阳得中，诚意笃实行祭祀，为以治孚而言赤诚之心，而“豚鱼”正是献祭之物，取豚、鱼言兽、虫之微而贱，以此类无知之物的小牲，献而祭之，以此来感格天地神明，感通天地与神明者，不在乎物之贵贱，而在于祭之专诚，以诚心笃意行祭祀来感天动地，值虚实相济之际，以信求又以信应的感应之道治中孚。故而以豚鱼简祭示专诚，能从信由达信实的感通过程，找到中孚的孚信之本来，便是立卦之德。

感格之道。以志之正通“上下”而感格天地四方。中孚以“感格”义通萃卦。在萃卦，以“王假有庙”立卦德，在于以感格感通并相应。以萃的收、取相兼之义而达于彼此；彼者，宗庙也；此者，以神明之用的崇德之道；以感于“庙”而达于精神。萃卦与涣卦皆言立庙，尤其以涣卦尚宗庙之道，为立萃聚而收涣散之精神，疲乏之精气。宗庙之精神在于以神明外用而感格天下。宗庙以总摄众志而有“精神”之传承，以收神取信而有德化之感教，以王萃天下之道有政权之礼用，无论是合人心、摄众志还是敬取德，皆是以宗庙所具的“神明”特性，而行感格天下之外用。行宗庙崇精神而感格之王道，必推中孚之道，立诚信之本。

中孚立“豚鱼”，萃与涣皆立宗庙，皆以借用之物行收神取信之能，而中孚立豚鱼犹在言诚，萃与涣又以诚为基，行感格之大用，故以庙尊贵区别于豚鱼之隐微，在于示礼之品格。“王假有庙”以收神而取信，聚祖、人之精神，以承祖考。感格之要，犹在乎专诚，祭祖要诚，感通要专，才能祖、人精神相通。专诚者，推中孚之道，立诚信之本，才能以诚信通感格而行王道。

宗庙多用在祭祀、册命、重大礼仪、议政、卜筮等国家仪礼上，以礼之庄严，象征国家政权的崇高，而非宗庙规格之祭祀，则用享。豚鱼比宗庙，只要以至诚为原则，以孚求之正而达信之实为尺度，豚鱼之享，要比宗庙之仪礼更简洁与简便，同样是器用，宗庙以国器有用之重，豚鱼以微而常见有用之宽广。在感格之用上，豚鱼多言立诚达信，通诚取信的目的最重要，宗庙多言收神制礼，立德范、凝人心最重要，皆是用用享而达孚信的借用之物，只不过建立感应的方式不一样，其取孚信言感应的通道和原理都是一样的。

化邦之道。宗庙乃凝精神、立德范之重器，用之于国；豚鱼乃示专诚、达孚信之利器，用之于简；两者互通，则是轻重皆宜、专诚贯通、孚信笃实的化邦之道，既有国之重器，又有民之利器。中孚之道，大可交通天地，感通神明，小可存乎豚鱼，立于微小却能达孚信之大义，正是以小诚通大德、以大诚范大邦而正邦之礼器。

化邦在乎中正，使其中孚之道必得“中”，中与正之义，每个卦体皆有不同含义，在中孚从感应之道而言为以志正愿，得求正和信正。求正为发生感应至关重要之驱动，我们说得专诚之驱动，便是以专诚来示求，在乎得正，而在求之愿上，以志为最正，故言以志正愿，在于使求之初便能得其正。对比志愿之正而言，一般的发愿不一定能得诚信感应，便在于其愿能不能经得起“正”义之检验，以进志为发愿，则能得正，以“求”时神识主精气升腾发乎于外，神识与精气发乎于外的破出得其孚义，而得信正。虽小孚却大信，以小致大正是化邦之义，致孚信于万民的小我中，便能得其正邦之大中正。故卦德曰“吉”，又曰“利贞”。

中孚之吉，吉在持中正之道，健孚信之德；吉在持豚鱼立象，得感格之道；吉在以感格通重器，立于微小却能达孚信之大义而正邦；吉在以孚之破出正求又以信笃应；吉在专诚在小内，感通在大外；吉在有乘木舟虚之利，而有利涉大川之行；吉在以小诚通大德，以大德范大邦。中孚之利贞，从信由达信实之过程，以正和信之笃实贯穿所有，又能通他卦之全部，为易体言利贞之范式。

“利涉大川”。中孚卦之所以言“利涉大川”，既治孚信有成，又得舟楫之利，以感而遂通而无往不胜。其孚信有成，既在于以豚鱼之简祭，祭而能感天地神明，又在于卦体化物之功，卦中三四两柔在四刚之中，阴居内则体虚，体虚则能受，阳得中而诚，阳以诚施，阴以虚受，阴阳相济而成其大体，而且九五中正，以孚诚而无所不达，故而有应天之谓，以诚而求，故能应。舟楫之利者，震为乘、主虚，巽为木、为舟，兑为泽，木在泽上，外实内虚，而成乘木虚舟之象，内虚可载人，外刚则浮于水，以刚柔相济，而乘舟利涉大川。孔颖达曰：“信发于中谓之中孚。鱼者虫之幽隐，豚者兽之微贱，内有诚信，则虽微隐之物，信皆及矣。既有诚信，光被万物，以斯涉难，何往不通，故曰‘利涉大川’。信而不正，凶邪之道，故利在贞也。”

感应之道。以感应之原理，治感应之明，应知感应无处不在。感应之事，以专诚之驱动，使专诚在小内，通过咸出萃入的感通过程，使感通在大外，以信笃应达信之本，而心物一体，能心物一体者，则得感通之窍门，所谓二气归一气之类，咸出萃入气机出入一体，而物我相通，故核心要素在示诚。感通在大外，在于感通自然法序与事物的属性法序；能感通自然法序，在于能通明天地之道，以及天地之法序；能感通属性法序，在于如何取象并明物象之间的生克制化关系，再取类比象而自得其应，如风泽中孚卦，取先天八卦与后天八卦的坎兑同宫，坎为猪，兑亦为猪，取豚之猪象，泽水在下，泽之金生水，泽水相生又生木精，风行之而感于水中，感于水中为鱼，故取鱼象。

“乘木舟虚”。从豚鱼之由来，可知身边万物皆可类豚鱼。豚鱼之用，在于至信可感豚鱼，如何取象以及取什么象，只是取木作舟，又以舟之用虚而达实意。舟之用虚便是取象而立意后，其舟之用已完成，用虚反而更利致远。俞琰曰：“巽木动于兑泽之上，有乘木之象，四阳在外，而内函二阴，有舟虚之象，舟虚则无沉溺之患，而利于涉险也。人心中能孚信于豚鱼，则无所不感矣，只要建立示诚之仪礼，致诚之通道，专而诚之敬意，便能随时随地感诚，亦得随时随地之用。在卦中，以“虞”“燕”察其志，以“鸣”“音”循其声，以“鼓”“绝”寻其迹，以“孚”“挛”体其愿，皆是立诚而感应之道。观象而立意，立意而通辞，一体同观，分而察之，以“乘木舟虚”之利，利涉大川且孚以化邦。利涉大川在于万物可用感诚，以诚之小，通大川之大，持正道，占凶吉，才能真正执孚诚而无所不达应乎于天。

“君子以议狱缓死”。以专诚驱动感应原理的感通过程，可得中孚之道，再有“乘木舟虚”的感应之用，君子便掌握了行王道且致远之利器，以中孚之治道，又以“乘木舟虚”之用得深入法序而取类比象之精髓，但此等基于感应原理而感应致远的“利器”，一旦非“乘木舟虚”之实，而只是望文生义，则将掀起风浪。泽之起浪，必兴于风，风行泽上，无风不起浪，风行泽上而感于水中，却容易借兴风而作浪，此“感”无诚，且非诚非信，这便是反中孚之道的兴风作浪。“乘木舟虚”一事容易被小人利用，容易空穴来风，闻风而奏，继而煽风点火，陷害忠良而掀起刑狱。感在于诚，诚来自于忠，忠诚之人被“风浪”所害，君子师法中孚之道，要能明辨是非，复议狱案，解人危难，祛风而止浪，使忠诚之人得专诚之感以涉大川之远。《尚书·吕刑》云：“其刑其罚，其审克之。狱成而孚，输而孚。”应取中孚而明德慎罚，不兴风闻且无实据之脱中孚之刑狱，祛风止浪，出刑入礼，使刑法基于正序，以中孚之道正德厚生。

得安与同应

初九：虞吉，有它不燕。

象曰：初九虞吉，志未变也。

九二：鸣鹤在阴，其子和之。我有好爵，吾与尔靡之。

象曰：其子和之，中心愿也。

初九居下，宜静而自守，忌动而应上，处中孚之初，应度其可信而后从，信从而安才能得吉，不然虽有至信，若不得其所，则有悔咎。

虞者，先度后安，贤度其信，得其信从之而安，故“虞”不能单取度义，亦不能单取安义，故虞度而后信，信从而安，得信并得安则吉。既得所信，则当诚一，若有他，则不得其燕安；他者，指九二，初应于四，为二所滞，往见不安，静居守常，无意于四，则心不失而志未变。燕者，安裕也；有他，则志不定，人志不定，则惑而不安。

中孚六爻，二阳得中与二阴居中成孚之主体，二阳者，二五以中实得中，二阴者，三四以中虚居卦体之中。故中孚六爻皆不取外应，孚在其中，无待于外，求应则使诚，若用应则非虞。初九安处于下，不假他求，宜自安虞，无意于四则吉，故曰虞吉，有意于四则不安，苟变其志，动而求孚于四，则失其安，故曰有他不燕。

《案》曰：“荀氏项氏说，于易例卦义皆合。盖易例初九应六四，义无所取，如屯之盘桓，贲之贲趾，皆不取应四为义。颐之朵颐，则反以应四为累。惟损益之初，则适当益上报上之卦，时义不同也。此卦之义，主于中有实德，不愿乎外，故六爻无应者吉，有应者凶。初之虞吉者，谓其有以自守自安也。

礼有虞祭，亦安之义也。燕，亦安也。虞则燕，不虞则不燕矣。有他不燕，正与大过九四‘有他吝’同。九四下应初六为有他，初九上应六四，亦为有他也。”

九二刚中，有中孚之实，九五亦以中孚之实应之，但不取应，故二成孚之至者，二近比于初，是“鹤鸣子和”之象，孚至则能感通，鹤鸣于幽隐之处而不闻，其子相应和中心之愿相通。二五同道，刚中质朴，心志相通，是“我爵尔靡”之象。郑汝谐曰：“二独无应，若未信于人，而爻之最吉，莫二若也。自耀者其实丧，自晦者其德章。无心于感物，而物无不感者，至诚之道也。二以刚履柔，其居得中，且伏于二阴之下，盖静晦而无求者，无求而物自应，故鹤鸣在阴，而其子和之者，感以天也。”

鹤者，阳鸟而乐阴，善鸣，取震象；震者，先天为阳，与坤、艮、坎同方，谓阳中阴。浮丘公《相鹤经》云：“鹤者，阳鸟也，而游于阴，因金气依火精以自养。金数九，火数七，故禀其纯阳也。”鹤之阳鸟，夜半感水之气，益喜而鸣。《淮南子》云：“鸡知将旦，鹄知夜半。”子者，指初九，《汉书·杜钦传》云：“子者，父之阴也。”初承二，象二之阴，故取父子象。爵者，酒杯，《说文》云：“爵，礼器也。象爵之形，中有鬯酒，又持之也。”吾，指九二。尔，指九五。靡者，消散。愿者，质朴。

鹤鸣在阴，伏幽暗而益喜鸣，夜半鹤鸣，幼鹤回应，其子和之，物相感也。我有好爵，吾与尔靡，意相通也。鹤鸣子和与我爵尔靡，其物相感与意相通，皆感通之随；出乎隐幽而及于远者，同声相应，发乎心意而通于道者，同气相求。中孚之道，在于自安而自感，谓正而一，其应于求皆背中孚之道，苏轼所云“中孚必正而一，静而久，而初九六四，六三上九，有应而相求，皆非所谓正而一，静而久者也。惟九二端悫无求，而物自应焉”亦言此理。

同气相求、同声相应的中孚之道。在中孚之道的求而应的感应过程中，求时以志为愿，应时以同为应，求以“志”为信求之本，应以“同”达信之质，故而“同气相求、同声相应”乃中孚之道。信求以正，答应以同，有孚于其中，物无不应，诚同故也。至诚无远近幽深之间，故《系辞》云，“善则千里之外应之，不善则千里违之”，言至诚感通之理。王安石曰：“君子之言行，至诚而善，则虽在幽远，为己类者，亦以至诚从而应之，中孚之至也。”

先得安，再同应。九二以刚处卦内，又在三四重阴之下，处中而不失中，在于不徇于外求应求，而求自处自任之安；自任而安，正与初九合其燕安，九二有刚中之实德，初与之同德，故有鹤鸣子和好爵尔靡之象。言父子，明不出户庭；言尔我，明不踰同类，正合中孚之道。处于幽昧而行不失信，如鹤之鸣于幽远，声闻于外，亦有同类相应，无论远近幽深，得其专诚，皆可以“乘木舟虚”而致远，继而感而遂通，随物应情。求安得安在先，在于先得专诚之驱动，继而以“求”与“同”得同应，初九与九二两阳皆明，又治明通孚，得中孚之道，得安得专诚，以专诚之先，再从信求之本而达信质。

得敌与得匹

六三：得敌，或鼓或罢，或泣或歌。

象曰：或鼓或罢，位不当也。

六四：月几望，马匹亡，无咎。

象曰：马匹亡，绝类上也。

六三阴柔不中正，以居说极，失位乘刚，欲应上而阻隔于四，两阴虽虚中但相处不睦，致阴阳不能唱和，是“得敌”之象。得者，三应上；敌者，对敌，谓上九信之穷者，三应上得四滞其应，应而难合，无与生怨。《说文》

云：“敌，仇也。”鼓者，动也；罢者，止也；泣者，哭也；歌者，乐也。震为鼓，艮为止，震艮互覆，是“或鼓或罢”之象；兑为歌，巽为泣，兑巽互覆，是“或泣或歌”之象。

六三阴柔主兑，为卦辞“豚鱼”所指，微贱且愚，不能自感，又有“得敌”信穷之应，乘刚不安故不能自主。感于乐则或鼓或歌，感于悲则或罢或泣，人惟信不足，故言行之间，变动不常如此，无论是应物而动，还是感物生心，动息忧乐皆系乎所信。卦中诸爻皆三上有应，有应而动于外，非得孚；人心动于外，则忧乐皆系于物，不能坦然自安，背离了先得安再同应的中孚之道。

六四居阴得正，居近君之位，以正得上信之至，以当孚之任者，成孚之主，为月几望之象。月之几望，为信盛之至。马匹，谓初与四为匹；四乃绝之而上以信于五，故为马匹亡之象。月者，兑主月；既望，主农历十六月相。马者，行之阳物；马匹，意指初九；马匹亡，不能应阳也；绝者，割断；类者，群丑，指六三。初上应四，而四亦进从五，皆上行，故以马为象。

四应初遇三为滞，唯绝其群类，近比九五，同道相守，如此则无咎。月既望，以阴位受阳，为四亲于五；马匹亡，无有私群，失初九，远初之象；古者驾车用四马，不能备纯色，则两服两骖各一色，又小大必相称，故两马为匹。绝类上，远六三。《程传》曰：“孚道在一，四既从五，若复下系于初，则不一而害于孚，为有咎矣。故马匹亡则无咎也。上从五而不系于初，是亡其匹也，系初则不进，不能成孚之功也。”得敌匹亡，其道相反，《彖辞》言柔在内，柔居内谓信，而爻取义则反其道。

得敌与得匹。三四皆以虚中为成孚之主，在爻中得敌，在卦中得匹，正是《彖辞》与爻辞不一之所在。从全卦而言，三四皆成孚之主，为两爻并驾齐驱的得匹之象，三四得匹使中孚以虚中而见孚之本，因孚之本而全卦得孚，此得匹之利，在乎全卦。从爻位而言，三四又成敌，四以“绝类上”远六三，则以阴位受阳光之得阳，而得信之质。四本以“马匹亡”失初九不能应下阳，又因在全卦之体上与三共同成匹，故而马匹亡，亦指与三成敌失马，而成单匹之马，以从上五。从爻位言得敌，虽得敌却从卦体言得信之质，从爻位言虽马匹亡，但从卦体言却因三四有匹而虚中成孚。取义反其道，在乎时位与志，尤其显志，四爻志在得孚见信，单从四爻位而言，出现马匹亡与绝类上，皆与得匹相背，在于有志惟孚信是从。

挛系天下与掩质失信

九五：有孚挛如，无咎。

象曰：有孚挛如，位正当也。

上九：翰音登于天，贞凶。

象曰：翰音登于天，何可长也。

九五刚健中正，履中孚之实而居尊位，下应九二，与五同德，中正应天，孚诚应人，天下信而拱之。处中孚卦六爻惟九五言孚，以中正之德，发至诚至信之心而交于下，其有孚挛如可固结天下，以挛天下之心，故成其九五的成孚之主。挛如者，互相牵系而挛结。《程传》曰：“五居君位，人君之道，当以至诚感通天下，使天下之心信之，固结如拘挛然，则为无咎也。人君之孚，不能使天下固结如是，则亿兆之心，安能保其不离乎。”

九五有孚，在于中正之履尊位，处中诚以相交之时位，既得时位之利，又得有孚挛如之德。九五得孚，以孚感通天下，孚之道，无所不同，亦无所不感，九五以为君之道得孚，上下内外皆以诚信相通，得其专诚在小内，感通在大外，心、物、天下均有孚挛如而一体。《彖辞》云“孚乃化邦也”，正是九五挛如固结天下，且通天下君子之志，以孚信同志而化邦之时。尊位之孚与他位之孚不同，他位之孚，能得安且同应，以专诚而感，迁于外，便见孚实之德，而人君则以孚天下为实德，孚天下必通天下之孚，更要得其正愿之志，九五本专诚，再以正天下为志，此志正是信求之本，且挛系天下大愿，以志大愿大超乎所有，得大孚见大信。

上九居卦之上，处信之终，信终则衰，忠笃内丧，华美外扬，居穷极之地，是无纯诚之心，笃实之道，徒务其虚声外饰，居巽之极，为登于天，鸡非登天之物，而欲登天，信非所信，固守而不知变，安能长久？翰音登天，飞而求显，鸣而求信。翰者，鸡，木蓄，丽于阳而有形，取巽，《礼记·曲礼》云：“羊曰取毛，鸡曰翰音。”鸡振其羽翮而后出于声，翰音也。登者，上升，取震上于天，上九居天位而乘艮，是登天象。

《程传》曰：“翰音者，音飞而实不从，处信之终，信终则衰，忠笃内丧，华美外扬，故云翰音登天，正亦灭矣。阳性上进，风体飞扬。九居中孚之时，处于最上，孚于上进而不知止者也，其极至于羽翰之音，登闻于天，贞固于此而不知变，凶可知矣。夫子曰：‘好信不好学，其蔽也贼。’固守而不通之谓也。”

上九穷极，鸡鸣之声登闻于天，贞凶。翰，高飞也，飞音者，音飞而实不从，皆矫伪为尚，如鸟之飞登于天，徒闻其虚声而已。徒闻其虚声，在于欲盖弥彰而无孚，同样有“音”，九二鹤鸣在阴而子和，上九飞鸣而登天，其道相反。卦以立“豚鱼”为德，以简祭而贵在其示诚之质，翰音登天，声闻过情，掩其质而失所信，违背中孚之道，《庄子·缮性》云：“文灭质，博溺心。然后民始惑乱，无以反其性情而复其初。”反其性情则为反其质背弃诚，所谓“文蔽质而文浮华，终于不文；质掩文而质粗野，终于无质”便是此义。

中孚可以人伪为之。章潢曰：“二居兑泽，故曰在阴。上为巽风，故曰于天。孚于中也，则鸣鹤自有子和。孚于外也，则翰音徒登于天。然则中孚可以人伪为之哉！” 中孚可以人伪为之，正对应象辞言“君子以议狱缓死”，小人以“感”无诚而非信，皆“乘木舟虚”之虚妄，望文生义，借兴风而作浪，闻风而奏，继而煽风点火，宜陷害忠良而掀起刑狱。翰音登天者，声闻过情，无孚而做作其诚，君子耻之，且必当戒之。君子的见孚得诚之法，其感应之道的感通过程，存乎内，并不常表露于外，故可以伪作之。小人伪作呈现得利，而不害忠诚之君子，在于小人趋利害正道之本质，但以掀“风浪”害忠良，则势必严纠，大象措辞以严戒，便在此。

纵观中孚卦，初九“有它不燕”静守得安；九二“鹤鸣子和” 同类相应，初九与九二两阳皆明，居中虚之内，以先得安再同应而得中孚之道，得安得专诚，相应从信求达信质；六三“鼓罢歌泣” 应物而动、感物生心，六四“丧马绝类”阴受阳光，以四亲五，六三与六四两爻虚中，成并驾齐驱的得匹之象，三四得匹使中孚以虚中而见孚之本，因孚之本而全卦得孚，此为得匹之利，在乎全卦，从爻位而言，三四又成敌，四以“绝类上”亲五远三，以“马匹亡”失初九不能应下阳，但亦志五而孚信是从；九五“有孚挛如”以同道相守而挛系天下，以大志得大孚；上九“翰音登天”华美外扬，掩质失信。九五与上九两阳居外，九五得大孚而上九失孚，从一位大得而又一位大失，可知中孚之道贵在示诚之质，得诚、得志方得中孚之道。

涣卦：宗庙之道

巽上兑下

以宗庙制礼正涣风立德范

在中孚卦，立“豚鱼”言卦德，以专诚之信在小内，通过咸出萃入之气机交感通过，使感通往来之应在大外，既通信之本，又通信之实，以感应之体全中孚之德，呈现以孚之破出正求又以信笃应的感应之道。中孚之用，既以专诚斩妄去欲，又以感而有应行中正之道，以此“乘木舟虚”之利，虚实相济，以诚信感格四方。

感格者，尤以宗庙承感格之道，故涣卦以“王假有庙”立卦德，并崇尚宗庙之道。同为“感格”一事，观卦以“盥而不荐，有孚颙若”立孚信，主言诚敬，以敬示诚，敬于外而诚于内，治感格于大观之主体，以德政与德化之感格，使“德”的外、身、政位域明晰，又在同一观体之中，既在以敬示诚之行外，又在以诚治信于身内，还在以仰求同的王政之中。萃卦以“王假有庙”立孚信，以“庙”的收神取信之能主言聚气凝神之萃取，萃取者，以收神凝聚之专再取信，再以收、取相兼而言信德；萃犹能聚，舍识弃意虚我从心而神不外驰，以心通感而萃神以聚，继而聚气，既萃聚君子同人之志气，又萃聚贤才养邦之正气，君子与贤才皆以“宗庙”精神萃聚而志心向邦，使宗庙成感格天下而教化的器用之物。中孚卦以“豚鱼”立孚信，以“豚鱼”之隐微主言专诚，以专诚通感格之要，感格犹在乎诚，祭祖要诚，感通要专，才能令祖、人精神相通，专诚者，推中孚之道，立诚信之本，才能以诚信通感格而行王道。

感格先取物象再贯穿感应之道的感通过程，取孚信，立孚德。其宗庙与豚鱼皆是借用之器物，宗庙高大上，豚鱼隐微低，在术用上也形成了重用与简用之别，宗庙多用在国家仪礼上，以国器有用之重，豚鱼比宗庙以微而常见而有用之宽广。宗庙与豚鱼皆能通诚取信，亦是涣卦与中孚卦皆言“乘木”之所在，中孚卦以“乘木舟虚”将豚鱼致用，涣卦以“乘木有功”将宗庙致用，皆是通诚立信而达孚信的借用之物。宗庙与豚鱼之用，皆是“乘木”之象，从豚鱼之由来，可知身边万物皆可类豚鱼，至于如何取象以及取什么象，只是取木作舟，又以舟之用虚而达实意，所谓“至信可感豚鱼”，只要建立示诚之仪礼，致诚之通道，专而诚之敬意，便能随时随地感诚。尽管如此，但国之用神、聚气、王天下必立宗庙以治涣散。

《序卦》曰：“兑者说也，说而后散之，故受之以涣。涣者，离也。”涣，取“离”义；言“离”义之涣，必然先取“说而后散之”之涣；兑言说，说者有讲习之主体和悦之主体，大众是受讲习的主体，因讲习之得而悦于心，故兑之说，以说之对象取众义。众，受讲习，此受为受用于精神并悦然于心；后散之，是众聚而散，为形散，但受用之精神和悦然之心依然相联系，这种以精神和悦然于心的联系，便是“离”义。故涣以“离”言散，而不直接以“散”言之，在于取虽“离”但离前之联系，此种联系正是精神与情志的联系。因联系于无形，而散于有形，故立宗庙以作象征，用重器与大用之器，使能凝而聚之，便作涣体言散于有形之状态，而凝于无形之精神。

涣之散，散于有形之聚散；涣之离，聚散后仍有精神之联系，虽离却不涣，并以凝而聚之作涣体之使命。涣，有散义与离义，散义从有形之离散而言之，离义以无形之联系言离散的状态，而涣却从离散的状态和无形的联系两者来言说凝聚之必然，为散而不离，离而有凝，凝而聚之。散而不离，有形之聚散但精神仍未相离；离而有凝，外在虽散，精神相联，聚精神便能凝离散；凝而聚之，从凝精神到使有形离散之重聚，成其涣之大义。

止涣，先止有形之散，从“说而后散之”找出有形聚散之因，再从涣散义找出值涣体导致的涣散之因，从因寻治道，止有形之散；涣之最难在于情志散乱，以致精神涣散。情志散乱在于阴、妄之多欲干扰，精神涣散在情志散乱的基础上再精气散失阳而少神，乃至无神，从有形之聚散到精神涣散，便是风行水上散而涣之的过程，当涣体已成，治涣必治其精神，寻其根本，以凝精神之道治涣，便是涣卦以诸涣象立治涣之重器，而赋予此王道重器的便是宗庙之道。从止有形之涣到再凝精神之道，便是治涣之思路与过程。

从“说而后散之”之患到豚鱼之祸，便是致涣之因。“说而后散之”的过程，为从讲习之教悦而受之，自以为受教领悟了而散之。从中孚卦继涣卦，讲习之教的主体便是以取孚信而教中孚之道，教大众如何从正志求孚同应得信的感应过程中获取孚信，尤其是以专诚驱动的感通过程。由于中孚之大众皆是明夷体阳弱明小与阴强妄大之暗众群体，是善政和德教难以教化的群体，从观卦以大观之道解明夷之难，继而中孚体以孚信教之，昏蒙草昧与刚强众生因内阳化外政的治理之功，而柔顺在阳君子之外，使其能从讲习而受教。教导明夷暗众群体学习以专诚驱动获取孚信的过程，必然要举“豚鱼”之器，豚鱼隐微低，有用之简便，与宗庙皆是致感应的借用之物不同，由于暗众不能理解宗庙重器之大用，故以豚鱼之简祭教之，目的在于以专诚之用而得至信可感豚鱼。关于豚鱼之用，暗众群体明白了个大致意思，欣然领受，悦然而散，这便是“说而后散之”之过程。

“说而后散之”之患。豚鱼与宗庙皆是“至信可感豚鱼”的借用之物，至于如何取象以及取什么象，只是取木作舟，又以舟之用虚而达实意，从豚鱼之由来，可知身边万物皆可类豚鱼。舟之用虚便是取象而立意后，其舟之用已完成，用虚反而更利致远。“乘木舟虚”堪比禅宗顿悟之境界，连一般君子都无法乘舟致远，何况明夷的暗众群体？豚鱼之行简，越用简越难，要以见象到破象再到入法序之功，穿越物象之屏障，以取象比类的法序联系而达专诚之本质，这个过程完全是明心见性的感通过程，昏蒙无比的暗众群体怎么可能从豚鱼之教而领悟乘木舟虚之功？故而这种欣然领受并悦然而散，便是“说而后散之”之患，为豚鱼之祸埋下了致涣散的祸患。

豚鱼之祸。从“说而后散之”之患所埋下的豚鱼之祸患，以暗众群体离开讲习所便开始发酵，自以为掌握了简物致通、致远的豚鱼虚舟之利。这群愚昧众生，开始从中孚体与大涣体大行其豚鱼之用，他们不以专诚为目的，却以“乘木舟虚”之虚妄，望文生义，借兴风而作浪，闻风而奏，继而煽风点火，发起陷害忠良之事，以此掀起刑狱。风行泽上而感于水中的中孚之象，在中孚体的善政与德教中并没有让暗众以感而示诚见信，反而在涣体以风行水上刮起豚鱼之祸风，致涣散之祸“风”便是从这样刮起来的。

涣散从暗众群体离开讲习所以有形之聚散开始，逐渐发展兴起豚鱼之祸风，而起无风亦有浪的涣体见祸旅程，君子被“虚妄”陷害，继而柔顺在阳君子之外受讲习而教的暗众亦逐渐离散，有形之涣散在涣体成实。那些无风起浪的小人群体，对以专诚驱动获取孚信的正教疑而不信，将“至信可感豚鱼”用于正道不行，反其正道、成祸道却样样在行，涣小人便从中孚卦脱离出来，在涣卦兴风作浪，尤其对中孚卦言“君子以议狱缓死”之戒置若罔闻，依然兴风作浪，唯恐祸乱不生。反观君子被冤狱缠绕，无力辩解“至信可感豚鱼”的“乘木舟虚”而致远之事，值风不起浪亦在的涣体，心力交瘁而情志涣散。

涣小人群体。涣小人得伪作孚信之利，在于孚信的以小见大之用，尤其是作为能升迁当位之凭，在涉大川行王事的善政与德教过程中，必然被涣小人群体视为进阶之捷径，故而行“中孚可以人伪为之”之事。在中孚卦之上九，翰音登天者，声闻过情，无孚而做作其诚，便是伪作孚信之事。虽违背中孚之道，但却得矫伪为尚之表，以伪作声势而华美外扬，涣小人把不文且无质的“乘木舟虚”之事，伪作中孚有翰音飞天，且有鸡振其羽翮而后出于声之状，比其中孚君子行“乘木舟虚”悟在心中、明在至理来说，涣小人的翰音飞天有出声前之情状，有声出而飞于天之“音”，有声闻音而知“翰”之实的，更受无知暗众附应，故而伪作孚信以华美外扬，虚声外饰闻名，使其真假难辨，忠奸难分。

涣小人起无风之浪，中伤与迫害中孚君子。有伪作而期得利之涣小人，必然有见象、破象并穿越物象之屏障而达专诚之本质，既有孚信之得，又有“乘木舟虚”乘舟深悟而致远之能的中孚君子，中孚君子洞察涣小人伪作孚信之事，必然要揭露和制止伪作中孚事，以试图纠正且终止涣小人得利，反被涣小人报复，兴无风而起浪之能事，迫害以豚鱼之舟而致远的中孚君子。这便是涣卦独有的涣小人群体，以浅见遮挡远见，以虚无替代信实，以人伪中孚华美外扬而得利，以兴风作浪起涣祸而不以为耻，在中孚卦以象辞曰“君子以议狱缓死”之严戒，不但严戒无果，还掀起了涣体致涣散之祸。

涣散之祸。昏蒙无比的暗众群体自认为领悟豚鱼之教，从“说而后散之”悦然而散到兴起豚鱼之祸，涣小人以华美外扬的翰音飞天而人伪中孚，以不文且无质的“乘木舟虚”伪作孚信之事，得进位升迁之利。待中孚君子揭露伪作中孚事，并试图纠正且终止涣小人得利，反被涣小人起无风之浪中伤及迫害，刮起涣体风行水上之祸风，致使柔顺在中孚君子身边的暗众亦逐渐离散，从致涣散，而起涣散之波澜，以有形涣散之实呈涣卦之“涣”象。从涣因到涣成的致涣过程无不显露出小人趋利而害正道之本质。

治涣。涣体以崇宗庙而立“王假有庙”之卦德，在于以宗庙之道治涣。值涣体的涣散之祸，必立重器以正魂魄、聚人心、摄众志而达到凝精神且治精神之目的。尤其是从涣因起治，止“风”则止涣。先祛风止浪，以取真中孚而明德慎罚救于中孚君子，再出刑入礼，使刑法基于正序，刑不以风闻奏事，要以中孚之道正德厚生，以此正风气；继而立宗庙之重器来凝涣散之情志，且正“乘木舟虚”之大义，使小诚通大德、大诚范大邦的正邦礼器成王道德化之大器，以此正风化。

涣：亨。王假有庙。利涉大川，利贞。

彖曰：涣，亨。刚来而不穷，柔得位乎外而上同。王假有庙，王乃在中也。利涉大川，乘木有功也。

象曰：风行水上，涣。先王以享于帝立庙。

卦辞：以宗庙承祖考，行收神制礼凝精神之道。

彖辞：立宗庙礼制之“刚”务实，行乘木济涣之功。

象辞：以宗庙之道崇先王德政。

涣卦，巽上兑下，为风行水上而水遇风涣散之象。巽坎合而成卦，水遇风则涣，巽善行，故有散而远之成“涣”。《杂卦》曰：“涣，离也。”离者，离而散。《程传》曰：“人之离散由乎中，人心离则散矣。治乎散亦本于中，能收拾人心，则散可聚也。”之所以有散，在乎“中”，而治其散而聚，亦在于“中”。

“王假有庙”。涣以宗庙立象。涣卦云“王假有庙”，为君王来到宗庙以祭先王；假者，至也；庙者，宗祠也。巽者，主命，言气、魂；坎者，主祭祀，言鬼、精；艮者，宗庙也；涣非言人命终精散神离之“鬼”状，而是以涣的离散之象，取精散神离之义来言人心涣散，离世之人需立庙以收魂魄气，人心涣散之民在于以立庙来聚神并凝人心，邦、民进志迈向大同文明，更需要正精气神；况且逝者为大，何况有功于社稷之先王，行孝道之事，示传承有序，为臣为子之道也。《案》曰："涣与萃对。假庙者，所以聚鬼神之既散也。涉川者，所以聚人力之不齐也。盖尽诚以感格，则幽明无有不应。秦越而共舟，则心力无有不同。此二者，涣而求聚之大端也。然不以正行之，则必有黩神犯难之事，故曰利贞。"王之所以来宗庙，在于宗庙有大用，王者有德，则民与物皆向往而归；庙以供先人而使气精有寄托，为气与神之归往。建宗庙、来宗庙、行宗庙为王治德服、心服而产生服同之治道。

宗庙之道。萃卦以宗庙之道行收神取信之能，之所以能收神取信，在于"庙所以聚祖考之精神，又人必能聚己之精神，则可以至于庙而承祖考也。"聚祖、人之精神，以承祖考。祖、人者，尊卑且传承有序，是人以宗庙建礼序之举。宗庙之精神在于以承祖考取神明外用而感格天下，宗庙以总摄众志而有"精神"象征，此象征意义便是以收神取信之能，行德化天下而感格之王道，为凝人心、摄众志、收神制礼、立德范之王道重器。以宗庙所具的"神明"特性，而行感格天下之外用，为行宗庙崇精神而感格之王道，非弄鬼神的愚民之术用。行宗庙崇精神而感格之王道，必推中孚之道，立诚信之本。

萃卦主言凝神聚气，以心通感而萃神以聚，舍识弃意虚我从心而神不外驰，得内在之真心、元神而正精神，"精神"正则气能聚，既萃聚君子同人之志气，又萃聚贤才养邦之正气，故以"宗庙"凝精神、萃正气。涣卦主言以宗庙凝人心、摄众志、收神制礼、立德范，尤其是以宗庙之重器，正致涣之"风"气以及正王化之道的"正"气。有此治道，则能"利涉大川"，《周易本义》曰："以祖考之精神既散，故王者当至于庙以聚之，又以巽木坎水，舟楫之象，故利涉大川。"利贞者，涣散之道，在乎正固其气、其神而行中正之道。

承祖考与收神制礼。宗庙以承祖考而立见诚见敬之范。中孚卦所言孚信贯穿易之全体，无论是卦体，还是诸爻位，皆处处见孚，位位见信，且又是中孚与涣卦进位升迁之凭，涣体之涣小人伪作孚信之事，行伪诈之能事，成其致涣之因造就涣难。涣难之成便在于涣小人之孚信不文不质且无诚无敬，以声闻过情、华美外扬而浮于表面，这便是行豚鱼简便之法，通“乘木舟虚”之虚妄所在；而以宗庙承祖考，避免豚鱼之简祭了事，以收神制礼行王礼之重典。以宗庙祖、人之传承，而知“祖气”之来格，以祖气之来和萃气之来，以“来”由有根有据，再萃合人心，便是收神；祭祖要诚，感通要专，才能令祖、人精神相通，达感格之用。故先敬祖，再敬用，继而敬己，不立见诚见敬之范无以立宗庙，故而宗庙之礼多用在祭祀、册命、重大礼仪、议政、卜筮等国家仪礼上，以礼之庄重谓诚，以礼之庄严谓敬，见诚见敬既象征国家礼制的崇高，又以见诚见敬而行收神制礼之能事；其庄重且庄严的仪程与规制皆师从自然礼序，从礼制中来，再以此制成宗庙之礼，君王作表率，天下共敬之，而制宗庙之礼。祭庙在于行章文，坤为文，文章象也，为以立庙而崇文明，《礼记大传》曰：“考文章，改正朔。”郑玄注：“文章，礼法也。”巽为礼，坎为法，以立宗庙终成礼法也，因其礼法属性而成邦之正序。

收神制礼则能正风气。在涣卦应明风行水上致涣之涣因，此“风”正是通往感诚过程行豚鱼简祭而礼制不严之风，以至于被涣小人利用而行伪诈之能，以诚敬虚妄刮祸风。当制宗庙之礼便能以“礼”来正刮祸风之风气，让祭祀通诚之仪礼皆按礼制行事，从涣因上杜绝伪诈、虚妄与不文不质，反之以庄重、庄严、王制来代替豚鱼简祭，弃豚鱼而立宗庙之重器，把行豚鱼简祭而致远之事，以宗庙之礼制来规仪礼、定规制。舍乘木舟虚以致远之务虚，而行宗庙礼制之务实，非豚鱼之用不能致远，而是取豚鱼之简行示诚之事，是精通了无比高明之洞察，此高明非致明君子而行之，非“豚鱼”之路径不行，实在是不解“豚鱼”甚深之大用，却又拿豚鱼说事，谋利之人太多。故而删繁就简，舍高就低，以宗庙礼制正风气，且以君王作表率而天下共敬纳入礼之正序，以此摄众志与凝人心。

摄众志与凝人心。以宗庙礼制止住兴风作浪之歪风，止“风”则能止涣，当中孚君子在涣体得拯济，天下君子之心便能重新回到礼制正序上，正因为君子能看到宗庙通往礼制之大用，故而君子之志依然将被正序摄受，亦被君王“王假有庙”的承祖考、正魂魄之事迹而感格，更能正君子之志。当涣卦君子被激励，其善政与德教自然又回归到从大正到正大的正途上来，明夷的内文明隐于内、暗众柔顺于外的内阳化外政的治理之功又将显现，且得观体的大观之力，以及中孚体的孚信之贯通，先前涣散之人心更因君子众志被摄受而更加凝聚，暗众人心归涣，才是最大的救涣主体。

以乘木有功正乘木舟虚。涣卦以行宗庙礼制之务实，代替了乘木舟虚以致远之务虚，为以乘木有功而正乘木舟虚可能出现的歪风。乘木之功，以行宗庙承祖考，收神制礼入王礼，以礼制正序之“木”，行摄众志与凝人心而拯济涣难之功。值涣卦之涣散之难，以宗庙礼制之务实来济中孚君子被兴风作浪的歪风所陷，所陷越深则致涣越大，故而宗庙礼制恰如《彖辞》言“刚来而不穷”之“刚”，以礼制阳刚之明，以礼制共序之序，成社稷之刚、众志之刚和人心之刚；以承祖考、摄众志与凝人心而正风气，风气正，更能以宗庙礼制重器之“刚”凝精神而正风化，风化能正则善政与德教行之畅通，致使涣散之歪风以“刚”正而成德教德化之风。在卦中，九二阳刚执中居坎体，困而不穷，险而不陷，以君子之质与四五共济时艰，以内刚而格涣散失陷之祸。

涣卦云“乘木有功”，以木道乃行，言乘木的舟楫之利，而达成利涉大川之愿。乘木者，更以“乘”而言凭借；首先，木有根才能长成大用，同宗庙一样，祭天地，配祖考，在于法“物本乎天，人根乎祖”，以传承有序而示根本；其次，木成材才能做成舟，来行舟楫之利，因成其材而有其用；最后，和乘木有功一样，宗庙亦为可借乘之物，皆为德教化之工具，只是此“工具”重之又重，不可随意用而弃之。《系辞》云：“刳木为舟，剡木为楫，舟楫之利，以济不通，致远以利天下。”木道乃行，以舟楫之利，皆以“木”乘其行，以行达其愿，以愿利天下。

“亨”。涣卦得“亨”之占，在于行宗庙之享，以享立卦德。以亨作享，通过用享见诚见敬，深示专诚而从孚信得中孚之道，以此得中孚之亨；以务实之真孚信，以诚且实正伪，使伪诈无所遁形，止不正之涣风而得救涣散之亨；以宗庙礼制来承祖考、摄众志、凝人心的乘木有功，正致涣散的乘木舟虚之歪风，得正风气之亨；风气正，更能以宗庙礼制重器之“刚”凝精神而正风化，使善政与德教行之畅通，得正风化之亨；以务实之功取代务虚之祸，而得乘木有功之亨；宗庙礼制以礼制阳刚之明和礼制共序而成国之重器，得宗庙重器之亨；涣体以凝精神而治于精神，最终能收涣散，立德范行教化，使本涣散之民众因凝与精神而得宗庙治道之亨。

涣卦以“亨”德治宗庙，以宗庙之道治涣体且有成，使本涣而离散之众，因人心被凝、精神被聚、众志被摄而重新归聚，涣之象，最终变成王道施善政与德教的施散之象，是风行水上而王化无迹民感其中之象。在卦中，六四阴柔比五，四五有情，谓“柔得位乎外而上同”，以宗庙礼制之功，同九五一起，以感格天下之诚，承祖考之敬，用中正且行中正，以“刚”来内守且固守，崇宗庙尊礼制而执天道行王道。

涣之卦体以离披解散之象言涣散之弊病，再以六爻言治涣之法。初六以阴柔居坎之初，其才柔，其处位有险，以“用拯马壮”（阴承阳者阳为体，阳乘阴者阴为用），去其野性，顺承九二而蓄养其力，保其刚健，以治未涣。九二以刚居中，面对涣状，奔走以求而安，以“奔其机”而忧悔消亡，水地亲比，初与二两相亲比，初视二作马，二视初如几，合力以济天下，以治其九二中位之涣危。六三以不中正之才，而阴柔失位，处坎之终未出涣险，以“涣其躬”而止于其身，以躬通穷，为困苦不得志而困其身。“救天下之涣犹治一身之疾”，涣躬之志在于治天下而治其身困。六四居阴得正，巽顺而承九五，以大臣之位，行“涣其群”（私党涣散，公道乃光）成济涣之任者，君臣合力，刚柔相济，以拯天下之涣，天下涣散而能使之群聚，可谓大善之吉，以治之于公而无偏私，得“涣有丘”（丘，聚之大也；涣散而能致其大聚之义）之赞美，孔安国《尚书序》云：“九洲之志，谓之九丘。”九五阳刚中正居尊位，五与四君臣合德，以刚中正巽顺之道治涣，以“涣王居”使信服而从，得其治涣之治道，以济天下之涣，居王位为称，成就其德位之大称位；王以居正位，以德位之大称位，发号新民之大命，救涣之大政，从而汗出则宣气之壅滞，以散小储而成大储，是以能得治涣之治道。上九以阳刚居涣之极，九以阳刚处涣之外，有出涣之象，以“涣其血”（险有伤害畏惧之象，故云血惕）能使其血去其惕出，而出涣远害。

“先王以享于帝立庙。”以先王来谓宗庙之道来之有序，有据可依，非假鬼神以事之。“王假有庙，王乃在中也。”从祀天帝之庙，供奉先王之庙，可见王亦会步先王之后尘，死后进庙以供后世祭享，死后进庙在于有德于邦序，有政功于万民，才能当之无愧，所以宗庙理所当然成为有德与功绩之显征。“在中”者，宗庙之道为健中正德之道，当明宗庙在于中道，以持宗庙之道而行中道，为借物为政，有其术道；假者，凭借也，假借宗庙之物，来行健中正德之德政，以此风化天下，为借而有据。

何为先王？为倡德风治世且立德范之主，以德凭而行任用君子者，思制而求教天下之以德者。在蒙卦言“先王以建万国，亲诸侯”，我们说先王既为“师”之“大君”，又为齐军以律明法、明礼之“丈人”，既是建比制之王、行革变之王，又是重君子远小人之王……总之，并非一个君“位”所限，反而以开明、治德有成而显著，因行之于先，治之于前，皆可当一个“先”字。修德行政再以德教化，非一天一时之功，从秩序构建、定邦制、正序、治君子等过程，其德化需要漫长的浸润周期，一切正序文明与德文明成果的沉淀与进程，皆在“先王”崇德尚善的基础上，以先王言，以宗庙立，在于给位、政、德立一个有“尺度”的标尺。

在涣卦以宗庙之道言先王，首要的便是制定从大正走向正大，以内刚化外政执天道行王道之先王，尤其是值明夷大难，就算被伤亦要行正大之进而进的先王，以舍身取大义之行，践行全大体而大同的理想。正大之进在于全万民并建正大之序，也是观卦以“大观在上”的俯仰之察，观天道、观四时法序、观宗庙、观天下民状、观政、观教化……以道→法→术→用之王道系统而观其所有，巡视民情，制定王化之政。观卦行王化之道而德被天下必以孚信贯穿始终，以专诚之信在小内，感通往来之应在大外；故中孚之用，以中正之感通，借“乘木舟虚”之利，以诚信感格四方，便是执先王的王化之政，倡德范之风。

得时与得愿

初六：用拯马壮，吉。

象曰：初六之吉顺也。

九二：涣奔其机，悔亡。

象曰：涣奔其机，得愿也。

初六居涣之初，以涣之始使成涣之时未至，当此之时，顺此之势而亟救之，处始涣而拯之，为力既易，又有壮马，故必马壮而后吉。用者，施行；拯者，以阉割去马之势；壮者，强健；顺者，柔顺而顺承。

在涣卦五爻皆言涣，独初六不言涣，在于既处成涣之时未至，又及用壮马而救之有早。初六阴柔，居坎之初，其才不足以化涣险，始涣而拯之，又得马壮。初六承阳，以刚健为体，柔顺以为用，用拯去其野性，顺承其刚健之阳而使马壮，再保其刚健，故初六唯顺承九二之刚健，以刚为体，蓄养其力，以治于未涣，所以得吉。

用拯去马势，马去势则失野性而安，再顺承九二之刚，以刚健为体且已安于养壮，故以顺承之柔使己壮健，九二以刚中之才与初皆无应，无应则亲比相求，以刚健成为阴柔之依托，使初能壮马而拯其涣。子曰："质胜文则野，文胜质则史，文质彬彬，然后君子。"用拯马壮，为依质求文，亦是初六之吉顺所在。初六吉顺在于得时，有时之顺，既顺在涣之时未至，又顺在有刚健可顺承而壮其身。治涣得时，行教化救人心更应得其时。

九二以刚居中，为固本之象，值涣之时，固本得中便安，不仅自安，还与初两相亲比，初视二作马，二视初如几，相互依存，虽处涣而不穷。九二应《彖辞》"刚来而不穷"之言，此刚自外来，得刚且就中，有"取去危就安"之义，成其"奔其机"之象。

涣，值涣散而离之时，初之涣未到，而二之涣时已到；言奔者，乃快速，急往也；机者，俯凭以为安，而俯，为就下，类依托之几案；愿者，慎重也。值涣散之时，奔就所安，使其如几案能成为依托，以消其涣而忧悔消亡。处涣之时，又居坎险之中，上无应于，其悔可知，然而九二居中比初，敬慎奔就所安，以平易而度艰险，以阴阳亲比相求，为相赖者，其悔乃亡。

《程传》曰："故二目初为机，初谓二为马。二急就于初以为安，则能亡其悔矣。初虽坎体，而不在险中也。或疑初之柔微何足赖，盖涣之时，合力为胜。先儒皆以五为机，非也。方涣离之时，二阳岂能同也。若能同，则成济涣之功当大，岂止悔亡而已。机谓俯就也。"

得时与得愿。初六之安，既安在得未涣之时，又安在有刚健可顺承而壮其身；九二得愿，既得与初六值涣难离散时还有亲比相安之愿，又得合力为胜而拯涣之愿。值涣难又离散时，九二奔就所安既度过涣难，又实现与初六亲比，亲比则固离散，使“奔其机”之奔赴能得拯涣之愿。

光大与正位

六四：涣其群，元吉。涣有丘，匪夷所思。

象曰：涣其群元吉，光大也。

九五：涣汗其大号，涣王居，无咎。

象曰：王居无咎，正位也。

六四巽顺而正，上承九五而居大臣之位，五刚中而正，居君位，阴阳合同且君臣合力，以刚柔相济成拯天下之涣者。六四当济涣之任而居阴得正，下无亲比私应故而不散其君臣之群，以能辅其君得涣之大善者。四以巽顺之正道，辅刚中正之君，君臣同功，所以能济涣。群者，朋党也；丘者，四周高，中央低，使能聚居而有聚之大，方涣散而能致其大聚，“其功甚大，其事甚难，其用至妙”。

天下之涣，起于结私党而使党群涣散，而初六不与四应，故四无私党之利益牵绊，能尽心守君臣之群而能为散其朋党，《周易本义》云，为散其小群以成大群便是如此，小群受私系牵绊，而大群则为当济涣之任者，以“使所散者聚而若丘”济涣。胡瑗曰：“天下之涣，起于众心乖离，人自为群。六四上承九五，当济涣之任而居阴得正，下无私应，是大臣秉大公之道，使天下之党尽散，则天下之心不至于乖散而兼得以萃聚，故得尽善元大之吉也。”

为何会有匪夷所思之谓呢？值涣时而人心涣散，皆各相结朋党以抱团，试图无有离散之忧，这是人之常情。而六四不受私党牵绊，以主君臣大群之公道而当济涣之任；匪夷所思便在六四舍小群抱团之常理，而就大群济涣之重任，舍小就大，惟六四能涣小人之私群，所谓散小群以成大群，成天下之公道。小群抱团只能临时“取暖”，非真聚，不仅不能拯济涣难不说，值大涣来临时依然会散；惟无邪者，正理可以动众，便是六四之所以成公道而舍私情，不据人之常情，便在于高瞻远瞩之识和济难救国之志，惟六四能明散中之聚，散中有聚非常人思虑所能及，只有人臣体国者当知。陈琛曰：“天下之所以涣者，多由人心叛上而各缔其私也。私党既散，则公道大行。而势合于一，如丘陵之高矣，所谓散小群以成大群也。然此必才识之高迈者乃能之，非常人思虑所及也。”

九五居中履正，以阳刚居尊位，居得其正，履得其中，能出其号令，布德正光泽，以此济涣。且五与四君臣合德，散其德政号令，以中正巽顺之道治涣。九五巽体，有号令之象，此号令如汗，出而不反。汗者，肤腠所出，发乎内里而浃于四体，出则宣人之壅滞；王命如汗，愈疾之汗出而不返，救涣之命发而不收，故曰涣汗。

王政号令如汗出，出乎王居而洽于万方。王居，令出之所；涣汗，令所行如汗出。令出于王居为令出自当出之所，济天下涣难之令，当由忧天下之人发出，汗出而不收，非一般朝令夕改之文，而是喻君王德望之重，令出不改，济天下民难之心不改，汗出全身，令行万方，由中而外，由近而远，虽至幽至远之处，无不被而及之，上下依号令而正位凝命。

何楷曰：“王者以天下为一身，欲涣周身之汗，其必有大号以与天下更始而后可。凡大命令之下，大政事之布，大财用之发，以散则为和风，以润则为甘雨，如人之汗从心而液无不沾透，则群邪之郁积尽涣而天下之险难亦庶乎可解矣。”

光大与正位。六四光大与九五正位。六四光大在于顺承且辅助九五济涣之君，以巽顺之正道散小群以成大群，以天下为公之道正理动众，同九五一起志在济天下，从而五与四君臣合德，以王政涣汗之号令，出自王都，浃于四体而告于四方，以内知外顺之贞吉治涣，使天下信服而从。

涣者，离散也，从人有形之离散到情志涣散，再致精气失散，而六四辅其九五正位，政命畅通如涣汗然，足以通上下因涣难而四散所致无序之壅塞，且以凝精神、聚人心之王政，使涣散者能聚，以神主气精之聚而回周身之元气，拯之使合。之所以精神能聚、元气能回，在于王居尊位，以尊位行中正之道而济天下之涣难，为心系天下之位，故而以正位之当位，行称位之王政，得大配位之政德。其新民之王政如散人之疾，汗出而愈，汗出乎中而浃于四体，未得治四方之疾。此为君臣合力同功，亦应《彖辞》曰“柔得位乎外而上同”之辞，爻义相须，时之宜也。

无悔与远害

六三：涣其躬，无悔。

象曰：涣其躬，志在外也。

上九：涣其血，去逖出，无咎。

象曰：涣其血，远害也。

六三阴柔不中，失位，处坎之终，犹未出险，有私于己之象；三处涣，上九应与，且是卦中独有应之爻，六三居阳位，志在济涣得时，以能散其私，止于其身，而得无悔。躬者，困厄也，有困苦不得志之谓；志在外，指上九之应。

自六三及以上四爻，皆因涣而能拯涣，故虽处涣，但能拯涣。六三之拯涣在于出有悔之位而得无悔之占，便是因涣而能拯涣。《案》曰：“《易》中六三应上九，少有吉义，惟当涣时，则有应于上者，忘身徇上之象也。”

上九以阳居涣极，为能出乎涣者，远乎伤害，象曰远害，能远害则无咎；王弼曰：“逖，远也。最远于害，不近侵克，散其忧伤，远出者也。散患于远害之地，谁将咎之哉。”上居涣终，去坎陷之害甚远，故其象为涣其血。血，谓伤害，涣其所伤而免于难，言涣其血则去，涣其惕则出。

涣之诸爻犹以无系应而言涣且离，涣者离也，要么终离而远涣，要么以离而相连之义治涣而聚。惟上应于三，三居险陷之极，为不能出涣且远涣者，且三以忘身徇上之象而依附于九，以远位而远涣。险有伤害畏惧之象，故云血惕，涣其血则为涣所伤。惕血象恰恰成为远涣之代价，伤而出血以换取免于涣难。上九以阳刚处涣之外，本有出涣之象，却又以居巽之位，使其巽顺于事理而不能不济六三之应，况且六三以忘身徇上而寄系上九，使上九心有牵绊，也是难免出血象之因。

无悔与远害。六三无悔，上九远害。六三以处坎终之位而不善，使其得一身困厄，但以忘身徇上而志应上九，使其终得无悔。上九以阳刚处涣外，为处涣而远害之人，只因上应于三，被三陷位牵绊，虽处涣却涣而未离，以被涣所伤之血象为代价，换取免于涣难之害，上九有系而临险，但终以能出涣远害为善。《案》曰：“天命之正，人心之安也。涣以离为义，故至卦终而遂远害，离去以避咎者，亦乐天之智，安土之仁也。古之君子，不洁身以乱伦，亦不濡首以蹈祸，各惟其时而已矣。”

夬卦：德决之道

兑上乾下

共决建制而长治久安

在涣卦，因中孚的豚鱼之教而起祸风，从暗众群体离开讲习所的有形离散起，豚鱼之祸逐渐发酵，涣小人以华美外扬的翰音飞天而人伪中孚，以不文且无质的“乘木舟虚”伪作孚信之事，其伪诈之行径被中孚君子揭露，反被涣小人起无风之浪中伤与迫害中孚君子，刮起涣体风行水上之祸风，致使涣难发生。涣体以宗庙之道立重器治涣，以行宗庙礼制之务实，代替了乘木舟虚以致远之务虚，以此止住行豚鱼简祭的人伪中孚之歪风，以正风气之能，行摄众志与凝人心而拯济涣难之功，从而达到了正魂魄、聚人心、摄众志之凝精神且治于精神之目的。

涣卦从起歪风的涣因起治，以宗庙礼制之刚凝精神而正风，致使涣散之歪风以“刚”正而成德教德化之风，使涣散之体重新回到君子当政的正轨上。宗庙礼制严正了伪作孚信之歪风，但根治涣难之法却在夬卦。夬卦以“刚决柔”的德决之道，使君子当位而道长，就算涣小人人伪中孚，想以孚信为凭得进位升迁之利，便在夬卦以从夬之刚决来治理，当小人不能以中孚为凭而得利时，其伪作之风气便因小人趋利但无利可图而自止，涣之祸风被刚止则涣难自解，且以君子当道行德政而励精图治，必能行大正而德化天下。

《杂卦》曰：“夬者，决也，刚决柔也。君子道长，小人道忧。”夬卦以“刚决柔”著称，从而有德决之治，而“决”之所以能成治道，在于有“刚”。

刚者，涣卦有“刚来而不穷”的宗庙礼制之“刚”，而夬卦之“刚”，既有礼制之刚，又有选拔与任用官吏的吏制之刚，以及出刑入礼法，把“刑”法制化成刚，还有“扬于王庭”的德决之刚，以众“刚”且制化，确君子之道，为正大之王政保驾护航，以免重蹈明夷与涣难之覆辙。故涣后必依德决之道根涣治难，德决为王道之决，以刚决柔而有革决之性，决者从革，革依夬出，以革之新去涣之故，正是根涣治难之法。

德教之因。从大正到正大的王政过程中，以内阳化外政在明夷卦体被大阴体夷伤，不仅有了明夷之难，还导致了行德政与教化难，成其大阴诛阳、昏蒙诛明、迟钝诛志、否塞诛序、险困诛身、大过诛位明夷六伤的原因，正是明夷体的暗众群体为阴强妄大难以教化的昏蒙草昧与刚强众生，难以教化正是缺乏教化，伤于斯亦需成于斯，观卦以中正大观之道，崇德政，贵教化，以“观”义的两重境界予政、予德来治明夷。最好的善政与德教内容正是中孚卦所呈现的孚信之道，中孚之道贯穿贯穿易之全体，无论是卦体，还是诸爻位，皆处处见孚，位位见信，无论是健明德，还是君子进志，以及以治道建正序其重要程度不言而喻。

大观天下的正大之德政，正是抓住了孚信之德为健德利器，正是行善政与德教之柄，故而广播健孚信之德成政，以此大启豚鱼之教。孚信之道的要诀在于以正志求孚同应得信，犹注重专诚之驱动，面对阴强妄大的昏蒙草昧与刚强众生，以豚鱼这种无处不在的微隐之物教之以简祭，通过简祭之“舟”示专诚来建立感应通道，以健孚信之德。豚鱼之教之所以为起涣祸的原因，在于中孚的豚鱼之教，本是极好的善政与德教，怎奈暗众过于昏蒙，其教之明与受之昏，两者位域差太大，且自以为领悟其豚鱼之教的机要者不在少数，对已接近禅宗之要的“乘木舟虚” 境界，暗众群体从豚鱼之教而领悟乘木舟虚之功，明白了个大致意思，欣然领受并悦然而散，也因此留下了“说而后散之”之患，继而埋下豚鱼之祸。豚鱼之祸祸起健孚信之德可作为升迁当位之凭，在举孚信之教的善政与德教过程中，必然要鼓励和褒奖积极进取之人，行孚信之教必然要重用健孚信之德之人，且君子皆以有孚信之德而当位，当涣小人群体有了进阶之捷径，便效仿中孚卦之上九以翰音登天华美外扬，无孚而做作其诚，大兴伪作孚信之事，尤其是伪作孚信又以假乱真之外在使其蒙混过关。伪作孚信之事让涣小人有了当位得利，亦是造就小人当道之祸根，涣小人起无风之浪中伤与迫害中孚君子终成涣祸。

涣祸之根。从“说而后散之”之患到豚鱼之祸有三大祸根：首先，无辨别孚信虚实之能力。正志求孚同应得信的孚信感应过程，以删繁就简的豚鱼之教不仅没有收到效果，还因省略了专诚用事、感应条件、得诚信之应、以志正愿等要素与过程，使涣小人在有利可图时便伪作孚信之事，其辨别健德虚实之法并没有明确。其次，小人得以擢拔并使用；小人伪作孚信而能轻易上位，擢拔使用的过程未经周祥考察，亦未辨别孚信之虚实便擢拔使其当位，以致小人当道后祸害君子。最后，刑罚不严，使风闻奏事不重实据而轻易入刑；涣祸之根必是体制弊端所致，体制弊端在夬卦以德决之道建制而治理，成其以“制”成刚，以刚决柔。

制礼成刚。以礼制之严务实，把致中孚的诚、敬过程，通过仪礼和规程制度化。通过涣卦立宗庙收神制礼治涣散的成效可知，礼“制”之刚从严浮夸、虚妄的不正之风，到以宗庙礼制来行祭祀过程，以范礼之实，明确仪礼的规格、步骤，以及通过仪礼要达到的目的。君王以“王假有庙”而亲自来到宗庙以祭先王，表率天下，表达尊崇礼制之决心，以能摄众志、凝人心之能，将宗庙礼制纳入礼之正序，礼不严则风不正，范天下之德风必尊礼制。宗庙以承祖考而立见诚见敬之范，便是以履礼严苛之务实，严正了正志求孚同应得信的孚信感应过程，把专诚用事、感应条件、得诚信之应、以志正愿等要素贯穿于礼制，以“礼”来明确，以“制”来刚化，让礼制成为“乘木舟虚”，既达诚信之本，又达礼制之“文”。以宗庙礼制在治诚信上乘木有功之示范，制礼成刚更要致远，要以健全邦体所有礼制为己任，查漏补缺，及时升级礼制秩序与礼文明。

吏制成刚。以礼制成刚之用，用在官吏的选拔与任用上，使“吏”如同宗庙礼制一样，有一套属于官吏系统的吏制，以吏制之严苛务实，把选拔与任用制度化，以“制”来确保君子能当位，有德者能进位，既是选拔与任用系统，又是激励系统，以“制”来行激励的教化之能，实则是激发民众上进之志，立上进之志则好学，好学则能学以致明而健明德，学以致明的明德非一日能成，其志亦非一日能达，在漫长的健明德和健志德过程中，通过日积月累，自然贯穿了孚信之教，且能伴随明德、志德之健而收获孚德，一扫伪诈孚信之虚妄，且真正做到了以德为凭。

刑制之刚。以出刑入礼之法，用制来确实据之“刚”，使刑刚成为法序，所谓法、礼、德三者一体之序化，便是以刑刚为基础成法序；礼制与德文明之健，必以法序为基，离开了法之正序无以谈礼制之健全和德文明之升级。刑刚，不兴风闻且无实据之刑狱，任何弄虚作假都将无所遁形，刑以不偏不倚，不徇私情等特性，使刑刚正序能载中孚之德，以刑刚的中孚之道正德厚生，为德决文明保驾护航，方为治刑入礼之利器。

《序卦》曰：“益而不已必决，故受之以夬。夬者，决也。”益不可极，益之极必决而后止。夬卦，兑上乾下，兑之泽水聚高处，益之则有溃决之忧；卦中五阳在下，阳长且刚健将极，众阳上进决取在上一阴，所以成夬。

夬者，刚决也，众阳刚进而决去上之一阴；阴在上，类众阴之“首领”，当首被决除，阴小之类则可根除，以阴小类除阳刚共进而当君子之道。如何决阴？五阳共决，以五阳之刚共进而决阴。用什么决？用“刚”决柔。决之结果如何？为君子道长而君子当道，小人道消而阴妄将尽；五阳共履刚健夬制而成共序。

在豚鱼之祸所引起的涣难里，为何涣小人能起无风之浪来中伤与迫害中孚君子呢？答案呈现在夬体里，为有阴小之首领居上，涣小人伪作孚信之事以及起无风之浪中伤君子之事，皆有一个居上位且握有实权的罪魁祸首，若无其响应与应许，尤其是动刑狱而害忠良之事，在王政体系里一般人无法做到。从豚鱼之祸掀起的无风而中伤君子的涣散之浪，以制礼成刚、吏制成刚、刑制之刚三者，从根本上杜绝了祸起的过程以及中伤的结果，尤其是刑刚正序以刚正不阿成为守住歪风涣祸且捍卫正气的屏障。当最上的权力干预了刚性和正序，时刻会因逐私妄之利而无风起浪，或响应涣小人继续作恶，便是祸患之根犹在。

治涣在夬卦，根除涣难依德决便是此理。当决去了在上位这一至关重要也最难拔出之阴，使其涣小人群体无有上位之应，且无得利之维系，再加上五阳履刚，内外共进而尽除涣小人，使涣祸之水能从决而出，水能载舟亦能覆舟之祸，便随溃决之水不复存在，把成患之祸水覆去，决去，以共健刚序而成夬体。

夬卦便是讨论如何以德决决上。决去在上一阴，为依德决。以制之刚成正序，公开且按制有公正，一视同仁而能服众。虽有涣散之祸，但依然是毋庸置疑的天下正道，只要弥补体制弊端，完善制度，便能执天道行王道。以“制”成刚，便是夬卦之“刚”，亦是德决之刚。

德决之刚。以“德”成决的首要属性，为决而与共且决而有序，也赋予了决之精神和决之条件；以“刚”辅决，使决而有度，决而有信，决而有德凭。从德决可知，言德治，并非以“德”的常规特性，而是建立在法序、礼序基础上的“德”系统之德治。以序成德系统之刚，只有建序成制，基础才更扎实，系统才更稳固。德决之刚，以制之刚来决序文明与德文明之柔，使刚柔相济而显王道之德，使大观之道、中孚之道、宗庙之道等，皆沉淀成治道文明。

夬：扬于王庭，孚号。有厉，告自邑。不利即戎，利有攸往。

彖曰：夬，决也，刚决柔也。健而说，决而和。扬于王庭，柔乘五刚也。孚号有厉，其危乃光也。告自邑，不利即戎，所尚乃穷也。利有攸往，刚长乃终也。

象曰：泽上于天，夬。君子以施禄及下，居德则忌。

卦辞：以扬于王庭的德决之道成就夬文明。

彖辞：五阳决一阴而致君子道长，履制而阴阳决和共存。

象辞：施禄聚德，应着眼大而厚之无为无不为之德。

夬卦，兑上乾下，为泽上于天扬于王庭之象。乾圆兑缺，为圆而有缺，成夬之字形。夬者，决也，以刚决柔而有决性。以大观决明夷，为决前有俯仰之察观，再以中正以观天下而有正决；以中孚决明夷，以正志求孚同应得信之孚信感应过程，而有决信；以夬决涣，决去在上一阴并履刚建序，根除决患，而有刚决。在夬卦，五阳决一阴，为以刚决柔，三月为夬之消息数，三月者，万物皆去故出新，为以夬决新，出新当依革决之象；以夬决革，以革之去故革除宿疾，以革之取新而建序。在夬决之中，乾为马，兑主锐，有快马疾行且锐意进取之象，实为行夬之当决应速决，而有决之速。

“扬于王庭”。扬于王庭，夬决之象，兑为口，以口言扬说，王庭者，朝堂之象；为扬说国之大事，使待决于朝堂，经过朝堂之决，而夬于王庭。待决于王庭之事均为国之大事，小事无需王庭之决；待决之事一定关乎大众利益，而有决之大，又关乎长治久安，有决之重。以决之大和决之重，决定了需在王庭共决，共同商议决策，以此赋予了决之公共性。在待决之前，必先“扬”待决之事，使待决之事有经过共同商议的决策过程，再“扬”决策之成果，使决果能发挥治理之效用。

“孚号有厉”。以通告、呼号之“扬”呈待决之事。孚者，孚信，诚信也；号者，通告，呼号。在王庭上诚信地通告小人之险，发乎警戒危惧之呼号。待决之事，以“厉”而有危，需警戒危惧；何事有危厉呢？为小人之险，从明夷的暗众阴小群体，以及致涣祸的涣小人，尤其是经过豚鱼之祸而危害的涣体，小人之危厉不言而喻。通告与呼号是“扬”的方式，通告“扬”于公众视野，让大家对小人之险有目共睹，既扬明夷之难，又扬涣散之祸，而且处夬体的小人之险，尤其危厉，在于此等小人为阴小之首领，居上位且握有实权，此等罪魁祸首是众小人逐妄趋利以及无风起浪之根，且“首领”统众阴，是众阴小群体之所以能无法无天之“保护伞”，虽然以宗庙礼制之务实正风气而止涣，但治涣济难必定要找到根本然后除根。“孚号有厉”便是让大家共同目睹祸患的根源以及根本，以孚号之扬区别涣小人的无风起浪，煽风点火，在于“孚”则有诚，诚而有据，能通告于王庭，让大众见证。

决之因。在王庭上诚信地通告小人之险，发乎警戒危惧之呼号，让大家共同见证祸患的根源以及根本，把阴小之首领和众阴小群体以“扬”的方式展露在王庭上，以待共决。此为待决之事，亦为之所以决于王庭之因，引起明夷六伤之难以及豚鱼之祸，伤及两个卦体，牵连德政系统，尤其中伤君子而为祸正道之罪大恶极，既有待决之大又有待决之重，必定决于王庭，既关乎生死存亡又关乎长治久安。

“刚决柔”之共决。五刚决一柔，赋予了决之公共性。五刚者，为上下内外之刚，亦为六爻中的五爻，从数量上，为多数决少数；从性质上，为以刚决柔；从决之内容上，五刚经过共同商定，从决性上下功夫，找出了以“制”

之刚来决祸患，从因上入手，从根上根治，以“刚”性成制，以制之共序来决，而有决之全面。以制礼成刚、吏制成刚、刑制之刚三者共成德决之刚，以五刚决一柔之公共性，以制之共序的全面性，“扬”在王庭上共决，将诸多性质、内容等皆扬于可以言说且孚有实据之表面，决之公开亦决之公共。

“柔乘五刚”之决果。以决之公共性在王庭共决，而有柔乘五刚之决果。“柔乘五刚”为一阴乘五阳之上，阴虽上但履刚序，其决果便是完成了以制之刚限上权。阴爻乘阳爻为逆，逆则不顺，虽上位却不能顺下，为不能使上权顺下，故而为上权被刚所限。刚如何限上权呢？履制则刚，制者，共序之制度，以共序之制限之，非私限，为以刚性之制度限，且以共序之全面性，适应于所有。当上柔不再以上权顺下，不再成为祸之首，便成为五刚决去一柔，以“去”而除祸患之根，亦以“去”而达去故取新之治理。

取新之决。去祸患之根，则建新序，便是从革的去故取新之决。以制之刚，使其形成了新的制度，尤其是制礼成刚、吏制成刚、刑制之刚三者，使礼制、吏制、刑制皆依共序而共同遵履，以取新之用而根治宿疾。取新之决，便是革决，能行革而治者，必是王道之政，故革决为王道之决。革依夬出，为作革之决策与号令，必经朝堂之决议，变革为关乎国计民生之政，必然要经过朝堂之决策，以共议而显决策之公共性，以“扬”言明决策应当公开、透明而不藏私；以阳决阴，为以明察决断不明与失明；以五阳决一阴，在形成最后决定时，注重多数认同并通过之原则。乾圆兑缺之夬体，以兑缺之现状，警示决策要查漏补缺，使决策尽量完整、完善，更是以圆存缺之象，要允许不同政见或意见的群体存在，保留他们的意见和声音，并不妨碍决策之权威。

“不利即戎”为依决而治，把取新之决果先自治私邑，以不尚壮武反衬德决而治之成果。戎者，戎兵强武；不利即戎，不宜尚戎兵强武之事。为何会有戎兵强武之事呢？在于居上位的阴小之首领带领暗众阴小群体为祸多时，从明夷之难、涣散之祸而牵连甚广，根基庞大且深，尤其是掀起刑狱中伤与陷害贤良，引起公愤不说，还使王政瘫痪，柔顺之众涣散而离，在社稷恐将溃决的局面下，天下兴亡匹夫有责，有私邑之臣，行尚武讨伐之兵事准备，欲合力讨伐阴小之众，决其首领。除涣溃决之战，必师出有名。当扬于王庭之共决，产生了柔乘五刚之决果，履制成刚，不仅有五刚决去一柔，“去”而除祸患之根，还因取礼制、吏制、刑制之新可根治宿疾。因有去除祸患之根并可根除宿疾之新政得用，故曰“不利即戎”，不用尚武讨伐而能达到大治的目的。

“告自邑”。将去故取新之决果新政，率先应用在私邑而自治。邑者，私邑；告自邑，先自治也。从尚武讨伐的对抗状态，到以决果之新政自治其邑，便是德决之成。当不尚武而能解决为祸已久之弊，便显新政之“德”，此新政依“决”而出，故为德决。“告自邑”有两种“告”之状态，第一种为呼号之告，为兴兵尚武讨伐之准备，以呼号之告，担其救亡之责，集众阳之刚合力擒贼，为统领有法；第二种为自治之告，对新政之通告，宣扬新政以及教导如何遵履以制成序的新政，为自治有方。扬于王庭之德决一出，使自治替代了尚武，以文偃武，使王政之治理远离兵戎以及暴政。

“健而说，决而和。”德决以和道成就决文明。健者，乾体德健；说者，扬说，宣告，尚口非尚武，兑德悦和。五阳息一阴，上下两体皆以德为体，为依德而决和，和者，心悦诚服之和；再以刚健之性决阴，非对抗之刚而暴决。为依德而决和，便是夬卦之和道，“决而和”之和道决定了从大正走向正大之王政是德政而非暴政。决文明从德决之道和“决而和”之和道自夬卦走出，从患难之治理走出文明。

在夬卦，有阴与缺之存，既是夬体之现状，又是革体之现状，不要专制一方而消灭异己，否则将走向革文明与德文明之反面，之所以应如此关切之，在于夬体中有兵戎且战之象，兵戎且战，是使“孚号有厉”——信德失威之危厉之所在，必将是陋政，更是王道所忌，要行“健而说、决而和”之和道，不行以戎为上的专权之穷道，虽治刚而不杀。革依夬出，还在于夬体有泽决于上而注溉于下之象，实则有以夬决之政来布施恩泽于民，而新民之政，无外乎革，以革新之力新民，以此德政而施禄及下，是夬决革新之初衷，更是以变革言善之愿景。

“所尚乃穷也”。为以刚穷阴、以德政穷兵、以履制穷利等夬卦新政，一扫宿疾难以根治之阴霾。以刚穷阴，涣体尚伪作中孚而得利，又尚无风起浪中伤君子，明夷以阴伤阳皆是“阴”为祸，以刚穷阴，便是以刚性而穷阴性，五刚共进而使阴穷。以德政穷兵，和道思想以文偃武，既赋予了王政是德政而非暴政，又使崇德之政代替了尚兵之政，以德政穷兵，使王政远离兵戎刚暴，走出对抗与为敌状态。以履制穷利，制度化的设计可以根除非制度下的私利，且阴小群体以逐利为特性，以履制之刚，既纠正了不正之风，又使阴小群体在刚制下得以教化，履制亦健德；履制穷利，使阴小群体的逐利到了穷途末路。

“刚长乃终也”乃以夬制之成终结旧制。夬体以德决之道建制，此制是邦体共序之制，因制之于序的公共属性，被要求刚性履制；“刚”者，法度也，依制之法度履行规章制度。此夬制，是通过扬于王庭共商共决，有决之大又有决之重，且“扬”之公开，“决”之公正，被大家共同认同。以履制之“刚”而终结旧制，亦根除弊病。此“刚”从限上位私权可知，没有任何权利可以凌驾于刚制之上而享有特权。故而，此“刚”成国法。司法系统的完善与成熟是国之重器，其诸多问题都可以在制上进行讨论与完善，未涉及的可建制，有漏洞的可全制，所以夬卦“扬于王庭”之卦德，实则是夬文明独特的标志，以德决之道，成就德文明之健，便从夬体新制奠定基石。

“孚号有厉，其危乃光也。”夬体建新制的德决之路，从明夷卦与涣卦之“危”难走出，历经明入地中以及风行水上之涣散，在夬卦以匹夫之责呼号共济为难，经过“扬于王庭”之共商、共举、共决，建立了夬体之制，以制的正序之刚，终于走上履制之正途，正是从危厉中走出兴邦之路。只有从苦难中找到患难之根源，以大“决”之心革之，既从根源去故旧制，又以能致远的新制建立共序。夬体建新制的德决之路，使“扬于王庭”之德成德文明之健的重要精神单元。

“君子以施禄及下，居德则忌。”君子观泽决于上而注溉于下之象，师法夬卦体根除宿弊而恩泽万民，君子以施禄及下聚德，布恩泽布于生民。善政之德，在于“位”施，在乎位亦在乎政，更在乎有为法，而共序之“制”，却以无为但大有为的方式，普施德政，不着一处且惠及大众。最大的政德莫过于建制，最好的德化便是先进而优良的体制，个人“施禄”之有为对比制之正序以无为而无不为，又有何德可取？故居德者皆言德之小以及德之浅薄，只有未曾言德大与德厚之“制”，于无声无形中厚生着一切，既纠正了小人错误之行径，又教导了民众如何履制健德。

“德”为夬体德决之道的首要属性，赋予了决之精神和决之条件。决制之建，需明德与志德；明德，明唯制能根除弊政，拯济明夷与根除涣散；亦需为生民立命之志德，从关乎生死存亡之际，寻求长治久安之法，值明夷与涣难，无大志无以致通，更无以通天下君子之刚。制成而德大，以“制”正风气又正风化，当位者依制履政即健政德，民众履制亦能健德，制之德大，于无声无形中厚生着一切，方入王化之政的正途。

戒其不胜与断其悔亡

初九：壮于前趾，往不胜，为咎。

象曰：不胜而往，咎也。

九四：臀无肤，其行次且。牵羊悔亡，闻言不信。

象曰：其行次且，位不当也。闻言不信，聪不明也。

初九阳刚居乾体之下，处夬之始，以刚健向上而犹进，在下而居决时，壮于前进，是急于用夬而躁于进动者。苏轼曰："大壮之长则为夬，故夬之初九，与大壮之初九无异。"

前趾，谓行进，值夬决而决于行，若行而宜则有决行之正确，往而不胜，则有决行之错误，往之胜负以决之对错言。往而不胜，又急躁进动，故为咎，咎在行进之动与往决相反，往决之决，应行而适宜为佳，当往而不胜则是往决之误。

九居初而壮于进，为躁于动者，但往而不胜，有决之误，值夬决而有决之误，故有不胜之戒。言不胜，以"不胜"之占，言勿躁动而轻往，往而胜，方得时得势，不胜而往，故有咎，咎在决行非得势。不得势之因在于前行遇四阳为滞，近而无比，远而无应，以决行而往，有强为其进而不得进势为援。处夬之初，以一阳之进无以成势，且无法完成五阳决一阴之事，心有余而力不足。在初九之所以有决行，在于以阳觉阴妄，阳刚之才有济难之心，故而有行进，虽得夬时却无夬势，以生咎之得，往而不胜，为任大力小。

九四以阳居阴，不中不正，居则不安，行则不进，刚决不足，欲止则众阳并进于下，因进势不得安，犹臀伤而居不能安，欲行则居柔失其刚壮，不能强进，故其行次且。

臀者，鬴底，兑象器皿，四居兑之下，故为臀象。《说文》云："臀，髀也。"又云："臀，股也。"巽为股，故臀取巽象。肤者，艮之肉，兑对艮，则无肤。《广雅·释器》曰："肤，肉也。"夬伏剥，剥之六四，剥肤以戕，为无肤之象。《案》曰："臀者与阴相背之物也。夬四姤三，皆与阴连体而相背，故皆以臀为象。夫相背则势犹相远，缓以处之，可也。若臀有肤则能安坐矣。"

行者，取乾之行。次且，趑趄，进难之状。牵者，引而向前，《说文》曰：“牵，引前也。”羊者，群行群居之物。牵羊，祭礼。乾承兑，乾为行，兑为羊，是谓牵羊。兑之坎，兑为刀，坎为血，是谓杀羊。《周礼·春官·大宗伯》曰：“王亲牵牲而杀之。”郑玄注：“凡大祭祀，君亲牵牲，大夫赞。”言，兑金主言。不信，坎之疑。兑之坎，是闻言不信而聪不明也。

九四处当夬之时，闻孚号之言不能入于耳，王庭之昭、有厉之号、君侯之告皆不能入于耳，闻言不信，为聪不明，悔之所由生。因为有悔，故而不能安坐。臀无肤，喻四不能安坐；不能安坐，故次且而欲进，次且而欲进，为不能自制其刚壮。苟能制其刚壮如牵羊，然则可亡其悔，牵羊悔无，为携群刚进以义，苟国君牵羊而杀之。牵羊者，当其前则不进，纵之使前而随其后，则可以行。随“领头羊”而进，夫过而能改，闻善而能用，克己以从义，又独显九四的刚明之能。

匹夫之中道与尊位之中行

九二：惕号，莫夜有戎，勿恤。

象曰：有戎勿恤，得中道也。

九五：苋陆夬夬中行，无咎。

象曰：中行无咎，中未光也。

九二阳刚处中居柔，有刚而不过刚，且以中道使刚柔相济，处夬之阳决阴、君子决小人之时，不可忘戒备，故能忧惕号呼以戒不虞。能知戒备，得处夬之至善。虽莫夜有兵戎，亦可无患也。惕者，惊惕也；莫夜者，黑夜；戎者，兵戈；恤者，忧虑也。苏轼曰：“莫夜，警也。有戎勿恤，静也。”

《彖辞》言“孚号”，为夬体有危厉之处，二以刚中之德觉知危厉所在，故以惕号知戒惧。刚中居柔，能忧惕呼号，可免小人乘间抵隙之忧。九二以必胜之刚，决至危之柔，内怀兢惕，而外严诫号，虽莫夜阴伏之时有兵戎，亦不足虑矣。

九五刚阳中正居尊位，独比一阴，又比而不亲，为决阴之主。九五处当决之时，以切近上六之阴有当决之位，如苋陆然。若夬而决之，刚而不暴，合于中行，则无咎矣。苋陆者，即马齿苋，多年生草本植物，柔脆易折，为感阴气之多者，其根至蔓，虽尽取之，而旁根复生，也以此言小人之类难绝如此。

九五比上六，上六居说体而卦独一阴，阳之所比，一阴未决，乾道尚未光大。夬夬者，重夬也，以重夬言夬之当明，亦当速决。五以尊位之重决一阴，于情于理都应决之，还应统领众阳刚合力决之，然五比上，以比之有情，最易令人对其决阴之诚生疑，故以“夬夬”言速决，以决明志，方能举中行之德。九五无咎在于不为情牵，不为名累，行必中正；虽言速决，但苋陆夬夬，不以阴之易决而尽灭，以中道行大道，而生正德厚生之心，方为九五决天下之德。项安世曰：“夬夬者，重夬也。当夬者，上六也。三应之，五比之，嫌其不能夬也，故皆以夬夬明之。三谓之遇雨，五谓之苋陆，皆与阴俱行者也。比于阴而能自决以保其中，故可免咎。”

九二得中道，九五得中行。九二以内怀兢惕而外严诫号得中道，既知危厉之所在，又尽匹夫之责。九五以苋陆之决，以中正恰当之性，决阴而不失于刚暴。《案》曰：“此卦当以九五为卦主，而《彖辞》之意独备于九二者，盖九二远阴，主于平时，则发孚号告邑不利即戎之义。九五近阴，主于临事，则发扬于王庭，利有攸往之义，然其为中行中道则一也。”九二与九五皆得中，但处位不同，九二如同有封邑之主，在自邑既以尚武作讨伐之准备，又以呼号之告，担其救亡之责，欲集众阳之刚合力擒贼，能以内惕外诫而居夬之下体，为自治有方。

九五为天下之主，五阳决一阴的主夬之人，五阳之刚可见一斑，其拯济之决心从初九之动便已坚定无比，但九五有至明，阴虽为祸，亦不当灭绝，且苋陆之物，在众刚面前，必然尽灭，故九五主夬，以文偃刚暴，既能主持以阳决阴，又使阴存，便是九五中行之德。阴为患多时，在众阳齐决阴之时，为何又使阴存呢？在于扬于王庭之德决一出，其建制与履制之法，已然无需以刚暴和尚武来完成；九五以尊位使众阳履制克其刚暴之进就可以看出，能让暴躁欲进难以管制的众刚履制，再让已经脆弱如苋陆之阴履制已非难事，九五以主夬之人行德夬之事，以一制而决所有，决阴而不尽灭为心怀天下。

决小人与君子道长

九三：壮于頄，有凶。君子夬夬独行，遇雨若濡，有愠无咎。

象曰：君子夬夬，终无咎也。

上六：无号，终有凶。

象曰：无号之凶，终不可长也。

九三刚居阳位，居下体之上，又处健体之极，为刚果于决者，当夬之时，成为用决之过急者，有违“决而和”的决和之道，易生伤頄之凶。九三处众阳之中，独与上六为应，五阳决一阴，惟三应于上，众阳疑其应系而不能夬，故夬夬然以明决阴之志。

頄者，颧骨，九三艮爻，艮为面。壮于頄者，动之极也，因伤于面故有其伤重，重在人皆能见之，所谓壮趾之痛，人或不闻，壮頄之伤，人皆见之；伤重在于与小人有应，决而用壮，因系私小人则恐将失和于众阳，若决又将与阴失应和。独行，乾之行，亦为君子刚健之志。遇雨，应上六，上六为成兑之主，泽上于天，故称雨；以其适值而非本心，故称遇。若濡，外有沾衣之累；本非濡也，而迹类之，故称若。有愠，内生愤恨之心，或观其迹而不察其心也，故称有愠。

夬夬，谓夬的果决之貌，以果决其断而夬夬。虽有私亦当远绝之，若见濡污有愠恶之色，如此则无过咎也。九三虽合于上六，如独行遇雨，至于若濡，而为君子所愠，君子果决，终能合众阳之志决去一阴。王安石曰："九三乾体之上，刚亢外见，壮于頄者也。夬夬者，必乎夬之辞也，应乎上六，疑于污也，故曰若濡。君子之所为，众人固不识，若濡则有愠之者矣。和而不同，有夬夬之志焉，何咎之有。"

郭雍曰："夬与大壮内卦三爻相类，故初九九三言壮。壮者小人用刚之事，非大者之壮也。二卦九三皆具君子小人二义，故大壮曰'小人用壮，君子用罔'。而此曰'壮于頄有凶，君子夬夬'是也。以小人用壮言之，则知壮于頄者，小人之事也，是以凶也。唯君子明夬夬之义，则终无咎矣。"

九三以君子之位应小人之私系，外有沾污之累，内有愠恨之心。君子去小人，不必悻悻然见于面目，至于遇雨而为所濡湿，虽为众阳所愠，然志在决阴。小人碍于表面和被私情所缠累，但君子既有明，又有志，明则知如何应对私应，志则当同众阳刚同志而决阴。决而和，为九三决小人而和于众君子，非与小人牵系而和，壮于頄而有凶，便是提醒君子是要面子还是要里子，里子则从刚志，从面子则失决阴之志而有凶。

上六居夬之极，独一阴处穷极之地，又被五阳所必决，其道将废，其势几尽，居穷极之时，党类已尽，无所号呼，终必有凶。杨简曰："柔已决去，刚道已长，然不可不敬戒。苟忽焉不敬不戒，不警号。则亦终有凶。虽未必凶遂至，而既不警戒则放逸，逸则失道矣，失道者终于凶。"

经夬卦扬于王庭的德决之道治夬，使五阳决一阴，所决之阴就在上六。在夬卦用决，到底决了上六什么呢？为五阳刚君子，以扬于王庭之共决，产生了德决之制，以夬制之刚，决了上六小人之道。虽然是阳决阴，刚决柔，但五阳只是参与决阴之人，而真正决上六的是夬制，以履制的刚性准则，决了上六之道，而上六尚小人之道，当上六被决，则小人道消，君子道长。上六的无号之凶在于之前的应系和拥趸，皆被夬制所限，在夬制面前，无法一呼百应。

夬以五阳决一阴，相比大壮而言，有壮之甚，阳刚壮甚，君子道长，以此决阴而消小人道，所谓治涣在夬便是如此。阳之决阴，君子以德决之道去小人，并非尽灭小人，求同又能存异，在于决而有德，一阴之存，当为君子计德。在明夷卦，阴诛阳使阳应难，而在夬，阳不诛阴，使阴能存，便是君子与小人有德与无德在行事上的差别。

晋卦：光明之道

离上坤下

乾坤合德而精气神三全

从大正向正大之王政，因明夷和涣难，尤其是明夷暗众与涣小人伤君子与伤阳已久，使王政百废待兴，从涣卦师法宗庙礼制之道正歪风与正风化之能，在夬卦思考根涣治难之法。夬卦以五阳决一阴而行德决之道，以决从革，以革之新去涣之故，以刚之制决群阴之欲妄，从而形成了去祸患之根为在夬卦决制建新序，谓一制决所有。此制正是法、礼、德三者正序成制，以德决之道成就“制”文明，使比卦以“元永贞”之精神所作比制之愿景终成于夬体，一制决所有，一序刚万德。

夬制，依德决之道建制，以“德”成决的首要属性，也赋予了决之精神和决之条件。德决者，决制之建和共决过程需明德与志德，既需拯济明夷与根除涣散之明，又需为生民立命之志，能从明夷与涣难关乎王政的生死存亡之际，找出长治久安之法，此便是决之精神，而“扬于王庭”的共决，便是决之条件。以共议而显决策之公共性，以“扬”言明决策应当公开、透明而不藏私，以阳决阴，以明决断不明与失明，以五阳决一阴，在形成最后决定时，注重多数认同并通过之原则，又以乾圆兑缺之义警示决策要查漏补缺，使决策尽量完整、完善，更是以圆存缺之象，要允许不同政见或意见的群体存在，保留他们的意见和声音，并不妨碍决策之权威和全面。经过共决最终决出夬制，不仅从涣因起治，还从体制弊端的涣祸之根通过建制而根除，制成而德大，以取新夬制成新政来载王道之政。

在夬卦，以夬制载万政，又以夬制正序所有而厚万德。德政得亨通，教化乃风行，一制之明，如明出地上。明出地上者，晋也；晋反明夷，此进为正大之晋，亦为治暗大成之进，从大壮的正大之进，到晋卦的正大之晋，是德政成制而大治的结果。

晋卦，离上坤下，为明出地上之象；《序卦》曰："物不可以终壮，故受之以晋，晋者进也。"大壮者，刚盛而壮，刚上出柔曰升，以升言进，物无壮止不进之理，故壮盛必进；晋者，进也。晋之进，基于大壮之进，为刚壮升晋之过程；升者，上升与升华也，日出地上，升而益明，故成晋；日出必阳盛且壮，刚壮而升，日升方才晋而益明，以渐盛之升进，成其大壮升晋。刚壮升晋以大壮升华之进、夬制刚进、升晋之进为过程。

刚壮升晋。大壮以四阳并进，以升华之进，内刚化外政，执天道行王道入明夷，以善政化阴体，以中孚之德教暗众，暗众阴大而教之阳小，以根器弱小伪作孚信致涣散；值涣散时，以夬之五阳并进治涣、治明夷，以扬于王庭而德决出夬制，又以德决夬制刚进根涣治难而治明夷有成，夬刚升晋，使其明夷晋升而达晋体，完成明夷综晋的刚壮晋升之过程。

大壮之进。为大壮体四阳升华化外政入明夷之进。在大壮卦，萃正、颐正、蓄德以及纯粹精神的养正之功，执抱元守一之精神从大正走向正大。正大者，以"中正"立义，以"全大体"为用，贯通法、礼、德三者正序之"正"，以治道通正序，使天下所有体皆能壮大。从大正到正大是大壮刚进以小全大之升华，入明夷体，更是"大乘"之进，执天道行王道行进全大体而大同的理想之进，进往明夷体，以舍身取大义之行，将阳壮之阳投入阴妄之体，以纯粹精神且抱元守一的内光明，刚而外化，照外以大明，尤其是面对明夷体阳被伤亦要持正大之进。故而大壮入明夷之进，为"升华"之进，无升华之义，无法完成内阳之“精神”化生于明夷成王政，内阳化外政也正因为升华，赋予了大壮进明夷践行正大与大同的意义。

夬制刚进。为夬体五阳并进夬刚升华而化晋体坤地，分为夬制治明夷与夬刚化坤地两者。夬制治明夷，为一制决所有之特性，在明夷以明入地中取象，以“伤”立意，不仅有三大主体难体，还有明夷六伤，使其大伤大壮内阳化外政之阳，伤其君子与内在精神。值明夷大难，观卦以中正大观之道，崇德政，贵教化，以中孚卦的孚信之道为健德利器，亦为行善政与德教之柄，故而广播健孚信之德成政，以此大启豚鱼之教怎奈暗众过于昏蒙，其教之明与受之昏无法形成正比，反而引起中伤与迫害中孚君子的涣祸。夬卦以五阳决一阴而行德决之道，以刚之制决群阴之欲妄，以夬制决去诸祸患之根，明夷与涣祸之阴霾被一扫而光，成其一制决所有之大成，决为决去体制弊端而除诸祸根。且因取夬之新制为新政来再王道，以一序刚万德而有德大且厚。

夬刚升华化晋体坤地。在夬体以德决出夬制，履夬制之刚而治明夷，明夷晋升而进，明夷晋升而进，并非直接从明夷进升成晋，而是中间有个升华转换的核心过程，夬体五阳履夬制行王政，使万德厚积，且万德因夬“制”正序于万民，故厚积之万德又有广大之德，所谓德大且厚，使“德”核完成了升华前的厚积，在德核的驱动下，夬卦五阳包括内卦的乾体之刚齐升华，化为晋体成坤地。类似的升华转换在大畜卦化升卦便有呈现。

升晋之进。夬刚升华化成晋体坤地，明夷所隐的内阳，又因在夬体之德蓄，使纯粹精神之内阳从坤地升而进，以明出地上至日中成晋体。夬刚化坤地者，以夬制之共序应载万民之众而成坤地，坤地载众履夬制又使厚德成外善之阳，以制之大德成阳，阳升上天有明，明出地上至日中而晋。以此完成了大壮之进、夬制刚进、升晋之进的升“进”过程。

德为核的三次升华。第一次升华为精气化神之升华，亦为“德”升其品格，华其精神。大畜卦蓄德的刚健之乾性化在升卦成能育万物之坤地，以刚上出柔的精神升域成升卦的品格与精神，且能通大明的乾天之性与能载育万物的坤地之德，又在升卦合德，使升卦壮而进，刚壮而盛成大壮，为从大畜→升→大壮的路径，经过萃正、颐正、蓄德以及纯粹精神的养正之功，最终成就了大壮的执抱元守一之精神。这一次“德”升的特性精气化神，集养正过程之精气而化抱元守一之神。

第二次升华为神主气精之升华，亦为“德”升其境界，华其光明。夬卦五阳之刚履夬制厚德，刚壮之五阳与夬体之德化为晋体成坤地，使在明夷体所隐之内阳精神能明出地上成晋，晋体明出地上为德照，元神化德照，散播精气予万物。夬体之德核，德大且厚，刚壮蓄元神，化成晋卦放大光明之阳神，明出地上普照万物，万物得其精气，而得晋之明，成其神主气精之神韵。神主气精使精气予万物，为德升其大普照之境界，德照之明为大光明，升其境界，化其光明，从大壮→夬→晋的路径，经过一制决所有与一序刚万德之功，最终成就了晋体放大光明德照万物之精神。这一次“德”升的特性为神主气精，以刚壮大德之神，通过德照，化成普照万物之精气。从大壮→夬→晋的路径中，大壮，德蓄刚壮之道，从大壮升晋，为德晋之道。

第三次升华为精气神三全，亦为“德”以乾坤合德之用，而德驱内外，升其神通，华其万用。集第一次精气化神之升华与第二次神主气精之升华，纯粹精神之内阳虽然没入明夷体，但内阳精神犹在，只是光明被掩蔽，再经过大观化天下，以及夬体五刚并进与厚德，阳德内蓄全其内阳之精神；又以大观之教，中孚之教，以及履夬制积善政，使外善外积，全其外政之善德；以内阳厚蓄，外善厚积，成其内外皆能固德，既执精气化神蓄内阳，又执神主气精积外善，以德驱内外，乾坤合德之用而内外有固，成其精气神三全之神通与万用。内阳厚蓄，精气神三全成元神，元神至明而十方圆明，成其神通，外善厚积，精气神三全成万用。升其神通，华其万用，集于晋体，出于离照，沉淀德文明，直通正大与大同。

德进成晋。彖辞曰：“晋，进也。”进，大壮之进、夬制刚进、升晋之进完成了升而“进”在外的诸体过程，而能实现诸体之进者，唯德也。“德”以乾坤合德之用，成其内阳内蓄，外善外积，再以内阳化外德，外德入内阳之过程，德核驱动，因德的三次升华而至晋体。在诸体之进中，为何明夷之内阳能明出地上？明夷主安，内阳隐其中，经过养正之功的纯粹精神，以精气化神之内阳，又经大观体、中孚体、涣体、夬体厚积大德，以乾坤合德的内外之功，使德至大而无法隐没，故而升进，以明出地上之升，最终使大正之进，在晋成明德。此晋卦明德者，从个体识大体之小明，转换成大体照小体之大明，从精气化神到神主气精而全德之过程，亦完成了德核聚变成纯粹精神，以及德核裂变照化万物，使任一小体皆能独曜精神而内通大明。

晋卦言进，有大壮之进、夬制刚进、升晋之进的“进”在外，又有德核驱动，因德的三次升华而至晋体而“进”于内，再以内外合德，内阳内蓄，外善外积，以及内阳化外德，外德入内阳，最终使大正之进，在晋成明德。

晋卦言顺。晋体之顺，使万民皆顺于制。顺在履夬制，因夬制应万民，而有政顺；德政施顺则万民得益，使万民顺，万民顺则有厚万德之顺。以德核之驱动，亦有君子升志之顺和进明德之顺。晋履夬制之顺，以夬制成晋制，并光大其德照。

晋卦言明。既有从个体识大体之小明，又有大体照小体之大明；小明者，以精气化神固内阳，是德核聚变成纯粹精神；大明者，以神主气精化外政，是德核裂变照化万物。最终使任一小体皆能独曜精神而内通大明。晋卦言柔，柔在坤众得其明出地上之教化，亦有晋德文明之柔，而见晋德之功。

晋卦言升华。从明入地中之明夷到明出地上之晋，皆有“升华”之实，尤其是德为核的三次升华：第一次升华为精气化神之升华，亦为“德”升其品格，华其精神；第二次升华为神主气精之升华，亦为“德”升其境界，华其光明；第三次升华为精气神三全，亦为“德”以乾坤合德之用，而德驱内外，升其神通，华其万用。

晋：康侯用锡马蕃庶，昼日三接。

彖曰：晋，进也，明出地上。顺而丽乎大明，柔进而上行，是以康侯用锡马蕃庶，昼日三接也。

象曰：明出地上，晋。君子以自昭明德。

卦辞：以康侯之功彰显晋体崇德尚明之精神。

彖辞：以德进成晋，既见晋德之功，又有晋升德文明之柔。

象辞： 明德昭著，因大德而受大福，乃福德因果。

晋卦，离上坤下，为明出地上德进成晋之象。离日，坤地，为明出地上，万物进长之晋卦。《杂卦》曰：“晋，昼也。”为明出地上的白昼之象，白昼者，阳、明之渐长，基于明夷之综，依大壮→夬→晋的路径，从四阳并进到五阳决阴之进，阳刚壮化明而成日出地上之晋。晋者，晋进而光明盛大之意，彖辞云：“晋，进也。”言进必依渐进之道，从渐进、渐长、渐养之属性法序，从大壮蓄而大之，亦从升之阶升之序而进，故能成其进。李光地曰：“易有晋、升、渐三卦，皆同为进义而有别。晋如日之方出，其义最优；升如木之方生，其义次之；渐如木之既生，而以渐高大，其义亦次之。观其彖辞皆可见矣。”经过大壮升华之进、夬制刚进、升晋之进为过程，明夷所隐的内阳，又因在夬体之德蓄，使纯粹精神之内阳从坤地升而进，以明出地上至日中成晋体。

“康侯用锡马蕃庶，昼日三接。”晋卦以康侯立象，康侯，安国之侯也，晋为进盛之时，大明在上，而下体顺附，诸侯承王之象也，故为康侯。天子赏赐众多车马，一日之内三次得到问劳，《尚书·康诰》云：“若保赤子，惟民其康乂。”成王所以劝康叔也。锡马蕃庶者，众多重赏也；三接者，礼多而厚也，三飨三问三劳，天子迎接公、侯、伯、子、男五等诸侯之礼。锡，通赐，恩赏之义；马，坤为马；锡马，其德可行者赐以车马，为《礼记》九锡之首；蕃庶，繁盛，取坤坎之众。《程传》曰：“上之大明，而能同德以顺附治安之侯也，故受其宠数，锡之马众多也。车马，重赐也。蕃庶，众多也。不惟锡与之厚，又见亲礼，昼日之中，至于三接，言宠遇之至也。晋，进盛之时，上明下顺，君臣相得，在上而言，则进于明盛；在臣而言，则进升高显，受其光宠也。”

康侯之功。晋卦之康侯恰是夬卦之九二，在夬卦有定邦安国之功。安国之侯，是谓康侯，艮主安，坤为国，以“康”主安定。诸侯不来亲比天子者，称“不宁侯”。上比天子，下安庶民者，称“康侯”，因能安国而有侯爵，又因治安而有德、有功，而能重用于天子。

在夬卦有匹夫之责的九二在晋卦因安国之功而被封康侯，在扬于王庭的德决事件尚未发生时，九二睹明夷之难和涣散之祸，以刚明中正之才洞悉了明夷之难、涣散之祸的原因，在于居上位的阴小之首领带领暗众阴小群体为祸多时，既伤众阳，又祸害君子，对内刚化外政的正大之道、大观之道、中孚之教造成极大的破坏和冲击，而且暗众阴小群体根基庞大且深，又有上位首领私权以援，尤其是小人当道致使王政壅滞瘫痪，在社稷恐将溃决的局面下，天下兴亡匹夫有责，九二在私邑尚武，作讨伐之兵事准备，欲合力讨伐阴小之众，决其首领。九二如同有封邑之主，以呼号之告，师出有名，担其救亡之责，欲集众阳之刚合力擒贼，以自治有方的内惕外诚而居夬之下体。

九二以内怀兢惕而外严诫号得中道，以呼号之告，既知危厉之所在，又尚武作讨伐之准备而尽匹夫之责。在夬卦最瞩目便是扬于王庭之德决事件，而支持“扬于王庭”之公决者，九二亦有至功，九二与九五皆得中，虽处位不同，但九二处下体三阳之中，居乾体行健而得中，其群众基础非九五尊位能比，九二以中正之道，同九五一起，集众阳而举公决。当德决夬制一出，九二又将去故取新之决果作为新政率先应用在私邑而自治，率先相应国家体制，使其新政初始无有动乱而安社稷。以定邦安国之能得以上三者之功，功劳甚大，故而在晋卦被封康侯。

“昼日三接”。以表功、彰德、显明的三次表彰，来彰显康侯之功德，并以此激励天下有德有功之人。表功者，为表康侯在国之危难之际志心报国，犹以内怀兢惕而外严诫号，使所治之邑不同流合污，还有为国请命之明。彰德，九二以中正之德，集众阳而举公决，以扬于王庭之德决事件，使德决夬制一出而解天下危难，并使国有长治久安之制，为怀天下万民之大德。显明，值晋卦明出地上德政普施之际，康侯以新政新民自治，有晋体的明德普施之明，明德普施如日照天下，神主气精养育万物，为晋卦所崇尚之德政。在晋卦先表彰其为国请命之功，再表彰决夬制怀万民且长治久安之德，继而再表彰明德普施之德政，所以才出现“昼日三接”的表功德事件。之所以言“昼日”，在于以昼日之明将功德和表彰皆大白于天下，以“显”行激励之事。

晋卦以“昼日三接”彰显晋体崇德尚明之新政，亦是晋卦明德彰显之精神，且以神主气精德施万物。康侯之所以有臣道大明，在于有三：其一，主君大明，有识人之明以及任用之明，先表彰康侯之功，再行重用康侯之行，使其既安国于上，又治安于下；其二，康侯能治安，为治世之臣，柔进上行并履其要位，天子昭明于上，使庶民顺从于下，皆康侯之功；其三，康侯因其能进，有位以及治而有德，而有德光明显达。昼日三接，成康侯晋进而际遇明君之场景。

晋卦崇德推明，是晋言“进”之所在。晋卦以德晋之核，驱动君子之进以及夬制之进，使晋之大明能显明。君子之进，进在大明德与升志之进；君子经过明夷之综而成晋，对明德之体会已有大的晋升，尤其是行教化以明，从中孚以境界甚深的乘木舟虚教之以豚鱼，教之明与受之昏，形成强烈反差，原因皆在暗众阴强妄大，而言大明，除了君子有内明，还需化外明，需教暗众与小人皆明，方能言大明。君子知内外合明，方能成其德进成晋，以及乾坤合德之用而精气神三全。故而君子大明德之进，进在能如圣人大观天下，其明德之境界由小体转向大体，所以说教小人亦升君子自身，益君子自身之大境界。

升志之进。君子有内明，方能在明夷与涣难进志，既在值难时治其难体，又以致远之志百折不挠，尤其是明夷与涣难解皆以伤阳和伤君子为主，若无君子升志而进，便无以在观卦以“中正以观天下”，在中孚行豚鱼之教，在涣卦立宗庙礼制之重器，在夬卦以五阳并进而决阴……于生死存亡之际找出长治久安之法，一切皆是君子持大乘之进，升正大之志，最终在夬卦以德决之道，决出一制决所有之夬制。君子升志从升卦开始便基于升志而有精神品格之升，唯“精神”最能萃正人心，故而君子升志并非在乎位，而是借位阶履志，以君子升位而广施政德施，化四方之善，以乾阳行健之志得坤德之气，亦是乾坤合德之用而用在志。

夬制之进。君子升志借位阶履志，以君子升位而广施政德施，化四方之善，此种君子大乘之愿可借夬制之进而得其所有，所谓一制决所有之功便是如此。君子当位施政四方，有夬制为基础，履制而行教化，则能内外合德。夬制应万民，以“制”正风气又正风化，当位者依制履政即健政德，民众履制亦能健德。从明夷与涣之难可以看出，外政不以“制”驱动成熟，多变之卦体，便有多样之政，使政务杂乱而繁忙，有时还收获甚微，往往还因教大受小难以成愿，造成君子陷入卦体的泥潭中而适得其反，无良制而谋外政依然任重而道远。

夬制之进，以一制决所有之特性，使“一”有通万变之能和载万法之体，那么此制便是以法、礼、德三者成制，又以法礼德三者成一制正序。法、礼、德三者成制便是以法制、礼制、德制来归建邦体所有“制”，万政无有超出法、礼、德三者含义之外者。以法礼德三者成一制正序便是终以德制统纳所有，以德为内核，又以德为外体，由内向外贯穿德的阴阳法则属性，使其能盈虚转化且履德位法则成自然法序。夬制所言的一制决所有的“一制”便是德制，只是德制尚在通过夬制为基础而待健，在夬卦言夬制多偏重于五阳之刚如何德决出制，重刑法之器与礼器，履夬制厚万德多言以善政积外德，而德制需内外合德，乾坤用功，尤其是德化之重，其“德”的内涵还需经过晋卦、离卦、鼎卦之构建和沉淀，故而在夬卦只言夬制而不言德制。

夬制进在晋体，以崇德推明来新晋体，使其成为晋制。晋制延续夬制，以法、礼、德三者成制，又以崇德而建德制，以晋卦独有的明出地上之德照而成德制的独特内容。制决在夬体，制尚德推明在晋体。在晋体言晋制，是因为从夬制起便有了正大之序的雏形，以夬卦之小体，德决出载法、礼、德万政之制，成在晋体，以适用所有体而全大体。

“顺而丽乎大明，柔进而上行”。顺，有夬制应万民，而有政顺；德政施顺则万民得益，使万民顺。之所以言“顺”在于有夬制，履一制而决所有之顺，无夬制之基，无以谈政顺以及万民皆顺。同明夷以内阳化外政的治理之功使暗众柔顺于外不同，晋体之顺，使万民皆顺于制，以制之正序特性而所有皆顺，制在乎统一性与适应行，序在乎法度与规律性，这都是能使“顺”的原因所在。因履夬制而厚万德，德大且厚，故而内阳能以外德入内阳之进，使其升而成晋体，在晋体有明出地上，自然有“丽乎大明”。夬制之进，以德决之道成在夬体，却进在晋体，正因有夬制厚万德，方使晋卦以内外合德而明出地上。履夬制积善政之德大成，有以内外合德之功，使进而致晋体，又以明出地上而有离明以照。故无以夬制来广厚积德，无以谈“丽乎大明”。

“柔进而上行”。柔，成在晋卦为晋德文明，文明显柔性，因阳德充实其内，虽外柔而内刚壮，有内阳刚壮而能上行，能言晋德文明之“柔”者，皆是精神与品格之沉淀再扬升所致。晋德文明，为晋体所呈现的德文明，是德文明的重要内容和组成部分。晋以进为义，又以德为核驱动并升华，其晋德文明自然随上进之特性而德晋上行。除了晋德文明之柔，还有晋体坤众之柔；晋体之坤众，亦是明夷体的暗众，因大明当空之普照而柔进，此时“柔进”之功，便是履制健德之功，民众按法、礼、德三者履夬制亦能健德，履制顺序便是德，亦能以见善而健德，有阳德厚积其内，其精神与品格自然虽德积而扬升。坤众成柔，说明在晋卦已得其教化，暗众得其教化将更顺。

晋卦言：“顺而丽乎大明，柔进而上行。”以为臣道有大明而著称。坤为地，载德以顺天道，故坤德主顺，离为日，性明而照，六五主晋，以柔履尊，为柔进而上行，顺而丽乎大明之德。柔进而上行，为君子进位以得志，从进位继而当位而言，主臣道大明。

进退之道

初六：晋如摧如，贞吉。罔孚，裕无咎。

象曰：晋如摧如，独行正也。裕无咎。未受命也。

九四：晋如鼫鼠，贞厉。

象曰：鼫鼠贞厉，位不当也。

初六以阴居下，处进之始，上应九四，遇二三为滞，虽应难和，以应不中正而有欲进见摧之象。欲进还退者，晋如摧如，进退两难之貌。晋如，升进也；摧如，抑退也。初六以柔进，为度礼义而决进退者，有君子之明，于常人而言，或急于进以求有为，或急于退则怼上之不知。

处进退之位而知进退之道，君子无急于乘势趋时。于始进而言遂其进，不遂其进，惟得正则吉。处六应阳不能，承阴遇滞，为无信于人者。罔孚者，在下而始进，上未见信，则当正固自守，雍容宽裕，无急于求上之信，所以能裕而无咎。言贞，为进退皆以正；言裕，为不急于求信；贞且裕，君子处晋体的进退之道。孟子所云“我无官守，我无言责也，则吾进退，岂不绰绰然有余裕哉？”便得此义。胡炳文曰：“进之初，人多有未信者。然摧如在彼，而吾不可以不正，罔孚在人，而吾不可以不裕。贞与裕，皆戒辞也。”

李光地曰：“临晋皆君子道长向用之卦也，然君子无急于乘势趋时之意，当其临也，至诚感物，如忘其势，当其进也，守道优游，若将终身然，故一则曰‘未顺命’，一则曰‘未受命’。”

九四以不中不正居四爻，不得其位，不得其位而居之，为贪据其位者，之所以贪据其位，在于九四居高。九四以窃高位，贪而畏人，犹鼫鼠伎穷，盖危道也。鼫鼠，蝼蛄，穴居之物。许慎《说文》曰：“鼠，穴虫之总名也。鼫，五伎鼠也，能飞不能上屋，能缘不能穷木，能浮不能渡谷，能穴不能掩身，能走不能先人。”鼫鼠者，求而未必能；晋如鼫鼠者，以求晋而窃居高位，又贪而畏人；鼫鼠为穴居者，反登高位，以此喻不正者将显贵，失得正者晋之晋道。

九四阳刚，居坎有暗，又执艮之坚，为居位不当者。《程传》曰：“贪处高位，既非所安，而又与上同德，顺丽于上，三阴皆在己下，势必上进，故其心畏忌之。贪而畏人者，鼫鼠也，故云晋如鼫鼠。贪于非据，而存畏忌之心，贞固守此，其危可知。言贞厉者，开有改之道也。” 晋之道，以顺而丽乎大明，尤以柔进而上行得晋，下体三阴虽不正但能顺，因顺乎晋道而能得志上行，九四非柔又非顺，如鼫鼠之穷而不得遂，失顺而丽乎大明之时义。

进退之道。晋卦以柔且顺得晋道而进，初六是以柔处初，以无急于乘势趋时而知进退之道，九四以阳处高，非柔又非顺，如鼫鼠之穷而得进退之道。初六知进退之道，故不急于求上之信，而雍容宽裕且正固自守，以贞且裕得进退之道；九四虽有阳但无明以知进退，且窃高位贪而畏人不能得进退之道。初六知而得，九四据位而反不得，差别就在于处晋，是否得柔得顺。九四当晋之时，居高位却失静正之道，贪而畏人，则非鼫鼠而何？初六贞吉，贞吉在于正固自守而得吉；九四贞厉，戒其以持禄保位为常，而不知进退之义。

中正受福

六二：晋如，愁如，贞吉。受兹介福于，其王母。

象曰：受兹介福，以中正也。

六五：悔亡，失得，勿恤。往吉，无不利。

象曰：失得勿恤，往有庆也。

六二以柔处中正，得敌于五，乘承皆阴，故欲进而愁，虽柔但中正，非强于进者而守其贞正，不为进而犯难，持贞正之道而吉，故云“晋如愁如贞吉”。六二守正，受福于王母。王母，祖母也，谓阴之至尊者，指六五，王弼曰：“母者，处内而成德者也。”胡炳文曰：“小过六二曰遇其妣，彼言祖妣，即此言王母也。” 介者，大也，取坤之大。

晋如愁如，有欲进还忧之貌，但忧而无难，在于中正自守。六二以中正之德持守，久之其德必彰，晋卦以德进为晋，六二虽上无应援不能自进，但终以德进而晋。之所以六二要进，在于六五为大明之君，且有晋体大明之德，六二进而求之，为崇德且亲明，故而六二能安持中正自守，以期如愿晋之，加之宠禄，受介福于王母，实则已受晋体明德教化，而顺于晋，六二得中正以及得宠禄，致使最终得顺，而得晋道。老子曰：“守柔曰强。”乃谓六二之晋。

六五以柔居尊位，以阴居阳，本当有悔，然而以大明在上，下皆顺从且附其离明，故其悔得亡。阳主躁而阴主静。三五阳位，以阴居之，能节其动，故辞不称晋而皆曰悔亡。

六五为晋体大明之主，不患其不能明照，而患其用明太过，又去一切计功谋利之心，无失得之累，以道自任，则往吉而无不利。至于察察，失委任之道，故戒以失得勿恤，以道自任，得之自是，失之自是，曾不以介意小人患得患失，为恤义。胡炳文曰："事有不必忧者，勿恤，宽之之辞也。有不当忧者，勿恤，戒之之辞也。此曰失得勿恤，戒辞明矣，盖当晋之时，易有患得患失之心，才柔又易有失得之累。大明在上，用其明于所当为，不当用其明于计功谋利之私也。"六五尽天下之公，以明德彰显，岂当复用私察也？孔子曰："知者不惑，仁者不忧，勇者不惧。"君子执此三者，以道自任，则无往而不利。

中正受福。六二与六五皆中正，六二受兹介福，福自外来，六五中正受福，福自德来。言受者，皆为明德昭著以德被而受；福者，因大德而有大福。晋卦之福，从晋卦言进，以内阳化外德、外德入内阳之德晋，而致大福，尤其是德为核所驱动的三次升华，无论是从品格还是精神，从境界还是光明，乃至神通与万用，皆是厚积而来，因德之厚积方有福之大来。福自德来，德自内阳外善而来。

《案》曰："二五相应者也，以阴应阳，以阳应阴，则有君臣之象，以阴应阴，则有妣妇之象。不曰母而曰王母者，礼重昭穆，故孙祔于祖，则孙妇祔于祖姑。盖以昭穆相配，易爻以相配喻相应也。此明其为王母，而小过只言妣，蒙上过其祖之文尔。"不曰母而曰王母者以及与小过言"妣"相比，为晋制尚礼有成。

六二受兹介福，福自外来，却是六二以中正之道自守有德，才能受福，以福与德相配而能实受之。六五中正受福，以尊位主大明，以晋制顺其下，若六五能主天下公义，不患得患失而寄私，则得大明于公，六五得公，当继承从夬制“扬于王庭”共决事件之公利。六五以主明、顺下、得公三者成为晋体最大之进，故执正大之晋道而往，必有庆。亦能使顺下之臣民皆能受兹介福，而福泽万民。

谋众得顺

六三：众允，悔亡。

象曰：众允之志，上行也。

上九：晋其角，维用伐邑，厉吉，无咎，贞吝。

象曰：维用伐邑，道未光也。

六三失正不中，为宜有悔者；然三在顺体之上，居顺之极，以其与下二阴皆欲上进，呈三阴皆顺上者，三远应上阳，近比九四，与初二同德，志在上行而丽乎大明，以上进之志与众同，被众所允从，其悔所以亡也。

初六罔孚，四未信也；六三众允，人皆信也。允者，信也。六三不得中正，独得“顺”，以顺上向明之志得顺，在晋体得顺则得进，以能进而晋，故众所允，人皆信。

得顺而得晋，成为晋卦显著之特征，之所以得顺而得晋，在于夬刚升华化晋体坤地，夬卦五阳包括内卦的乾体之刚齐升华，化为晋体成坤地，为晋卦坤地之来由，坤主顺，而载众，当得顺，则得坤德，以坤德通乾性，故而能得乾体的刚健向上之势，也是得顺能晋之所在。古人云“谋从众则合天心”便是以顺德而得众允，众皆信而孚德充实，自然能上行。

上九阳刚居上晋，处刚进之极，故取角为象；刚极则有强猛之过，进极则有躁急之失，所谓刚极则生亢龙之悔，进极则有壮趾之凶，故晋其角者，乃危道也。以刚而极之进，为失中之进，以晋其角而处危，维独用于伐邑，则虽厉而吉且无咎。伐四方者，为治其外；伐其居邑者，为治其内；言伐邑，谓内自治。

角者，取艮类角，上九居晋之极，为角之象，之所有角象，在于晋其角者，以角为晋，必有所用其触也。角，以善触而言攻，古人以角为兵甲之应象；《吕氏春秋》云："乱国之妖，马乃言，马乃生角。"上九晋角，有乱国之应。

之所以有征伐，在于邑国逆乱，同室操戈，故而内治其私，以处高而不亢，处危而能吉无咎。王宗传曰："晋之上九，晋至于角，无所复进矣。惟能自反自克而内自治焉，则知危厉自警而获吉矣，此所以无刚进之咎也。"晋好柔而恶刚，好顺而恶乱，故九四、上九皆以厉言之，四进而非其道，故为鼫鼠，上已穷而犹晋，故为晋其角。上九之所以伐邑，在于值无可进而进时，以伐邑治内，使内顺而晋。

晋体因明德昭著治有大顺，且皆以得顺而能上行，为何有内乱呢？其乱根于夬卦五阳决一阴时，九五以主夬之人行德夬之事，决阴而不尽灭所引起，阳不诛阴，使阴能存，所存之阴便是内乱之因。上九自邑之阴众，为夬体未灭尽之苋陆之物，阴而不明，见晋卦柔顺之阴皆能晋，值上九晋其角时，欲同晋，却不知阴而无德亦不能晋，故而生出内乱。上九伐邑治内，使内顺而晋，晋其角者，以善触之攻讨阴之内乱。

值夬体决阴时，夬不杀而显王德，上九伐邑治内，用角触之，为晋体治乱使其顺，体不同、时不同故而所对应的局面亦不同，治道自然有别。上九角触者，非言杀，乃讨伐之方式也，在于阴生乱，其乱已然触其制之刚，而上九讨伐亦用制之刚，罚生乱之阴众。晋体得晋制，自然用制讨伐，而角触正应违制之举。故于贞正之道为可吝也，不失中正为贞，皆在于履晋之刚制。

纵观晋卦，以明出地上阳"进"立象，以柔进为义，以大明取德，以得顺而得晋。六爻四柔二刚，以柔顺为善，以刚猛为戒，是故阴多吉而阳多厉；下坤体三爻皆顺而上行，卦中四柔皆晋，而九四以刚据位有晋如鼫鼠之象，六五自四而升，得其晋主，惟五以主明、顺下、得公三者执正大之晋道，吉无不利。在卦中，初六贞吉无咎，六二贞吉受福，六三允升悔亡，九四鼫鼠贞厉，六五吉无不利，上九晋角贞吝。值上九时，用制讨伐违制之举，既是晋体德化有方，又是晋体文明之兆。

离卦：德照之道

离上离下

以明德照四方而服同天下

晋卦崇德推明。以明出地上阳“进”立象，以“康侯用锡马蕃庶，昼日三接”立卦德，以柔进为义，以日中大明取德照，以得顺而得晋道。经过大壮升华之进、夬制刚进、升晋之进的刚壮升晋过程，呈现晋体之“进”义，阳进成晋终是德进，犹以德为核的三次升华，至晋体使乾坤合用而内外合德，既有内阳化外德，又有外德入内阳的通明过程，以内阳内蓄，外善外积，使晋体大功昭著，大明彰显，晋体坤众亦因德照而受福。

晋卦通过康侯“昼日三接”来表功、彰德、显明而立崇德推明之卦德。康侯前有定邦安国之功，后又以晋体德制而有主明、顺下、得公之治，同晋体明君一起，以君臣和顺而合晋，使德照万民，并以此激励天下有德有功之人。晋卦有明，在于有德，精气神三全内阳厚蓄于内，履晋制全外政善德而外善厚积于外，以内外合德之用全晋卦“丽乎大明”之精神。

“丽乎大明”使明出地上而有离明以照。明照乃德照，以纯粹精神而神主气精德施万物。明德之所以明，在于厚万德，德大且厚，崇德推明而丽。明德主丽，而成离体。《序卦》曰：“坎者陷也，陷必有所丽，故受之以离，离者丽也。”阴阳互根，陷极必丽，离之火动出于坎水之陷，重陷而聚，聚而生势，阳从阴出，阴盛则火旺，乃负阴抱阳之理。取其阴丽于上下之阳，则为附丽之义；取其中虚，则为明义。王弼曰：“离之为卦，以柔为正，故必贞而后乃亨。

柔处于内而履正中，牝之善也。外强而内顺，牛之善也。离之为体，以柔顺为主者也，故不可以蓄刚猛之物，而吉于蓄牝牛也。”

离之为体，以柔顺为主，在于离体以晋德升进而使明德有离明之源。明照乃德照，明文以外，德质于内，故而见离明必是德明。在晋卦，得顺而得晋道，因“顺”德而能升晋，卦中四柔皆晋，下坤体三爻皆顺而上行。离体以柔顺为主，便是基于晋体之明德，以内外合德而全离明之精神，方能使离明久照。

离德根于晋，晋制根于夬，夬根于大壮，大壮进明夷，明夷综晋，使其明从明夷体的地下因德刚壮之蓄而升到地上，成其明出地上而丽明之离体。明入地下以昏隐阳，以暮藏志，虽外明夷却隐刚壮内阳，再以君子升志从大正走向正大而化善政于外，厚德以积，历经大观体、中孚体、涣体，终至夬体以德决而一制决所有，使内德蓄于内，外善积于外，内外合德并用，而发生旦觉、晓知、景明、晋中的明出地上之升进过程，亦是离明以照之过程，更是大观天下行王政而内外合德厚万德之过程。

离照必行大观，为因观而照。大观以明观，无明则无以观，而执天道行王道之德政以大观之道施行，尤其是明出地上但尚未到晋中的离照过程，离明不足，尤其要行大观之政，以中正大观而离明，为照之有方，照之有方则德政丽之有法。先照能照与可照之人，教之以德，待明到晋中再施普施之照，照之以精气，普施予万物。也正因观而照之政，方使离明之照生大德，以德核之驱动，得晋中之离明。在观卦，以“大观在上”察天地之道，再以“顺而巽”入法序之要，以道→法→术→用之王道系统观其所有，行养正王化之道。正是以政见善，以善健德，以正德教化，其德行被民所观，德政被人所仰，而得厚万德之实，有万德之驱动，使德明以照。离者，丽也，因大明而丽；又以离明之照，生德文明之丽。

“离”的四重释义。因生化之性而化生养，故言化；因化而顺，且以德正序而顺，故言蓄；因德盛而明丽，故言照；因文明而文丽，故言美。以化、蓄、照、美，形成对“离”的诠释。

离之化，因生化之性而化生养，故言化；离之《象辞》言“乃化成天下”，以“天下”言生化之“源”，大道生化本质为道生德蓄大道生生之健本原，因大道本原才有因本原的“生”源，大道依此而“生”。道生德蓄体性合相的大道具足清净、周遍圆明，以真如体如来义显金与阳的延展性，元阳之大畜积生动而有生生之健之势成，此为至阳金性明离之本，或明离之极，以道生德蓄体性合相十方圆明无所不照，无所不化，也是美之至也。以此生生之健依顺而有长→育→成→熟→养→覆生变易过程，再以道生之的恒顺生势贯穿，便有了源——生与流——化三者一体生化，从而生化道→母→器所有域体，包括天下万物。有道生德蓄体性合相的生化之性生化，才“因生而易与依易而化”有其生养关系，所以生化为一切言生养之本。离之化，因生化之性的本原特性，赋予了“离”的本原性，这也是离卦含义深邃之因，其道体至阳金性的明离之本、明离之极便是对玄德的直观描述，正因根植于生化之性，道体德性之本原，故而明离之照可久，为能成其久照之源。

离之蓄，因化而顺，且以德正序而顺，故言蓄；离之卦辞言“蓄牝牛吉”，蓄者，饲养，取巽草，兑口，草在口中而成蓄。牝牛者，母牛也，取坤为牛，《左传·昭公五年》云，“纯离为牛”。“母”重生育，以此言生化和生养，以蓄牝牛治繁衍之序，是基于万物的“生生”之道。继而言“顺”，因基于坤象，故牛为柔顺之物，而牝牛为至柔至顺之物，以驭牛使其性柔而温顺，在于治邦体正序使其民顺，正序顺、民顺则生养顺。取牛柔顺之象，以顺而能正序者，礼也，为履礼序以顺，《孝经》云：“以安上治民，莫善于礼。”之所以能制礼，在于有德，制礼以顺德，最终落成以德正序而顺。古之治水成功，必镇之以牛，以示卧牛福地之兆，“牛”以能蓄水生木，而应国泰民安之兆，便是取牛有德而成俗。

离之照，因德盛而明丽，故言照；离之象辞言“以继明照于四方”，明以继照，而久照天下，取其“照”与“久”。离之所以有“照”，在于离火之性炎上，炎之盛而与天同，火德升天而光明，故能照；天与火同，升华同人之象，在同人乾阳明丽，而阴者亦燃，以“柔得位得中而应乎乾”的天火之主，同燃同照，故能大照；大照之明，而生离明之德，又因根植于生化之性本原而能久照。“离”以能照、大照、久照，而具离明之德，徐在汉曰：“继明者，无时不明也。照于四方者，无处不照也。唯其无时不明，所以无处不照，是之谓明，明德于天下也。”离明之德从德文明以健而德化天下，从而成德被广施，德服自照之大象。

离之美，因文明而文丽，故言美；离主文，故有礼仪、文明，文明向上，以离言心象。《坤·文言》曰：“美在其中，而畅于四支，发于事业，美之至也。”以离明的黄裳之象，而通文德之理，美之至为坤之文德，以文德写照而彪炳文明有成，故离之美以文明之成而文丽，这是美既华又实的写照。离之美，为文明以象，以内文明化成外文明，内文明者，德存于内，外文明者，离明美于外，故而既华又实，实为德文明之至盛。德文明者，精神富有也，以扬于精神而治其大富有。

离明久照之道。丽明必依其生化之性而化生养，无万物之生化与生养，无以从“万物”而知道体德性生化之德与生养之性，这也是离明之所以能照之根本。何以离道有成？在于以德正序，使离道依序而成；以德正序，虽言德，但更以“礼”来充实其里，且发乎于外，离之正序，治于邦，使民顺以及生养顺，继而以正序来养邦、养民、养德，以“离”自有生养之德，而成自照之本。以能照之根本和自照之本，照而久，以长久之养蓄而生化文明有成，继而从内文明化成外文明，以既华又实之美，而言德文明之精神富有。终以生化之性，生养之德，成天下丽明之正道。

离：利贞。亨。蓄牝牛吉。

彖曰：离，丽也。日月丽乎天，百谷草木丽乎土。重明以丽乎正，乃化成天下。柔丽乎中正，故亨，是以蓄牝牛吉也。

象曰：明两作，离。大人以继明照于四方。

卦辞：以“蓄牝牛”之用象言生化与生养之性。

彖辞：从离入性→相→用程式而知久照之道。

象辞：以生化之性、生养之德而德照四方。

离卦，离上离下，为明两作而照之象。离之为卦，以柔为正，柔处于内而履正中，区别于坎之明在内，离之明在外，为以柔顺之德养之，由养以成，故而能丽于正。离者，明也，阴丽于阳，其象为火，体阴而用阳，法负阴而抱阳之理，也是阳之所出且继而阳壮之理。“物之所丽，贵乎得正”，万物莫不有所丽，有形则有丽，无形丽有形，阳丽于阴，气丽于形，神丽于精，圣人丽于道……此所以因“丽”而成文明也。离者，有柔而丽、明而丽、健而丽、正而丽、履礼而丽、德礼而丽，可各从其丽。柔而丽者，牛之性顺而又牝焉，顺之至也；附丽于正，必能顺于正道，有正而丽；丽者明也，因离火照而明；火性炎上，阳从阴出而壮，阳壮而明，有健之至也；万物各得其丽，皆因礼而正，故履礼而丽正序；万物莫不有所丽，有能履礼而正序，故行德礼之道而丽，正是离之大义。

“日月丽乎天，百谷草木丽乎土。”因日月有序而知“天”之自然法序，因百谷草木而知“土”的生养之性；天，生化万物，垂之以日月象；土，生养万物，呈之以百谷草木；日月者，法序之外象，百谷草木者，土性生养之外象。

以日月、百谷草木之象，言生化之本和生养之性，以此呈生化与生养之情状，以性→相→用程式贯穿，以“天”言生化之性，以日月为天的法序之相，以土为生养之内相，以百谷草木为可见用之外象，内相之土性，以外象之用以藏相法则的内藏外象可见之；天道生化之性——玄德与圣德之性，以藏相法则的内藏内相可见之。而“丽”正是藏相法则以性→相→用程式贯穿之景象，故言丽为“丽”而有法，且有法度，藏相法则的“藏”之性与法，只能通过其“用”象——百谷草木而见之。言丽者，性→相→用程式转换之机要也，以“丽”连接性与相之法序，又以“丽”转换性、法与外象之间的联系，从而各丽其类，各丽其正，各丽其序，以百谷草木可见之外象，丽其自然法序之礼序，以及天道生化之性的德礼之道，正是丽之大义。

“重明以丽乎正，乃化成天下。”重明者，上下体皆离也，上下者，内外也，为内外皆离，内外皆明，以内外之无所不包和无所不达，来以此言无极而太极道体。无极而太极之道体，为周易易周程式在圣域和圣化凡域，在道→母→器程式中，在圣为“道”域，圣化凡为从道域联系“母”域生化“器”域的生化关联。道生德蓄体性合相的大道具足清净、周遍圆明，为至阳金性明离之本，或明离之极，以道生德蓄体性合相十方圆明无所不照，无所不化，也是“重明”之大丽，而美之至也。何以能“化”？大道生化本质为道生德蓄大道生生之健本原，因大道本原才有因本原的“生”源，大道依此而“生”，因生而化，故而成生化之本原，化成天下者，正是基于生化之性而化，天下者，以天下之大体言万物或所有，为道→母→器程式中的“器”域，而生化之源为“道”域，“母”域者，正是“丽”释义下的生化转化之机，以太极临界态而言浑沦相。正者，基于道体德性之本体哲学，依道性之作用，而有法序哲学下的正序。离之化，根于生化之性，又履法序之正，故而成其能化之因，也是离之久照之源。

“是以蓄牝牛吉也”。从性→相→用程式而言，以“蓄牝牛”之用和用象，言生化与生养之性，正因处处不离本原而日用不知，才法天下之正序而可用，现状能明其知，在于以外用而贯穿本性。蓄牝牛，正是离卦呈现的天地之大用，在于以附丽言柔顺之德，此柔顺之德，正是坤德，因有生化与生养之本性使然，方可顺其“性”而能有为，法天下大道而师法、取法之，是以行天下正道而用之，故而有吉。

丽明以照，可通晋卦。《杂卦》曰：“晋，昼也。”为明出地上的白昼之象，白昼者，阳、明之渐长，基于大壮四阳并进而气盈则进，故而言晋。晋卦以明出地上阳“进”立象，有大壮之进、夬制刚进、升晋之进的“进”在外，又有德核驱动，因德的三次升华而至晋体而“进”于内，再以内外合德，使大正之进在晋成明德。卦中六爻四柔二刚，以柔顺为善，以刚猛为戒；下坤体三爻皆顺而上行，卦中四柔皆晋，在卦中，初六贞吉无咎，六二贞吉受福，六三允升悔亡，九四鼫鼠贞厉，六五吉无不利，上九晋角贞吝。晋卦言升华，从明入地中之明夷到明出地上之晋，皆有“升华”之实，尤其是德为核的三次升华，使晋体以明德昭著，既是晋体德化有方，又是晋体文明之兆。

晋卦以“康侯用锡马蕃庶，昼日三接”立卦德，晋卦之康侯恰是夬卦之九二，在夬卦，九二内怀兢惕而外严诫号，以呼号之告，既知危厉之所在，又尚武作讨伐之准备；九二以中正之道，同九五一起，集众阳而举公决，经过扬于王庭之德决事件决出夬制，且率先将夬制应用在私邑而自治，以此而有定邦安国之功。晋卦以“昼日三接”彰显晋体崇德尚明之新政，既以彰显康侯之功德，又以此激励天下有德有功之人。

康侯以顺德顺晋卦明君治国，而主臣道大明，臣道大明则有进位之极。晋卦崇德推明，是晋言“进”之所在。晋卦以德晋之核，驱动君子之进以及晋制之进，使晋之大明能显明。君子之进，进在大明德与升志之进。从治君子的身德之终与位德之始的“终始”过程言修身健德与进位，有健德君子以进，成进位君子与当位君子，值晋卦，为进位君子与当位君子大得志之时，以主臣道大明而有进位之极。康侯不仅从臣进而封侯，更有其尽治世安邦之能事而当位且当政，使其以居臣之道而明照天下，故而能配位其大德，又能称位其德，能以臣道的明德照天下，是为臣之极，也是大德之盛。明出地上之晋，从在野君子、进位君子、当位君子、臣道君子之进位过程，以臣道之大明，进而晋，有了除天子之外的君子晋进之极，当然也是为政之极，位德之极，更是臣道文明的荣耀之极。康侯晋进而际遇明君，便是以逢为君之明与臣道之明，以此明两作，上下呼应而共照，这是天下大治之盛，万民之幸。有如小畜卦独言贤臣，也有比卦、观卦大言明君，而君臣相呼应成明者，尽在离卦与晋卦。

所谓“君子以自昭明德”从离与晋而言，明德已在身，自昭者，为以大德而自照，施德行教化，以显德而宣德，以昭之盛而照之盛。《程传》曰：“乾坤之外，云元亨者，固有也。云利贞者，所不足而可以有功也。有不同者，革渐是也。随卦可见晋之盛，而无德者无用有也。晋之明盛，故更不言亨。顺乎大明，无用戒正也。”晋体与明夷互综，明入地下谓明夷，无论是用明用晦，皆处不同时、不同位、不同际遇而行为臣之道，晋能进位得志，明夷则不得其时，不得其位，君子与臣处困志、困位之当时。郭雍曰：“晋卦取名之义，与大有略相类，大有火在天上，君道也。晋明出地上，臣道也，以人臣之进，独备一卦之义。则臣之道至大者，非康侯安足以当之？”

离以“文”言文明，可通贲卦。文明者，贲也。贲卦以“亨”立卦德，在于贲有亨通之能。利有攸往，利在制决所有，序载所有之功；小利有攸往，贲卦德序与德文明皆以德为核，德以内守正固为大正，故尚静戒动，凡将动，皆以明而动，使动而亦能正固。在贲卦，外聚势成山，内德刚壮成火，再外山内火合用，文饰以外，刚质存内，又文又质而成贲体。贲卦以聚王道之德政成山于外和集内德刚壮而成阳火于内为内外卦体。贲卦言文明，终以集诸文明之成而建制成序，以法、礼、德三者成制，又以法礼德三者成一制正序，而一制便是德制，一制正序便是德序，从一制决所有升华成一序载所有。德制之建，起建于比卦，成于夬卦，升华于晋卦，成序于离卦，以贲卦文明之成，而成德序。贲卦聚晋制离序之功使外政能自养并正固内阳，而有德政文明。

王道之德政成山。德政在外，外聚成势，势而成山。从大正走向正大执天道行王道德政中，经过德政之累积，自明夷无明而治，使德政之治道已聚势成山。贲言山者，势大而不动，根基稳固，方使万政烦琐在外在，在制与序的统领下而渐归于静，当外政得静，则从艮之止。艮者止，以制和序来止所有繁杂琐事，也是一制决所有之谓，贲卦以一体之功，以成山之聚势，止外政而得静。当外能静，其外善之德被消耗甚少，入内则蓄内阳。晋卦与离卦皆言厚万德，在于有万众之多，及有万政之繁，以一制止万而得静，为聚制、序之势的成山之功，当外政得静，便能与内阳精神渐融合，而体用一如，外善入内阳，内阳化外善，乾坤合用，内外合德。

内德刚壮而成阳火。贲卦聚制、序之合而有成山之势，山势参天而通乾气，乾气刚壮行健，入内固其阳，形成内德刚壮而成阳火的贲之内体。历经晋、离二卦内德外政之晋升，使一制厚万德的德政之功能化阳德，当贲体止万静的临界时位到来，驱动了内外合德。内外合德意味着在贲卦德政之外善，依晋制离序之功，使自政能自养，且还有外善化阳德入内，正固其精神，这便是阳火之来源，也是“质”成于内之因。

内文明之火照明夷。明夷无明而暗黑，值贲卦内德刚壮成阳火而有明。纯粹精神之元神之体，因内外合德，精气充盈而放大光明，使暗黑而能照，明夷本无照，内文明成火而能照，此火为无明且质之阳火，发乎于内散之于外，故曰“柔”，以柔性明外物情状而洞悉于内，且外物皆能披被其离火光彩而显外物之质，外物之质显在外，明在阳之内，使内外通质。内火照明夷使内外通质，应有睹物而见性之成。“柔”者，柔性也，德性以刚成，以柔显，文以外，刚以内，乃象由性显。柔，从德政而言，履法、礼、德三者之制治万政，虽制刚，但履制以政，而有施政之柔，这是贲卦德政之柔性。柔，从德文明而言，文明出柔，德文明以“文明”化柔。从贲之德性而言，内阳与外善皆无色而显柔性，亦是贯通贲体内外之柔性。

“观乎天文，以察时变；观乎人文，以化成天下。”乾质坤文成其贲卦之刚柔交错，使其能文明以内而文饰于外，并以乾坤同用而有德文明之成。贲之天文，有明夷暗黑不见到照明能见之过程，亦贯通晋照、离明之过程，为以“时”贯通于体；贲卦德文明基于诸文明之成，在于文明有位。贲卦德文明之成，以德文明贯通各卦治道而化成天下。能化成天下者，唯德以生化之性而有生化之功。

文饰之道。本性者，化成天下之源，为本质之质，为乾阳之本，也是天文之所指；以乾阳之本而离火以生，火生而照方有文饰，为外用之象，为离火之文、艮止之饰，也是人文之所指。文不胜质，为文饰之至极有为，也有为有限；而质不害文，更能显文，以本质居其内，能以外文明而知内之质文明，以此成其贲之文饰之道，既可增其光彩，又可因物之光彩言使其光彩的明照之本。山下有火，物类华美，以文饰之道而通本与末，本者质，刚也，末者文，柔也，刚柔并济而显明慎并用。

“离”的四种释义治四种文明。因生化之性而化生养，以“化”治本性文明；言本性文明者，在于识道认性，无论是离卦还是贲卦，均以辞言“化成天下”，大道之所以能化，在于道生德蓄之本性，在道→母→器程式中以道域生化器域，天下生养于土，以土性而言生养，皆要明其“性”，离之化、离之美、离之明、离之照……皆根于生化之本性，因其本性文明而成久照之源。

以臣道之能“蓄”言生养，治社会文明。无论是从“蓄牝牛”还是“康侯用锡马蕃庶，昼日三接”，皆首言治顺德，以柔顺之德所贯穿的性→相→用程式，以蓄牝牛的天地之大用而言生养之能事。邦、民之生养，在于君德居上以大德照，君子进位且当位以辅，君子晋进而又际遇明君，以为君之明逢臣道之明，以此明两作，上下呼应而共照，社会以治当如是。之所以以“离”之蓄义言治社会文明，在于离之义在人事最大，《程传》曰：“八纯卦皆有二体之义，乾内外皆健，坤上下皆顺，震威震相继，巽上下顺随，坎重险相习，离二明继照，艮内外皆止，兑彼己相说，而离之义在人事最大。”所以“蓄”者蓄德也，君蓄明德，臣蓄顺德，以进位之当位，主臣道大明而有进位之极，社会文明便能渐养蓄而壮大。

以德盛而明丽之“照”，治王道文明。言王道系统者，观卦以呈，也正是因为观卦行养正王化之道的积累，再以有为之善政，行无为之教化而治“天下服”，而王化天下，德被四方，需离明以照，万物无照不生，无德不序，以德礼之道履礼以正序，健德文明以序而成离，故以“离”之德盛而明丽，言君德以照。正是因“照”而生德文明之丽，其功在于以道→法→术→用之王道系统而观其所有，其德行被民所赞，德政被人所观，德性被君子所仰，再加上为君之明逢臣道之明，君臣际遇呼应之明两作，治社会文明蓄而壮大，更有德照之继大，而德曜于天地。

以文明而文丽之“文”，治德文明。言德文明，为前三种文明之集汇与沉淀，尤其是为君之明逢臣道之明，以君臣际遇治万民生养，以道→法→术→用之王道系统健德，从本性之德到外象所显之德，以其本末贯穿，便是德文明之健之极也，故而生“文饰”来积累与沉淀德文明。文者，圣贤以通本而达末之明，治其经典也；饰者，以经典对德性、德行、德政、德位以“离明”而饰之，以无为之言，言德之无不为。以文治德文明者，在于以性→相→用的本末相成、文质相资，以文饰之道传承文明，德文明得以弘扬和传承，以文归质，更是以“德”普世之所在。

不久之照

初九：履错然，敬之无咎。

象曰：履错之敬，以辟咎也。

九三：日昃之离，不鼓缶而歌，则大耋之嗟，凶。

象曰：日昃之离，何可久也？

初九以刚居下而处明体，阳居下而志欲上进，离性炎上，志在上丽，几于躁动，故有履错然之象。王昭素曰：“处万物相见之初，履错杂之时。”履，《说文》云：“履，足所依也。”又云：“礼，履也。所以事神致福也。”以足所依之践行，言践行之礼；其履错然，谓交错也。初在下，虽阳但无位，虽未进而迹已动，动则失居下之分而有咎，能明其身之进退，方是初九所丽之道。其志既动，不能敬慎，则妄动，是不明所丽，乃有咎也，故妄动且不知敬慎则不久。孔颖达曰：“身处离初，故其所履践，恒错然敬慎，不敢自宁，故云‘履错然，敬之无咎’。若能如此恭敬，则得避其祸而无咎。”

九三过刚而中，重离之间，前明将尽，时不我与，志不我得，故有日昃之象。《程传》曰：“九三居下体之终，是前明将尽，后明当继之时。人之始终，时之革易也，故为日昃之离，日下昃之明也。”昃者，《说文》云：“昃，日在西方时侧也。”为太阳西斜之象，谓处重离之间而前明将尽；鼓者，取震之动言敲打；缶者，瓦罐；耋者，老年，《说文》云：“年八十曰耋，字亦作耊。”取下体之终而言老。嗟者，哀叹。鼓缶而歌，为乐其常也，达者顺理为乐；大耋，人之终尽，达者则知其常理，乐天而已。值人之终尽之大耋，盛必有衰，始必有终，皆物循环之常道。

不久之照，并非言照之不久，而是取不久之象来言变。因变而不久，识变之理并通变则能久，不识则为变所累。初九居离之初，处事之初故而不能明久与变，又有志心上进，故而躁动不知离明之礼，而有履错然之象。九三以“日昃”和“大耋”喻心之昏，心德昏则困而不久，盛必有衰，始必有终，要识常道与知应变，才能不被不久之照所累。如何识变并通变呢？为以敬养德，敬则有静，因静而生明，故敬者为养明德之本，敬则明，不敬则昏便是如此。处明要知明之本，履明之本在于敬德，常错然警惧，以进德修业。赵彦肃曰：“能敬，则动与物交，皆天理也。不能敬，则役于物而生咎矣。日出而作，故发此象。”

昃而警。相比晋中德照而离明，发生昃象应该引起警觉，应知离明将弱，必然是德核驱动不足，亦或阴妄消耗太大。九三心之昏便可引起昃而警的启示，正固之德因心之昏，识神妄行而被消耗内阳，这是引起昃象的内因——正养不固；在离明的大观新政下，新问题的出现以及制度更新未得及时，法、礼、德三者必然出现无法履制，导致德政不足或有失，这是引起昃象的外因——善德不足。不久之照，要警醒致不久之理，更要遵循不久而变之法序，从明入地下之明夷到明出地上之晋，经过旦觉、晓知、景明、晋中、昃警、昏暗、暮没之过程，皆天地自然循环往复之天理，只有师法与取法自然，方能洞悉于明夷时利正固以及于晋明时利厚万德之理，而找到处卦体之治道。所谓乐天知命亦要静而养德，唯知养德之使命方为得正命。

文明之照

六二：黄离，元吉。

象曰：黄离元吉，得中道也。

六五：出涕沱若，戚嗟若，吉。

象曰：六五之吉，离王公也。

六二阴柔居中得正，为丽于中正。履文明之盛而得其中，故曰“黄离元吉”。黄者，中之色，喻文之美。俞琰曰：“九三言日昃之离，六二其日中之离乎。居下卦之中而得其中道，故比他爻为最吉。六二盖离之主爻也。”以文明中正之德，上同于文明中顺之君，所丽“黄离”，尽得附丽之道。

六五以阴居尊，以文明之德而阴柔丽中；然不得其正而迫于上下之阳，在下无助，独附丽于刚强之间，处危惧之势；因忧虑之深而至于戚嗟。之所以会出涕戚嗟，在于极言其忧惧之深，也正因知其忧畏，能省察深戒而自恃守正，因守正又自健文明之德而获六五之吉。六五之吉，在于以其文明之德，丽得王公之正位而泰然不惧。蔡渊曰：“坎离之用在中，二五皆卦之中也。坎五当位而二不当位，故五为胜。离二当位而五不当位，故二为胜。”

文明之照，在于既成离明之文明，又有大德而能照，两者兼具，在六二与六五，二与五皆卦之中。二治文明，五治德，君明臣贤从而君臣呼应。黄离元吉同黄裳元吉一样，皆文明之象；只不过黄裳元吉之美之至发乎外，如同衣裳，而黄离为离乎中，明丽之火从内而燃，皆得大文饰；既能本末相成、文质相资而美之至，又能以文饰之道以文归质而传承文明。

之所以能治文明以照，在于六五以位天下而身天下。位天下者，居尊位所丽者为天下；身天下者，以切身之受感万民之受。正因如此，六五才出现因忧惧之深切而至于戚嗟，身肩天下之重担，而不忘其责。所以六五身德显著，位德满盈，德盛而能照。二五呼应以大德能照而文明使然。

六五之戚嗟对比九三之歌嗟，九四之突来，为以明德盛对比明德昏，六五盛明之至，哀天下也，而九三与九四皆昏暗且性情荡，是故而有灾患至，也正是以此为对比，方能知六五之大德难行能行，为君子身合于天而行丽于道。郭雍曰："离之六爻，二五为美。五得中而非正，柔丽中正者惟六二尽之。黄为中之色，而德之至美者也，故言元吉。其义与坤六五相类。"

之所以能成其"文明"，就在于内外皆显德，内有黄离中道之德，成文明之大象，外有六五以尊位忧戚天下之心，为心怀天下之德。此两者之德，黄离中道之德既在于德政，又在于德序；六五尊位之德为德位法则特显的称位之德与配位诸德，而成其大德。之所以称位，在于以尊位怀天下且哀天下之疾苦，以位而称；之所以配位诸德，"离"的化、蓄、照、美等释义所显诸德，皆在尊位以显，来配其尊位。

心怀天下，倍感天下之民尚需德化以照，此为"为公"之大德，文明以照之，在于以心之大德而照，以文明言，必是德文明之盛，方能成其"照"，也必为大乘之德照。

去恶之照

九四：突如，其来如，焚如，死如，弃如。

象曰：突如其来如，无所容也。

上九：王用出征，有嘉折首，获匪其丑，无咎。

象曰：王用出征，以正邦也。

九四以阳居离体而处四，四为出下入上之位，以离下体而升上体，在继明之初，故言继承之义，在上又近君，更是继承之地；而九四以刚迫之，刚躁而不中正，且重刚以不正，如此刚盛之势，既突如而来，又无巽让之诚，以非善继者而失继明之道。"阳刚、不中、不正，尽失附丽之道也，世所不容，众叛亲离，焚如、死如、弃如，皆覆灭之辞。刚暴，如火化物，是谓焚如。忤逆，上不施生，是谓死如。众恶，不容于世，是谓弃如。"

上九以阳刚居离之极，刚明及远，继明已成；以阳居上又在离之终，明则能照，刚则能断。能照足以察邪恶，能断足以行威刑。震为王、为车，离为甲兵、为火，兑为毁折，呈王用出征之象；君王出征，有功嘉奖，斩灭敌方首领，“在人心则为克己而尽其根株，在国家则为除乱而去其元恶。”《程传》曰：“故王者宜用如是刚明，以辨天下之邪恶，而行其征伐，则有嘉美之功也。征伐，用刑之大者。夫明极则无微不照，断极则无所宽宥，不约之以中，则伤于严察矣。”

去恶之照。九四叛逆不照，不仅以非善继者而失继明之道，还因以刚盛凌烁之势承六五阴柔之君，以刚迫大德之君，且气焰焚如，故而成恶；九四因其焚如之性，成恶，才招来死如、弃如之祸，章潢曰：“明之于人，犹火之于木。火宿于木而能焚木，明本于人而能害人，顾用之何如耳。九四不中不正，刚气燥暴，其害若此。”其恶在于所行不善，而成逆德，必然众所弃绝，并必造被祸害。

六五之大德有目共睹，且忧天下之心更甚，六五戚嗟之因多半在于九四焚如之性以刚迫之，而六五又知德懂礼，以大顺之德比照九四之逆德，而使天下无所容九四之恶行，惩其恶之去恶在所难免。

去恶之照者，以六五大德照九四之逆德，使天下皆见其恶，以无所容之视前来除恶，去恶是为了存久照之道，以此共知德而享德。上九去恶，在于上九以其刚明来察奸除恶，以“王用出征”且“折首”去天下之恶，而且是去恶之首，以此正治邦国。上九威震而刑不滥，虽去恶，但不滥刑，故而能处无咎之道。

去恶在于久照。所谓继明者，在于使其光明能明久不息，呈久照之势，去恶在于存善，存善处离在于久照。九四之恶在于未经修持的阳之躁动，因其不明以及不位，而成其恶，其恶在于卦体之内；上九除恶在于恶在外，为未经过德化与德照之恶，为蛮荒之外恶；去九四之恶，在于正内序，上九去恶，在于以正体序而服同之教化。上九所除之外恶，既无启蒙的可能，又无归附于丽的可能，还成其恶，故而只能以武力伐之，且以王用出征，行王道正义之师。正因有其恶，才能去其恶。

处离卦文明之盛，也有其如九四之叛逆者，还有外恶这种异类；不仅如此，处离文明之黄离元吉之当时，也还有九三不如意者。其去恶之行径，并非不能存异，而是值存异之久，以革体去故，又以渐养之道予以养正，还经观体以观天下而教化……累积种种正道以及德化之道，又以处离文明之极至，尚不能德照教化，谈何存异之可能？存异并非不可，关键在于他们行恶，九四以刚迫尊，损其尊位大德，伤其离文明之颜面，才招来死如、弃如之祸，况且所自招之祸，已为天下所不容之势，乃他人行去恶之善举，非王灭之。

去恶一事，在夬卦五阳决一阴的“扬于王庭”德决事件最为显著，尤其是以德决出夬制，面对明夷与涣难为祸已久之现状，在生死存亡之际寻求长治久安之道，九五主夬，五阳并进，以夬制去恶，尤其是阴小之首领，虽言决阴去恶，实际以夬制之刚，使其皆能履制以体制决之。夬之九五以中行之德，行“健而说、决而和”之和道，文偃刚暴，既主持以阳决阴，又使阴存，虽治刚而不杀，决阴而不尽灭显王道之德。值晋卦生内乱，上九自邑之阴众，为夬体未灭尽之苋陆之物，阴而不明，见晋卦柔顺之阴皆能晋，值上九晋其角时，欲同晋，却不知阴而无德亦不能晋，故而生出内乱，上九伐邑治内，以晋之刚制使内顺而晋。

夬卦九五、晋卦上九与离卦九四皆有去恶之行径，皆舍去了刚暴之兵事，而崇尚以制履和道，兵戎且战，以行杀伐必将是陋政，革依夬出，从以德政布施恩泽于民，到离明以照行德化之政，善政由来已久，况且值离文明亨通之际，以德政施禄及下而新民，方为长治久安之道。

六五忧惧深切之戚嗟，便在于冥顽不化之阴类无明以识德化之政，无明德顺承比卦、夬卦、晋卦、离卦能一制决所有之美制，更无从明晰一切离明之路皆是厚德万积而来，阴小之类，不知健德，更不知顺承离明王化之政，却以异类自处，故以掩面自悲伤而忧天下。之所以有天下丽明之正道，就在于以明德照四方而服同天下，服同乃以智同，非软弱之同以及不能惩恶扬善之同，去恶在于存善，存善扬善在于久照，而久照乃天下万民之福。

贲卦：文明之道

艮上离下

内外合德而文质相资

在离卦，以化、蓄、照、美四种“离”之释义治本性文明、社会文明、王道文明、德文明四种文明；又以不久之照、文明之照、去恶之照之爻义成体而有治离之过程，从而知明丽能照与自照之根本，在于化天下、德被四方；重离而继明以照，从生化之德与生养之性，照而久，形成以生化之性、生养之德所成就的天下丽明之正道，并以明丽之内文明化成文饰之外文明。

文明者，贲也。贲卦有文明之象。坤施乾受，乾得一阴而生离体，故离之体有乾之质，以乾质生离体，有乾阳之本，方有离火生，火生而照才有文饰；文饰者，外象也，乾质者，本质也；乾质坤文，文不胜质，以文饰显本质，而成贲，正有本质之质地，方成其贲之文明。《周易本义》曰：“贲，饰也。卦自损来者，柔自三来而文二，刚自二上而文三。自既济而来者，柔自上来而文五，刚自五上而文上。又内离而外艮，有文明而各得其分之象，故为贲。占者以其柔来文刚，阳得阴助。而离明于内，故为亨。以其刚上文柔，而艮止于外，故小利有攸往。”

《序卦》曰：“嗑者合也，物不可以苟合而已，故受之以贲，贲者饰也。”物之合则必有文，文乃饰也。苏轼曰：“直情而行之谓苟，礼以饰情之谓贲。”物相合而后有文章，因“文”无色而求“饰”之有色，有本末之相成、文质相资之义。贲卦，艮上离下，为山下有火贲饰文明之象；草木百物聚于山，山下有火则照见其上，草木品汇，皆披被离火之光彩。

物相合者，聚也。物之合聚，则有次序行列，必依成文明程式而依次合聚，此为礼以饰情之威仪，因威仪上下而成文，乃合聚之文。在贲卦，外聚势成山，山者，德照之王政根基笃实且厚大成山势，为王道德政厚而大之谓；内德刚壮成火，值明夷无明之际，内德之火明照，火照山下仍见其明且灿然有文，为王道德政以质饰文之谓；再外山内火合用，文饰以外，刚质存内，又文又质而成贲体，为德文明已大成。

王道之德政成山。德政在外，外聚成势，势而成山。从大正走向正大执天道行王道德政中，从明夷卦→观卦→中孚卦→涣卦→夬卦→晋卦→离卦至贲卦，经过七卦德政之累积，自明夷无明而治，历经观卦的王化之道，中孚卦的孚信之道，涣卦的宗庙之道，夬卦的德决之道，晋卦的光明之道，离卦的德照之道，使德政之治道已聚势成山。贲卦上体之“山”如同天在山中之大畜体，能通乾天之气的艮山，乃养正蓄德而成，而贲卦之山乃蓄德政治道成山。言治道者，为德政之功经过一卦卦体的治理和沉淀，以治卦有功而成治道，既集一卦主体之思想，又汇通上下卦体与各爻对各种问题的解决方法，经过体、时、位综合检验而能成称位一卦之卦德，使其卦德配位卦体而成治道。故而贲卦集德政治道之聚，既集各卦当体之卦德，又聚各卦治理卦体之政，又能从错综复杂处联系彼此，找到互通之理和联系之序，也是之所以能聚势成山的原因。既有各卦体位域之治道，又以聚而成同体，各卦体位域之治道，皆能以德政治道统一，顺承德政之沉淀而共同成德文明之同体。

治道之聚，是以政为基础的制、序之聚，治道形成德文明的沉淀必然要先从卦体治道来建制和建序，只有制和序的稳固才是治道之成，卦体治道既是治理卦体的核心思想，又是解决卦体诸多问题的方法论，最终以制和序的沉淀而汇同到德文明之主体上来，这个汇同的过程便是气聚和神聚的过程。

神聚者，一个卦体的治道思想谓之有神；以治道思想治理一个卦体使内外皆通泰谓之得气，以每个卦体之气贯通与汇同而有气聚，易体之所以有卦序以及有方圆图，便是在于得神与得气，使其发生同体又位域的神聚与气聚之汇。而这个聚、汇、合便是贲卦之特性，贲卦之成必集诸卦气、身于一体，尤其是从大正走向正大的德政七卦。

能够发生治道之聚、气聚、神聚的贲体，最终是德聚，以德聚之核，而引发的外在诸多之聚。所以贲卦犹言德，尤其是继晋、离二卦崇德推明又德照四方，其德体到德用已然有成山之势。德体者，内德刚壮成纯粹精神之体，德用者，内刚化外政再厚万善于外；从明夷卦至贲卦，皆从内阳精神之体，此为诸卦的驱动之核，而且大观、中孚诸卦，尤其是晋、离二卦，犹依德核而化外政，使丽明之所以能明、能照，因为能明和能照才有万善积于外。最终至贲卦，使其内外合聚而成德之大体，精气化神与神主气精相互传化与充盈，治道之德因气、神之贯通而彼此相连。

贲卦之前，德体与德用因治理卦体之需要而有所侧重，而至贲卦发生了德体与德用体用一如之融合，原因在于德用已然汇聚成“山”势；言山者，势大而不动，根基稳固，如晋制和离序，也正是完成了制与序的沉淀，方使万政烦琐在外在，在制与序的统领下而渐归于静，当外政得静，则从艮之止，艮者止，以制和序来止所有繁杂琐事，也是一制决所有之谓，贲卦以一体之功，以成山之聚势，止外政而得静。当外能静，其外善之德被消耗甚少，入内则蓄内阳。从大畜卦蓄德成山参于天而通乾性，以乾性之健，通道体德性之大正，在贲卦尤其如此，贲卦山势亦乾天之气，同大畜卦德蓄于内相比，贲卦山势聚于外，以参天之势聚而通天气，从而施生万物，运转精神。精神存于内，故而至贲卦内外相通，且有以外固内之通。

之所以言贲卦能止外政而得静，在于贲卦从夬制，得晋制，依离序，以制和序之优越性而止纷繁外政，集治道之聚、气聚、神聚之聚同而凝聚成制和序，故而贲卦以晋制和离序而成其德制。晋卦与离卦皆言厚万德，在于有万众之多，及有万政之繁，以一制止万而得静，为聚制、序之势的成山之功，当外政得静，便能与内阳精神渐融合，而体用一如，外善入内阳，内阳化外善，乾坤合用，内外合德。

内德刚壮而成阳火。贲卦聚制、序之合而有成山之势，山势参天而通乾气，乾气刚壮行健，入内固其阳，形成内德刚壮而成阳火的贲之内体。晋卦言德为核的三次升华，从精气化神之内固以及神主气精之外养，到精气神三全而驱动内外，内文明从大畜体至贲体，一直顺承蓄德、升华、刚壮、再升华坚固之路，尤其是从晋、离二卦后，以外政大养之成而放大善德之光明，终在贲卦以聚制、序之势的成山之功，以外静之成，驱动内外合成，合成刚壮阳德。行正大的正固之道，内刚壮之势不仅未曾改变，且日渐壮盛，反而在行外化王政时，有先消耗内阳的过程，以至于在大观之体后出现涣难，便是外政消耗内阳所致，当夬制一出，以厚万德之政功化阳善，又使善之阳德能养外政，历经晋、离二卦内德外政之晋升，使一制厚万德的德政之功能化阳德，当贲体止万静的临界时位到来，驱动了内外合成。

内外合德意味着在贲卦德政之外善，依晋制离序之功，使自政能自养，且还有外善化阳德入内，正固其精神，这便是阳火之来源，也是“质”成于内之因。执天道行王道的正大之政，皆是以内阳化外政而养外，值贲体止万静的临界时位到来，形成了内外在“养”上的平衡，使外善能自养外，原本内化外而养于外的内养，因外能自养而可坚固其内。贲以外势之成而成其内外，从一卦之成汇同正大之政的全体之成，从单纯的内文明以内外合化而纯粹精一，便是贲卦言“文明”之所在。山势聚于外，内德刚于内，以内外合功而纯粹精神。贲以外固内是贲体得以纯粹精神之关键，而纯粹精神之功全在德合于内。唯德，又唯合，成其贲卦德文明汇同之体。

内文明之火照明夷。明夷无明而暗黑，值贲卦内德刚壮成阳火而有明。纯粹精神之元神之体，因内外合德精气充盈而放大光明，使暗黑而能照，明夷本无照，内文明成火而能照，此火为无明且质之阳火，发乎于内散之于外，故曰“柔”，以柔性明外物情状而洞悉于内，且外物皆能披被其离火光彩而显外物之质，外物之质显在外，明在阳之内，使内外通质。内火照明夷使内外通质，应有睹物而见性之成。

《杂卦》曰：“贲，无色也。”无色者，贲之体也，贲有德为核的内阳之体；有色者，贲之用也，贲有以制、序养外政之用。老子曰：“大音希声，大象无形。”以其无色之性，成其有色之用。贲以文为饰，文饰之大义，在于以“文”之无为而显饰之大境，再以文显饰，以文写意之无不为，言其有为。纯粹精神之离明照王政，内阳以火饰文于外，内文明发乎外，有为在德政，无为在制、序，无不为在内阳之精神。无色何在？外物本色，其色以内文明之照而有质，见质则无色，为外物之无色；内阳以刚壮之阳德所蓄，阳德者，无色且有质，通乾天之性，性本无色，且能照有色见质使其无色。见有色之用，明无色之理，在于以用达体而明心见性，见内文明之大功德。

贲卦文明。贲卦以聚王道之德政成山于外和集内德刚壮而成阳火于内为内外卦体。言贲卦文明，首先集德政之大成，以山势之成而有治道、气、神聚于贲体；德政者，执天道行王道所能言及的一切有德和教化之政。贲卦聚晋制离序之功使外政能自养并正固内阳，而有德政文明。贲卦言治道、气、神之聚，而引发外在诸多之聚的终是德聚，德之聚在于蓄德养正之功，因蓄德养正且刚壮其内而有养正文明。养正蓄德在于精气能聚，而精气之萃聚在于是否与大秩序建立天人合一全息元象“动态”交易联系，贲卦行萃集成山之聚，故而因精气通泰，而有交感文明。晋之照，离之明，皆言德化，以内阳化外政且外善养外政之德化，而有德化文明。文明之成，在于有君子，君子升志与当位执德政来贯穿所有治道，而有君子文明。

贲卦言文明，终以集诸文明之成而建制成序，以法、礼、德三者成制，又以法礼德三者成一制正序，而一制便是德制，一制正序便是德序，从一制决所有升华成一序载所有。德制之建，起建于比卦，成于夬卦，升华于晋卦，成序于离卦，以贲卦文明之成，而成德序。诸文明有成，全在于德序之功；或建德序于卦体治道中，或被德序所载而成其内外大治；皆围绕“德”为核，守正固之利，得大正之道，成其正大之志，君子健身德进位德，治明并升志，内能正固其德，外能行德政教化，内外能精气交感而以神感通，又能执养正之功蓄养内外，终以德固治其内，德制治于外而内外合德，汇通成德文明。从贲卦集德政文明、养正文明、交感文明、德化文明、君子文明等诸文明之成，也因此构建了德文明之模型。

贲：亨。小利有攸往。

彖曰：贲亨，柔来而文刚，故亨。分刚上而文柔，故小利有攸往。刚柔交错，天文也。文明以止，人文也。观乎天文，以察时变；观乎人文，以化成天下。

象曰：山下有火，贲。君子以明庶政，无敢折狱。

卦辞：乾德序与德文明致内外亨通且内守正固。

彖辞：文明以柔性贯通治道而化成天下。

象辞：依德制明慎并用而治万政。

贲卦，艮上离下，为山下有火贲饰文明之象。贲卦以聚王道之德政成山于外，集内德刚壮而成阳火于内，以山下有火照见山上草木百物，使其外物能披被其离火光彩而显外物之质，又以阳明在内，使值明夷而能内外通质。乾施坤受，坤得一阳而生艮体，刚质柔文，是质不害文，更能显文，有质居其内，而有文发乎外，所以能以外文明而知内之质文明。

“亨”。贲卦以“亨”立卦德，在于贲有亨通之能。集晋制离序之汇而成德序,以一制决所有升华成一序载所有,因能载万政又能厚万德,而有元亨。德序之元亨，使其诸卦之制、序皆能以德序之贯通而齐亨通。贲卦集德政文明、养正文明、交感文明、德化文明、君子文明等诸文明而成德文明，以德文明成型于于贲体而有大亨。此大亨贯通从大正走向正大的德政七卦中，既亨通各卦位域，又亨通七卦之汇聚，贲卦以聚合治道、精气神而成聚势，尤以德聚使德体与德用体用一如聚合成“山”势，而有聚势之亨。贲卦以山下有火而言文饰之象，以内阳照外物使其物能近质，而有近质之亨。且近质之亨发乎文饰于外，使内外依质以文而贯通，能使其内外贯通者，在于德政自养，且有外善入内阳正固其内，乾坤合用，内外合德，以此驱动了内外合成，而有内外之亨。

“小利有攸往”。贲之成于阳壮且固。成于德政养外善于外，以成山之势止万政之动，以得静而使阳善有裕，外善入内阳正固其内，又集内德刚壮固其内，内外合功，使阳壮且固而有阳火值明夷能照外物。之所以有成在于养阳有裕且能正固之，而“往”皆是违背正固之动，皆是以动消耗于外，但“小利有攸往”，小动在贲卦已经无伤大碍，其阳裕之德能化其外动之妄。贲卦以德体与德用体用一如之融合而汇聚成“山”势，贲卦以一体之功，有成山之聚势，山者，从艮之止，又以一序之功，止万政之妄动，以止外政而得静，山势甚大而静乎不可拔，以德制止所有繁杂琐事，也止住了万政烦琐之消耗，因消耗少故而阳有裕，外善能积成内德。利有攸往，利在制决所有，序载所有之功；小利有攸往，贲卦德序与德文明皆以德为核，德以内守正固为大正，故尚静戒动，凡将动，皆以明而动，使动而亦能正固。

"分柔来而文刚"。"柔"者，柔性也，德性以刚成，以柔显，文以外，刚以内，乃象由性显。柔，从德政而言，履法、礼、德三者之制治万政，虽制刚，但履制以政，而有施政之柔，这是贲卦德政之柔性。柔，从德文明而言，文明出柔，德文明以"文明"化柔。从贲之德性而言，内阳与外善皆无色而显柔性，亦是贯通贲体内外之柔性。"分"者，分离也，乾之九二分出离体，离自乾来，故而离明通乾性，王弼曰："乾之九二，分居上位，分刚上而文柔之义也。"又离体之阳爻居上文饰了坤，使坤成艮，以成艮离之体，故艮柔自坤柔。艮主止，以柔之静止刚之动。"文刚"，文明以序成又成于序，故而刚，文明之柔在下，文柔驱动刚上，文之所刚，在于内刚壮之阳贯通于外，内外同质，故而外之文亦能刚。言"刚柔交错"，为卦中艮之阳与离之阴交错，为成卦时乾之九二分离；乾言质，坤言文，故有乾质坤文；以刚内外柔而内外交错有别，岂不知刚柔同体，无内刚健之阳德，便无外显之文饰，当以交错分别之，便未得内外同文同质之通，要以刚柔交错之义，见乾质坤文之本。

"观乎天文，以察时变；观乎人文，以化成天下。"乾质坤文成其贲卦之刚柔交错，使其能文明以内而文饰于外，并以乾坤同用而有德文明之成。乾者天也，坤者地也，只有师法天地自然法序，观乎天文，方能顺天应人而大治。天文者，从明入地下之明夷到明出地上之晋，经过旦觉、晓知、景明、晋中、昃警、昏暗、暮没之过程，值贲体在昏、暮之夜亦能照而能明，在于内德刚壮而成阳火照外物。贲之天文，有明夷暗黑不见到照明能见之过程，亦贯通晋照、离明之过程，为以"时"贯通于体；时者，以变而呈现不同之体，察变则能察体，察暗黑而有明夷体，察晋中而有晋体等，卦体之变，在于有时变而贯通其中，因时、体有别而治道各异，制、序不同。贲卦德文明基于诸文明之成，在于文明有位。贲卦德文明之成，以德文明贯通各卦治道而化成天下。能化成天下者，唯德以生化之性而有生化之功。

"文明以止，人文也。" 据天文之质，而显人文之神；离者文明也，艮者精神之质也，艮德止而不过，又有不尽饰之象，无本不立，无文不行，有实而加饰，从天文至人文，而尽显性→相→用之文明贯穿。性者，本质之质，天文也；相、用者，因本而成文发乎于外，人文也。艮者，止，以德言止——为有德成之而达文明，德盛而达之意，因文明之达而止，又以文明言德圆体全。"观乎人文以化成天下"之所以言"化成天下"便是以象辞通"离"而言生化与生养本性。

文饰之道。本性者，化成天下之源，为本质之质，为乾阳之本，也是天文之所指；以乾阳之本而离火以生，火生而照方有文饰，为外用之象，为离火之文、艮止之饰，也是人文之所指。文不胜质，为文饰之至极有为，也有为有限；而质不害文，更能显文，以本质居其内，能以外文明而知内之质文明，以此成其贲之文饰之道，既可增其光彩，又可因物之光彩言使其光彩的明照之本。山下有火，物类华美，以文饰之道而通本与末，本者质，刚也，末者文，柔也，刚柔并济而显明慎并用。之所以慎重于明，在于若不明本质而欲显于文，则害其质，为毁谤也，故要慎重之。

"君子以明庶政，无敢折狱。"值德序之成与德文明有成之贲卦，君子师山下有火贲饰文明之象，应明贲体以德序成其外文明且内外合德，汇同文明之体。德序之成，从夬制，得晋制，依离序，集以制和序大成而成熟于德序。因集法、礼、德三者之制成德序，故履法、礼、德三者之制治万政，谓得一制而万政皆治。制的特性便是有刚，刚者，有法制红线之警示，使其无敢越刚制之雷池。在如此优越的德制面前，君子履制治政即可，在涣卦小人掀风闻之浪以无实据而能害忠良之事已不再重现，且"君子以议狱缓死"明德慎罚之戒亦不复存在，出刑入礼之法制建设在贲卦升华而沉淀出法制文明，使其只能履制而无敢折狱。君子明庶政，在于依德制明慎并用而治万政。

从文入质

初九：贲其趾，舍车而徒。

象曰：舍车而徒，义弗乘也。

六四：贲如皤如，白马翰如。匪寇，婚媾。

象曰：六四，当位疑也。匪寇婚媾，终无尤也。

初九以阳刚居明体而处下，有德而无位，无所施于天下，唯自贲饰其所行。自贲所行，为舍非道之车，而安于徒步之象。趾取在下而所以行。初九无位，舍车而徒，不因富贵而淫，不因贫贱而移。

初比二而应四，应四为正，与二非正，应四取义而有德，如《程传》所言“君子修饰之道，正其所行，守节处义，其行不苟，义或不当，则舍车舆而宁徒行，众人之所羞，而君子以为贲也。”便是舍车而徒之义，君子守节义，乃君子之贲。初九有刚明之才，不应亲二而远应四，舍易而从难，在于志在求贲。舍易而从难，如舍车而徒行，弃近便之路而行远行之跋涉，近便之路便如车乘。

君子所贲，世俗所羞；世俗所贵，君子所贱；君子弃车不乘却徒步而行，所谓特立独行，在于君子行志而求贲，而世俗以驱利为常。贲趾舍车，不假于外物，宁愿素位而行从其志。君子贵德，故内刚，贲趾舍车虽远行，以刚在内而守志，远行之累却不足为君子虑。

六四正位居体，与初正应，为相贲者。本当贲如，但遇三所隔而不得遂，故皤如；虽遇间隔，然二三相比，间而不滞，其往求之心，如飞翰之疾，终必获亲，故曰“匪寇婚媾”。然九三刚正，非为寇者，乃求婚媾耳。是固白马疾行如飞，并非寇盗，而是求婚之人。

贲如，贲饰而光彩之貌，或以为来之疾也。皤者，白也，头发花白之貌。《说文》曰：“皤，老人白也。”发白为皤，马白为翰。翰如，疾行之貌，其从正应之志如飞；取震行坎疾之象。匪寇婚媾，应而遇妒，先疑后合；在屯之六二、睽之上九亦言之。胡炳文曰：“屯二应五，下求上也，不可以急。贲四应初，上求下也，不可以缓。”匪为九三之所隔，三爻皆失位，故坎为非，取坎为寇盗。

梁寅曰：“六四在离明之外，为艮止之始，乃贲之盛极，而当反质素之时也，故云贲如皤如。夫初之舍车，为在下而无所乘故也，四在九三之上，则有所乘矣，故云白马翰如。人既质素，则马亦白也。”

六四应初九，为正应而能相贲者，以实心而求于初，不为虚饰；初九刚明君子，虽无位但守志，以贲趾，舍车而徒；六四乘马，喻之曰匪寇婚媾，而来者匪寇，乃己之婚媾，终必获亲。六四居巽，初九居震，震巽皆白，发白马亦白，乃同一白贲之风，谓文饰之极，反归于质。四应于初，其前往求贲之心切，如飞翰之疾，故曰白马翰如。

从文入质。乾为质，坤为文，刚为质，柔为文，初车四马，乃同一白贲之风，以皤白文饰之极，而崇素返质，为从文入质。六四正位，居坎体值巽爻，坎狐疑而巽犹豫，故曰“当位疑”。四正应初九，初九从志守志而为守正不渝者，四始疑终以应初九之刚而合，故曰“终无尤”。初贲趾，四贲如，皆文饰有余而质显不足，但来者非寇且为己婚，以文之表而知其质，为识文饰而辨本质。贲其下而无位之人，常以驱利为常，此为文之表，亦是常理，而初九弃车不乘却徒步而行，在于君子行志求贲，有刚志居内，为有质。初九从文入质人皆不知，唯有自知，故不以世俗所羞而转移本质，为处贲明理至甚。不仅如此，初九以刚明之质助四弃疑从质，四柔而明不足，但有初助应，从当位疑而走入终无尤之合，皆是执从文入质的贲道，贲之文在外而质居内，守德而不失礼义。

文当从质

六二：贲其须。

象曰：贲其须，与上兴也。

六五：贲于丘园，束帛戋戋，吝，终吉。

象曰：六五之吉，有喜也。

六二以阴柔居中正，得其位而无应，三以阳刚而得正，三亦无应，二三皆无应与，故二附三而动，近而相得，动静随刚，故有贲须之象。须者，随颐而动者，动止唯系于所附；休命者，顺天而行。朱震曰："毛在颐曰须，在口曰髭，在颊曰髯。三至上有颐体，二在颐下，须之象。二三刚柔相贲，贲其须也。夫文不虚生，须生于颐，须所以贲其颐也。"须之为物，上附者也，故曰贲其须。

二为贲之文主，主言贲道，饰于物而不能大变其质，乃既不能文饰太过而失刚，因其质而加饰，故取须义。二无应而比三，三亦无应而比二，故与之相贲，须于人身，无损益于躯体，但可为仪表之饰。

六五柔中为贲之主，阴柔不能自为，密比于上九刚阳之贤，阴比于阳，复无所系应，求贲于贤，故有丘园之象。丘，谓在外而近且高者，园圃之地，最近城邑，亦在外而近者。丘园，远离繁华，安静质朴之所，谓在外而近者，指上九。六五受贲于上九。

然六五性阴而吝，外比于贤，礼微物薄，故有束帛戋戋之象，束帛之为物，以其纳征也厚，以其招贤也薄，故可羞吝也。戋戋，翦裁分裂之状，帛未用则束之，故谓之束帛。及其制为衣服，必翦裁分裂戋戋然。何楷曰："比于上九刚阳之贤，受贲于上九者也。丘园指上，上阳刚而处外，乃贤人隐丘园之象。"

束帛，喻六五本质；戋戋，言礼薄仪简；六五以柔中文明之质，简择而求刚明上九，上九亦知见素抱朴之理，重于质而轻其文，以刚柔相济内刚外文之通，使其成为贲文明之志同道合者，以见素抱朴之质求而有应，共治贲功，故得终吉。《朱子语类》云：“六五是在艮体，故安止于丘园，而不复外贲之象。曰：亦是上比于九，渐渐到极处。若一向贲饰去，亦自不好，须是收敛方得。”

文当从质。六二为贲之文主，六五为贲之质主，文与质皆以中道而获治。六二纯柔，必待九三之动而后动，为文当从质之义，文非质则不能自饰，阴必从阳，非阳则不能自进。贲其须，人仪举者文采容止可观于面貌，而须有阴血之形，而柔所以文刚者，在于附丽于阳，须附丽于颐，任何文饰之表皆有其根质。二之文明，唯言贲饰，但贲饰所在，则质亦在，柔得刚而后立于表，乃以文通质。

六五以尊成贲主，主其质，故以礼薄仪简之求，求受贲于上九，上九以刚明处贲止，重质而轻文，故能应六五。胡炳文曰：“不贲于市朝，而贲于丘园，敦本也。束帛戋戋，尚实也。”敦本又尚实，乃六五治文明之德，亦是贲文明所寄予。六二贲其须以从三，五贲于丘园以从上，皆以文从质；六二尚文，但文而有根质，六五尚质，故宁俭而舍奢，值文明之际，用礼且简用，以见素抱朴之质，上下共治贲。

以文归质

九三：贲如，濡如，永贞吉。

象曰：永贞之吉，终莫之陵也。

上九：白贲，无咎。

象曰：白贲无咎，上得志也。

九三处文明之极，一阳居二阴之间，为得其贲而润泽者；九三处六二六四之间，故曰贲如濡如，三本刚正，特虑其为二阴所陷溺，未免有文过而灭质之患，文过则质丧，质丧则文弊，不可溺于所安，要当永久以刚正之德固守则吉，故有永贞之戒。

《程传》曰："三处文明之极，与二四二阴间处相贲，贲之盛者也。故云贲如。如，辞助也。贲饰之盛，光彩润泽，故云濡如。光彩之盛，则有润泽。《诗》云：麀鹿濯濯。永贞吉，三与二四非正应，相比而成相贲，故戒以常永贞正。贲者饰也，贲饰之事，难乎常也，故永贞则吉。三与四相贲，又下比于二，二柔文一刚，上下交贲，为贲之盛也。"

九三以一刚介二柔之间，文饰之盛，润泽充盈，为贲之盛者；互坎有濡义，亦有陷义，既济与未济濡首濡尾，濡而陷者。二阴于九三有润泽之濡，而九三以能永其贞不为陷溺之濡。九三长守阳刚之正，而不为阴柔所溺，则不至以文灭质，文不胜质，故不至于陷溺。

上九居艮质之终，当贲道之极，贲极则返质，贲极反本，复于无色，终归于无所饰，故贲道成而无咎。《程传》曰："上九贲之极也，贲饰之极则失于华伪，唯能质白其贲，则无过失之咎。白，素也。尚质素则不失其本真，所谓尚质素者，非无饰也，不使华没实耳。" 上以阳刚居艮止之极，止文而返质，言"白贲"，终归于无所饰。

蒋悌生曰："六五上九皆敦尚质素，以白为贲，素以为绚之意。上九处无位之地，高尚其事，不尚华饰，以质素为贲，甘受和，白受采，其贤于五采彰施远矣。"上九高尚其事，终得见素抱朴之贲道。始则因天下之质而饰之以文，终则反天下之文而归之于质。

以文归质。九三终离而上九止贲，皆以刚明之才舍文入质，九三得其润泽而濡如，贲卦以"柔"为美，以尚柔为得贲，在于文明之柔性，故九三得柔润泽，使其有光彩之甚，然虽润泽充盈而有文饰之盛，却不为所陷溺，同初九从志守志而守正不渝一样，九三行永贞之事，借文言质，使文饰之极归于君子之质，且以质之坚贞，使其文不胜质而不至于陷溺于华美无法自拔。上九最得贲之道，穷天下之文而终守其质，华丽之世，总有高尚隐士，守质素之心，行见素抱朴之道。上九以文归质，使以文饰之道而通本末者。得文明皆在世俗，而得道皆在于心。

纵观贲卦，六爻饰以文华又务本求质，前三爻重文，后三爻重质。初贲趾而四翰如以文入质，从文之表象得见质本，初与四为应而相贲者。二比三而贲乎三，五比上而贲乎上，为无应者以比而相贲。二之贲须附于三，唯三润泽充盈而有文饰之盛，见文饰大盛而不溺，且引文从质，以质之坚贞使文饰之极归于君子之质。五比上而求贲于上，五以敦本又尚实主贲，宁俭而舍奢，忘殿陛之华，守丘园之素，用“束帛”之简礼，行见素抱朴之质。贲卦三阳皆得贲道，初九舍车远行，如无位而守道之贤人，九三被二阴润泽华丽至极而不陷溺，如明时势而有主见且决断之贤良，上九以见素抱朴之心见“白贲”而从质见性，实为得道而超乎世俗之大隐士。

鼎卦：使命之道

离上巽下

以鼎之重器而凝天下使命

贲卦六爻饰以文华又务本求质，以聚王道之德政成山于外，集内德刚壮而成阳火于内，内外合用又文又质成其卦体。贲卦以一体之功，以德政成山之聚势而厚万德，以建德制之成驱动了外善入内阳、内阳化外善，以乾坤合用而内外合德。德制之建，起建于比卦，成于夬卦，升华于晋卦，成序于离卦，以贲卦文明之成，而成德序。贲卦聚晋制离序之功使外政能自养并正固内阳，而有德政文明。贲卦德文明之成，以德文明贯通各卦治道而化成天下，能化成天下者，唯德以生化之性而有生化之功。

德文明大成，必立器以象，而器之重且大者，无外乎鼎。鼎者，大器，重宝，无鼎而不成大象，尤其是文明以象，故而有“鼎”。《序卦》曰：“革物者莫若鼎，故受之以鼎。”革曰去故，鼎曰取新，革去故旧而后新成，鼎之所以能革物，在于能使水火相合为用而不相害，水火为本不可同处之物，但能使水火相合为用且不相害，在于为水火立法并建序，以吐故纳新并常自新而用鼎，用鼎，必立鼎才有鼎之用，鼎之用，为“变腥而为熟，易坚而为柔”之革物变化，是鼎所以次革。

鼎卦，离上巽下，为木上有火之象；鼎卦之所以以鼎立象，在于为卦下阴为足，二三四阳实为腹，可受物在其中，五阴为耳，上阳为铉，故而成鼎之象，以上下二体示之，离之中虚在上，可盛物，下体巽有足以承之，亦为鼎象；有鼎成象于体，又以巽木入离火而致烹饪，成鼎之用。以鼎立象又取鼎象立卦体，其卦器之先后，并不害于义，《程传》曰："制器取其象也，乃象器以为卦乎?曰：制器取于象也，象存乎卦，而卦不必先器。圣人制器，不待见卦而后知象，以众人之不能知象也，故设卦以示之。卦器之先后，不害于义也。或疑鼎非自然之象，乃人为也。曰：固人为也，然烹饪可以成物，形制如是则可用，此非人为，自然也。在井亦然，器虽在卦先，而所取者乃卦之象，卦复用器以为义也。"

鼎卦立以烹养贤、以贤养正、以正立法、以法正序、以序命德五种释义。以烹养贤。为卦离上巽下，以木从火为燃，立鼎以木巽火，成烹饪之象；烹饪者，乃"变腥而为熟，易坚而为柔"之革物变化，在于以烹取新，欲取新以治，唯贤以从也；唯贤、从贤乃至亲贤，必先养贤，故立鼎以烹行"大亨以养圣贤"的养贤之鼎。在颐卦行养正之渐养之道，先养口体，再以食养气，后以气养德，继而气德一体而养性，并从养小体到全大体，成为以"颐"养正之范式，但养口体，必先烹而食之，从食文明而食之能化，到养气与神，而鼎之物象，便在于养其气与神，它以凝气凝神之重，成邦之精神象征，而能举鼎以高者，圣贤也，能文饰其鼎之气神者，圣贤也，故鼎本身就是贤之化身，所以养贤之鼎，就在鼎象本身。

以贤养正。鼎卦上离为目而五为耳，有内巽顺而外聪明之象，耳聪目明者，唯圣贤也，继以烹养贤，便要举贤并从贤以治，以贤治正道而顺，之所以内巽而顺，便在于有贤以治，以贤养正，而成全鼎之养正之体；虽颐卦有养正之道、渐卦有渐以养正之道，观卦亦有大观养正之道……皆层次或养正之重点不同，而鼎卦之养正，为重圣贤以养，既有颐体养之于口腹之身体，又有渐以养其次序，还有大观中正之德养之，集养正之大成于鼎一体，而成其以贤养正之鼎。"正"之含义，发乎大道之正，履其自然法序之正，物也有物法之正，于人又能以德化其正……究其所有无外乎正德之正。

以正立法。养正之正，圣贤之“明”皆从法序中出，履法序正以及履位序正方有其正途，且洞悉其“养”之规则，以此来明悉如何养民；正之大者，无外乎以正立法，以法之普遍性来确民正。先从事法健全讼制，事法者，在鼎卦如水火为本不可同处之物，但能使水火相合为用且不相害，在于为水火立法并建新序，不仅出新还能使其在新序中成以木巽火之烹饪象；再依讼制来全面立宪，以鼎之重器立宪，使宪法成为治国养民之重器，鼎有取新之义，以鼎立宪，还在于能依不同时局而修宪；而宪法者，既是邦民以养、能养的正序之基，又是基于养正的德文明进程之起始，德文明之大者便在于以法之全保民自养，民能自养以正，全依仗宪法能保其民权，使民生有序且有道。

以法正序。以宪法为基石，借鼎之法象正序，以法正序，使其邦序不乱、制度不乱、民自养之序不乱。正序者，既养邦于体，又养民于大。除了宪法之法序以外，还有其他各种文明之序，尤其是建立在宪法基础上的扬升物质以及精神之序，皆因法正而秩序自正。古人言养邦与养民，只知以井言往来行汲，殊不知皆养之为小，不知养正序，以及从“天地养万物，圣人养贤以及万民”来治养正之道。鼎之重，就在于能成其大，要以治养正之道使天下之民皆有所养，而治养正之道莫过于以法正序，乃至在各领域建新序。以邦之大体在各领域建新序，便是以吐故纳新并常自新而用鼎器，使“鼎”之物象不是唯重不变之“死物”，而是能时时出新之“活”物。

以序命德。言德者，德文明以健之“德”，以序命德之生化来全“德”之含义，邦之序得正，正是升华之基，而德文明以健之德，正是以性→相→用全德之含义，尤以德之“性”为主，世间世俗之见，大多局限于德之行和德之用，而德位所赋予的“德”内涵，正是以大道之位序来全德性之义，为道体四域和德性四体。从邦之大体之序，入自然法序，再入大道正序，其德性四体之所指便非世间功用之认同。以序命德，正是鼎之法象所器之，从器物层面，以鼎的金铉、玉铉之象示器物之华，从形上道层面，更以鼎之重言道法独立不改之性。

使命之道。以鼎立器物之象，更以鼎言物之升华，从立“鼎”象而健君子使命、王道使命、文明使命、德位使命、道德使命这五位使命，从而使天下君子正位居体，健德于身，进位以位，行善以政而凝重天命，使精气神畅于四支，发乎事业，以此凝“命”而通天下大同之志，犹鼎器之重而不可移。

鼎：元吉，亨。

彖曰：鼎，象也。以木巽火，亨饪也。圣人亨，以享上帝，而大亨以养圣贤。巽而耳目聪明，柔进而上行，得中而应乎刚，是以元亨。

象曰：木上有火，鼎。君子以正位凝命。

卦辞：以鼎立象全鼎之体，立鼎以制器。

彖辞：鼎以五种释义，走向鼎文明之进程。

象辞：立“鼎”象，健五位使命而正位以序。

鼎卦，离上巽下，为木上有火而正位凝命之象；《说文》曰：“三足两耳，和五味之宝器也。……籀文以鼎为贞字。” 坤二，坎三，震足，坎耳，以此三足两耳，成“鼎”之象。鼎者，以木从火，析木以炊，烹煮之具，主烹饪以养。鼎者，有王权之象，曰王鼎；又以鼎重不易之象，以鼎曰法来法治天下；王者，法者，皆国之重器，皆是鼎之物象所喻。《案》曰：“上经颐卦言养道，曰圣人养贤以及万民。然则王者之所当养，此两端而已。下经井言养，鼎亦言养，然井在邑里之间，往来行汲，养民之象也。鼎在朝庙之中，燕飨则用之，养贤之象也。养民者存乎政，行政者存乎人，是其得失未可知也，故井之彖犹多戒辞。至于能养贤，则与之食天禄，治天职，而所以养民者在是矣，故其辞直曰元亨，与大有同。”

“鼎，象也。”圣人“近取诸身，远取诸物”以俯仰之察，观物成象，立象取义，而以“象”成。鼎之为卦，取象立器，以初六下因象足，三四五有实类腹，六五象耳，上九主弦，以此全鼎之体，故而以取“象”成鼎；当有鼎器之象成，又取鼎器而立象延伸其义，使鼎成国之重器，礼器，养贤之器，命德之器……以此成鼎卦，在鼎卦中，离为火，巽为木，乾为金，兑为水，木入火中，熔金成水，乃铸鼎之象，成“鼎”之卦体，取象成鼎，取鼎器立象，在成卦铸鼎立卦体，以此全“鼎”体，全在乎象，由象入，又由象出，由象传，又由象承；总之，以“象”全圣人“以通神明之德，以类万物之情”的作易之道，尽以鼎卦呈现，他卦亦法如是。

“圣人亨，以享上帝”。圣人以其亨，以仰俯天下之察，观鸟兽之文与地之宜，近取诸身，远取诸物，取象、立象、成卦、再言象立意等，均是以象通本末，本者，乃通性之本，末者，为达末之用。亨，通也，古通“烹”，以煮物；天地之象、鸟兽之文、地之宜、诸身之物等，皆是圣人所烹之物，也是象所出之处，更是道与性无处不显达之处，既以物烹，又以物通，以性→相→用的本末相成、文质相资，无处不显达其性，这便是圣人之所以成圣之所在。再普通之物，再微毫之尘，皆不过是圣性所显、所化、所达，故而圣人比任何人都敬畏天地、万物，因为这是圣人成道证性之大器，故而圣人祭祀天帝，以诚其诚，之所以如此，在于以己之身、法来举鼎成象而通本末之道，再极鼎器之用，以期世人能尊贤、亲贤并从贤，以用太牢之礼来“大亨以养圣贤”，纯离为牛，兑象猪羊，皆大牲之象，以大牲享“牢”，成礼之尊、器之重。从治世而言，养道、贤道、法道、序道、德道等皆王道之重，必以祭祀天帝之诚，以及礼用太牢之尊来行王道，方为王道之鼎器。

“是以元亨”。凡言元亨者，必言及道体德性之本体，无本体之元，无以言“元”，圣人以性→相→用的本末相成，从本立象而成用，故而有元亨，也处处见元亨。处鼎卦，离为目，兑为耳，法圣人所立象，故而目能明，耳能聪，目明者能视，能辨贤以养，耳聪者能兼听，兼听以明而不独断专权。卦中以柔进五，且居中应刚，君上顺天道聪明以养贤，臣下承大象立鼎器以任事，以此通鼎卦卦义之所主，必然卦体亨通。卦体亨通则能进贤，利“柔进而上行”，为以贤举鼎并成贤、养贤，天下便以鼎之重而顺鼎，鼎为器象之物，乃王道象征，实则天下以顺鼎而顺王道，王道非王者一人之霸道，而是关乎人人之常道，故人人皆重之。

“鼎”的君子使命，为健德进志，以德立君子之鼎。君子之器，在于健德，从身德之修，到位德之进，再以政德养其大善，以小乘之成行大乘之事。在九卦所呈的治君子系统里，以从困→复→损→益→恒→井→巽→履→谦之健，治身德以成，从而称位“君子”；立君子之鼎，便在于以高度的法礼自牧，以集身德、位德、序德于一身，包纳草昧君子、进位君子、当位君子、在野君子、尊位君子……而成其“君子之终”，乃至以鼎之用，入立鼎之法象而通达本性，而成得道君子。得道君子无外乎为鼎卦之中的圣贤耳，终要以全鼎之义来全万民之命，正所谓以凝“命”而通天下大同之志。凝命君子，正是行王道顾天下万民的大君子。

“鼎”的王道使命，为行王道治天下以正，以王道立治理之鼎。王道之器，在于为天下正。天下之正者，从秩序构建之初乃至正序之成，要有秩序之正；正序者，治共，在邦之大体与民之共体的秩序要正，为以法→礼→德三位一体之正序，在私言人之个体，而人之正序便是君子，以君子正通正，皆君子而正所有不正。从确私与共治其正，便是以所有“正”而知法序之正，只有师法自然，才能从自然法序中获得各种治理之正，而法序之正，正是王道治天下之源，也是“正”的本原性原理，以王道既凝君子之志以正邦，又凝天下正道之使命来正所有。

“鼎”的文明使命，为以鼎的象征意义而扬升精神，以治于精神立文明之鼎。鼎器者，乃象征之物，以烹饪之象受纳吐新，而受纳之扬升在于凝气聚神，气与神，皆又是国与民之象征，精气神既是生命本根，又是立邦国之气象，所谓日日吐新，在于扬气而新神，以鼎的受盛之能而聚魂纳魄以成“精神”。言文明者，以离卦言文明有盛，又以贲卦通文饰，两相益彰，而成继明以照；在离卦，“离”以“化”治本性文明、以“蓄”治社会文明、以“照”治王道文明、以“文”治德文明，而文明之成，以及文明集汇、沉淀之事，便是文明之鼎象，以此立鼎，便是文明之沉淀，又以传鼎，使其文明得以弘扬和传承，更是以鼎器之大象，来传承其气象与神象，不可不为文明之重器。

“鼎”的德位使命，为以鼎的“位”序之重和位域分明治德位，以德位思想之重而立思想之鼎。德文明以健，在于依“位”并归位各位域下的“德”内涵，“德”义之所以包纳万有，便在于“德”基于大道本性而通达所有，以当位、称位、配位属性能达本通末而构建，且位域多样并层次分明；在国家治理中，既能包纳法→礼→德三位一体而归位成序，又能以修身健德治君子，从个体化之治理发展到德教之同体，正是有四通八达之能。言思想之鼎者，其“德位”哲学无不以道体本体精神、德位思想治则、同体位域方法论三位一体精彩呈现，立思想之重器，才是德文明普施与弘扬之常道，圣贤不常有，而思想可以长久立世并使“德位”常态化和普及化，根植于万民日常中，这方是哲学走向天下的正途。

“鼎”的道德使命，为以道体德性之本来而明心证性，以明而能证立明证之鼎。道德者，为道体德性之谓，道纳德之性，有玄德、圣德、用德、证德之德性四体；德合道之体，有道大、天大、地大、王大道体四域。曰体、曰性无有超出此本体者，正是因为有此本体哲学，才依本体而呈现自然法序之序，取法法序而立鼎象，从鼎象直入法性而大知，所谓“象事知器，占事知来”便是如此，所以立鼎象在于立明，大明则大知，以见性为大知，“鼎”不过为取象之器，通万物之器亦能通明而见性。大知者，明也，自屯卦始，从冥昧无序的状态走出自明的草昧君子，便是以健德而“明”，继而以明振昧，以明振乱，以明正序，再以明证德……自屯卦始走入鼎卦，为始于明，也终于明，故以德位立鼎象、言鼎象，便在于以其大明立明而能证之理，证者，为证道体德性之本来，此为“鼎”道德使命。明的位域与层次不同，继而修证所达到的境界与层次也不一样，而鼎以重器必立重中之重，以证得本性而达乎本体。

立“鼎”象，健五位使命，以此通天下大同之志，无外乎以“鼎”则天道、缘民情、鼎立法、凝正命。所谓“君子以正位凝命”，必治通天道之明及万物之性，以俯仰之察，缘民之所需，再法鼎之象立法之正序，以正立法养民、养贤、养序、养礼、养德、从而正位居体，以此文明之健来教化安民，使人人皆能成明鼎而知鼎的鼎象君子，从而以其大乘之心，有为天下而无不为。正位者之“正”，为刚、柔君子皆能进位而当位，并治称位之政，得与位相配位之德；并非柔性不能为君子，当文明扬升的位域已过否与泰文明，太多的卦体以“柔进而上行”使柔性君子当位且履尊位，太多的六五君子，如离卦治离明文明且忧天下的大善君子便是如此。正位，在于上能明天道之正，中能行王道之正，下能化万民于已身而行善政。

君子正位凝命必当思患而预防之，言思患预防，在此通既济卦。既济卦，坎上离下，为水在火上而既济之象；《杂卦》曰：“既济，定也。”所谓“定”正是以鼎卦“正位”之义，来各安其位之正位而定。定者，安也，所谓“安”而定，无非法鼎之象，以此立法，以法正序来养民、养贤、养序、养礼、养德以此文明之健来教化安民，安天下所安，才能言“定”。以既济言“鼎”

器，既能显诸仁，又能藏诸用。为何言思患而预防之？在既济卦，刚五柔二，犹水火相济，虽各得其正但仅能求其小亨，五刚二柔之体，通常以君强臣弱而不可大事，王器之大，法鼎之强，使王过于刚强，必丧其耳聪目明，仅一人贤明不能立鼎，因鼎有三足耳。二和五虽位正，且上下相应而能成生化，但当其位、安其位，若不能正位，如二之于五不能正己命，虽有当位之卦体且能成既济之功，但祸患在日久。若不能各安其位来正位且正命，则恐生小过或大过之“过”，序卦以既济以次小过，便要思小过之患而防其过。既济者，水在火上，水决则火灭，火炎则水涸，况且值鼎卦以木从火，木上有火，木能生火，而火上有水，彼此相为体用交易之时，又值相克与相害之机，故不能不思患，如同革卦，值金火锻炼而取新时，便隐伏“水火相息”与“二女同居”之弊，如何除蛊乱宿积的否塞之弊而济邦、正邦，就在于以革去故，以鼎取新，于诸事、诸物复杂交易之中，及时去故取新，才合变易之道，故以既济豫防之，使其不走入未济之反。

新器

初六：鼎颠趾，利出否。得妾以其子，无咎。

象曰：鼎颠趾，未悖也。利出否，以从贵也。

六以柔居鼎之下，为鼎趾之象，上应九四，趾而向上，成颠之象；鼎趾颠倒，利于倾秽纳新，巽反兑，口而朝下，利出否；值鼎之初，犹未有实，而旧有否恶之积，颠倒而出之，则为有利。“得妾以其子，无咎”，六阴居下而卑，以巽从养而从上，故为妾；得妾，以下顺上而得其新人，得良妾且用其生子，使君王有后，社稷有主，母以子贵，使无过咎，又九四失位，所得其子为庶出之子。《程传》曰：“四近君大臣之位，初在下之人而相应，乃上求于下，下从其上也。上能用下之善，下能辅上之为，可以成事功，乃善道。”

否者，以污秽言恶；悖者，逆乱也，以坤伏巽顺，故曰“未悖”；从者，巽顺以从；贵者，乾金成贵；初应四，以下应上，为以阴应阳，故曰“从贵”。熊良辅曰：“鼎颠趾，鼎之未用而倾仆也。未用而倾仆，则污秽不能留，反以颠为利也。若九四之折足，则覆败而凶矣。得妾以其子，又就颠趾出否上取义。得妾者，颠趾也，以其子者，出否也，疑于有咎，故曰无咎。”

新器。以初六取新而完整言说了去故取新过程，“鼎颠趾”是初六之位况，“利出否”以倾秽则去旧秽，曰去故；虽倾覆鼎使其能倾秽，但未悖其鼎的鼎立与受盛之道，当纳新食，又不悖其烹饪之用。“得妾”为得妾之新，在于更新其序，令所得之妾有位，曰更新；以得妾言更新，是基于去故而言更新，若旧秽占据其位，则无新位有妾，妾室虽卑贱，但不悖其“妾”位之位，出身位卑在前，妾得新位在后，以后得位之尊而取前卑。“以其子”的生子之新，曰出新；君有其子，则后继有人而社稷有主，母以子贵，妾之后位有尊以洗前卑，其子虽为位卑之妾所生，但不悖其子能传家承鼎。故而初六以去故→更新→出新之过程，完整言说了去故取新过程。

所谓新器者，颠趾出否，因败以为功，在于去故，因旧秽去故，而可纳新食，使鼎之用能焕然一新；纳妾得子，因贱以致贵，在于取新，以新取上下，使鼎之体能传家承鼎有序。从鼎之用到鼎之体，鼎之物象未变，但其体用已然从革取新，在新器的秩序下，鼎之用能各安其位来正位，且以正位来正命，出现“利出否，以从贵”的新格局。利出否，必吞吐有法，旧秽当“倾”，而不能正，欲正其旧秽则反受其乱，必然倾而倒之，使其鼎空再受新，方能言“利”；以从贵，必从之有序，贵当“位”贵，非从而贵，欲从其贵，必然生子以接上下，接上下者，乃“位”接之；王得妾，妾再生子，此妇道也，如渐卦之九三有孕就该孕而产，产而养育，这是妇德，亦是家人之序；所以妾尽妇道之责，就家人之序，自然而孕，孕而产子，子顺承其位，从而接其贵，方能言“以”，“以”字者，乃妾尽妇道之责以及就家人之序之理所当然，因成新器而再立鼎象。

贤器

九二：鼎有实，我仇有疾，不我能即，吉。

象曰：鼎有实，慎所之也。我仇有疾，终无尤也。

九二以刚居中，与五相应，上从六五之君而得其正，得正且阳刚有实，为鼎有实之象。仇者，古同“逑”，取六五也；疾者，患恶，以五乘刚而疾；即者，就食也。六五乘刚，四阻二应，为“我仇有疾”之象。二应五，遇四滞塞，不能顺遂而食，必将慎往，为“不我能即”之象。但终究五应二为正应，五以尊为大，行鼎之能事，能“终无尤”而得其“吉”也。

《程传》曰：“九二居中而应，中不至失正，己虽自守，彼必相求，故戒能远之，使不来即我，则吉也。仇，对也。阴阳相对之物，谓初也。相从则非正而害义，是有疾也。二当以正自守，使之不能来就己。人能自守以正，则不正不能就之矣，所以吉也。”

贤器。以鼎有实之象，又二刚应五，为虚位以待圣贤，再以鼎之实养贤。初六否恶尽出，在于上治明有实，能尽倾倒旧秽，以使鼎虚而纳新，鼎中本空，又值九二鼎有实，既为贤人怀璧，又有实物以养。从初六尽倾倒旧秽鼎中本空，到五中虚，以两相虚位来尽待圣贤，可谓贤器际出，亦可知其诚之又诚。然我仇有疾，遇四相妒，怀璧其罪，正是因为遇四相妒而滞塞，使不我能即，不能进而遂食，故慎往之，正是因慎之又慎，便行慎中自守之道，而得其吉。胡炳文曰：“鼎诸爻与井相似，井以阳刚为泉，鼎以阳刚为实。井二无应，故其功终不上行。鼎二有应，而能以刚中自守，故吉。”

以两相虚位之贤器际出来静待圣贤，为以鼎养贤有实，故出现以五应二的天子求贤继而礼贤之象，当二求五遇阻滞不能进而往，二以自明，行慎中自守之道，正合鼎器各安其序之象，二不行躁动之举，亦不以刚逼迫之，实乃有德，五见其状，以尊就下，成其礼贤之举。鼎之有实，上出则为用，五迎二，二就上从六五之君，则得其正道，且二之阳刚之才从两相虚位以就，成鼎济用之才，使刚明之才就其位而当位。

五柔二刚，举鼎以贤，鼎器便成贤器，鼎体便成贤体，既利贤就位且当位，又利王鼎安其位有实，使鼎体重新成序，以纳新而出新。初六居卑处初，虽尽出其否秽，但未能自达，尚处鼎序以下养上阶段，当旧物不能养上，在于君要去故取新，故初六成去故之类，去故后再纳新，必纳刚明济用之才，使其能以上养下。

以下养上与以上养下之区别就在于，君在乎以气和才、德养万民，不重以食养，故尽倾旧物，使其虚位纳贤。而五所仰仗之贤才者，有慎中自守之气也，更有大贤养鼎体之神也，以上养下，非王养之，乃王以大贤之才养邦体继而养其所有。所有言“鼎有实”却因倾旧物而鼎中空，实乃大贤之气实，才德有实，君王为邦体举贤并礼贤有实。由此可见，君王既有去故之决心，又得出新取新之方法，更有使鼎体成为贤器之大气度，这便是鼎体能大治且治天下的原因所在。

危器

九三：鼎耳革，其行塞，雉膏不食，方雨，亏悔，终吉。

象曰：鼎耳革，失其义也。

九四：鼎折足，覆公餗，其形渥，凶。

象曰：覆公餗，信如何也。

九三以阳居巽之上，刚而能巽，其才足以济，以阳居鼎腹之中，为本有美实者，然以过刚失中，越五应上而与五所应不同，以居下之极虽承上卦文明之腴，虽有雉膏之美，但过刚不中又失应于上，使其塞而不行，犹鼎耳方革而不可举移，有美味而不能就食。然以阳居阳，阳刚得正，苟能文明自守，则阴阳将和而雨降，日月相交而后遇，乃终能失其悔，初虽不利，而终得吉。

革，兑金言革；耳，兑象，为六五，鼎以耳贵，鼎耳即六五；塞者，为不通，以互《大过》而塞；其行塞，为三不应上；膏，甘美之物，乾之肥亦或兑之泽，象禄位；雉，离也，以雉指五也，有文明之德，故谓之雉；雉膏，喻贤德，三有才用而不得六五之禄位，是不得雉膏食之；方者，始也，取坎之象也；亏者，为亏食，取兑之损；悔者，晦也，坎主暗昧；亏晦，日月相食而亏晦。易祓曰："三鼎腹，有实者也。耳谓六五。正所以运其腹中所容者，惟上无应，塞而不行。实在其中，美如雉膏，谁得而享之。然君子处心，要使美实备于我，而不计行之通塞。及其终也，阴阳相济，有至和将雨之兆，此所以亏其始之悔，而终必获吉也。"

九四以阳居上，因近五而为任重者，下应初六，初六以倾倒之象应之使四失其任。四近五，有大臣之位，为任天下之事者。《程传》曰："天下之事，岂一人所能独任，必当求天下之贤智，与之协力。得其人，则天下之治，可不劳而致也。用非其人，则败国家之事，贻天下之患。四下应于初，初阴柔小人，不可用者也。而四用之，其不胜任而败事、犹鼎之折足也。"鼎折足则倾覆，覆公上之餗，鼎足折断，打翻王公美食，形体沾湿。折者，兑之毁；足，四应初，为折足之象；履者，倾倒，取巽反兑。公者，王侯，取乾或震；餗者，鼎实，三阳为实，而四适当其盈，盈则有倾覆之象矣；形，取艮之身；渥，沾湿，取兑之雨。

危鼎。鼎养而能食，但九三以“其行塞，雉膏不食”而成危鼎，九三又危在何处？鼎耳革，王者失聪，使九三无缘六五；又三不应上而其行塞，行塞便不能亨通；雉膏不食，贤者怀才不遇，不合于君则不得其任，王者求贤不得，失阴阳相合便失以鼎养贤的鼎之用，故而成危。九四以折足而覆餗之危成危鼎，九四又危在何处？四以阳应初，在于初未有鼎实，故因颠趾而出否，出否去秽自然有益无弊，而四已有鼎实，若折足而覆餗，打翻的是王公的美食；同时，九四居大臣之位，大臣任事当天下之任，任用贤才，然所用初六为非人，才德皆不具而不胜其任，任人唯亲而不唯贤，以至于覆败，其凶可知，蔽于所私，德薄知小，其才能称位其位，其德不能配其称位，以其形渥、其身危、其道凶，使其成危鼎。

处鼎体又如何治危呢？处九三在于行革，处九四在于治信。九三行革，为处危鼎而全民革之以去故，非初六局部之变革，正是因为有全面去故之革，才有“方雨”的阴阳和以及“亏悔”的日月交，使君臣不遇之失聪、行塞、不食能形成君臣际遇的局面，使阴阳终能相济就在于能革除其弊。九四治信在于在位举贤、任人唯贤、以鼎养贤三者，居大臣之位必当为国举贤，且贤者要是国中最贤者；任人唯贤而不就亲，在于其位之责以及其肩之担，因为唯贤能成治国之器，非贤不能成器；以鼎养贤，重鼎体之大体方能明鼎体之大义，也才能知养贤之所在，养贤之重才成就了鼎器之重。由此三者治信，“信”必将不言自言，不仅能以此通贤才济邦体之志，还能洗刷折足灾及身之大辱。

德器

六五：鼎黄耳金铉，利贞。

象曰：鼎黄耳，中以为实也。

六五以虚中履尊，而有中德，五在鼎上，有“耳”之象，鼎之举措在耳，为鼎之主，五之中德为离明之中，黄离之色，故云黄耳。黄者，取离之黄离之色；耳，兑之象，指六五；黄耳，因中德而使离明以照呈黄离之色；金者，坚刚之物，取乾金之象；铉，举鼎之物，取巽象；金铉，二有刚中之德，阳体刚，中色黄，故为金铉。金铉者，处鼎之外，则上九象之，若贯于鼎中，则九二当之。五应九二，诚以礼贤，贤进使鼎“中以为实也”，之所以中以为实，既在于五文明得中而应刚，又因二为刚明之大贤，实中居巽体而上应，使相应至善，鼎体养贤有大成。六五居中应中，不至于失正，但以柔履尊，质本阴柔，故戒以贞固于中。

德器。之所以呈“鼎黄耳金铉”之象，在于有德，并使鼎成德器。黄耳，在鼎卦以“耳”言尊，全凭尊位之大德，离明中德以照，使呈黄离之色，如同离卦六二“黄离元吉”之象。除了尊位有其中德外，还有养贤、举贤之明德，任贤、用贤之任用之德。正是明德与任用之德，才使君与贤彼此际遇，又相应至善。再观其所养、所举、所用之贤才，以“中以为实”而确有名副其实之才、德，中则以居中守正而有德，实则以阳充其虚，而有实才，《书》曰：“天命有德，五服五章哉，故退不肖而进贤者，天之命也。”所以值六五爻，尊位中德昭著，以离明之极而成德文明，贤才才德显著，以中以为实而成德之大器，再立成鼎象以成德器，王则象其王鼎，以德昭显，臣则象其权鼎、法鼎，以才堪大用且值金铉之贵重。

序器

上九：鼎玉铉，大吉，无不利。

象曰：玉铉在上，刚柔节也。

上九以阳居阴，处鼎之终，鼎以上出为用，故上九有鼎功之成。九虽刚阳，但居阴履柔，使刚而不烈、柔而能坚，呈刚而温玉之状态，故有玉铉之象。六五承上，君王尚贤，鼎功大成；上九以刚柔适宜，动静不过，来居成功之道，是以大吉而无不利也。胡炳文曰："上九一阳横亘乎鼎耳之上，有铉象。金，为刚物，自六五之柔而视上九之刚，则以为金铉。玉具刚柔之体，上九以刚居柔，而又下得六五之柔，则以为玉铉。"

序器。以法→礼→德三位一体成序，犹以"德"序为重，以鼎功之成使鼎成序器。从鼎黄耳到玉铉，以德器与序器之成，而有鼎文明至极。上九处鼎之终，鼎功之成。鼎功之成何在？为有以烹养贤、以贤养正、以正立法、以法正序、以序命德之功，以及"鼎"的君子使命、王道使命、文明使命、德位使命、道德使命五位一体之使命之成，可谓功成极大，有独为鼎盛之说。以器言序，在于以正序能节制所有，使其"刚柔节"。言"节"者，大行其生、克、制、化之能事，使其刚柔、动静皆相互节制而平衡，最终使各安其位，各履其序，如道法自然般既周行不殆、独立不改，又履正序而常自然。

法→礼→德三位一体成序，使"鼎"成为礼器，更成为德器；法者，以鼎为法器，履宪法为基，在于以法养正序；言礼者，基于礼制之序，而行各种礼法，王及邦体养贤、礼贤皆是礼法之行，而以养贤、用贤成举贤才之制度，则成礼制，鼎从履宪法之序的法器到礼器的过程，正是鼎文明扬升的过程。

荀子曰："礼者治辨之极也，强国之本也，威行之道也，功名之总也，王公由之所以得天下也，不由所以陨社稷也。"言德器者，德器之成，在于以君子为邦体基石，而凝君子之大成者为大有卦，故言君子与德者，唯大有与鼎独为盛，有君子与德之体，必为大治且文明鼎盛之体，如此才能践行大君子与圣贤的德之教化，才是德文明以健的君子拼图，以此走向正位凝命大有为，到顺天休命而无为之进程。

正位凝命者，立鼎成德器；顺天休命者，自大有而德服四方。正是因为以德为器，再以德为序，方使邦体出同人君子，继而在同人君子群体中出大贤，故养贤之先，要先养君子，邦体秩序与文明进步需众多同人君子以治，而德文明之健与德器之序需大贤以化，所谓德服天下、盛大丰有，先立铺就文明之路的鼎器，再以德政和德教来普照天下。

同人卦：志通之道

乾上离下

志通同人而致通天下

鼎卦立君子使命、王道使命、文明使命、德位使命、道德使命，以此凝君子天命，使天下君子正位居体，发乎从正大到大同之事业。正大之事业与大同之理想，犹鼎器之重不可移。器之重且大者，可举鼎，而鼎器之大者，唯通志，以君子个体之志通天下君子的大同之志。

以志立鼎，用志作鼎，当进志并升志，继而志通天下君子而志同。同者，正大事业之同，大同理想之同，德文明精神之同。志者，以小全大之大器，德文明以健之鼎器，致通天下之利器。

在泰通文明样式里，围绕通泰与否塞之核心，从天地、上下、内外、君子与小人四重德位位域呈现交易法则，从道法之序、邦体之序、往来之序、正邪之序呈现往来秩序，以交易之质和往来之实，裁节调度并施为有方而大行德政，通过德政其“志”、其“大”、其“明”、其“诚”、其“愿”、其“极”，呈现德政之大治道。

德政之治道在晋卦因崇德推明而光大，在离卦因自照与能照而普照，在贲卦因文明与德政合德而升华，在鼎卦从晋制离序汇通鼎器而凝命。所凝之命，乃从正大到大同之事业，从光明之道、德照之道、文明之道、使命之道所汇通的正大事业，进往志通大同的天下大有之道。正大与大同的区别就在于正大在乎德政治理，而大同在乎德文明构建，在大同的内文明与文明合德合功而盛大丰有的过程里，必以正大之事业为基础。

同人卦，乾上离下，为天下有火而同人之象；同人者，天在上，火在下，乃火性炎上与天同之象；五居上体正位，与下体二相应，为中正而应上下相同之象；卦体全阳唯下体离有一阴，且阴二与五正应，有与众阳应志而同志之象；天火相同而照于四野，有天下无所不同之象。大者，阳德之大；有者，德化后德服之有，为德被四野，无所不照；德服天下，盛大丰有。

《序卦》曰：“物不可以终否，故受之以同人。”《程传》曰：“夫天地不交则为否，上下相同则为同人。与否义相反，故相次。又世之方否，必与人同，力乃能济，同人所以次否也。”在泰与否两种截然不同的文明状态里，阴阳以其盈虚会相互转化，内外之往来也会因德位变化而此消彼长，物不会终安，也不会终乱，无论泰与否，皆应以德政倡天下正道。正因如此，才以德文明之同，带来德被天下之照，以天下大同的德文明之健，而有同人卦与大有卦之天下大同。

同人卦取“野”象。野者，旷野与在野；旷野者远，在野者边。首先为“野”之所起，此“野”为非朝廷当位者的在野君子，以野言边远之位，众在野君子以济邦体否塞不通而起于野，野之所起者为由野济否。在野为何会有君子？在大过卦，因大过之难，称位君子或卑以居下，或远遁阳外，以远遁避祸只求自保，远遁居于野，为大过遁野。在坎卦，因重险之难，通过居坎，习坎，通坎，师坎，而达用坎，经过三坎三炼方出维心君子，而维心君子乃深陷坎难，流落山川丘陵而遭受坎炼之人，以自身苦难尝尽行险终致大明，亦陷难而在野，为维心于野。在贲卦，聚王道之德政成山于外，集内德刚壮而成阳火于内，以山下有火照见山上草木百物，使其外物能披被其离火光彩而显外物之质，贲卦无大明照于天，而有内明照于外，以质通文使见草木品汇，内文明照于山野，谓文明照野。从大过遁野、维心于野、文明照野的三种不同方式，诠释“野”有君子，且皆是通明而又称位君子。

从难、祸两者之君子，以及文明之君子，为君子出处的不同两极。以此两极汇同天下君子，皆有大明，明则知正大之事业与大同之理想，必当进志而通志。在同人卦能同人于野，在于志同，从正大之小志，进往大同志皆同之大志。志，起于治君子，当通过治君子九德系统治君子有德时，君子以德通明，继而立志，且以明志合用而有称位君子之实。在易之全体，有患、祸、灾、难之体，还有时、位之变，皆使邦、民应难不说，还使正大事业大受创伤，故君子立志济难乃君子首质，继而进志谋德政，升志取正大，再通志向大同，形成了君子之志阶。

君子履志阶，因健德有明而立志在九德系统，进志革、渐、明夷，升志在升、晋、鼎，固志在大壮、观、夬，又戒失于震，尤其以震之大器应大用来激励君子当致通用大志谋大德，而非居德失志且自招祸患。之所以有患、祸、灾、难之体，以及时、位多变之易，在于君子失志败德，以及民众不进志健德；失志败德的过程中，常以失志在先，以失志失正，继而失德。君子失志于祸患八体，无非是志不固而受阴蛊，阴惑而乱正，乱正则小过，小过则使剥落，落而剥将失德，失德则刚外来，刚外来则灾妄致恶，恶佞为祸则诸事未济，以此形成了不正之患、蛊惑之祸、乱正之祸、小过之祸、剥落之祸、无妄之灾、恶佞之祸、未济之患的祸患过程。虽然失志招祸患，但君子治明又健德，交感以致通，又蓄德养正，继而随蓄德养正而进志并升志，使志固且能升华，方在同人卦以志取正大而通志大同。

《杂卦》曰：“同人亲也。”同人以乾阳健不舍离明，而有亲比和同之义。同人之亲，亲在宗同，以同人于宗的宗法关系超越朋党结党趋利之关系。同人之亲，亲在志同，以正大事业之同升华到德文明精神之同。同人之亲，亲在德同，从崇德推明中正大观天下到离明以照天下，皆以德贯穿本末和内外。

众志同，则由野进德，德合，故无有不应，更无有不助，为由野进亨；亨者通，济邦之众德如火炎上，成其离之光明，此离火光明遍应众阳，众阳皆应，而通天下之志，志同则明，为由野进明；明者，照也，所照者，火德与乾阳之德，为以明照暗且照之四野；同人于野，遍应众阳，以光明所照“能通天下之志”，继而无所不照；照者，德也，天下众人秉德而自照，照之四野为德被四野，故为以天下照天下，同人德被四野，而无所不同。

从“同人于野”的野之所起，历经由野济否→由野进德→由野进亨→由野进明→照之四野→德被四野→同人于野而无所不同，同者归也，四野所归归而尽有，故成“大有”。大有者，至无所不归而无所不有。大有虽未言“野”，却以天下尽归而含野。

何言有归？德被后德服也，德被四野而德服天下，德服之果，在于有德被之因，这是从同人到大有所呈的因果之道，无同人之治因，则无大有之归果。之所以大有言顺天修命，为言因果也。自天佑之，何以可佑也？为广积德善而自作善因，以广修善因而恒顺因果，自然吉无不利。正因为有同人健德普照的德被为因，故而有大有德服之“元亨”之果，“元亨”者应道元通本性，以德文明构建——天地人三才合德而治之于精神，精神者，归终于道统之本体，唯道统之本体精神成其盛大丰有，光耀苍穹，圣德显彰。

同人卦围绕志同、宗同、异同、德同、服同而健德与修善，从天地人三才合德之德文明构建，到遏恶扬善、修善因果之德教，以善因顺其因果定律而吉无不利，出现“同人于野”而无所不同、“盛大丰有”而无所不有的“大同”之境。

同人于野，亨。利涉大川，利君子贞。

彖曰：同人，柔得位，得中而应乎乾，曰同人。同人曰，同人于野，亨，

利涉大川，乾行也。文明以健，中正而应，君子正也，唯君子为能通天下之志。

象曰：天与火，同人。君子以类族辨物。

卦辞：从由野济否的野之所起，到德被四野的君子正道。

彖辞：德被天下而同人的德文明之道。

象辞：以德位治则通志而行同人大治。

同人卦，乾上离下，为天下有火而同人之象；《程传》曰："为卦乾上离下，以二象言之，天在上者也，火之性炎上，与天同也，故为同人。以二体言之，五居正位，为乾之主，二为离之主，二爻以中正相应，上下相同，同人之义也。又卦惟一阴，众阳所欲同，亦同人之义也。他卦固有一阴者，在同人之时，而二五相应，天火相同，故其义大。"在野君子从由野济否始，继而由野进德，众君子之志升成火德，日出而地光明，日升而天光明，故离与天同，二气相合，众阳皆应，有君子皆同而同人；同者亨通也，以通天下之志而合群济难。同人不仅内明外刚，且二与五上下相应，内外皆正位，阳刚与离明之德正盛，在同人卦体中，三四两爻取人象，且三四两爻皆阳与乾同，"以人爻得中应。而上下得正应。故名同人。"同人者，除应乾而同外，亦有众人同，究其卦义，有志同、宗同、异同、德同、服同之大同人之义，为天下众人及所有而无所不同。

"同人于野"。同人卦与大有卦皆有取"野"象，大有言野而不表，虽不言野却含在四野皆服天下同归之象里。其"野"之所起为由野济否，否者，不交不通且小人当道以阴逐阳，治世君子既无位又不得天时，故而皆隐遁于野，这也是为何在"野"有君子出的原因。当否之久矣，必有否极泰来之时与天地、阴阳转换之机，当天机与天时具备，君子当自明，故而有君子进志，并以此进志通天下君子之志；众君子志通，则刚健阳气不断被输布，在同人之初，成就复否成泰之治。后以小往大来之泰通，以阳涵阴，养其阴者不明，继而“能通天下之志”，由进德转为进亨，当天地、邦体上下、内外皆亨通，君子以济邦通之志升华为火德照在同人之下体。由此，从在“野”转为当位，而在野之“野”也因照而明，同人之域体当成。同人之卦成，天地人三才合至德文明以健，成其天下有火并与天同而共照四野。照之四野为德政普施而德被四野，所以“同人于野”出于野，而落于野；出则为天机与天时具备而君子出，出君子济邦之志和刚健阳德，落则为天火相同德政普施于阳德普照。

同人之“亨”。同人之亨通者，有复泰之交通、进志之志通、人同之人通，健德之通、德照之通等，其首要为复否成泰之交通，在同人之初，由否反泰，故而延续泰的四重位域之交通，这是同人亨通之基。志通，在同人卦，从同人于野的由野济否进志，通过泰通之基，进而有君子之志自通，君子通君子之志为其小同，这个“同”在于君子以刚明之德而自明。在同人，君子当位，阳德通泰能以阳涵阴，养其阴者不明，为小同进而通天下之志成其大同，此为志通而成其大同义，有阴者亦同后则无所不同。人通，人同者亨通也；在同人卦，有同人于门、同人于宗、同人于郊之同。在卦爻中，三四爻取人象且与乾九三、九四同，所谓同人者，不独于其他人众而同，人皆千差万别又何能同？为阳刚之性皆同，其阳刚之性我与乾同，人与我同；又因阴阳并存，有阳同，必有阴异，阳同者，君子自当类同，而阴异者，小人当不同；只有当小人亦同，才能大同，故必须取小人之明，小人明才能趋同，所以要以阳涵阴，养其阴者不明之异同，以“能通天下之志”而小人皆同，小人皆同故而有天下之人皆通。健德之通，同人卦以君子当体，故自具阳健与刚明之德，又因六二与九五大得位，具位德；下体为离，具离火明丽之德，又有君子之志升华为火德，具有火德，在整个卦体有天地人三才合德而成德文明之健；最终因德文明以健而有健德之通。德照之通，从德文明以健，德政普施，而有德文明照之四野，“同人于野”落于野，在于德照之通。

“利涉大川”。在同人卦，人心皆同，且无险阻，故无往不利，而利涉大川。对比比卦、小畜卦、履卦、泰卦、否卦等，虽有治，但治在卦之当体，并无有“同”与大通，皆不利涉大川或不能涉大川。在比卦，建比制而使天下融润，一个利于“元永贞”的比卦体制开始思考并建立，邦体结构尚孱弱；在小畜卦，从政见协商未成之乱中定礼虽小有蓄聚，但毕竟蓄者微小而无大积蓄，邦民实力不足；在履卦，虽健礼制以除“虎”患，但邦民践履礼制非一日之功，邦序尚不稳；在泰卦，虽行德政以治理，但时有否塞相互转化与往来之忧，君子与小人之道此消彼长而无同。

故利涉大川的基础，在于邦体结构稳固，治理秩序稳定，无内部矛盾和外在忧患，更要有礼制、德政等施政文明，且有历经不同卦体的沉淀与积累。所以利涉大川并非抢城掠地，而是邦民是否皆能有大进步，进步者，国力强盛有大畜之力，邦体结构与秩序稳健，有“同”和“通”的广大基础，能大行、广施德政，秩序、财富与精神的进步和富有，方能经得起大风大浪，在涉大川中无有由泰转否之忧虑。在同人卦，从屯卦始，历经蒙、需、讼、师、比、小畜、履、泰、否的治理与积累，有同人与亨通之大基础，故以无所不同而能“乾行也”。

乾刚健且阳大，又有九五居正位，有包举天下之同，乾体阳健居外，阳能升，利于精神扬升文明以健；同时，六二居下正应且正位，下能行，犹足也，上有首脑，下有行足，再兼天下之同，故而利涉大川；乾行也，行德政于四野，行德照于天下，目的便是涵养君子，使异者同，暗者明。“行”者何？乃君子之行也，君子正志故能通，君子正位故能行，以乾行而兼天下，行德文明之健的天下正道而“利君子贞”。

“柔得位”。同人卦之“柔得位”为六二以阴居阴，得下卦之中，又与九五正应而得位，六二以“柔得位，得中而应乎乾”成同人之主。同人九五刚健中正居尊位，二以柔顺中正得其正应，为皆得其中德与皆居其中位，二应乎乾，为既应志又应阳德，为何二有阳德呢？为二得中成离，火德离明且炎上。中则联系上下，成同人的天火之象，同人者，阴者皆同；天火者，乾阳明丽，而阴者亦燃，燃者火德升华而阳明。以“柔得位得中而应乎乾”的天火之主，成其独特的阴者皆同、阴者亦燃的同人之象。

在贲卦，内文明之火照明夷，明夷本无明照于天，内文明成火而能照，此火为无明且质之阳火，发乎于内散之于外，故曰“柔”，为刚明之质在内而照通于外，因披被其离火光彩之文饰而有柔。“柔”者，柔性也，德性以刚成，以柔显，文以外，刚以内，乃象由性显。在同人卦之所以言“柔得位”，便在于集正大德政之事业，尤其是集晋制离序之德制，升华在同人卦有德文明之成；从德文明而言，文明出柔，德文明以“文明”化柔。

正大事业的德文明，有法、礼、德三者合德，强调德制成德序而治万政。而同人卦的德文明构建乃从法、礼、德三者合德升华成天地人三才合德。同人的德文明构建——天地人三才合德。在同人卦，上体为乾，为天，下体为离，而离出自坤，离为坤之重阴生成阳中阴，言离则必有坤；再者，德由何载？为坤地所载，无论是乾阳之德还是离明之德，皆由坤载，故有地。曰同人者，为以人为主、为体，况且人在天地之中，故而有人。天、地、人三才齐备，正当德文明以健之时，有同人的天地人三才合德。天地人三才合德之德文明构建，为德文明构建之极，天、地、人一切所具之德，一切可言之德，以三才齐备而无所不包。虽言德文明构建，但并非只言德，而是以德之广义，包含法、礼、德三者一体的秩序文明，既有比卦之美制，又兼具履卦之礼制、礼法，最终集于德、包于德，而言于德，方能行泰通与蓄聚之实，出现同人之治，产生大有之归服。

集于德，把法制、礼制、德治集于德之一体，以德政和德教普施天下，如何以阳涵阴养其阴者不明之异同呢？为德文明之健——健德以养，以火德升于天，同乾体之阳明照其阴异，使其明。之所以能产生德被四野而无所不照的大同之境，以及德服天下而盛大丰有的大有之境，最根本、最核心也是最具精神与治理价值的便是天地人三才合德之德文明构建。从德文明构建，以德位思想治则，既健之于精神，又治之于为政；既使君子志通而行健，又使异者同，阴者明，而大行为政与教化之道；这便是天下大同理想的有为途径，更是德文明构建的大同之道。

君子以类族辨物。类者，归类，分类也；族者，同类成族；辨物者，辨其异同也。如何辨其异同且归其族类？为以同体位域之方法，在卦之同体，分类其类，类者成族，不类者异族，其异同显而易见。

其类族辨物的目的，为先明辨异同，再治其异，使异者皆同，为异中求同之法。在同人卦有离明以照而辨物，辨物者，先明辨异同，再使物归其自位，若位不正则德不尚，故而以德位治则治其异。辨物在于治，非排其异，非因异存而结私党，相反，言“族”必示之以宗法，以同族者之宗法引异归同，宗法者，犹言德位，且重德位，由德位治则所赋予。

所谓类族辨物，为以同体位域方法分其异同，再行德位治则治异而使同，故“辨”的目的在于治同，而“辨”的方法在于归类异同，同者宗法系之，异者，以德位治则治之，使其异者亦同的同人之义。

宗同

初九：同人于门，无咎。

象曰：出门同人，又谁咎也。

六二：同人于宗，吝。

象曰：同人于宗，吝道也。

上九：同人于郊，无悔。

象曰：同人于郊，志未得也。

在同人卦，从“同人于野”盖全卦要旨，从由野济否的野之所起到四野同归，必须明白同人卦取“野”象之所在，才能从“门”“宗”“郊”走入野象视野而达同人大义。

“同人于门”，为同人之初九，初九者以刚在下，上无系应，取“门”象而言出门在外。“门”为户之出入之地，入则为家，出则曰外，家在同人之先而同，进而出外求同，为济否与同人之志引发，故而出门。《程传》曰：“在外则无私昵之偏，其同博而公，如此则无过咎也。”“同人于宗”，为同人之六二与五正应，二得内卦之正，又得外卦五之正应，故以“柔得位得中而应乎乾”而成全卦之主；从全卦来看有以一阴统五阳之威，五阳既然能服，必然在于二虽阴柔而不居私。“宗”者祭祀祖先之场所，也是宗族亲比之地，六二曰宗，为尊者谓之宗；六二何以言尊称宗？为六二以宗法理念约束同人志士，虽性柔但深得同人要领而被尊崇，从否塞而来在同人未成时，必得行宗法之“吝”道，既增加管束又方便亲比。“同人于郊”，为同人之上九，上九居外而无应，为有同人之成而又止乎郊，《程传》曰：“郊，在外而远之地。求同者必相亲相与，上九居外而无应，终无与同者也。始有同，则至终或有睽悔，处远而无与，故虽无同亦无悔。虽欲同之，志不遂，而其终无所悔也。”

在同人卦之所以取“门”“宗”“郊”象，为以门象对应进发同人，以宗象对应同人之要，以郊象对应同人之成，从而形成进发同人→同人之要→同人之成的同人三步位域；当天机与天时具备，君子进志济邦，从由野济否的野之所起始，面对否塞之世小人当道使君子遁隐而皆不同的现状，同人便为开明君子之治世理想，所以治成同人之世需要过程与步骤。同人于门，为出门合群而向同人进发，这是同人党的初步形态；同人于宗，为六二得其治同人党之要领，以阴统阳反而尊宗，以得同人之要而成同人之治；同人于郊，为经同人之治后，上九虽孤悬在外，但为君子的逍遥之境，君子安于郊而乐于郊，这是盛世的面貌，是同人之成才有的景象，心同而身不同，心在同人大世，而身处于郊，心安理得而安居乐业。

“出门同人”，取“门”象，门在初时，言外；其“外”因在于因志而出，故以门的出入功能强调志，而这个志为济邦的进发之志。而取“郊”象为在极时，言成；其“成”因在于同人之城已建，相对于城来言郊，城者，同人共建也。所谓“志未得也”，为上九之志不在位亦不在治，不在同人治世之争中，这是有大有之成后，君子从有为之志到无为之志的转变，可见虽均言志，但言“志”的位域不同了。进志济邦为有为之志，志在为政治理，当皆言有为时，认为上九未遂志，但上九之志在于无为，在于逍遥于外，在于享受同人的治世之福，有为之志已达，而无为之境尚在修持。相比乾卦上九高而无位且无下辅应，故亢而有悔，同人上九虽在同人之极，但同人有治，故而无悔。从德被而言，在上下、内外皆同后言“郊”，言志未遂愿，上九虽有刚明却同而无位，同而无他照与照他，只能自明与自照，这是德证的自我修持，以无为之境而心存大有光明。

合群而宗。同人不能无群，不仅不能无群，还得治群。济邦之志从“门”出走，无私而敞开心胸，明其志，引人入我群，引我去合群，从志同走向群，群而党否？可党，最好不要去党，而是言“宗”。宗比之于党，更强调亲比和管束，亲比之最者无外乎宗亲，而对宗亲之管束无外乎宗法，它使管束因天然的伦理关系而发乎自然，且自觉与自发，这便是以纲常伦理的宗法关系在党群上的呈现，它是源于内心的自然法序的自发，所谓宗法森严，是伦理之必须。而对“党”的管束却是一种法制，它的产生过程和宗法不一样，而且要有经过立法或修法的过程，在尚未形成大同人局面时，这种立法事件尚不符合实际，也只能成为开明人的构想，要知道同人之初是从否世界而来，否世界小人当道，对“立法”约束自己有天生的畏惧，通常立法的主要目的便是约束和矫正小人行径，使其有君子之正与君子之明。所以在同人之初，从同人于门始，依靠“宗”思想来治理同人，便能解决诸多问题。

宗，便是同人之要，它是治同人的密钥，而这个密钥就掌握在六二手里，同小畜卦的六四定礼术以怀柔解乱象一样，同人六二以“宗”思想定宗法而治理众同人君子，所以才有“柔得位得中而应乎乾，曰同人”的卦眼之所在，这也是为何六二是同人之主的原因，唯六二能做到以一阴统五阳，且五阳皆服，便是六二采用了宗法之吝道。

“吝道”。以宗法言管束而曰吝，为以宗法的有所约而治同人，以宗法言管束的同人吝道是同人大治之关键。有所约同，根于宗法关系之源，为宗法伦理发乎自然，是自然法序的自然呈现，人居天地间，有其天然且自然的伦理关系，对宗法的履行，更是一种天然的自觉与自发。从六二以柔得位之“柔”性可知，言有所约同就在于这个管束为非强硬制约，而是怀柔之术，同时也基于众同人君子之开明，对法、礼、德的天然觉知。从治同人之吝道可知，六二不仅有治同人之志，还基于同人有大同之理想，对众同人君子，之所以以宗族建立亲比关系，更以宗法建立约束制度，就是想走得更远，创建比泰体更繁荣的盛世，更高级的文明，而且这种理想从同人于门之初始就有规划蓝图，同时又有实施计划与步骤，在同人之初，大行宗法之道，成为成就同人之治的关键。且深得众同人君子的认同。

异同

九三：伏戎于莽，升其高陵，三岁不兴。

象曰：伏戎于莽，敌刚也；三岁不兴，安行也。

九四：乘其墉，弗克攻，吉。

象曰：乘其墉，义弗克也。其吉，则困而反则也。

同人九三与九四有争夺之象，不但非同，而为异。使异者同，谓异同。

九三以阳刚居下卦之上，不得中，又无正应，《程传》言其为刚暴之人，正因其为刚暴之人，而成“伏戎”之象；伏者，伏藏也，取象巽入之藏；戎者，兵甲也，取象离；莽者，巽木之林；甲兵隐藏入山林；陵者，山也，为变升（变爻）为艮，面对隐甲兵低伏山林，故言升其高陵；岁者为巽木，木星亦为岁星。《周易本义》曰：“刚而不中，上无正应，欲同于二而非其正，惧九五之见攻，故有此象。”六二为卦中唯一阴爻，因大行宗法吝道而治同人，不仅诸阳欲同之，且深得九五与其相应，三以刚强居二、五之间，欲夺二取同，以心怀叵测而有“伏戎”之象，此伏戎之危，隐三年而不敢发，更不敢兴兵，原因如《程传》所说：“然理不直，义不胜，故不敢显发，伏藏兵戎于林莽之中，怀恶而内负不直，故又畏惧。”故时升高陵以观望状况，以“安行也”可知未至凶。

九四刚而不中正，处上卦之下而无应，欲同六二，但被三所阻隔，有近而不相得而乘墉以攻之象。乘者，登也，亦有升其高陵之“升”义；墉者，城垣也。然居柔失位不中，故有自反而不克攻之象。“凡爻言不克者，皆阳居阴位。惟其阳，故有讼有攻。惟其阴，故不克讼、弗克攻。”虽欲攻夺，但四以刚居柔，有知过而改之象，从卦体而言九四未失同人之道。《程传》曰：“四刚而不中正，其志欲同二，亦与五为仇者也。墉，垣，所以限隔也。四切近于五，如隔墉耳。乘其墉，欲攻之，知义不直而不克也，苟能自知义之不直而不攻，则为吉也。若肆其邪欲，不能反思义理，妄行攻夺，则其凶大矣。三以刚居刚，故终其强而不能反。四以刚居柔，故有困而能反之义。能反则吉矣，畏义而能改，其吉宜矣。”

君子之恶。对比他卦可知，通常有小人之坏，但同人也有君子之恶，这种“恶”九三藏于心而未见于行，而九四以乘墉而见于行。九三之争为不服六二欲夺其治理之权，九四之争为夺靠近六二之位。九三为阳刚君子，从同志、同德而同言，九三应为同人之类，但从九三的君子之恶可知，九三为表面上同，其心怀恶，为心异，这就给同人指明另外一种同——面同而心不同，为自同而异；九四亦为阳刚君子，因欲近贤而乘墉占位，虽乘墉但弗克攻，终有悔改，为自异而同。

如何治九三、九四这种异类而使其心同以及行同呢？那就要了解九三升其高陵是在观望什么？它在观望六二的治同人之法，是否可行而奏效，面对否世，众君子皆想有所作为，可治国重任交给了阴柔的六二，九三志心报国，只是不服六二；为何不服呢？以九三观六二，六二的位不如九三自己，才能不如自己，其阳刚之德与阴柔之德也各异，这是九三不服六二的道理所在。但从卦体而言，六二得位又当位，不仅是九五需要的治世能臣，且大行宗法之道的治同人之术还深得九五青睐，九三摆出不服的架势，而成“伏戎”之象，大有夺而取代之之势，但是六二只用了三年的时间，率领众同人君子使否世开始转变，同人之治有了起色，大势所趋，同人“安行也”，更使九三安心也。可见，九三亦为报国之才，非刚反之类，关键在于治其服。不服开始于九三，但德服亦开始于九三，但在九三不言服的主题，而通过伏戎之象言异，虽服在其中，但服为三岁后服。

面对九四乘墉攻位之恶行，要治异使同，便要六二行宗法吝道；吝在哪里呢？吝的落点便是约束九四恶行，要知道宗法最重伦理与礼法，而九四恶行的本质就是不守已位，反攻他位，违背了远近亲疏之伦理，以及乱位之礼法；故而使九四不能攻占——弗克攻的功臣便是六二，为六二成功治九四之异而使同，九四面对宗法之理而自同，这是同人君子的开明之性从一开始就决定的，行宗法吝道，使九四能守其位而维护宗法之位礼，返其正而行同人之正。

服同

九五：同人，先号咷而后笑，大师克，相遇。

象曰：同人之先，以中直也；大师相遇，言相克也。

同人九五阳刚中正居尊位，二以柔且中正与其正应，二与五之应既是同人之应，又是同心之应，同人又同心是同人之范式，二五虽相应，但被三四刚强所隔，间隔而滞其同，使五有号咷之象，然五义直且理胜，不畏其强，用大师以胜之而会师相遇得合。

号咷啼哭之象。“号咷”者，为悲忧之甚而啼哭。九五号咷啼哭有两大原因，第一个原因为发生在同人之初，从同人于野来说，在野的众君子志同而结群，他们团结在六二周围，且结亲比之宗群，这种比党群更亲比更稳固的群体出现，而且皆是在野的贤能，九五不明取聚而成群的目的何在，之所以在初始不明状况，在于三四相阻隔而致讯息不通。同人于门与同人于宗的群体聚集事件，致使的目的不明，是九五悲忧之所在；第二个原因，在九五与六二同心又同人后，出现三四相隔之象，且这种阻隔是刚强之阻，原因在于三四皆嫉妒阴柔的六二得位，出现九三欲夺权，九四争位的刚暴事件发生；三四的刚暴事件是九五号咷的主因，九五既悲忧六二阴柔不敌刚暴，又悲忧失去治国贤能而无同人之治。

后笑之象。解决使九五号咷啼哭之因，便解了同人之危。面对同人于门与同人于宗的群体聚集事件，六二并不结党，而是结类比宗亲之群体，虽无宗亲之实，但行宗亲之法，且以宗法治之，管束众君子，使九五及天下众君子明确，目的为济邦，而不是为夺九五之位，乱同人之序，以此来解九五之忧。六二不仅不结党且对聚集群体行宗法吝道以约同之，使九五看到了六二之贤能，在同心亦同人且有贤能治世之才的六二出现，九五当笑之。面对三四刚暴事件，尤其是九三“伏戎”之凶象，以及九四“乘墉”之乱象，九五既居尊位，有具刚明之才，当然知道该如何处理，为果断兴师，以兴师之强克其三四刚暴，终能与六二与众济邦志士相遇，九五当笑之。

“以中直也”为六二治众君子且率众君子与九五同心且同人之象，众君子济邦之志与六二济世之才，均直入九五对同人之治心。虽言中直，但却无法中直，原因为三四相隔，且刚暴行事。九五兴师克刚暴之因就在于九五为顾大同之大体之人，且无偏私其类同者。三四皆阳刚君子，五与其类同，且与四同为上体君子，若从同人之偏私来说，五应该偏向三四，但九五并未偏私其类同，而是发挥类族辨物之功能，识得二对大同的作用大于三和四，欲使大同有大治，必得重用二，故而行大师克三四而取二同，这便是九五兴师的义直且理胜之所在，所以类族辨物之大成者，大同之九五也。所谓“大师克相遇”正是以兴师克其刚强，使三四服而同。

先哭后笑之象。九五先哭后笑就是发生服同的过程。所谓服者，首先是不服，继而被服，而后产生服同。大同之服同，为九五之服与九五使服，以及大同之服同。九五之服，为九五以识大体之明，服六二之贤和治世之能。五服二，且与二同心同人，这是走向同人之治的最关键的环节，九五居尊位又能服阴柔之人，必定有识六二之明，而六二确实展现了非一般之贤能，使九五有服乃六二贤治之服，以宗法吝道管束志在济邦众君子，使其不生祸乱，为履礼明确，六二履礼，使九五大服，明明可以号令众君子结党生异，却偏偏履礼而行宗法，然九五与众阳明君子看到了六二虽阴柔却非小人，也正因有九五之服，才有九五兴师克强使三四服，才有三四之服同。九五使服，为九五兴师克三四刚暴之乱，以强克强，且兴师义直理胜，在使九三产生服同过程里，九五兴师致使九三强服，其“伏戎”凶象三年不发，就在于六二治世使九三心服，九三之服既有兴师之强服，又有六二使其心服。大同之服同，为上下皆服，为既服九五，又服六二，产生服同的同人之大象，尤其是产生二与五同心又同人之服同范式。《系辞》曰：“君子之道，或出或处，或默或语，二人同心，其利断金。”

大有卦：德服之道

离上乾下

天下归德而德服四方

在同人卦，在野君子由野济难，继而进德升志，其德经过升华晋升而有丽明之照，形成离与天同，离气与乾气相合且众阳皆应的同人之应，而有天下同照之象；言同人者，除应乾而同外，亦有众人同，同人卦围绕志同、宗同、异同、德同、服同而健德与修善，以“能通天下之志”的同人之志，志通同人而致通天下，形成天下众人及所有而无所不同之德同。德同者，乃天地人三才合德之德文明构建，以德文明成正序而同。

治德同必生德服，当德同天下必然德服天下，德服天下者，乃盛大丰有之大有也。大者，天下德盛之大；有者，德化后德服天下之有；乃德被四野，无所不照，德服天下，盛大丰有的大有之境，常和同人齐称“大同”。

《序卦》曰：“与人同者物必归焉，故受之以大有。”同人于野，众君子从“野”进志而志行，使天下德同而能照，天火相同而照于四野，并与天下君子同照，故而有天下无所不同之象。同人卦，君子进志并升志而志行，经过志同天下的同人之治，使其有从志同到德同的过程。天下德同则生德服，“物必归焉”乃德服而自归，以志通众人，使天下皆同人，再以德服众人，使同人皆归德。大有者，乃天下归德之象。

志通而德同。大有继同人，乃继同人通志之同所生的德同。同人卦解决了天下人同有德的问题。如何解决的呢？为众君子进志以志通天下人，天下人齐进志健德，故而成其德同。健德非一日之功，其同德之求更是，故而先进志而通志，再以天下人志通而求德，同人之同从志通之同到求德之同，发生了重大的转变，也就是这个重大转变，成其了大有之德有。天下人能志同在于治明有功，因其明照才产生“德”的共同价值取向，以典型的明志双用而启求德之同。同人通志而志同，“志”便是贯穿求德之同的重要器用，乃大器大用，进志求德乃德同的核心驱动力，失志则失明，明志双失则生不正之祸，尤其是会导致姤→遯→否→观→剥→坤执迷妄失过程，当阴妄渐长，小人当道时，便会恶佞丛生，继而致患、祸、灾、难随时而变亦随时而生。其蛊惑之祸、乱正之祸、小过之祸、剥落之、恶佞之灾、无妄之灾，未济之患等，皆有失志而致正不固之因。同人能通志，以“志”正治其诸多不正，使诸多患、祸、灾、难之卦体，因同人之“志”道而产生卦体治道的升华。

德盛必照。同人以明志双用而启求德之同，当天下人进志求德同，必然会产生德盛之局面，德乃刚阳之德蓄聚而成，德盛必有内阳照之而生德照，德照之道以晋卦、离卦为显著，晋卦光明之道犹主德之光明，离卦久照之道犹主丽明与文明之照，丽明根于德之光明，而文明根于德盛之光明，且最终在贲卦以内文明化成文饰之外文明成其内外同照，而有德文明之成。德盛必照，贲卦以内文明之火照明夷正是德照在有外丽明后，而最终需要发挥的“场所”，明夷得照才能成其同照，而明夷之体便是阴强妄大的失德之体，也正是正大事业所发挥的“场所”，当明夷暗众皆能求德之同，明夷则能自照。晋之照，离之明，皆言德化，德化有成，必有君子之同，君子执德化文明而进德政，使明夷暗众皆有德，正是需志同与德同共同贯穿，尤其是在明夷体使天下暗众皆发生同“德”的价值转变，从而求德取德，直至进志而有德。

《杂卦》曰：“大有则众也。”众者，多也，众之大者，乃天下之众也。以“众”之多言天下万民之众，又以万民需治，言德之正序应众，为一序统万众，又以正序应众需而言德文明使众同德同服。大有以“众”立意，乃以德同之有，为众谋福祉，为天下治太平，大有卦有“众”与“天下”，则应治众使其“大有”，众之大有乃身德同有和德序统其有，天下大有乃德文明之有，众有德则天下德盛，德盛而丰有，必是德有。

德有者，乃身德同有、德序统有和德文明丰有。身德同有，从治君子九德得君子治身德之正，以身德之基再从同人进志而求德序之同，使天下万民持身德而求德序大同，乃君子与万民求德同的“大同”之志，身德同有，成为同人卦与大有卦立卦之基，只有很好的解决了身德同有，才有求德序大同之基，才能真正的转变天下归德的价值认同，这种求“德”同而归德的价值认同，便是君子所通的天下共志，当天下皆以身德共有而立求德同之志，便有了从同人之“同”到大有之“有”的转变；身德同有，乃同人身德之同成其大有之德有。

德序统有。德序者，集诸卦文明之成而建制成序，以法、礼、德三者成制，又以法礼德三者成一制正序，一制便是德制，一制正序便是德序，从一序载所有升华成一序统所有而有德序统有。德制之建，起建于比卦，成于夬卦，升华于晋卦，成序于离卦，以贲卦文明之成，渐成德序，从夬制德决所有到德序载所有，有“制”到“序”的升华；从制升序，乃以一序统多制，言“制”可有法制、礼制、德制，而序有归制成一序之理。德者，性也，德之本性载法序之至高，以德序合天地人道法共序，有通其“元亨”之至理，故而德序统有，乃大有盛大丰有之德有。

德文明丰有。从身德同有和德序统有而渐成德文明丰有。诸文明有成，全在于德序之功，诸文明者，乃德政文明、养正文明、交感文明、德化文明、君子文明、同人文明等诸治道之成而沉淀出的治道文明，德文明丰有，乃集诸文明而大有，又以德序统有而载、统诸文明，形成盛大丰有之有同。言德文明丰有，除德文明构建成序外，还有以德为核的三次升华，分别使德政治道之成，德序统载之共，德文明丰有之有。

大同路径。乃天下归德且以德文明之成所实现的大同理想之路径，亦是治德文明而生德服之路径。所谓实现大同理想，乃践行大正之道，全正大之事业，而达天下大同的德文明与共状态，让“天下大同”并非不可触及之理想，而是有实施和实践路径。

大正之道。为君子依明德，值任何一卦之当位，履卦体内在法序，行卦体自身之治道，使其能称位和配位卦德，而得其大正之道。大正之“正”，乃行中道而唯变所适，得位、得时、得体，皆谓得正，且为大正；中者，时与位皆中且正，贯穿自然法序并自成体序。持中，以得正，谓中正，以中正之大正，唯变所适任一卦体而得其正。位者，卦体当位之位与能配位其爻德之非当位，乃当位、称位、配位属性下的“位”，为正序所生，被德所赋予；从中正而大正者，又在乎体，为体、时、位三者履中正而成体序。得位、得时、得体，皆谓大正，能依任何一卦的大正之道，探究卦体治道，洞悉卦体内在法序，履卦体当位之时、位，从配位之德健卦体大明之德，最终通其道体德性，治大明。

正大之事业。从大正之道执天道行王道，以中正养大体并全大体，使天下所有体皆能正大；从大正走向正大，便是从一卦之体，走入卦体之全，以“大”而应所有，把中正之道，放“大”在全万民之体中，并建“中正”成序，再以一卦之序贯通所有正序，从而建成适用于大体的正序。正大之事业，乃是全大体而建正序之事业，正大之序，以“中正”立义，以“全大体”为用，贯通法、礼、德三者正序之“正”，以正序统治道，使天下所有体皆能正大。

天下大同。为从大正之道→正大之事业→天下大同之路径，实现天下归德且健德文明之成所呈现的身德同有、德序统有和德文明丰有的文明与共状态。从大正之道执天道行王道而全大体皆正，并以德序统所有正序而天下归德，以德文明正大之治道，治天下同服。

天下归德。以“德”为核，依君子健身德进位德，治明并升志，内能正固其德，外能行德政教化，内外能精气交感而以神感通，又能执养正之功蓄养内外，以正固之利使阳刚壮盛且德裕盛大而得大正之道，再以治道之小乘行全大体之大乘，并执正大之精神，以德固治其内和德制治于外人内外合德，德盛生德照而放大光明，成就其身德同有、德序统有和德文明丰有的文明状态。

德服四方。天下归德而生德服，所谓德服，乃德同而自服，履德同与共而有崇高的精神自觉，以觉性之通而至理与共，通其正序共理而无不服。四方者，乃无所不同无所不服之谓。在大正之治道里，立德政德化阴类，使阴类从正而有他服；在正大之事业里，以身德同有，万民持身德而求德序大同，有“德”的价值认同而自服；天下德同则生德服，在天下归德的文明状态里，因回归德性至理，以共服而无不服。大有德服四方，乃德文明富有，有德升于“精神”而精神圆明。

大有，元亨。

彖曰：大有，柔得尊位大中，而上下应之，曰大有。其德刚健而文明，应乎天而时行，是以元亨。

象曰：火在天上，大有。君子以遏恶扬善，顺天休命。

卦辞：德文明盛大富有，而“精神”圆明。

彖辞：一阴之尊得五大之有，健德以行而德服天下。

象辞：以修善因果之德教，恒顺因果而吉无不利。

大有卦，离上乾下，为火在天上而大有之象。日出天上，离明照万物且有乾阳下交而自照，为无所不照之象。卦体中，六五一阴居尊且得中，又得五阳相应，为五阳之大，皆为六五所有，故曰大有。五阳能应一阴者，为阴者德大，五阳方服；其德何以有大？为天地人三才合德之德文明被六五德化天下，内健外明，有德被广施，德服自照之义；德服自照，故而离明更盛。大有者，德文明富有也，有德升于“精神”而精神圆明也。

《程传》曰：“夫与人同者，物之所归也，大有所以次同人也。为卦火在天上，火之处高，其明及远，万物之众，无不照见，为大有之象。又一柔居尊，众阳并应，居尊执柔，物之所归也。上下应之，为大有之义。大有，盛大丰有也。”大有者，柔处尊位，火德文明居上，有照而并应之象，应为五阳相应，五阳尽其所有之有而成其之大之所有。大者，阳德之大；有者，德化后德服之有，为德被四野，无所不照；德服天下，盛大丰有。

大有以“元亨”立卦德。大有卦以回归德性至理和享有精神圆明之大象而归“元”，以德文明之健而天下归德又德服四方致其“亨”。大有之元亨，正是天下大同之象，尤其以同有和同照显著，同有者，乃身德同有、德序统有和德文明丰有之有；同照者，既有内外合德而健正序之大照，又有天下君子同德而自照，乃德被四野而无所不照；同有和同照的大有之境而有德服，且是共服而无不服，皆是大有的元亨之德与天德同。大有之德，乃“德”之至高位域，“刚健而文明，应乎天而时行”。

郑汝谐曰：“阳为大，阴为小，一阴居尊，而为五阳所归，所有者大也。大非阴柔所能有也，必冲虚不自满者能有之。六五明体而虚中，所以为大有，所以为元亨。若直以大有为富有盛大，则失其义矣。”

大有之元亨者，又有精神圆明之象。大有之德，“刚健而文明”，乃“德”之至高位域，尤其是经过德为核的三次升华，其德之位域已然处于至高点，既合天道至理又合自然法序，故而能“应乎天而时行”。言精神圆明者，乃随“德”的位域层级之升而亦有精神之升，德的第一次升华为精气化神之升华，亦为“德”升其品格，华其精神，第二次升华为神主气精之升华，亦为“德”升其境界，华其光明，第三次升华为精气神三全，亦为“德”以乾坤合德之用，而德驱内外，升其神通，华其万用。从精气化神与神主气精再到精气神三全，正是伴随“德”的升华而精神逐渐圆明之过程，精气神三全在盛大丰有的大有之境下，三全之状态因德同天下而三圆，三全三圆之境乃内证圆明之圣境，唯大有与乾体享其圆明精神。

“大有，柔得尊位大中，而上下应之，曰大有。”大有卦之“柔得位”为六五以阴柔得其尊位，有“大中”之谓；“大中”者为正中之极，为柔居尊位之称，必然是尊位之“大”前所未有而言大中。如何的前所未有呢？大有卦以德序统有的盛大丰有之盛况，使其大有卦的德序有以一序统多制且多序汇同一体之谓，且伴随着德服天下四方皆归服，其尊位因“统”而大，又因“有”而众服，故而出现前所未有的大有之尊位御临天下之极，而得“大中”之谓。

六五虽柔，却为大有之君，更是大有之主，正是大有卦以德文明之成而言文明之象，文明者，以“柔”显柔性，乃德文明以“文明”化柔之大象。文明出柔性，以柔显且文饰内外。在卦中六五为大有之君，六五虚中而大容天下之人，居正中之极行德化之政而上下能服人，任用五阳之君子行贞正之道，尤其是九二，能善用而知人。有此六五居尊且御临天下之极，自然卦体上下皆应，大众皆服。在大有卦，内体刚健，外体文明，以六五应九二，为应乎天，行健应天而时行。柔者，德性使然也，为德化天下的德政之善性，为德文明之光辉也，上下应之，为五阳之大应六五一阴，为德服而应。对比比卦以一阳应五阴，一阳虽刚明，但五阴皆阴柔无明，而大有虽以一阴应五阳，但五阳皆贤且明，其德文明之秩序已不可同日而语。从“柔得位”之德文明而言，天地人三才合德的德文明以健，大有的德服之果，在于有同人的德被之因。

德文明构建——天地人三才合德。在大有卦以德文明丰有而有德文明构建之大成，且从治道文明升华到法序文明。治道文明者，乃以德文明构建之成而统纳如德政文明、养正文明、交感文明、德化文明、君子文明、同人文明诸文明，多指治道之成而沉淀出的治道文明，以德序统载之共而成其德文明；法序文明者，乃大道法序与共的文明，言正序和共序者，莫过于大道法序，合天地人之天道法序文明，可无为而治，大道法序有其自然而治之理，阴阳按大时盈虚，天地履纲常之位，卦体自有不通致通与不正致正的过程，天地人三才之共序以时、位、体三者任运自然。

在同人卦，上体为乾，为天，下体为离，而离出自坤，离为坤之重阴生成阳中阴，言离则必有坤；再者，德由何载？为坤地所载，无论是乾阳之德还是离之离明之德，皆由坤载，故有地。曰同人者，为以人为主、为体，况且人在天地之中，故而有人。天、地、人三才齐备，正当德文明以健之时，而有同人的天地人三才合德。天地人三才合德之德文明构建，为德文明构建之极，天、地、人一切所具之德，一切可言之德，以三才齐备而无所不包。虽言德文明构建，但并非只言德，而是以德之广义，包含法、礼、德三者一体的秩序与治道文明，最终集于德、包于德，而言于德，方能行大正与正大之实，而出现同人之治，产生大有之归服。

履法、礼、德三者之制治万政，谓得一制而万政皆治；再健法礼德三者成一制正序——德序，从一制决所有升华成一序载所有；继而从德序统有升华至德文明丰有，随精气神三全三圆而精神圆明合天地人三才法序文明，从而形成德文明构建之路径。

“君子以遏恶扬善，顺天休命。”在大有卦，离为日，兑象月，乾为天，有日月丽天之象，日月丽天，因其光明烛照而善恶立现。遏恶者，使邦民安居乐业之必须；扬善者，德文明以教天下之所需。一个必须，一个所需，有成其大有文明进步之实。

如何遏恶扬善呢？德教以化恶，使阴者明，化阴恶向善；而善者本就自明，自明自照，故善者善之，也有明离之光芒照其阴恶，为以善化恶，以人同人。善恶者，因果也，恶者自有恶因，善者自有善因；明其因果，遏恶在于种善因，能使其种善因者，唯德教也。所谓遏恶扬善，在于修善因果。以善因顺其因果定律而吉无不利，故言“顺天修命”，顺天者，顺因果定律而报应不爽也，修命者，广积德善而自作善因；修同人德文明之健，顺德被之因自有德服所归之果，而吉无不利，自天佑之。

明同

九四，匪其彭，无咎。

象曰：匪其彭，无咎，明辨晳也。

上九，自天佑之，吉，无不利。

象曰：大有上吉，自天佑也。

大有之九四刚居柔位，居大有之盛时，且六五为君，九四以刚近柔，有僭逼之嫌，本来凶咎或生，但九四有处事之明，既明己位，又明六五君位，更明大有盛满之状态，故而隐藏其才德，谦损其满，而行柔谦之道，终得无咎。匪者，非也；彭者，盛、满也；“匪其彭”，不使其处于盛而满的状态，在于九四有“明辩晳”之明。王弼曰：“既失其位，而上近至尊之威，下比分权之臣，其为惧也可谓危矣。唯夫有圣知者，乃能免斯咎也。三虽至盛，五不可舍，能辩斯数，专心承五，常匪其旁，则无咎矣。”

大有之上九以刚居极上，不居其有而能享大有之盛，又处离之上，为明之极。处自同人起的为政有为之极，在大有之盛时而居无为境。故而能顺天休命而自天佑，顺天休命者，居无为境享有为之极，自天佑之者，顺同人之因而享大有之果，以德政、德教之善政，而享德福利之余庆，且在明之极以自明而应大同之照且自明自照。《程传》曰："惟至明所以不居其有，不至于过极也。有极而不处，则无盈满之灾，能顺乎理者也。五之孚信而履其上，为蹈履诚信之义。五有文明之德，上能降志以应之，为尚贤崇善之义。其处如此，合道之至也，自当享其福庆。自天佑之，行顺乎天而获天佑，故所往皆吉，无所不利也。"

"明"同。大有之"明"贯穿始终，以九四为盛明，以上九为极明。大有九四与上九皆为阳明君子，除了开明以外，还"明"在何处呢？为处有时而戒惧，明在能谦损，又明在不以满自居，更有上九明在当盛大丰有之极时转入无为境。自证德性乃上九之大明所在，以离之极而性光大也。言满之位者，唯大有之六五，九四不在六五之位，故不能言其满，所以要损谦自抑，损者，为损其满，谦者，为谦其低位。必然要心存戒惧才能保证无僭越之嫌，谦则专心事六五之君。沈该曰："以刚处柔，谦以自居，而惧以戒其盛，得明哲保身之义，故无咎也。"正因有大有之明，故而大有之戒惧也贯穿始终，戒惧满而溢转，物极必反，更戒惧因果报应不爽，不种善因，不修德政，便不能以吉利自处，也更如上九，居大有之极时，转入更高的境界自处，在无为境，而顺天休命。

有为之极转无为之境。有为者，诸阳明君子终日乾乾，同人而治，大行德政、德教的有为之极，在大有之上九转为无为之境。自大有六五以降，励精图治者，自屯卦草昧君子走出昏蒙状态而合群始，经蒙卦的启蒙之道、需卦的养需之道、讼卦的治讼之道、师卦的军政之道、比卦的确制之道、小畜卦的德礼之道、履卦的礼制与德位之道、泰与否卦的泰否之道，经同人德被天下之大治，终成盛大丰有之大有，此为有为之极，在大有之上九升华为无为之境。

同人德教之善因顺成大有之有果。德政者，自蒙卦始到大有之政，均以德政为主体，且在泰有德政之盛，这也是成就泰通盛世之因，在同人，以德政行德教普施之照，天下无所不照，便是德教无所不到，这是成就大有之有果的善因。有果之极者，上九者，不居其有而享大有盛大之极，居无为境而有之极，此为合至道之精神王者，非六五君主居天下丰有能比。顺乎天而获天佑，德性使然也，国盛之极而证自性光大者，终其德文明之极而治之于精神且有成者，上九也。所谓正者定，一人正而天下定，同一位正而君子皆正的九五不同，上九之大正为在无为境中之正定，只有终其道统精神，证得自性广大，方为大正，明之极者，自性之光而光耀也，唯大有之上九者。

大有知艰

初九，无交害，匪咎，艰则无咎。

象曰：大有初九，无交害也。

九四：匪其彭，无咎。

象曰：匪其彭无咎。明辨晢也。

初九以阳居下，上无应系，处有之初而尚未涉害，虽尚未涉害，但因“有”而生咎，其咎在于因有而易生骄奢，戒富有而不可奢，所谓艰以处之则无咎。此“艰”在于虽处有但要安贫，而非贫者安贫，而是居有要安贫，故有艰难之象。

《程传》曰：“九居大有之初，未至于盛，处卑无应与，未有骄盈之失，故无交害，未涉于害也。大凡富有鲜不有害，以子贡之贤，未能尽免，况其下者乎？匪咎，艰则无咎，言富有本匪有咎也，人因富有自为咎耳。若能享富有而知难处，则自无咎也。处富有而不能思艰兢畏，则骄侈之心生矣，所以有咎也。”

九四刚居柔位，居大有之盛时，且六五为君，九四以刚近柔，有僭逼之嫌，本来凶咎或生，但九四有处事之明，既明己位，又明六五君位，更明大有盛满之状态，故而隐藏其才德，谦损其满，而行柔谦之道，终得无咎。

匪者，非也；彭者，盛、满也；“匪其彭”，不使其处于盛而满的状态，在于九四有“明辨晢”之明。王弼曰：“既失其位，而上近至尊之威，下比分权之臣，其为惧也可谓危矣。唯夫有圣知者，乃能免斯咎也。三虽至盛，五不可舍，能辨斯数，专心承五，常匪其旁，则无咎矣。”

正道必艰。初九涉艰，九四知艰。初九言艰象，因处“有”而易有骄奢，骄奢则有害，其害在于害己，非人害，骄奢害已，在于虽处“有”之初，虽有但不富，此时骄奢则害上进之志，所以宜艰而处之，以图盛大丰有。“艰则无咎”就为“有”指明了另一种境界，处大有之“有”境，物质之有自然不在话下，但盛大丰有的局面尚未到来，不能行伤志之举，可见，有志，有德方为真有，骄逸之心未生且艰而处之，谓养德。所以，初九之有同，为继志图进之同，艰而不骄逸养德之同。

九四知艰在于有明，大有之“明”贯穿始终，以九四为盛明，以上九为极明。大有九四与上九皆为阳明君子，除了开明以外，还“明”在何处？为处有时而戒惧，明在能谦损，又明在不以满自居，更有上九明在当盛大丰有之极时，转入无为境，自证德性，上九之明者，以离之极而性光大也。

言满之位者，唯大有之六五，九四不在六五之位，故不能言其满，所以要损谦自抑，损者，为损其满，谦者，为谦其低位。必然要心存戒惧才能保证无僭越之嫌，谦则专心事六五之君。沈该曰：“以刚处柔，谦以自居，而惧以戒其盛，得明哲保身之义，故无咎也。”正因有大有之明，故而大有之戒惧也贯穿始终，戒惧满而溢转，物极必反，更戒惧因果报应不爽，不种善因，不修德政，便不能以吉利自处，也更如上九，居大有之极时，转入更高的境界自处，在无为境，而顺天休命。

公德有同

九二，大车以载，有攸往，无咎。

象曰：大车以载，积中不败也。

九三，公用亨于天子，小人弗克。

象曰：公用亨于天子，小人害也。

大有之九二阳刚居下体之中，得应于五，五居尊位而应二，得益九二之贤，九二之贤被任大有之重任，有大车载重而前往之象。大车者，乾体之大也，乾为阳而有，故为重车；又有乾为健，健而动，故重车以动而前往，有壮大前行之象。《程传》曰："九以阳刚居二，为六五之君所倚任。刚健则才胜，居柔则谦顺，得中则无过，其才如此，所以能胜大有之任。如大车之材，强壮能胜载重物也。可以任重行远，故有攸往而无咎也。大有丰盛之时，有而未极，故以二之才，可往而无咎。至于盛极，则不可以往矣。"所谓任重而不危，何咎之有？九二居中，行中道而正应六五，与六五之同使道有坦途可供大车前行，且三阳共健，虽车重但乾体力大且富，而有积中不败之象。

取"大车"象。大车者，重也，为有之多矣，也为九二之任更重。九二治大有之重任，以大行积中之法而能胜任。以积中之法，使力更大而能使重车前行，且积中者，因和六五有应，象征路坦且宽；虽路坦且宽又肩负重任，若车重无力则败，故九二以积中之法而行有同之实，九二之"有"同者，为虽初有，但更进取，使有者更多，集乾三阳之有，形成重车，且能合有之力，使重车能前行。所以九二之有同，为有进取之同以及有力之同，它既能使有者更多，从车重可见；又能使驾车力更大，有此两同，为大有之富，这便是有所往而如是，可无咎矣。

大有之九三居下体之上，虽在下而居人上，有公侯之象；王公朝献于天子，为王公有而献天子，使天子亦有。乾为君，兑为口，三供居位三爻，而有朝献于天子之象，从口而言可知朝献为烹饪之献。《朱子语类》云：“古文无亨字，亨享烹并通用。如‘公用亨于天子’解作亨字便不是。”又曰：“亨享二字，据《说文》本是一字，故易中多互用。”朝献之举为王公的奉上之道，不专富自已亦不藏私于朝，这是大有在九三之“公”德，以此对比，小人因无刚正之德，虽藏富在身，但因无为公之心，故反害其身。

九三之有同，为公德之同，为开始从“有”转而成为公之德。从朝献之举可知，九三富而不专，有而不藏；富而不专，说明九三不仅有奉上之道，且有与共同有之道；有而不藏，说明富“有”的来路正，不怕露富，不怕因富而害身。九三虽有公侯之象，但从天子角度以及大有之体而言，又皆为民也，九三之富为藏富于民，可见藏富于民方为大富与大有。

服同天佑

六五，厥孚交如，威如，吉。

象曰：厥孚交如，信以发志也；威如之吉，易而无备也。

上九，自天佑之，吉，无不利。

象曰：大有上吉，自天佑也。

六五以柔居尊位，“虚已以应九二之贤，而上下归之，是其孚信之交也。”六五以孚通上下之情，以阴柔统刚，无威则被轻，致而众刚强凌慢尊位，所谓太柔则废，必定要有“威如”，使大有上下皆因威严而畏。

厥者，其也；孚者，信也；交者；往来也；威者，威严也；如者，样貌也。《程传》曰：“六五当大有之时，居君位，虚中，为孚信之象。人君执柔守中，而以孚信接于下，则下亦尽其信诚以事于上。上下孚信相交也。以柔居尊位，当大有之时，人心安易，若专尚柔顺，则陵慢生矣，故必威如则吉。威如，有威严之谓也。既以柔和孚信接于下，众志说从，又有威严使之有畏，善处有者也，吉可知矣。”

上九以刚居极上，不居其有而能享大有之盛，又处离之上，为明之极。处自同人起的为政有为之极，在大有之盛时而居无为境。故而能顺天休命而自天佑，顺天休命者，居无为境享有为之极，自天佑之者，顺同人之因而享大有之果，以德政、德教之善政，而享德福利之余庆，且在明之极以自明而应大同之照且自明自照。《程传》曰：“惟至明所以不居其有，不至于过极也。有极而不处，则无盈满之灾，能顺乎理者也。五之孚信而履其上，为蹈履诚信之义。五有文明之德，上能降志以应之，为尚贤崇善之义。其处如此，合道之至也，自当享其福庆。自天佑之，行顺乎天而获天佑，故所往皆吉，无所不利也。”

六五之服同。孚者，通上下，威者，严上下。以孚以威，是大有六五治世之方，为以德服、以信服、以威服而产生服同。以德服者，六五虚中、虚己以应其二，以居尊位而虚己下应者，为六五虚己谦损之德；以信服者，大有之所以有元亨之关键，就在于六五以治孚信而使上下交通，尤其是使众阳君子有信而能信，信以发志，才能济众君子之志使上下有治，可见六五治孚信是使众阳君子发志治世的驱动力；以威服者，为六五以威严上下，为严而有威治其阴柔虚中之貌，若不治威，使众阳君子发生陵慢尊位事件，必定是同人之德文明与大有之明离文明的瑕疵，威严如何产生呢？为火在天上，火天同照之德耀，德被光芒之威，为善威。终其究竟，六五之服同，为德被天下之德服；前者言以德服之德，为六五之位德，而德被天下之德为大有之体德，是同人与大有德文明之果。

有为之极转无为之境。有为者，诸阳明君子终日乾乾，同人而治，大行德政、德教的有为之极，在大有之上九转为无为之境，经同人德被天下之大治，终成盛大丰有之大有，此为有为之极，在大有之上九升华为无为之境。

同人德教之善因顺成大有之有果。德政者，自蒙卦始到大有之政，均以德政为主体，且在泰有德政之盛，这也是成就泰通盛世之因，在同人，以德政行德教普施之照，天下无所不照，便是德教无所不到，这是成就大有之有果的善因。有果之极者，上九者，不居其有而享大有盛大之极，居无为境而有之极，此为合至道之精神王者，非六五君主居天下丰有能比。顺乎天而获天佑，德性使然也，国盛之极而证自性光大者，终其德文明之极而治之于精神且有成者，上九也。所谓正者定，一人正而天下定，同一位正而君子皆正的九五不同，上九之大正为在无为境中之正定，只有终其道统精神，证得自性广大，方为大正，明之极者，自性之光而光耀也，唯大有之上九者。

参考文献

《易经》

《道德经》[春秋]老聃

《礼记》[汉]戴德

《论语》[春秋·鲁]孔丘

《周礼》[西周]周公旦

《尚书》[春秋·鲁]孔丘

《中庸》[春秋·鲁]孔伋

《大学》[春秋·鲁]曾参

《尚书故实》[唐]李绰

《尚书正义》[汉]孔安国

《仪礼注疏》[汉]郑玄

《说文解字》[汉]许慎

《大戴礼记》[汉]戴德

《孝经》[春秋·鲁]孔丘

《春秋公羊传》[战国·齐]公羊高

《诗经》

《诗经集传》[宋]朱熹

《春秋左传》[春秋·鲁]左丘明

《春秋繁露》[汉]董仲舒

《方言校笺》[汉]扬雄

《说文解字系传》[五代·南唐]徐锴

《中庸章句集注》[宋]朱熹

《四书章句集注》[宋]朱熹

《大学点睛补》[明]释智旭

《大学章句集注》[宋]朱熹

《孟子》[战国·鲁]孟轲

《孟子集注》[宋]朱熹

《论语全解》[宋]陈祥道

《康熙字典》[清]张玉书、陈廷敬等

《论语学案》[明]刘宗周

《论语拾遗》[宋]苏辙
《诗经稗疏》[清]王夫之
《论语点睛补注》[明]释智旭
《论语集注》[宋]朱熹
《女孝经》[唐]郑氏
《子思子》[宋]汪晫
《孔丛子》[秦]孔鲋
《帝范》[唐]李世民
《延平答问》[宋]朱熹
《张载集摘》[宋]张载
《新书》[汉]贾谊
《明本释》[宋]刘荀
《曾子》[宋]汪晫
《朱子语类》[宋]朱熹
《王明阳集》[明]王守仁
《说苑》[汉]刘向
《遗言录》[明]王守仁
《阳明先生文集》[明]王守仁
《陆九渊文选》[宋]陆九渊
《陆九渊集》[宋]陆九渊
《三字经》[宋]王应麟
《千字文》[梁]周兴嗣
《纯正蒙求》[元]胡炳文
《经学启蒙》[宋]陈淳
《蒙求》[唐]李翰
《蒙训》[清]刘沅
《了凡四训》[明]袁了凡
《养真集》[清]王士端
《家范》[宋]司马光
《戒子孙》[宋]邵雍
《戒子益恩书》[汉]郑玄
《戒子通录》[宋]刘清之
《朱子家训》[清]朱用纯
《菜根谭》[明]洪应明
《通玄真经注》[唐]徐灵府
《道德会元》[元]李道纯
《道德玄经原旨发挥》[元]杜道坚
《道德真经三解》[元]邓锜
《道德真经义解》[宋]李嘉谋
《道德真经传》[唐]陆希声
《道德真经传》[宋]吕惠卿
《道德真经指归 老子指归》[汉]严遵
《道德真经新注》[唐]李约
《道德真经次解》[唐]佚名
《道德真经注》[元]吴澄
《道德真经注》[元]林志坚
《道德真经注》[唐]李荣
《道德真经注》[宋]苏辙
《道德真经注》[汉]河上公
《道德真经注》[三国·魏]王弼
《道德真经注疏》[南齐]顾欢
《道德真经玄德纂疏》[前蜀]强思齐
《道德真经疏义》[宋]江澄
《道德真经疏义》[宋]赵志坚
《道德真经直解》[宋]邵若愚
《道德真经藏室纂微篇》[宋]陈景元
《道德真经解》[宋]陈象古
《道德真经论》[宋]司马光
《唐玄宗御制道德真经疏一》[唐]李隆基
《唐玄宗御制道德真经疏二》[唐]李隆基
《唐玄宗御注道德真经》[唐]李隆基
《宋徽宗御解道德真经》[宋]赵佶

《道德真经论兵要义述》[唐]王真
《道德真经集义》[元]刘惟永
《道德真经集义》[明]危大有
《道德真经集义大旨》[元]刘惟永
《道德真经集注》[宋]张太守
《道德真经集注杂说》[宋]彭耜
《道德真经集注释文》[宋]彭耜
《道德真经集解》[宋]董思靖
《道德真经口义》[宋]林希逸
《道德经》[唐]龙兴观碑本
《道德经注》[汉]河上公
《道德经注释》[清]李涵虚
《道德经注释》[清]黄元吉
《道德经真义》[清]黄元吉
《伊川易传》[宋]程颐
《周易举正》[唐]郭京
《周易口诀义》[唐]史徵
《周易新讲义》[宋]耿南仲
《周易本义》[宋]朱熹
《周易正义》[唐]孔颖达
《周易释文》[唐]陆明德
《周易略例》[三国·魏]王弼
《周易程氏传》[宋]程颐
《乐育堂语录》[清]黄元吉
《传习录拾遗》[明]王守仁
《周子全书》[宋]周敦颐
《太极图说》[宋]周敦颐
《太极图说述解》[明]曹端
《太极通书》[宋]周敦颐
《紫言易传》[宋]张浚
《汉上易传》[宋]朱震
《周易易海撮要》[宋]李衡·删定
《郭氏传家易说》[宋]郭雍
《东谷先生易翼传》[宋]郑汝谐
《杨氏易传》[宋]杨简
《东坡易传》》[宋]苏轼
《周易玩辞》[宋]项安世
《诚斋易传》[宋]杨万里
《周易总义》[宋]易祓
《周易集说》[宋]俞琰
《周易卦爻经传训解》[宋]蔡渊
《周易本义通释》[元]胡炳文
《大易缉说》[元]王申子
《周易本义附录纂疏》[元]胡一桂
《易纂言》[元]吴澄
《灵宪》[东汉]张衡
《周易马融注》[东汉]马融
《周易会通》[元]董真卿
《易经蒙引》[明]蔡清
《来瞿唐先生易注》[明]来知德
《易象正》[明]黄道周
《古周易订诂》[明]何楷
《九正易因》[明]李贽
《阳明全书》[明]王阳明
《周易集注》[明]来知德
《周易集解》[唐]李鼎祚
《周易音义》[唐]陆元朗
《周易浅述》[清]陈梦雷
《周易述》[清]惠栋
《易图明辨》[清]胡渭
《周易虞氏义》[清]张惠言
《周易补疏》[清]焦循

《六十四卦经解》[清]朱骏声
《周易集解纂疏》[清]李道平
《周易姚氏学》[清]姚配中
《周易恒解》[清]刘沅
《汉魏二十一家易注》[清]孙堂辑
《读易笔记》[清]方宗诚
《重定周易费氏学》[清]马其昶
《杭辛斋易学七种》[清]杭辛斋
《罗经透解》[清]王道亨
《滴天髓注疏》[清]任铁樵
《易学探源经传解》[民国]黄元炳
《滴天髓补注》[民国]徐乐吾
《滴天髓征义》[民国]徐乐吾
《子平真诠评注》[民国]徐乐吾
《周易尚氏学》[民国]尚秉和
《周易古筮考》[民国]尚秉和
《大易象数钩深图》[元]张理
《子夏易传》[春秋]卜子夏
《御纂周易折中》[清]李光地
《周易观象》[清]李光地
《易学辨惑》[宋]邵伯温
《易数钩深图》[宋]刘牧
《易童子问》[宋]欧阳修
《易纬乾坤凿度》[汉]郑玄注
《易纬乾元序制记》[汉]郑玄
《易纬坤灵图》[汉]郑玄
《易纬是类谋》[汉]郑玄
《易纬稽览图》[汉]郑玄
《易纬辨终备》[汉]郑玄
《易纬通卦验》[汉]郑玄
《易经证释》[清]陆宗舆
《横渠易说》[宋]张载
《周易辑解》[宋]丘富国
《九经要义》[宋]魏了翁
《温公易说》[宋]司马光
《京氏易传》[汉]京房
《玄珠密语》[唐]王冰
《观象玩占》[唐]李淳风
《周易筮述》[清]王宏
《春秋占筮书》[清]毛奇龄
《周易古占法》[宋]程迥
《奇门遁甲符应经》[宋]杨维德
《易塞通变》[宋]雷思
《易学筮贞》[清]赵世时
《周易象训》[清]姚球
《周易稗疏》[清]王夫之
《周易尚氏学》[清]尚秉和
《三命指迷赋》[宋]岳珂沈该
《易小传》[宋]沈该
《三命通会》[明]万民英
《乙巳占》[唐]李淳风
《乾元秘旨》[清]舒继英
《五行大义》[隋]萧吉
《五行精纪》[宋]廖中
《入地眼全书》[宋]静道
《六壬一字诀玉连环》[宋]徐汶滨
《六壬兵占》[明]佚名
《六壬大全》[明]郭载騋
《六壬寻源》[清]张纯照
《六壬指南》[明]陈公献
《六壬指南注解》[明]陈公献
《六壬秘本》[清]金正音

《六壬管辂神书》[三国·魏]管辂
《六壬经纬》[清]京江铁瓮子
《周易尚占》[元]李道纯
《命理正宗》[明]张神峰
《地理辨正》[明末清初]蒋大鸿
《天元五歌》[明末清初]蒋大鸿
《天玉经》[唐]杨筠松
《天玉经外篇》[唐]杨筠松
《太乙秘书》[宋]王佐
《太乙金镜式经》[唐]王希明
《太玄经》[汉]扬雄
《奇门宝鉴御定》[唐]徐道符
《奇门旨归》[清]朱浩文
《奇门遁甲元灵经》许松如
《奇门遁甲秘笈大全》[明]刘伯温
《奇门遁甲统宗》[三国·蜀]诸葛亮
《子平真诠评注》[清]沈孝瞻
《宅法举隅》[清]锡山
《开元占经》[唐]瞿昙悉达
《心相篇》[宋]陈希夷
《推背图》[唐]李淳风、袁天罡
《六壬课》[唐]袁天罡
《撼龙经》[唐]杨筠松
《文王金钱课》[周]姬昌
《易冒》[清]程良玉
《星命总括》[辽]耶律纯
《星学大成》[明]万民英
《李虚中命书》[周]鬼谷子
《梅花易数》[宋]邵雍
《正易心法》[宋]麻衣道者
《永乐百问》[明]袁柳庄
《渊海子平》[宋]徐子平
《潜虚》[宋]司马光
《易经存疑》[明]林希元
《泾野先生周易说翼》[明]吕柟
《灵台秘苑》[宋]王安礼
《灵棋经》[汉]东方朔
《焦氏易林》[汉]焦延寿
《焦氏易林注》[汉]焦延寿
《焦氏易诂》[清]尚秉和
《周易图》[元]张理
《大易象数钩深图》[元]张理
《易数钩深图》[宋]刘牧
《易象图说内篇》[元]张理
《易象图说外篇》[元]张理
《灵宝无量度人上品妙经符图》
《周易参同契发挥》[宋]俞琰
《周易参同契注》储华谷
《周易参同契注》[宋]朱熹
《周易参同契注》[汉]阴长生
《周易参同契解》[宋]陈显微
《周易参同契释疑》[宋]俞琰
《皇极经世心易发微》[明]杨向春
《秘本诸葛神数》[汉]诸葛武侯
《葬书》[晋]郭璞
《葬法倒杖》[唐]杨筠松
《遁甲演义》[明]程道生
《黄帝奇门遁甲图》
《遁甲符应经》[宋]杨维德
《青乌经》[秦]樗里子
《青囊奥语》[唐]杨筠松
《青囊序》[唐]杨筠松

《修真九要》[清]刘一明
《修真辩难参证》[清]刘一明
《元气论》[宋]张澡
《关尹子》[周]尹喜
《内修十论》[元]王重阳
《冲虚经》[战国]列御寇
《列子》[战国]列御寇
《列子集释》杨伯峻
《化书》[五代]谭峭
《参同契阐幽》[清]朱元育
《参同直指》[清]刘一明
《古书隐楼藏书》[清]闵一得
《吕祖全书》[清]刘体恕
《吕祖全传》[清]汪象旭
《唱道真言》[清]青华老人
《大成捷要》[清]柳华阳
《大道真传》[西蜀]魏尧
《天口篇》[明]张三丰
《太乙金华宗旨》[唐]吕洞宾
《太虚集录》[清]闵一得
《女丹十则》佚名
《女丹合编选注》[清]贺龙骧
《庄子》[战国]庄周
《庄子内篇注》[明]匡庐逸叟
《庄子注》[魏晋]向秀
《庄子通》[清]王船山
《庄子集解》[清]王先谦
《庄子集释》[清]郭庆藩
《张三丰先生全集》[明]张三丰
《归藏》[清]马国翰
《御制周颠仙人传》[明]朱元璋
《性命圭旨》[明]佚名
《性命要旨》[清]汪东亭
《悟玄篇》[元]余洞真
《悟真直指》[清]刘一明
《悟真篇》[宋]张伯端
《悟真篇阐幽》[清]朱元育
《悟道录》[清]刘悟元
《慧命经》[清]柳华阳
《敲爻歌》[唐]吕洞宾
《方壶外史》[明]陆西星
《黄帝阴符经注》[唐]张果
《黄帝阴符经注》[宋]俞琰
《黄帝阴符经注》[宋]沈亚夫
《黄帝阴符经注》[宋]蔡望
《黄帝阴符经注》[宋]黄居真
《黄帝阴符经注》[金]侯善渊
《黄帝阴符经注》[金]刘处玄
《黄帝阴符经注》[金]唐淳
《黄帝阴符经注夹颂解注》[元]王玠
《黄帝阴符经疏》[唐]李筌
《黄帝阴符经解》[宋]蹇昌辰
《黄帝阴符经解义》[宋]萧真宰
《黄帝阴符经讲义》[宋]夏元鼎
《服气精义论》[唐]司马承祯
《梅华问答》[清]薛阳桂
《水石闲谈》[明]张三丰
《洞玄子》[唐]佚名
《济一子道书十七种》[清]傅金铨
《海琼传道集》[宋]洪知常
《玄机直讲》[明]张三丰
《玄牝之门赋注释》

《玄珠录》[唐]王玄览
《玄肤论》[明]陆西星
《玄要篇》[明]张三丰
《玄谭全集》[明]张三丰
《王弼老子注》[三国·魏]王弼
《男女丹工异同辩》
《百字碑》[唐]吕洞宾
《百字碑注》[清]刘一明
《真诰》[南朝·梁]陶弘景
《碧苑坛经》[清]闵一得
《神仙传》[晋]葛洪
《秘本种子金丹》[清]叶天士
《简帛老子校正》
《素女妙论》[明]佚名
《素女经》[先秦]佚名
《紫清指玄集》[宋]白玉蟾
《老子想尔注》[汉]张道陵
《老子本义》[清]魏源
《老子校释》朱谦之
《老子衍》[清]王夫之
《老子解略》[宋]员兴宗
《老子说略》[清]张尔岐
《老子道德经憨山注》[明]蔡德清
《老子道德经河上公章句》
《胎息经笺疏》
《西池集》[清]积善堂
《西游录注》[元]耶律楚材
《西游真诠》[清]陈士斌
《象言破疑》[清]刘一明
《跨天虹》[清]鹜林斗山学者
《通关文》[清]刘一明
《通玄真经》[周]文子
《道书十二种》[清]刘一明
《道教三字经》易心莹
《道门语要》[清]黄元吉
《邱祖秘传大丹直指》[金]邱处机
《重阳注五篇灵文》[宋]王重阳
《金丹四百字注》[明]陆西星
《金丹妙诀》[清]济阳子
《金丹就正篇》[明]陆西星
《金华直指女功正法》[清]纯阳子
《铜符铁卷》[晋]吴猛
《阴符发秘》[清]张清夜
《阴符经玄解正义》[清]闵一得
《陆西星四篇》[明]陆西星
《马王堆帛书之老子乙本》
《鲁班全书》[春秋·鲁]鲁班
《黄帝四经》[战国]佚名
《龙门心法》[清]王常月
《养鱼经》[春秋]范蠡
《农书》[宋]陈敷
《农政全书》[明]徐光启
《农桑衣食撮要》[元]鲁明善
《四时纂要》[唐]韩鄂
《天工开物》[明]宋应星
《田家五行》[元]娄元礼
《神农书》[战国·魏]李悝
《耒耜经》[唐]陆龟蒙
《齐民要术》[南北朝]贾思勰
《三十六计》[明]佚名
《八阵合变图说》[明]龙正
《八阵总述》[晋]马隆

《六韬》[周]姜尚
《兵典》[唐]杜祐
《兵法心要》[明]刘基
《卫公兵法辑本》[唐]李靖
《吴子兵法》[战国]吴起
《太公兵法》[周]太公望
《太公金匮》[周]吕尚
《太白阴经》[唐]李筌
《孙子兵法》[春秋]孙武
《孙子注》[唐]李筌
《孙子略解》[三国·魏]曹操
《孙膑兵法》[战国]孙膑
《将苑》[三国·蜀]诸葛亮
《尉缭子》[战国]尉缭
《战略》[明]胡宗宪
《李卫公问对》[唐]李靖
《诸葛亮集》[三国·蜀]诸葛亮
《道德经论兵要义述》[唐]王真
《黄石公三略》[秦]黄石公
《黄石公素书注》[宋]张商英
《管子》[春秋·齐]管仲
《仁学》[清]谭嗣同
《傅子》[晋]傅玄
《公孙龙子》[战国]公孙龙
《公孙龙子注》[清]陈澧
《刘子》[南北朝]刘昼
《司马法》[战国]司马穰苴
《周生烈子》[三国·魏]周生烈
《器经》[战国]孤子
《墨子闲诂》[清]孙诒让
《子华子》[周]程本
《尸子》[周]尸佼
《慎子》[周]慎到
《文中子中说》[隋]王通
《无能子》[唐]无能子
《杨子折衷》[明]湛若水
《扬子法言》[汉]扬雄
《止学》[隋]王通
《淮南子》[汉]刘安
《渔樵问对》[宋]邵雍
《物不迁论》[晋]僧肇
《申子》[战国]申不害
《素履子》[唐]张弧
《胡子衡齐》[明]胡直
《范子计然》[春秋]范蠡
《荀子》[战国]荀况
《论衡》[汉]王充
《郁离子》[明]刘伯温
《郭子》[晋]郭璞
《长短经》[唐]赵蕤
《鬼谷子》[春秋·卫]王诩
《鹿门子》[唐]皮日休
《九章算术》[汉]张苍
《九章算经》[汉]佚名
《五经算术》[南北朝]甄鸾
《周髀算经》[汉]佚名
《严复集》[清]严复
《中兴论》[宋]陈亮
《书斋夜话》[宋]俞琰
《京东考古录》[清]顾炎武
《人物志》[三国·魏]刘劭
《六艺纲目》[元]舒天民

《典论》[三国]曹丕
《势胜学》[宋]薛居正
《发微论》[宋]蔡元定
《大同书》[清]康有为
《新学伪经考》[清]康有为
《新序》[汉]刘向
《日知录》[清]顾炎武
《日知录之馀》[清]顾炎武
《日知录集释》[清]顾炎武
《天演论》[清]严复
《孔子改制考》[清]康有为
《守弱学》[晋]杜预
《席上腐谈》[宋]俞琰
《庚巳编》[明]陆粲
《曾国藩家书》[清]曾国藩
《权书》[宋]苏洵
《权谋残卷》[明]张居正
《杜阳杂编》[唐]苏鹗
《格致余论》[元]朱丹溪
《梦溪笔谈》[宋]沈括
《清代学术概论》[清]梁启超
《温公琐语》[宋]司马光
《独断》[汉]蔡邕
《盛世危言》[清]郑观应
《经史百家杂钞》[清]曾国藩
《美芹十论》[宋]辛弃疾
《谈天》[明]宋应星
《訄书》章太炎
《世说新语》[南朝·宋]刘义庆
《东坡志林》[宋]苏轼
《东坡易传》》[宋]苏轼
《东山杂记》王国维
《丽情集》[宋]张君房
《仇池笔记》[宋]苏轼
《搜神后记》[晋]陶潜
《搜神秘览》[宋]章炳文
《搜神记》[晋]干宝
《教坊记》[唐]崔令钦
《汉武帝内传》[汉]班固
《汉武故事》[汉]班固
《海内十洲记》[汉]东方朔
《渔樵闲话录》[宋]苏轼
《王阳明靖乱录》[明]冯梦龙
《医垒元戎》[元]王好古
《大洞玉经》
《太清金液神丹经》
《太清金液神气经》
《通玄秘术》[唐]沈知言
《金木万灵论》[晋]葛洪
《魏伯阳七返丹砂诀》
《黄帝九鼎神丹经诀》
《龙虎还丹诀》[唐]金陵子
《太上养生胎息气经》
《太上洞神玄妙白猿真经》
《太上老君大存思图注诀》
《太上肘后玉经方》[唐]卢道元
《太上除三尸九虫保生经》
《太清中黄真经》[唐]中黄真人
《太清元极至妙神珠玉颗经》
《太清导引养生经》
《太清服气口诀》
《太清经断谷法》

《太清调气经》
《存神炼气铭》[唐]孙思邈
《孙真人摄养论》[唐]孙思邈
《庄周气诀解》
《抱朴子养生论》[晋]葛洪
《秘藏通玄变化六阴洞微遁甲真经》
《胎息抱一歌》
《胎息精微论》
《鬼谷子天髓灵文》
《黄庭遁甲缘身经》
《冲虚至德真经》[周]列御寇
《南华真经》[周]庄周
《太上玄灵北斗本命延生真经》
《太上玄灵北斗本命长生妙经》
《太上老君内观经》
《太上老君说常清静妙经》
《太上说紫微神兵护国消魔经》
《太上飞步南斗太微玉经》
《无上妙道文始真经》[周]尹喜
《洞灵真经》[春秋]庚桑楚
《混元八景真经》
《西升经》[宋]赵佶
《上清六甲祈祷秘法》
《太乙救苦护身妙经》
《太上七星神咒经》
《太上黄庭内景玉经》
《太上黄庭外景玉经》
《黄庭内外景玉经解》[宋]蒋慎修
《黄庭内景玉经注》[唐]白履忠
《黄庭内景玉经注》[金]刘处玄
《明道篇》[元]王惟一
《九天应元雷声普化天尊玉枢宝忏》
《北斗七元星灯仪》
《北斗本命延寿灯仪》
《雷霆玉枢宥罪法忏》
《赤松子中诫经》
《上乘修真三要》[金]圆明老人
《中和集》[元]李道纯
《修真十书上清集卷》[宋]白玉蟾
《修真十书悟真篇卷》
《修真十书杂着指玄篇》[宋]石泰
《修真十书杂着捷径》
《修真十书武夷集》[宋]白玉蟾
《修真十书玉隆集》[宋]白玉蟾
《修真十书盘山语录》[元]王志谨
《修真十书金丹大成集》[元]萧廷芝
《修真十书锺吕传道集》[唐]施肩吾
《黄庭内景五脏六腑图卷》[唐]胡愔
《黄庭内景玉经注》[唐]梁丘子
《黄庭外景玉经注卷》
《元阳子金液集》
《全真集玄秘要》[元]李道纯
《启真集》[元]刘志渊
《大丹直指》[金]邱处机
《破迷正道歌》[汉]锺离权
《碧虚子亲传直指》[宋]陈景元
《紫元君授道传心法》[汉]阴长生
《至真子龙虎大丹诗》[宋]周方
《谷神篇》[元]林辕
《谷神赋》[宋]赵大信
《金丹四百字》[宋]张伯端
《金丹正宗》[宋]胡混成

《太上黄庭内景玉经》
《太上黄庭外景玉经》
《黄庭内外景玉经解》[宋]蒋慎修
《黄庭内景玉经注》[唐]白履忠
《黄庭内景玉经注》[金]刘处玄
《赤松子中诫经》
《修真十书黄庭内景玉经注》[唐]梁丘子
《修真十书黄庭外景玉经注卷》
《全真集玄秘要》[元]李道纯
《启真集》[元]刘志渊
《大丹直指》[金]邱处机
《太上九要心印妙经》[唐]张果
《太微灵书紫文琅玕华丹神真上经》
《洞真太微黄书九天八箓真文》
《灵宝无量度人上经大法》
《玉溪子丹经指要》[宋]李简易
《真气还元铭》[五代]强名子
《破迷正道歌》[汉]钟离权
《碧虚子亲传直指》[宋]陈景元
《还丹歌诀》[五代]元阳子
《金液还丹百问诀》[唐]李光玄
《上方天尊说真元通仙道经》
《九天应元雷声普化天尊玉枢宝经》
《修真太极混元图》[宋]萧道冉
《上清握中诀》[南朝·梁]陶弘景
《元始天尊说太古经注》[金]长诠子
《紫阳真人悟真篇三注》[宋]薛道光
《胎息经注》
《阴真君还丹歌诀注》[宋]陈抟
《阴符经三皇玉诀》
《青天歌注释》[元]王玠
《黄帝阴符经注》[宋]俞琰
《黄帝阴符经注》[金]刘处玄
《黄帝阴符经注》[金]唐淳
《黄帝阴符经注夹颂解注》[元]王玠
《黄帝阴符经解义》[宋]萧真宰
《紫阳真人内传》
《元始上真众仙记枕中书》[晋]葛洪
《玄风庆会录》[元]耶律楚才
《黄帝阴符经颂》[五代]元阳子
《上清太玄鉴诫论》[金]太玄子
《丹阳神光灿》[金]马钰
《云光集》[金]王处一
《云山集》[元]姬志真
《仙乐集》[金]刘处玄
《仙传外科秘方》[明]赵宜真
《净明忠孝全书》[元]黄元吉
《水云集》[金]谭处端
《洞玄金玉集》[金]马钰
《玄虚子鸣真集》[元]玄虚子
《草堂集》[金]王丹挂
《葆光集》[金]尹志平
《重阳全真集》[宋]王嚞
《重阳真人金阙玉锁诀》[宋]王嚞
《公孙龙子》[周]公孙龙
《太上感应篇》[宋]李昌龄
《尹文子》[周]尹文
《皇极经世》[宋]邵雍
《纯阳真人浑成集》[唐]吕纯阳
《道禅集》[金]王真人
《金丹四百字》[宋]张伯端
《鬼谷子注》[南朝·梁]陶弘景

《神农本草经》[汉]佚名
《黄帝内经素问》[战国]佚名
《黄帝内经素问遗篇》[宋]佚名
《黄帝内经素问集注》[清]张志聪
《黄帝明堂灸经》[唐]佚名
《黄帝素问宣明论方》[金]刘完素
《黄帝素问直解》[清]高士宗
《黄庭内景五藏六府图》[唐]胡愔
《重广补注黄帝内经素问》[唐]王冰
《医案精华》[清]叶天士
《十四经发挥》[元]滑寿
《千金宝要》[唐]孙思邈[宋]郭思 编
《千金翼方》[唐]孙思邈
《千金食治》[唐]孙思邈
《孙真人海上方》[唐]孙思邈
《华佗神方》[汉]华佗
《博济方》[宋]王衮
《奇经八脉考》[明]李时珍
《肘后备急方》[晋]葛洪
《肯堂医论》[明]王肯堂
《订正仲景全书伤寒论注》[清]吴谦
《订正仲景全书金匮要略注》[清]吴谦
《订正太素脉秘诀》[明]张太素
《脉诀考证》[明]李时珍
《脉经》[晋]王叔和
《类经》[明]张介宾
《类经图翼》[明]张介宾
《素问六气玄珠密语》[唐]王冰
《素问玄机原病式》[金]刘完素
《素问病机气宜保命集》[金]刘完素
《冷庐医话》[清]陆以湉
《凌临灵方》[清]凌晓五
《刘河间伤寒医鉴》[元]马宗素
《删补名医方论》[清]吴谦
《刺灸心法要诀》[清]吴谦
《劝读十则》[清]陈修园
《包氏喉证家宝》[清]包三述
《医中一得》[清]顾尔元
《医医十病》[清]吴楚
《医原》[清]石寿棠
《医垒元戎》[元]王好古
《医学三字经》[清]陈修园
《医学举要》[清]徐镛
《医学入门》[明]李梴
《医学发明》[金]李杲
《医学启源》[金]张元素
《医学心悟》[清]程国彭
《医学指归》[清]赵术堂
《医学正传》[明]虞抟
《医学源流论》[清]徐大椿
《医学真传》[清]高秉钧
《医学纲目》[明]楼英
《医学衷中参西录》[清]张锡纯
《医宗金鉴》[清]吴谦
《医家秘奥之脉法解》[明]周之干
《医效秘传》[清]叶桂
《医方歌括》[清]王泰林
《医方简义》[清]王清源
《医方考》[明]吴昆
《针灸大成》[明]杨继洲
《针灸易学》[清]李守先
《针灸甲乙经》[晋]皇甫谧

《医方论》[清]费伯雄
《医方证治汇编歌诀》[清]王泰林
《医方集宜》[明]丁毅
《医方集解》[清]汪昂
《医旨绪余》[明]孙一奎
《医林改错》[清]王清任
《医法圆通》[清]郑寿全
《医理真传》[清]郑钦安
《医略》[清]蒋宝素
《医病简要》[清]张畹香
《医经小学》[明]刘纯
《医脉摘要》萧廉泉
《医话》[清]毛对山
《医说》[宋]张杲
《医贯》[明]赵献可
《医述》[元]程杏轩
《医门法律》[清]喻昌
《医门补要》[清]赵濂
《医验随笔》[清]沈奉江
《十剂表》[清]包诚
《卫济宝书》[宋]东轩居士
《卫生宝鉴》[元]罗天益
《卫生家宝产科备要》[宋]朱端章
《卫生易简方》[明]胡濙
《厘正按摩要术》[清]张振鉴
《原机启微》[元]倪维德
《原要论》[清]袁氏
《友渔斋医话》[清]黄凯钧
《发背对口治诀论》[清]谢邃乔
《口齿类要》[明]薛己
《古今医彻》[清]怀远
《古今医案按》[清]俞震
《古今医统大全》[明]徐春甫
《古今医鉴》[明]龚信
《古方汇精》[清]爱虚老人
《古本难经阐注》[清]丁锦
《史载之方》[宋]史堪
《叶选医衡》[清]叶桂
《名医别录》[晋]陶弘景
《吴医汇讲》[清]唐大烈
《吴普本草》[晋]吴普
《吴鞠通医案》[清]吴鞠通
《咽喉秘集》[清]张宋良
《喉科指掌》[清]张宗良
《喉科秘诀》[清]破头黄真人
《喉科集腋》[清]沈青芝
《喉舌备要秘旨》[清]佚名
《四圣心源》[清]黄元御
《四诊抉微》[清]林之翰
《回春录》[清]王士维
《针灸问对》[明]汪机
《针经指南》[元]窦汉卿
《针经节要》[元]杜思敬
《铜人针灸经》[宋]佚名
《银海指南》[清]顾锡
《银海精微》[唐]孙思邈
《阴证略例》[元]王好古
《陆地仙经》[清]马齐
《陈莘田外科方案》[清]陈莘田
《陈莲舫先生医案》[清]陈秉钧
《随息居重订霍乱论》[清]王士雄
《难经本义》[元]滑寿

《回生集》[清]陈杰
《圣济总录》[宋]赵佶敕撰
《增补评注柳选医案》[清]尤在泾
《增订医方歌诀》[清]王泰林
《增订十药神书》[明]葛乾孙
《增订叶评伤暑全书》[明]张凤逵
《士谔医话》[清]陆士谔
《备急灸法景宋本》[宋]闻人耆年
《外台秘要》[唐]王焘
《外治寿世方》[清]邹存淦
《外科传薪集》[清]马培之
《外科全生集》[清]王维德
《外科十三方考》[清]张觉人
《外科十法》[清]朱世杰
《外科发挥》[明]薛己
《外科启玄》[明]申斗垣
《外科大成》[清]祁坤
《外科方外奇方》[清]凌奂
《外科枢要》[明]薛己
《外科正宗》[明]陈实功
《外科理例》[明]汪机
《外科精义》[元]齐德之
《外科精要》[宋]陈自明
《外科证治全书》[清]许克昌
《外科选要》[清]唐黉
《外科集验方》[明]赵宜真
《外经微言》[清]陈士铎
《大小诸证方论》[明]傅青主
《太平圣惠方》[宋]王怀隐
《太平惠民和剂局方》[宋]陈承
《奇效简便良方》[清]丁尧臣
《奇效良方》[明]董宿
《奇方类编》[清]吴世昌
《女科切要》[清]吴道源
《女科指掌》[清]叶其蓁
《女科指要》[清]徐大椿
《女科撮要》[明]薛己
《女科百问》[宋]齐仲甫
《女科经纶》[清]萧埙
《女科要旨》[清]陈念祖
《妇人良方集要》[宋]陈自明
《妇科百辩》[明]庄履严
《妙一斋医学正印种子编》[明]岳甫嘉
《婴儿论》[清]周士祢
《婴童百问》[明]鲁伯嗣
《婴童类萃》[明]王大纶
《子午流注说难》吴棹仙
《子午流注针经》[金]何若愚
《孙文垣医案》[清]孙一奎
《宁坤秘笈》[清]砺堂氏
《审视瑶函》[清]傅仁宇
《客尘医话》[清]计寿乔
《寓意草》[清]喻昌
《察病指南》[宋]施桂堂
《察舌辨症新法》[清]刘恒瑞
《寿世保元》[明]龚廷贤
《难经正义》[清]叶霖
《难经经释》[清]徐灵胎
《难经集注》[明]王九思
《集验方》[宋]洪氏
《集验背疽方》[宋]李迅
《雷公炮制药性解》[明]李士材

《寿亲养老新书》[宋]陈直
《小儿卫生总微论方》[宋]佚名
《小儿推拿广意》[清]熊应雄
《小儿痘疹方论》[宋]陈文中
《小儿药证直诀》[宋]钱乙
《小品方》[晋]陈延之
《少林真传伤科秘方》
《尚论后篇》[清]喻嘉言
《尚论篇》[清]喻嘉言
《尤氏喉症指南》[明]尤仲仁
《尤氏喉科秘书》[清]尤乘
《局方发挥》[元]朱丹溪
《巢氏病源补养宣导法》[清]廖平
《市隐庐医学杂着》[清]王严士
《幼幼新书》[宋]刘昉
《幼科发挥》[明]万全
《幼科折衷秘传真本》[明]秦昌遇
《幼科指南》[清]周震
《幼科推拿秘书》[清]骆如龙
《幼科种痘心法要旨》[清]吴谦
《幼科类萃》[明]王銮
《幼科释谜》[清]沈金鳌
《幼科铁镜》[清]夏鼎
《广嗣纪要》[明]万全
《广温疫论》[清]戴天章
《张卿子伤寒论》[清]张卿子
《张氏医通》[清]张璐
《张畹香医案》[清]张畹香
《张聿青医案》[清]张聿青
《归砚录》[清]王士雄
《形色外诊简摩》[清]周学海
《得配本草》[清]严西亭
《御药院方》[元]许国祯
《心医集》[清]祝登元
《急救便方》[清]文晟
《急救广生集》[清]程鹏程
《急救良方》[明]张时彻
《惠直堂经验方》[清]陶承熹
《慈幼新书》[明]程云鹏
《慎斋遗书》[明]周之千
《慎柔五书》[明]胡慎柔
《慎疾刍言》[清]徐大椿
《成方切用》[清]吴仪洛
《房中补益》[唐]孙思邈
《扁鹊心书》[宋]窦材
《扁鹊神应针灸玉龙经》[元]王国瑞
《推拿抉微》涂蔚生
《推求师意》[明]戴思恭
《推篷寤语》[明]李豫亨
《摄生总要》[明]洪基
《救伤秘旨》[清]赵廷海
《敖氏伤寒金镜录》[元]杜本
《文堂集验方》[明]罗浮山人
《新修本草》[唐]苏敬
《方症会要》[清]吴迈书
《时方妙用》[清]陈念祖
《颅囟经》[汉]卫汛
《风劳臌膈四大证治》姜天叙
《食鉴本草》[明]宁源
《饮膳正要》[元]忽思慧
《饮食须知》[元]贾铭
《马培之医案》[清]马培之

《时方歌括》[清]陈修园
《时病论》[清]雷丰
《明医指掌》[明]皇甫中
《明医杂着》[明]王纶
《明目至宝》[元]佚名
《易牙遗意》[明]韩奕
《是斋百一选方》[宋]王璆
《普济方》[明]朱橚
《普济本事方》[宋]许叔微
《普济本事方续集》[宋]许叔微
《景岳全书》[明]张介宾
《景景医话》陆锦燧
《月令采奇》[明]李一楫
《望诊遵经》[清]汪宏
《未刻本叶氏医案》[清]叶天士
《本经疏证》[清]邹澍
《本经逢原》[清]张璐
《本草乘雅半偈》[明]卢之颐
《本草从新》[清]吴仪洛
《本草品汇精要》[明]刘文泰
《本草图经》[宋]苏颂
《本草崇原》[清]张志聪
《本草征要》[明]李中梓
《本草思辨录》[清]周岩
《本草择要纲目》[清]蒋介繁
《本草易读》[清]汪讱庵
《本草简要方》张宗祥
《本草纲目》[明]李时珍
《本草纲目别名录》[明]李时珍
《本草纲目拾遗》[清]赵学敏
《本草经解》[清]叶桂
《本草经集注》[南朝梁]陶弘景
《本草蒙筌》[明]陈嘉谟
《本草衍义》[宋]寇宗奭
《本草述钩元》[清]杨时泰
《本草问答》[清]唐宗海
《杨敬斋针灸全书》[明]陈言
《杨氏家藏方》[宋]杨倓
《松峰说疫》[清]刘松峰
《松崖医径》[明]程頡玠
《析骨分经》[明]宁一玉
《校注医醇剩义》[清]费伯雄
《正体类要》[明]薛己
《此事难知》[元]王好古
《武当淮河派丹丸膏散秘方》
《毛对山医话》[清]毛对山
《江氏伤科学》[清]江考卿
《汤头歌诀》[清]汪昂
《汤液本草》[元]王好古
《沈氏女科辑要》[清]沈又彭
《河间伤寒心要》[金]镏洪
《注解伤寒论》[金]成无己
《洄溪医案》[清]徐灵胎
《洗冤集录》[宋]宋慈
《洪氏集验方》[宋]洪遵
《活幼口议》[元]曾世荣
《验方新编》[清]鲍相璈
《高注金匮要略》[清]高学山
《鬻婴提要说》[清]张振鋆
《鬼门十三针》佚名
《鲙残篇》[清]沈萍如
《鸡峰普济方》[宋]张锐

《活幼心书》[元]曾世荣
《活法机要》[元]朱震亨
《济生集》[清]王春亭
《温热暑疫全书》[清]周扬俊
《温热经纬》[清]王士雄
《温热论》[清]叶桂
《温热论》[清]顾景文
《温热逢源》[清]柳宝诒
《温疫论》[明]吴又可
《温病指南》[清]高秉钧
《温病条辨》[清]吴鞠通
《温病正宗》王德宣
《湿热病篇》[清]薛生白
《滇南本草》[明]兰茂
《濒湖炮炙法》[刘宋]雷学所
《濒湖脉学》[明]李时珍
《灵枢经》[唐]王冰
《灵枢经脉翼》[明]夏英
《灵素节注类编》[清]章楠
《灸法秘传》[清]金冶田
《灸膏肓腧穴法》[宋]庄绰
《炮炙大法》[明]缪希雍
《玉机微义》[元]徐彦纯
《王旭高临证医案》[清]王旭高
《王氏医案绎注》[清]任锡庚
《珍珠囊补遗药性赋》[元]李东垣
《理瀹骈文》[清]吴师机
《理虚元鉴》[明]汪绮石
《瑞竹堂经验方》[元]沙图穆秀克
《疠疡机要》[明]薛己
《疡医大全》[清]顾世澄
《疡科心得集》[清]高秉钧
《疫疹一得》[清]余霖
《疯门全书》[清]肖晓亭
《症因脉治》[明]秦景明
《痰火点雪》[明]龚居中
《痧疠法门》[清]李子毅
《瘴疟指南》[明]郑全望
《白喉全生集》[清]李纪方
《白喉条辨》[清]陈葆善
《目经大成》[清]黄庭镜
《眼科心法要诀》[清]吴谦
《眼科秘诀》[清]半舫主人
《眼科阐微》[清]马化龙
《祝由十三科》佚名
《神仙济世良方》[清]柏鹤亭
《神农本草经》[清]孙星衍
《神农本草经百种录》[清]徐大椿
《神农本草经读》[清]陈修园
《黄帝内经太素》[唐]杨上善
《黄帝内经灵枢集注》[清]张志聪
《重楼玉钥续编》[清]郑承翰、方成培
《徐批叶天士晚年方案真本》[清]叶天士
《血证论》[清]唐宗海
《脏腑虚实标本用药式》[金]张元素
《脚气治法总要》[宋]董汲
《脾胃论》[金]李杲
《舌鉴辨正》[清]梁玉瑜
《苏沈良方》[宋]沈括
《药症忌宜》[清]陈三山
《药笼小品》[清]黄凯钧
《药鉴》[明]杜文燮

《神农本草经赞》[清]叶志诜
《神灸经纶》[清]吴亦鼎
《种福堂公选良方》[清]叶桂原
《秘传刘伯温家藏接骨金疮禁方》
《程门雪遗稿》程门雪
《穴道秘书》杨成博
《笔花医镜》[清]江涵暾
《简明医彀》[明]孙志宏
《类证治裁》[清]林佩琴
《类证活人书》[宋]朱肱
《素问要旨论》[金]刘完素
《经方实验录》[清]曹颖甫
《经络全书》[明]沈子禄
《经络汇编》[明]翟良
《经络考》[明]张三锡
《经验丹方汇编》[清]钱峻
《经验奇方》[清]刘一明
《绛囊撮要》[清]云川道人
《续名医类案》[清]魏之琇
《胎产心法》[清]闵纯玺
《胎产指南》[清]张曜孙
《胎产秘书》[清]陈笏庵
《脉因证治》[清]朱丹溪
《脉学阐微》[清]陈士铎
《脉理求真》[清]黄宫绣
《脉症治方》[明]吴正伦
《脉确》[清]黄蕴兮
《脉诀》[宋]崔嘉彦
《脉诀乳海》[清]王邦傅
《脉诀刊误》[元]戴起宗
《脉诀指掌病式图说》[金]李杲
《评琴书屋医略》潘兰坪
《诊余举隅录》[清]陈廷儒
《诊宗三昧》[清]张璐
《诊家枢要》[元]滑寿
《诊家正眼》[明]李中梓
《诊脉三十二辨》[清]管玉衡
《诸病主病诗》[宋]东轩居士
《诸病源候论》[隋]巢元方
《质疑录》[清]张介宾
《走马急疳真方》[宋]滕伯祥
《跌打损伤回生集》[清]胡青昆
《跌损妙方》[明]异远真人
《轩岐救正论》[明]肖京
《辨症汇编》山野居士
《辨症玉函》[清]陈士铎
《辨证录》[清]陈士铎
《达生编》[清]亟斋居士
《运气要诀》[清]吴谦
《退思集类方歌注》[清]王泰林
《遵生八笺》[明]高濂
《邯郸遗稿》[明]赵献可
《邵兰荪医案》[清]邵兰荪
《重楼玉钥》[清]郑梅涧
《重订产孕集》[清]张曜孙
《重订囊秘喉书》[清]杨龙九
《重订广温热论》[清]何廉臣
《重订灵兰要览》[明]顾金寿
《重订诊家直诀》[清]周学海
《重订通俗伤寒论》[清]俞根
《金匮方歌括》[清]陈念祖
《金匮玉函经二注》[清]周扬俊

《藏相论》[王爱品]，中央编译出版社
《道医论》[王爱品]，华夏出版社
《天真》[王爱品]，中央编译出版社
《道统》[王爱品]，中央编译出版社
《养正》[王爱品]，华夏出版社
《屈原评传》[郭维森]，南京大学出版社
《天问研究》[孙作云]，中华书局
《道教医学》[盖建民]，宗教文化出版社
《中国宗教通论》[盖建民主编]，高等教育出版社
《魏晋神仙道教——抱朴子内篇研究》[胡孚琛]，人民出版社
《道教通论——兼论道家学说》[胡孚琛]，齐鲁书社
《易学群书平议》[黄寿祺]北京师范大学出版社
《周易评注》《周易纵横录》[唐明邦]主编，湖北人民出版社
《随“贝格尔号出游”：论动作与话语的关系》[敬文东]，河南大学出版社
《牲人盈天下》[敬文东]，广西师范大学出版社
《涅槃与再生》[乐黛云]，中央编译出版社
《光明大手印》上下卷，[雪漠]，中央编译出版社
《建国之道—周易政治哲学》[姚中秋]，中央编译出版社
《道统与宪法秩序》[姚中秋]，中央编译出版社
《治道的历史之维 明代政治世界中的儒家》[任文利]，中央编译出版社
《先秦政治思想史》[梁启超]，东方出版社
《士大夫政治演生史稿》[阎步克]，北京大学出版社
《从爵本位到官本位》[阎步克]，三联书店
《西周史》[许倬云]，三联书店
《中国古代史学史》[傅玉璋]，安徽大学出版社
《中国思想史》[葛兆光]，复旦大学出版社
《孔教乌托邦》[周宁]，学苑出版社
《天下体系：世界制度哲学导论》[赵汀阳]，江苏教育出版社
《中国古代思想史论》[李泽厚]，安徽文艺出版社
《浮生论学》[李泽厚、陈明]，华夏出版社
《中国方术正考》[李零]，中华书局

《郭店楚简校读记》[李零]，中国人民大学出版社
《朱熹的历史世界》[余英时]，三联书店
《先秦诸子系年》[钱穆]，中华书局
《国学概论》[钱穆]，商务印书馆
《魏晋南北朝的社会》[蒙思明]，上海人民出版社
《先秦七子思想研究》[童书业]，齐鲁书社
《中国现代学术经典 · 冯友兰卷》[冯友兰]，河北教育出版社
《逻辑与语言：分析哲学经典文选》[陈波] 等主编，东方出版社
《礼教下延之后：中国文化批判诸问题》[赵毅衡]，上海文艺出版社
《先秦学术概论》[吕思勉]，东方出版中心
《归隐之路——20 世纪法国哲学的踪迹》[尚杰]，江苏人民出版社
《老子注释及评介》[陈鼓应]，中华书局
《易传与道家思想》[陈鼓应]，三联书店
《老子思想的史官特色》[王博]，文津出版社
《中国哲学十九讲》[牟宗三]，上海古籍出版社
《夏商西周法制史》[胡留元、冯卓慧]，商务印书馆
《“封建”考论》[冯天瑜]，武汉大学出版社
《郭象与魏晋玄学》[汤一介]，北京大学出版社
《楚文化史》[张正明]，上海人民出版社
《20 世纪德国哲学》[张汝伦]，人民出版社
《大哲学家》[雷 · 蒙克] 等编，韩震等译，海南出版社
《资本论》[马克思]，人民出版社
《雅典与耶路撒冷：宗教哲学论》[舍斯托夫]，徐凤林译，浙江人民出版社
《精神现象学》[黑格尔]，贺麟等译，商务印书馆
《法哲学原理》[黑格尔]，范扬等译，商务印书馆
《西方哲学史》[梯利]，葛力译，商务印书馆
《中国书简》[谢阁兰]，邹琰译，上海书店
《法的形而上学原理：权利的科学》[康德]，沈叔平译，商务印书馆
《理想国》[柏拉图]，郭斌和等译，商务印书馆
《道德语言》[理查德 · 麦尔文 · 黑尔]，万俊人译，商务印书馆

依宗性之所转：

生化之性曰玄德

法性之母曰圣德

天地之机曰用德

贯通之理曰位德

三才之境曰识德

阳善之政曰盛德

扬升之同曰志德

见性之妙曰明德

实相之简曰至德